Theorie und Empirie Lebenslangen Lernens

Herausgegeben von
Ch. Hof, Frankfurt am Main, Deutschland
J. Kade, Frankfurt am Main, Deutschland
H. Kuper, Berlin, Deutschland
S. Nolda, Dortmund, Deutschland
B. Schäffer, Neubiberg, Deutschland
W. Seitter, Marburg, Deutschland

Mit der Reihe verfolgen die Herausgeber das Ziel, theoretisch und empirisch gehaltvolle Beiträge zum Politik-, Praxis- und Forschungsfeld *Lebenslanges Lernen* zu veröffentlichen. Dabei liegt der Reihe ein umfassendes Verständnis des Lebenslangen Lernens zugrunde, das gleichermaßen die System- und Organisationsebene, die Ebene der Profession sowie die Interaktions- und Biographieebene berücksichtigt. Sie fokussiert damit Dimensionen auf unterschiedlichen Aggregationsniveaus und in ihren wechselseitigen Beziehungen zueinander. Schwerpunktmäßig wird die Reihe ein Publikationsforum für NachwuchswissenschaftlerInnen mit innovativen Themen und Forschungsansätzen bieten. Gleichzeitig ist sie offen für Mono-graphien, Sammel- und Tagungsbände von WissenschaftlerInnen, die sich im Forschungsfeld des Lebenslangen Lernens bewegen. Zielgruppe der Reihe sind Studierende, WissenschaftlerInnen und Professionelle im Feld des Lebenslangen Lernens.

www.TELLL.de

Herausgegeben von

Christiane Hof
Goethe-Universität
Frankfurt am Main

Jochen Kade
Goethe-Universität
Frankfurt am Main

Harm Kuper
Freie Universität Berlin

Sigrid Nolda
Technische Universität Dortmund

Burkhard Schäffer
Universität der Bundeswehr München,
Neubiberg

Wolfgang Seitter
Philipps-Universität Marburg

Andrea Siewert

Existenzgründung als biographische Chance

Berufliche Selbständigkeit im Kontext lebensgeschichtlichen Lernens

Mit einem Geleitwort von Christiane Hof

 Springer VS

Andrea Siewert
Goethe-Universität Frankfurt
Deutschland

Dissertation Goethe-Universität Frankfurt, Fachbereich 04, 2015
D 30

Theorie und Empirie Lebenslangen Lernens
ISBN 978-3-658-12739-8   ISBN 978-3-658-12740-4 (eBook)
DOI 10.1007/978-3-658-12740-4

Die Deutsche Nationalbibliothek verzeichnet diese Publikation in der Deutschen Nationalbi-
bliografie; detaillierte bibliografische Daten sind im Internet über http://dnb.d-nb.de abrufbar.

Gedruckt auf säurefreiem und chlorfrei gebleichtem Papier

Springer VS ist Teil von Springer Nature
Die eingetragene Gesellschaft ist Springer Fachmedien Wiesbaden GmbH

Geleitwort

Die bildungspolitische Forderung nach Lebenslangem Lernen hat vielfältige Konzepte zur Förderung lebenslanger Lernprozesse nach sich gezogen. Insbesondere auf regionaler und organisatorischer Ebene wurden verschiedene Programme entwickelt um die Anreize zur Teilnahme an Fort- und Weiterbildung zu steigern. Nicht nur in traditionellen Weiterbildungseinrichtungen, sondern auch durch Lernende Regionen, Kommunale Bildungslandschaften und in Unternehmen, die sich als Learning Communities verstehen, werden Bildungs- und Beratungsangebote für Menschen in den verschiedensten Lebensaltern konzipiert.

All diese Aktivitäten zur Förderung von Lern- und Bildungsprozessen erfordern aber nicht nur finanzielle Ressourcen und gute Ideen, sondern auch ein Wissen über die Formen, Bedingungen und Folgen des Lernens im Lebenslauf.

Die vorliegende Arbeit leistet hierzu einen interessanten Beitrag. Anhand der gesellschaftlich und ökonomisch vielfach geforderten Existenzgründung analysiert sie die Lernprozesse, die mit der Entscheidung und Umsetzung einer Unternehmensgründung einhergehen. Aus einer erziehungswissenschaftlichen Perspektive bearbeitet die Autorin die Frage, wie Existenzgründer und -gründerinnen individuelle Entwicklungs-, Anpassungs- und Lernprozesse im Hinblick auf ihre unternehmerische Tätigkeit vollziehen. Sie begreift dabei das Existenzgründungsverhalten als biographisch situierten Lernprozess. Entsprechend wählt sie einen biographieanalytischen Zugang. Dieser beinhaltet zum einen die Möglichkeit, die individuelle Unternehmensgründung in ihrem sozialen – und auch lebensgeschichtlichen – Rahmen zu beleuchten. Zum anderen ermöglicht die qualitative Auswertung der Interviews die Rekonstruktion der verschiedenen Dimensionen von Lernprozessen. Neben der Einbettung der Lernprozesse in die sog. Prozessstrukturen des Lebenslaufs (Fritz Schütze) arbeitet sie auch strukturelle Aspekte des Lernens heraus – insbesondere die Lerninhalte, Lernräume und institutionellen Kontexte.

Insgesamt kann die Arbeit damit nicht nur verdeutlichen, in welchem Maße Existenzgründung in die (Familien-)Biographie eingebettet ist, sondern auch eine empirisch fundierte Typologie an Existenzgründern bzw. -gründerinnen vorlegen.

Damit ermöglicht die vorliegende wissenschaftliche Untersuchung auch einen Beitrag zur Weiterentwicklung politisch motivierter Angebote zur Beratung und Unterstützung von Existenzgründungsaktivitäten.

Christiane Hof

Vorwort und Dank

Die Entscheidung für das Thema Existenzgründung hat ihren Ursprung in meiner erziehungswissenschaftlichen Diplomarbeit, in der angestellte und freiberufliche Pädagogen und Pädagoginnen in den neuen Bundesländern von mir biographieanalytisch verglichen wurden. Die empirischen Ergebnisse über die Freiberufler/innen, welche beispielweise einen stärkeren Freiheits- und Individualitätsdrang besitzen als Angestellte, weckten großes Interesse an weiterführender Forschung in mir. Durch die einstige Ausbildung zur Wirtschaftskauffrau, ein frühes Studium der Sozialistischen Betriebswirtschaft, später der Betriebswirtschaftslehre und der Erziehungswissenschaft war und ist die Untersuchung von Unternehmertum für mich sowohl unter unternehmerischen und arbeitsmarktpolitischen Aspekten als auch unter erziehungswissenschaftlichen und soziologischen Gesichtspunkten gesellschaftlich hoch relevant. Ein gesteigertes Interesse entstand letztendlich im Zuge meiner eigenen vollzogenen Existenzgründung als Seminarorganisatorin und -leiterin am Standort Frankfurt am Main und des damit verbundenen Erlebens des Gründungsprozesses. In diesem Rahmen lernte ich viele Gründer/innen kennen, die sehr unterschiedlich von ihren Erfahrungen berichteten. So reifte der Entschluss, Existenzgründer/innen aus unterschiedlichen Branchen biographieanalytisch zu untersuchen.

Das Dissertationsprojekt wurde vom Prozess der Themenrahmung und der Datenerhebung bis hin zur Datenauswertung und Theoriebildung sehr vielfältig von meinem Doktorvater Prof. Dr. Dieter Nittel unterstützt und begleitet, dem mein außerordentlicher Dank gebührt. Bedanken möchte ich mich auch bei Herrn Prof. Dr. Micha Brumlik für die Übernahme der gutachterlichen Tätigkeit. Vielseitige Anregungen erhielt ich von den Mitgliedern der Forschungswerkstatt „Qualitative Bildungsforschung" an der Goethe-Universität Frankfurt am Main, bei denen ich mich ebenfalls herzlich bedanken möchte.

Die Bereitschaft der Unternehmer/innen zu einem autobiographisch-narrativen Interview zeigt die Aufgeschlossenheit der Gründer/innen gegenüber wissenschaftlichen Studien. Den Informanten und Informantinnen, die durch das Erzählen ihrer Lebensgeschichte und durch das Einverständnis zur Aufnahme des Interviews diese Arbeit erst ermöglichten, möchte ich meinen weiteren Dank aussprechen.

Besonders danken möchte ich überdies Dr. Jenny Kipper, Nikolaus Meyer, Erika Schimpf, Alan Sievers und Johannes Wahl, die in mühseliger Arbeit die zahlreichen Auszüge meiner Arbeit inhaltlich und formal korrigierten und mir vor allem in der Endphase der Dissertation hilfreich zur Seite standen. Ein großer Dank gebührt meiner Cousine Petra Grom, die am anderen Ende von Europa das ganze Werk mühevoll lektorierte.

Ein weiterer Dank gilt meinen Kindern, Aaron und Simon, die den Entstehungsprozess dieser Dissertation in allen Facetten miterlebten und ertrugen, sowie meinen Eltern, die mir bei der Betreuung der Kinder vielfach behilflich waren. Außerdem möchte ich mich bei Marion Altenburg und Birgit Arras bedanken, die mich in kritischen Zeiten immer wieder aufbauten und mir halfen, diesen schwierigen Forschungsprozess auch als alleinerziehende Mutter durchzustehen.

Andrea Siewert

Inhaltsverzeichnis

1 Einleitung

1.1 Relevanz des Themas und Problemaufriss

Selbständigkeit und Unternehmertum sind wichtige Triebkräfte der Volkswirtschaft und bestimmen in einer globalisierten Welt unsere wirtschaftliche Zukunft. Sie schaffen nicht nur Arbeitsplätze, sondern sind Träger von Innovationen und Ausdruck des sektoralen Wandels, das bedeutet, mit der Verkleinerung des sekundären Sektors (Industrie) geht der Zuwachs des tertiären Sektors (Dienstleistungen) der Volkswirtschaft einher. Nun bringen die klassischen Modelle der Rekrutierung von Existenzgründer/innen, wie z. B. die Unternehmensnachfolge oder -übernahme, nicht mehr genügend Nachwuchs hervor, so dass erfolgreiche Prozesse der Existenzgründung sehr von den berufsbiographischen Potenzialen der Gründer/innen abhängig sind. Der Arbeitsmarkt im Allgemeinen und das Segment der Existenzgründungen im Besonderen zeichne sich, so die übereinstimmende Meinung der Sozialwissenschaftler/innen, durch ein hohes Maß an Individualisierung aus *(vgl. Nittel 2003, S. 299)*. Eine Reaktion der Wirtschaft ist, die Bevölkerung durch besondere pädagogische Förderprogramme und andere Maßnahmen des kollektiven Lernens an den Schritt der Existenzgründung künstlich heranzuführen. In den letzten Jahrzehnten sind eine Fülle pädagogischer Maßnahmen der Beratung, Hilfe, Unterstützung und Schulung entwickelt und aufgebaut worden, um der gesellschaftspolitischen Strategie, durch gezielte Förderung von Existenzgründungen die Arbeitslosigkeit zu reduzieren und die Innovationskraft unseres Gemeinwesens zu verbessern, auch tatsächlich praktische Konsequenzen folgen zu lassen. Das Spektrum an diesbezüglichen Einrichtungen und Hilfesystemen ist kaum zu überblicken: So gibt es von vielen Arbeitsagenturen diverse Beratungs- und Hilfs-Angebote, die den/die Unternehmer/in auf dem Weg in die wirtschaftliche Selbständigkeit persönlich begleiten; in speziellen Kursen untersuchen beispielsweise gründungswillige Frauen gemeinsam mit Pädagogen und Pädagoginnen die Ernsthaftigkeit ihrer Absichten; in Seminaren werden Stärken-Schwächen-Analysen von Freiberuflern und Freiberuflerinnen vorgenommen, die weitreichende Konsequenzen für die Geschäftsidee haben können; durch Selbstlernmaterialien eignet sich der/die zukünftige Selbständige Wissen auf dem Gebiet des Steuerrechts und der Betriebswirtschaft an; der/die Existenzgründungsberater/in weist auf illusionäre Vorstellungen hin, korrigiert diese und erarbeitet mit dem/der Ratsuchenden ein realistisches Geschäftskonzept. Beratung wird also zur genuin pädagogischen Handlungsform und fungiert als eine Selektionsinstanz *(vgl. Maier-Gutheil 2009, S. 181f.)*. Mit Blick auf die Unterbreitung von speziellen pädagogischen Angeboten für die Zielgruppe der Existenzgründer/innen zeichnen sich auf diversen Handlungsebenen die meisten Realisierungen ab. Sowohl was Schulung, Anleitung, Beratung, Fort- und Weiterbildung als auch Hilfe und Unterstützung angeht, wird ein dichtes Netzwerk an pädagogischen Angeboten für potenzielle, tatsächliche aber auch gescheiterte Existenzgründer/innen erkennbar. Auf der gesamtgesellschaftlichen Ebene schließlich liegt eine Fülle von Hinweisen vor, die auf kollektive Lernprozesse hindeuten. So trägt die kulturelle Aufwertung von Selbständigkeit und Freiberuflichkeit in Deutschland allmählich zu einer Abkehr von der Leitprofession des „Berufsbeamtentums" bei und fördert eine sukzessive Hinwendung zu beruflichen Orientierungsmustern, die eher mit der modernen Wissensgesellschaft kompatibel sind. Dies erklärt die Notwendigkeit mittels Kampagnen kollektive Lernprozesse anzustiften, welche potenziellen Gründern und Gründerinnen die Sinnhaftigkeit und wirtschaftliche Nützlichkeit von Existenzgründungen vermitteln sollen.

Für die „Gründerwoche Deutschland"[1] im November 2012 warb beispielsweise der damals amtierende Bundesminister für Wirtschaft und Technologie, *Dr. Philipp Rösler*, mit einer großen Anzahl von Kooperationspartnern, wie Schulen, Hochschulen, Kammern, Gründungsinitiativen, Verbänden und Unternehmen, welche in der Aktionswoche zukünftigen Existenzgründer/innen, Tipps, Informationen und Beratung rund um die Themen Gründen und unternehmerische Selbständigkeit bieten *(vgl. Bundesministerium für Wirtschaft und Technologie 2012, S. 40)*. Im Jahr 2010 hat das Bundesministerium für Wirtschaft und Technologie die Initiative „Gründerland Deutschland – Guten Start"[2] ins Leben gerufen mit dem Ziel, umfangreiche Maßnahmen zur Stärkung der Gründungskultur in Deutschland zu entwickeln, zu bündeln und für mehr Unternehmergeist zu werben *(vgl. Bundesministerium für Wirtschaft und Technologie 2012, S. 39)*. Es wird dabei immer häufiger von den innovativen Unternehmern und Unternehmerinnen gesprochen, welche auf der Grundlage neuer und kreativer Ideen eine Existenz gründen. Diese innovativen Gründer/innen sind, laut

---

[1] Das Bundesministerium für Wirtschaft und Technologie führt seit 2009 einmal jährlich die „Gründerwoche Deutschland" durch, welche der deutsche Beitrag zur internationalen Global Entrepreneurship Week ist, die in über 120 Ländern unternehmerische Ideen, Kreativität und Gründergeist vor allem bei jungen Menschen wecken will *(vgl. Bundesministerium für Wirtschaft und Technologie 2013, Gründerwoche)*.

[2] Das Bundesministerium für Wirtschaft und Technologie gründete Anfang 2010 die Initiative „Gründerland Deutschland – Guten Start" zusammen mit den Partnern: Deutscher Industrie- und Handelskammertag, Zentralverband des Deutschen Handwerks und Bundesverband der Freien Berufe *(vgl. Bundesministerium für Wirtschaft und Technologie 2013, Gründerland Deutschland)*.

Rösler, die Zukunft Deutschlands, da sie die Wirtschaft modernisieren und dieser neuen Schwung bringen *(vgl. Bundesministerium für Wirtschaft 2012, Pressemitteilung von Philipp Rösler).* Entrepreneurship hat sich jedoch nicht nur in der öffentlichen Diskussion, sondern auch in der wissenschaftlichen Forschung zu einem bestimmenden Thema entwickelt. So nimmt der Gegenstandsbereich „Unternehmertum" seit den 1990er Jahren in den Wirtschaftswissenschaften sowie in den Sozialwissenschaften stetig zu. Dabei ist eine wichtige Forderung an die wissenschaftlichen Fachdisziplinen, die Existenzgründung in allen ihren Facetten zu untersuchen, um einerseits die Voraussetzungen und Strategien erfolgreicher Gründer/innen zu ermitteln und andererseits Defizite, welche Existenzgründungen hemmen oder frühzeitige Insolvenzen hervorrufen in jeder Hinsicht aufzudecken sowie Möglichkeiten zur Entgegenwirkung zu erarbeiten.

In diesem Kontext verortet sich die vorliegende qualitativ-empirische Studie, in der erfolgreiche Gründerpersonen[3] von kleinen und mittelständischen Unternehmen biographieanalytisch untersucht werden. Die Arbeit geht der Frage nach, wie Gründer/innen individuelle Entwicklungs-, Anpassungs- und Lernprozesse in Hinblick auf ihre unternehmerische Tätigkeit vollziehen. Die Zielgruppe der Klein- und mittelständischen Unternehmer/innen wurde deswegen gewählt, da diese in Deutschland den überwiegenden Anteil der Neugründungen im letzten Jahrzehnt darstellen. So wurden 2014 in Deutschland 585.700 Neugründungen verzeichnet, davon waren 461.700 Kleinunternehmen und Nebenerwerbsbetriebe *(vgl. Statistisches Bundesamt 2015).*

In der bisherigen erziehungswissenschaftlichen Gründungsforschung finden sich nur wenige Untersuchungen, die Segmente der biographischen Erfahrungs- und Lernprozesse von Gründer/innen in den Blick nehmen. Diese konzentrieren sich – mit der Ausnahme von *Nittel (1997)* – vornehmlich auf die Lernprozesse in der Ausbildungs-, Vorgründungs- und Gründungsphase der Existenzgründer/innen *(Fritzsche/Nohl/Schondelmayer 2006, Panick 1999)* und häufig auf einen stark gerahmten Ausschnitt von Gründern bzw. Gründerinnen, wie beispielsweise Teilnehmer/innen eines Existenzgründungsprogramms. In der psychologischen Gründungsforschung sind der Forschungsschwerpunkt meist die unmittelbar handlungsprägenden Eigenschaften des Unternehmers bzw. der Unternehmerin. Hier wurden die mehr oder weniger stabilen Persönlichkeitsmerkmale identifiziert, welche die erfolgreichen Unternehmer/innen charakterisieren. Das Problem ist, dass dabei nach dem psychologischen Konzept der Persönlichkeit eher die Unterschiede zwischen einzelnen Personen im Hinblick auf psychi-

---

[3]   Unter erfolgreichen Gründer/innen von kleinen und mittelständischen Unternehmen werden hier Firmeninhaber/innen verstanden, die sich mit ihrem Unternehmen mindestens drei Jahre am Markt etabliert haben, deren finanzielle Haupteinnahmequelle und Existenzsicherung die Selbständigkeit darstellt und welche mindestens eine/n Mitarbeiter/in angestellt haben.

sche Eigenschaften und Dimensionen untersucht werden, jedoch die soziale
Konstitution im Hinblick auf das gesamte Umfeld weitestgehend ausgeklammert
wird. Aus diesem Grund nehme ich mit der vorliegenden Studie die Biographien
im Allgemeinen und die Lernbiographien der Unternehmer/innen im Besonderen
in den Blick. Ausgangspunkt hierbei ist, dass das Existenzgründungsverhalten
einen biographisch situierten Lernprozess impliziert. Von daher werden alle
Lern- und Aneignungsprozesse in Abgrenzung zu den Sozialisationsprozessen
untersucht. Der entscheidende Punkt ist nach der Auffassung der Verfasserin,
dass die meisten Gründer/innen nicht als solche geboren werden, sondern sich
den Habitus[4] eines/einer selbständigen Unternehmers bzw. Unternehmerin erst
aneignen. Dieser Prozess der Habituskonstitution ist per se ein biographischer
Prozess, der familiäre, berufs- und bildungsbiographische Anteile hat und komplexe Lernprozesse erforderlich macht *(vgl. Nittel 2003)*.

1.2 Fragestellung und Aufbau der Studie

Diese Arbeit folgt der Annahme, dass individuelle Entwicklungs-, Lern- und
Aneignungsprozesse angesichts ihrer Komplexität und Reichweite nur in einem
biographischen Kontext rekapituliert und rekonstruiert werden können. Es geht
im Besonderen um die Beantwortung der Frage, inwieweit die Existenzgründung
im Lebensablauf in den Dimensionen des Lernens und der Bildung gelagert ist
und welche Konsequenzen die eruierten Lernprozesse auf den Aufbau und die
Entwicklung eines Unternehmens haben können. In diesem Rahmen werden
auch alle weiteren die Gründung beeinflussenden Determinanten, wie gesamtgesellschaftliche und regionale ökonomische Bedingungen, in den Blick genommen.

Folgende Fragestellungen sind für die Studie forschungsleitend:
- Welcher Zusammenhang besteht zwischen der Existenzgründung und Formen des Lernens und deren Dimensionen? Treten im Rahmen der Gründung
  gesteigerte Formen des Lernens auf?
- Welche Unterschiede und Gemeinsamkeiten lassen sich im Lernverhalten
  im Gründungsakt feststellen und wie sind diese zu erklären?

---

[4]   Der Habitus ist im Verständnis von *Bourdieu* ein System von verinnerlichten Mustern, dauer-
      haften und übertragbaren Dispositionen und sozialen Handlungsformen, die das Individuum in-
      ternalisiert hat *(vgl. Bourdieu 1987, S. 278f.)*. Das bedeutet, dass der Habitus ein jeweiliger
      Ausdruck der Denk-, Verhaltens- und Handlungsstrukturen des Menschen ist, welcher ferner
      die Grenzen des Denken und Handelns eines Menschen bestimmt.

- Welche biographischen Dispositionen oder Erfahrungen zeigen eine Relevanz für die spätere Existenzgründung auf? Wie wirken sich (berufs-) biographische Vorerfahrungen auf die Existenzgründung aus?
- Wie ist die Existenzgründung unter Berücksichtigung der gesamten Lern- und Bildungsprozesse lebensgeschichtlich eingebettet? Welche Prozessstrukturen sind hier dominant?
- Welche berufsbiographischen Verläufe sind in den Biographien der Gründer/innen zu finden? Können unterschiedliche Gründertypen rekonstruiert werden?

Ziel der Forschungsarbeit ist es, die Lern-, Bildungs- und Weiterbildungsprozesse der Gründer/innen unter Berücksichtigung der gesamten Biographie in den Blick zu nehmen, um bei der Neurekrutierung von Existenzgründern bzw. -gründerinnen auf mögliche Potenziale hinzuweisen sowie der Existenzgründungsberatung sensible Stellen im Lebenslauf aufzuzeigen und Möglichkeiten der Nachbesserung darzustellen. Außerdem möchte diese Arbeit einen Beitrag dazu leisten, dass in den staatlichen Lehr- und Lerninstitutionen die Vermittlung eines positiv besetzten Unternehmerbegriffes stärker Einzug findet und dieser damit eine Gleichrangstellung zum Angestelltenstatus erhält. Das bedeutet, dass eine Pädagogisierung des Existenzgründungsverhaltens bereits in den Schulen beginnen könnte.

Im Auswertungsprozess wurde sichtbar, dass das bisherige biographieanalytische Verfahren nach *Schütze (Schütze 1984, 1983, 1981)* nicht ausreicht, um alle biographischen Lernphänomene und -prozesse der Unternehmer/innen umfassend analysieren und theoretisch fundieren zu können *(vgl. Nittel 2013a)*. Dies wird erst durch die Anwendung des lerntheoretischen Konzepts von *Nittel/Seltrecht (2013)* möglich, welches sich zu einem zentralen Anwendungskonzept der Arbeit entwickelte.

Die vorliegende Arbeit gliedert sich in drei Teile. Im ersten Teil werden der Forschungsgegenstand und der theoretische Bezugsrahmen eingehend erläutert (Kapitel 1 bis 3). Nachdem im Kapitel 1 die Relevanz des Themas und die forschungsleitenden Fragestellungen thematisiert werden, beschäftigt sich das Kapitel 2 mit den unterschiedlichen wissenschaftlichen, auf den/die Unternehmer/in gerichteten Forschungsperspektiven. Dabei wird der derzeitige Forschungsstand der Gründungsforschung aufgezeigt. Im Kapitel 3 steht der Lerndiskurs innerhalb der Biographieforschung im Fokus, wobei zunächst der Lernbegriff und das lebenslange Lernen in den Blick genommen werden, um dann das lerntheoretische Konzept von *Nittel/Seltrecht (2013)* zu erläutern, welches für die vorliegende Arbeit eine wesentliche Grundlage darstellt.

Der zweite Teil beinhaltet die zusammenfassende Darstellung der empirischen Untersuchung. Das methodische Konzept der Studie und der Forschungsprozess werden im vierten Kapitel vorgestellt. Im Kapitel 5 werden die zwei Einzelfallanalysen zusammenfassend dargestellt, welche durch einen maximalen kontrastiven Vergleich ermittelt wurden, gefolgt von der Vorstellung einiger Kurzporträts aus dem Sampling, die minimal kontrastiv zu den Eckfällen ausgewählt wurden und die Reichweite des Samplings verdeutlichen.

Im dritten Teil der Arbeit werden die empirisch ermittelten Analyseergebnisse in einem theoretischen Modell dargestellt (Kapitel 6 bis 11). Zunächst werden die verschiedenen Bedingungsfaktoren einer Existenzgründung anhand des gesamten Datenmaterials erklärt (Kapitel 6). Dann folgt eine Erläuterung der familienbiographischen Dispositionen der Gründer/innen (Kapitel 7). Im Hauptkapitel 8 wird die erarbeitete Typologie der Gründer/innen und deren Lernkonzepte umfassend vorgestellt, um im 9. Kapitel ein weiteres zentrales Ergebnis der Studie darzustellen: Mithilfe der Existenzgründung bearbeiten die Biographieträger/innen eine biographische Problemlage. Das Kapitel 10 rundet das theoretische Modell mittels eines Exkurses über die Existenzgründungsberatung ab. Danach folgen die Schlussbetrachtungen (Kapitel 11).

2 Der/die Unternehmer/in in der Gründungsforschung

2.1 Begriffsbestimmungen – Unternehmer/in, Entrepreneur/in

In der Gründungsforschung stößt man auf vielfältige Begrifflichkeiten, die nicht übereinstimmend definiert sind. So werden Begriffe wie Unternehmer/in und Entrepreneur/in häufig synonym benutzt und weitere Etikettierungen wie Existenzgründer/in, Selbständige/r sowie Geschäftsinhaber/in darunter subsumiert.

Eine einheitliche Definition des Unternehmers oder der Unternehmerin findet sich auch nicht in deutschen Gesetzestexten. Im allgemeinen Teil des Bürgerlichen Gesetzbuches wird der Unternehmer bzw. die Unternehmerin als „eine natürliche oder juristische Person oder eine rechtsfähige Personengesellschaft, die bei Abschluss eines Rechtsgeschäfts in Ausübung ihrer gewerblichen oder selbständigen beruflichen Tätigkeit handelt" *(§ 14 Abs. 1 BGB)* bezeichnet. Demgegenüber besagt das Umsatzsteuergesetz: „Unternehmer ist, wer eine gewerbliche oder berufliche Tätigkeit selbständig ausübt. Gewerblich oder beruflich ist jede nachhaltige Tätigkeit zur Erzielung von Einnahmen, auch wenn die Absicht, Gewinn zu erzielen, fehlt" *(§ 2 Abs. 1 Satz 1 und 3 UstG)*. Die Definitionen des Unternehmerbegriffs beziehen sich im deutschen Gesetz somit auf den jeweils weiteren rechtlichen Hintergrund. Eine zweite Definitionsmöglichkeit ist nicht rechtlicher, sondern ökonomischer Natur. In der Wirtschaft heißt es derzeit: „Der Unternehmer ist eine natürliche Person, die ein Unternehmen plant, mit Erfolg gründet und/oder selbständig und verantwortlich mit Initiative leitet. Er übernimmt das persönliche Risiko oder das Kapitalrisiko" *(Gabler Kompakt-Lexikon Wirtschaft 2010, S. 446)*.

Aber auch in der wirtschaftswissenschaftlichen Literatur findet sich kein eindeutiger Unternehmerbegriff. Mehrheitlich ist diese begriffliche Abgrenzungsschwierigkeit dem ökonomischen Wandlungsprozess der letzten Jahrhunderte geschuldet *(vgl. Stadler 2009, S. 44)*. So definierten bereits frühe Ökonomen wie *Adam Smith (1732-1790)*, *Jean-Baptiste Say (1767-1832)* und *Karl Marx (1818-1883)* den Unternehmer, wobei diese vornehmlich nur männliche Personen im Blick hatten. Der in diesem Zusammenhang wohl am häufigsten zitierte Ökonom ist der Österreicher *Joseph A. Schumpeter (1883-1950)*, der in seinem zentralen Werk „Theorie der wirtschaftlichen Entwicklung" von 1911/1912 den Unternehmer mit ins Zentrum seiner theoretischen Untersuchung stellte. *Schumpeter* betrachtet in diesem Werk den ausschließlich männlichen

Unternehmer unter volkswirtschaftlichen Aspekten und verbindet diese mit psychologischen Ansätzen: Der Unternehmer ist im *Schumpeterschen* Sinne ein innovativer „Mann der Tat" *(Schumpeter 2006, S.172)*, der ein Unternehmen selbst gründet, neue Kombinationen von Produktionsfaktoren realisiert und den Produktionsprozess an sich verändert *(vgl. ebd., S. 174)*. Er erschließt neue Märkte, in dem er sich eben nicht nur an der gegebenen Nachfrage orientiert, sondern seine Produkte dem Markt aufzwingt und insofern in den Konkurrenzkampf eintritt *(vgl. ebd., S. 133, 174)*. Dieser Unternehmer handelt nicht aus hedonistischen Gründen, seine Motivation ist die „Freude an sozialer Machtstellung und die Freude an schöpferischem Gestalten" *(ebd., S. 138)*. *Schumpeter* sieht in dem Unternehmer, als Innovator, die treibende und entscheidende Kraft für die wirtschaftliche Entwicklung einer Gesellschaft. Auf dieser begrifflichen Erklärung von *Schumpeter* bauen die Begriffsdefinitionen des Unternehmers bzw. der Unternehmerin in der Wirtschaftswissenschaft weitestgehend auf. *Klandt* definiert den Unternehmer als „tätigen Eigentümer einer unabhängigen und von ihm geschaffenen Wirtschaftseinheit" *(Klandt 1984, S. 31)*.

Einige Autoren, wie *Carland u. a.* unterscheiden zusätzlich den Unternehmer und die Unternehmerin von dem bzw. der Kleingewerbetreibenden *(vgl. Carland u. a. 1984)*. Dabei sehen *Rauch/Frese* die Größe des gegründeten Unternehmens als wesentlich an, da sie meinen, ein/e Gründer/in „sollte mindestens einen Angestellten haben, um der Gruppe der Unternehmer zugeordnet werden zu können" *(Rauch/Frese 2000, S. 106)*.

Aus dem englischen Sprachgebrauch stammt der französische Begriff des Entrepreneurs bzw. der Entrepreneurin, der oder die in der englischen und amerikanischen Literatur als Begriff für den/die klassische/n Unternehmer/in verwendet wird *(vgl. Blum/Leibbrand 2001, S. 6f.)*. Im Deutschen werden die Bezeichnungen Unternehmer/in und Entrepreneur/in jedoch nicht durchgängig synonym verwendet, sondern teilweise Unterscheidungen vorgenommen. So ist ein/e Entrepreneur/in zunächst ein/e innovative/r, kreative/r Unternehmer/in und Erfinder/in, der/die angelehnt an *Schumpeter*, durch neue Markt- und Produkt-Kombinationen unter Einsatz seines/ihres Kapitals eine neue Organisation erschafft. Das bedeutet, dass der/die Entrepreneur/in immer ein/e Innovator/in ist und bleibt, was der/die Unternehmer/in jedoch nicht sein muss. Der/die Entrepreneur/in stellt also in einem Großteil der deutschen Literatur eine Untermenge aus dem Oberbegriff des Unternehmers bzw. der Unternehmerin dar *(vgl. Blum/Leibbrand 2001, S. 8)*. Jedoch finden sich viele vor allem wirtschaftswissenschaftliche Autoren, die die Begriffe synonym verwenden *(Fallgatter 2002, De 2005, Klandt 2006, Bührmann/Hansen 2006, Pott/Pott 2010)*.

In Anlehnung dazu wird der Begriff Unternehmertum häufig als die deutsche Übersetzung des englischen Begriffes Entrepreneurship gesehen *(vgl. Pott/Pott 2010, S. 3)*. Diese Bezeichnung impliziert die Unternehmensgründung und -entwicklung, das unternehmerische Handeln sowie alle Faktoren, die damit zusammenhängen *(vgl. Fallgatter 2001, S. 13f)*. In der Wirtschaftswissenschaft hat sich in den letzten 20 Jahren der Teilbereich der Entrepreneurship-Forschung (vgl. Kapitel 2.2) entwickelt, der seit Einrichtung des ersten Gründungslehrstuhls an einer deutschen Hochschule[5] stetig an Bedeutung gewonnen hat.

In der Gründungsforschung werden Unternehmer/innen vornehmlich an Merkmalen, wie Größe des Unternehmens, das stetige wirtschaftliche Wachstum oder die Schaffung von Arbeitsplätzen, untersucht und klassifiziert. Jedoch ist ein einheitlicher Ansatz nicht erkennbar, da Größenzuschreibungen meist einen Großteil der Selbständigen und Kleinunternehmer/innen definitorisch nicht mit berücksichtigen würde *(vgl. Cholotta 2010, S. 3)*. Dieser Teil, der vor allem Einzelunternehmer/innen oder Unternehmen mit bis zu zehn Mitarbeitern und Mitarbeiterinnen impliziert, spielt jedoch in der Volkswirtschaft eine ähnlich bedeutende Rolle wie die großen Unternehmen und ist daher als Untersuchungs-gegenstand allgemein und in dieser Arbeit im Speziellen von Relevanz.

Diese Heterogenität in den Begrifflichkeiten spiegelt sich auch in den psy-chologischen, soziologischen und pädagogischen Forschungsansätzen in der Gründungsforschung (vgl. Kapitel 2.2) wider. Ursache hierfür sind die vielfälti-gen unterschiedlichen und uneinheitlichen Erscheinungsformen von Unterneh-mertum, sowie die differenten Auslegungsmöglichkeiten hinsichtlich des Unter-nehmerbegriffs *(vgl. Stilz 2006)*. So werden je nach Forschungsfrage unter-schiedliche Samplings untersucht, wie kleine und mittlere Unternehmen, Selb-ständige, Unternehmer/innen in Teilzeit und im Nebenerwerb oder die große Gruppe der Unternehmer/innen, die aus der Arbeitslosigkeit gründet.

Der Begriff Unternehmer/in findet in dieser Arbeit weitestgehend Anwen-dung, wobei hier vor allem Gründer/innen von kleinen und mittelgroßen Unter-nehmen (KMU) gemeint sind. Als Unternehmer/in wird die Person verstanden, die ein Unternehmen gegründet hat und es tagtäglich organisiert. Unter Unter-nehmertum werden in der Studie alle unternehmerischen Handlungen verstan-den, die zur Gründung und Entwicklung von Unternehmen führen.

2.2 Ein kurzer Überblick über die Gründungsforschung

Die Gründungsforschung, die sich mit vielfältigen Fragestellungen rund um den Themenkomplex der Unternehmensgründungen auseinandersetzt, ist, wie bereits dargestellt, ein interdisziplinärer Forschungsbereich, mit einer deutlichen Domi-nanz von empirischen Studien gegenüber theoretischen Abhandlungen *(vgl.*

---

[5]   Erster Lehrstuhl für Unternehmensgründung wurde im März 1998 an der European Business School (heute: EBS Universität für Wirtschaft und Recht) in Oestrich-Winkel errichtet.

Brüderl/ Preisendörfer/Ziegler 2009, S. 20). Auch wenn der Ausgangspunkt der Gründungsforschung in der Wirtschaftswissenschaft liegt *(vgl. Klandt 1984, S. 14)*, setzen sich gegenwärtig diverse andere wissenschaftliche Disziplinen mit unterschiedlichen Fragestellungen, wie den wirtschaftlichen und sozialen Rahmenbedingungen von Neugründungen, den Erfolgs- und Misserfolgsaspekten von Gründungen und der Gründerperson an sich auseinander. Die Soziologie, die Psychologie und die Erziehungswissenschaft untersuchen vorwiegend das unternehmerische Handeln und Verhalten, die Gründerperson mit deren Motivationen sowie die Folgen für das Wirtschafts- und Gesellschaftssystem *(vgl. Brüderl/Preisendörfer/Ziegler 2009, S. 27)*. Außerdem gibt es auch Forschungen aus den Bereichen der Kulturanthropologie und der Sozialgeschichte, welche sich mit Teilaspekten der Existenzgründung, wie beispielsweise dem Leitbild *(Hessler 2004)*, auseinandersetzen.

Die deutschsprachigen Vertreter/innen der Wirtschaftswissenschaft fokussieren sich auf das deutsche Gründungsgeschehen, insbesondere die Entstehung und Entwicklung von Unternehmen aus ökonomischer Sicht sowie die Erfolgsfaktoren von Gründungen[6]. Im englischen Sprachraum werden Forschungen, die meist einen ökonomischen Fokus im Gründungsbereich haben, unter dem Begriff „entrepreneurship research"[7] gefasst. Seit den 1990er Jahren etabliert sich in Anlehnung an den angloamerikanischen Sprachraum in Deutschland die Entrepreneurship-Forschung als eigenständige Disziplin *(vgl. Weiß 2010, S. 7)*. Die Bezeichnung wird von einigen Diskursbeteiligten synonym zum Begriff der Gründungsforschung verwendet *(Fallgatter 2002, S. 1)*. Jedoch verstehen andere Wissenschaftler/innen unter Entrepreneurship vor allem den Aufbau von neuen, innovativen, wachstums- und gewinnorientierten Unternehmen *(vgl. Ripsas 1997, S. 71)*, welche längst nicht alle Gründungen betreffen. In dieser Arbeit wird der Begriff der Gründungsforschung vorgezogen, da hier alle Untersuchungen von Existenz- und Unternehmensgründungen untergeordnet werden können.

Corsten unterscheidet in der Gründungsforschung drei Teilbereiche: die Erforschung gründungsbezogener Rahmenbedingungen, der Gründungsaktivität und des Gründungserfolges *(vgl. Corsten 2002, S. 7f.)*. *Müller-Böling/Klandt (1990)* unterteilen die Gründungsforschung in zwei Forschungsschwerpunkte, das „Umsystem" und die „Unternehmung". Das „Umsystem" umfasst den Gründungskontext, die Gründungsinfrastruktur und die Gründerperson, die „Unter-

---

[6]   Die Grundlagen der ökonomischen Forschungstradition sind laut *Brüderl/Preisendörfer/ Ziegler 2009* die Ausarbeitungen von *Jean-Baptiste Say, Frank H. Knight, Israel Kirzner* und *Joseph Schumpeter (Brüderl/Preisendörfer/Ziegler 2009, S. 22f.)*.

[7]   Wichtige Vertreter in der angloamerikanischen „entrepreneurship research" sind *Frank Knight, Mark Casson (vgl. Blum/Leibbrand 2001, S. 9f.)*.

nehmung" beinhaltet hingegen den Gründungsprozess, die Gründungsstruktur und den Gründungserfolg *(vgl. Müller-Böling/Klandt 1990, S. 150)*[8].
Der deutsche Förderkreis Gründungs-Forschung e.V.[9] vereint die Gründungsforscher/innen unterschiedlicher Fachdisziplinen und hat seit 1989 über 70 Bücher in der Reihe „Entrepreneurship Research Monographien" publiziert. Als ein zentraler Forschungsfokus werden dort die Gründerperson und deren Entscheidungen angegeben. Der Global Entrepreneurship Monitor (GEM) gibt jährlich einen deutschen Länderbericht zu den Unternehmensgründungen weltweit heraus. Dieser wird auf der Basis repräsentativer Befragungsergebnisse und qualitativer Expertenaussagen erstellt *(GEM-Report 2011)*.

Kurz zu erwähnen ist noch der kaum überschaubare Pool der eher populärwissenschaftlichen Ratgeberliteratur zur Unternehmensgründung. So setzen sich beispielsweise *Assig/Echter (2012)* mit den Ambitionen des Unternehmensgründers bzw. der Unternehmensgründerin auseinander, *Engels (2008)* gibt ein Praxisbuch zu den erfolgreichen Eigenschaften des Unternehmers bzw. der Unternehmerin heraus, *Kirsch-Voll (2001)* und *Arnold (1999)* zeigen erfolgreiche und zielorientierte Wege zur Existenzgründung auf und *Merk (1997)* weist Pädagogen und Pädagoginnen die richtige Richtung in die Gründung und/oder Freiberuflichkeit.

2.3 Der/die Unternehmer/in in der ökonomischen Forschung

Das Unternehmertum wird in der Wirtschaftswissenschaft hinsichtlich der Funktionen unternehmerischen Handelns im Produktionsprozess betrachtet *(vgl. Brüderl/Preisendörfer/Ziegler 2009, S. 22)*. Wie eingangs schon erwähnt, gibt es eine Vielzahl von Autor/innen, die sich unter ökonomischen Gesichtspunkten mit der Rolle des Unternehmers und der Unternehmerin auseinandergesetzt haben. Da der/die Unternehmer/in eine entscheidende Funktion im Gründungspro-

---

[8] Diese Arbeit kann keinen umfassenden Überblick über den Stand der gesamten Gründungsforschung liefern, da dies den Rahmen des Dissertationsvorhabens sprengen würde. Außerdem findet sich ein großes Spektrum an Ausarbeitungen, die den Stand der Gründungsforschung meist sehr detailliert dargestellt haben *(Brüderl/Preisendörfer/ Ziegler 1996; 2009, Tödt 2001, Blum/Leibbrand 2001, Müller-Böling/Klandt 1990, Barreto 1989)*. Es wird lediglich ein Überblick über den Forschungsstand der anverwandten wissenschaftlichen Disziplinen unter dem Fokus der Unternehmerperson geschaffen, um die vorliegende Studie wissenschaftlich zu verorten.

[9] Der deutsche Förderkreis Gründer-Forschung e.V. entwickelte sich 1987 aus dem Schmalenbach-Arbeitskreis „Innovative Unternehmensgründung". Sein Ziel ist das Gedankengut hinsichtlich unternehmerischer Selbständigkeit und unternehmerischen Handelns zu fördern. Mittlerweile ist er einer der führenden wissenschaftlichen Vereinigungen zur Gründungsforschung im deutschsprachigen Raum *(vgl. http://www.fgf-ev.de/structure_default, Stand 05.09.2013)*.

zess und auch in der vorliegenden Arbeit inne hat, wird hier kurz in Anlehnung an *Brüderl/Preisendörfer/Ziegler* auf die Arbeit von *Barreto (1989)* eingegangen, der aus der klassischen ökonomischen Literatur grundlagentheoretisch fundiert vier „Hauptfunktionen des Unternehmers" herausarbeitet: die Koordination, die Bewältigung von Ungewissheit, die Arbitrage und die Innovation *(vgl. Brüderl/Preisendörfer/Ziegler 2009, S. 22)*.

1. Die Koordinationsfunktion[10] impliziert die Aufgabe des Unternehmers bzw. der Unternehmerin, die verschiedenen Produktionsfaktoren zusammenzuführen, sie zu kombinieren und zu koordinieren, dabei den Produktionsprozess zu organisieren, zu leiten und zu überwachen. Er bzw. sie ist für alle Entscheidungen verantwortlich und erhält für diese Aufgaben eine entsprechende Entlohnung.

2. Die zweite Hauptfunktion zielt auf die Bewältigung der Ungewissheit und des unternehmerischen Risikos ab[11]. Der Kern unternehmerischen Handelns ist hier die Ungewissheit des Marktes und des Wirtschaftslebens zu bewältigen, da der/die Unternehmer/in im Voraus seine/ihre Produktionsfaktoren bezahlt und entlohnt und nur die Differenz zwischen Kosten und Erlös ihm/ihr schlussendlich zufließt.

3. Die dritte Funktion zielt auf das Ungleichgewicht der Absatzmärkte ab[12]. Der/die Unternehmer/in sollte aufgrund dieses Ungleichgewichts Gewinngelegenheiten erkennen und ausnutzen.

4. Auch die letzte Funktion, die Innovation, basiert auf dem Ungleichgewicht des Marktes. Der/die Unternehmer/in führt eine dynamische Neukombination von unterschiedlichen ökonomischen Gegebenheiten (Produktionsfaktoren, -methoden, Absatzmärkte etc.) durch und wird so zum/zur Innovator/in[13].

Diese funktionalen Charakterisierungen eines Unternehmers bzw. einer Unternehmerin sind in den volkswirtschaftlichen Abhandlungen nur als Ausgangspunkt der ökonomischen Forschung zu sehen, geben aber kaum Auskunft über konkrete Erfolgsfaktoren, die empirisch überprüfbar wären *(vgl. Brüderl/ Preisendörfer/Ziegler 2009, S. 26)*.

Die betriebswirtschaftliche Forschung hat sich in unterschiedlichen Studien dem/der gegenständlichen Unternehmer/in und seinem/ihrem erfolgreichen Han-

---

[10]   Diese Funktion bezieht sich auf die Arbeiten von *Jean-Baptiste Say*.
[11]   Grundlage ist die Theorie von *Knights* von 1921, und seine Kritik der „heroischen" Informationsannahmen der klassischen ökonomischen Theorie *(vgl. Brüderl/Preisendörfer/Ziegler 2009, S. 23)*
[12]   Ausgangspunkt sind die Arbeiten von *Israel Kirzner*.
[13]   Vgl. die Ausführungen zu *Joseph A. Schumpeter* im Kapitel 2.1.

deln, seinen/ihren Motivationen und seinen/ihren Ausprägungen gewidmet *(Stadler 2009, Herr 2007, Kuttenkeuler 2007, Möckel 2005, Fallgatter 2004, Etter 2003, McKenzie 2000, Moser/Schuler 1999, Preisendörfer 1996, Klandt 1996, Jungbauer-Gans/Preisendörfer 1991).*

Baldegger/Julien (2011) beschreiben in ihrer interdisziplinären, theoretischen Abhandlung zum regionalen Unternehmertum die Unternehmer/innen sehr viel umfassender als die klassischen Ökonomen, da sie auch biographische Einflussfaktoren, wie familiäre Erziehung und soziale Herkunft der Unternehmer/innen, einbeziehen und die Bedeutung des unternehmerischen Milieus umfassender darlegen *(vgl. Baldegger/Julien 2011, S. 109ff.).*

Eine interdisziplinäre Arbeit, ausgehend vom wirtschaftswissenschaftlichen Standpunkt, hat *Tödt (2001)* zum Thema gründungsbegleitende Beratung und Weiterbildung von Existenzgründern und -gründerinnen unter den Bedingungen des ostdeutschen Transformationsprozesses vorgelegt *(vgl. Tödt. 2001, S. 1).* Seine empirische Untersuchung besteht in einer Methodenkombination von schriftlichen Befragungen und halbstrukturierten, problemzentrierten Tiefeninterviews auf der Grundlage eines Interviewleitfadens. In seiner umfassenden Ergebnisdarstellung zeigt er zunächst den Zusammenhang zwischen Motivation, Umwelteinfluss und Gründungsaktivität *(vgl. ebd., S. 242f.)* auf und wertet dann die konkreten Handlungsstrategien der Gründer/innen aus, welche die Nutzung von Beratungs- und Weiterbildungsangeboten einschließen *(vgl. ebd., S 246ff.).* Im Anschluss weist er darauf hin, dass durch die Weiterbildungs- und Beratungsprozesse bei den Gründern und Gründerinnen persönliche Entwicklungsprozesse in Gang gesetzt wurden, die entscheidende Auswirkungen auf die jeweiligen Gründungsprozesse haben *(vgl. ebd., S. 249ff.).* Abschließend kommt er kurz auf die erfolgswirksamen Faktoren in der Gründungs- und Nachgründungsphase zu sprechen *(vgl. ebd., S. 257).* In dieser Arbeit kann man Anschlussmöglichkeiten an den erziehungswissenschaftlichen Diskurs der Gründungsforschung erkennen.

2.4 Das psychologische Forschungsinteresse an der Gründerperson

In der Psychologie, im Speziellen in der Wirtschaftspsychologie, hat die Untersuchung der Unternehmerpersönlichkeit in den letzten Jahrzehnten erheblich zugenommen. So wurden Forschungsarbeiten zur erfolgreichen Gründung und Führung von kleinen und mittelgroßen Unternehmen, wie von *Frese 1998* und *Moser/Batinic/Zempel 1999* vorgelegt *(vgl. BDP 2010, S. 21).* Es gibt zahlreiche Veröffentlichungen, die sich mit der Persönlichkeit *(Caliendo/Fossen/Kritikos 2011, Markgraf 2008, Müller 2007, Stilz 2006, Heiss 2006, Utsch 2004, Müller 2000)* und wenige, die sich mit dem Sozialisationsprozess der Unternehmer/in auseinandersetzen *(Müller 2007)*. Dabei werden überwiegend die erfolgreichen Existenzgründer/innen betrachtet. Ein geringerer Forschungsfokus befasst sich mit spezifischen praktischen Fragestellungen des Unternehmertums, wie beispielsweise der Nachfolge im Unternehmen *(Sektion Wirtschaftspsychologie im BDP 2002, Siefer 1996)*.

Ein Großteil der psychologischen Untersuchungen widmet sich der Unternehmerpersönlichkeit und deren Merkmalsausprägungen: Es werden Eigenschaften, Motive, Fertigkeiten, Einstellungen und Werthaltungen der Gründer/innen empirisch erforscht. Ein Modell zur umfassenden Beschreibung der Persönlichkeit ist die „Five-Factor-Theory" von *Costa* und *McCrae (1994, 1996)*, welche die fünf Faktoren der grundlegenden Persönlichkeit darlegt. Diese Theorie besteht zunächst aus sechs großen Elementen: die grundlegenden Tendenzen einer Person („Basic Tendencies"), die charakteristischen Gewohnheiten einer Person („Characteristics Adaptions"), die Biographie („Objective Biography"), das Selbstkonzept („Self-Concept") und die Umwelt („External Influences"). Die fünf Elemente werden durch ein sechstes verbunden („Dynamic Processes"), welche die Art und Weise sowie die Richtung angeben, in der die Elemente miteinander interagieren *(vgl. McCrae/Costa 1996, S. 66ff.)*. Die Grundlage der Persönlichkeit, ihre Leistungen und Anforderungen, bilden nach *Costa* und *McCrae* die Basic-Tendencies, welche wiederum fünf Merkmale implizieren: Extraversion, Agreeableness (Verträglichkeit), Conscientiousness (Gewissenhaftigkeit), Neuroticism und Emotional Stability (emotionale Stabilität) sowie Openess oder Intellect & Imagination (Offenheit gegenüber neuen Erfahrungen). Diese fünf Faktoren bilden das Fundament des Modells zur Beschreibung der Persönlichkeit („Big-Five-Theory") *(vgl. Markgraf 2008, S. 11ff.)*. In der psychologischen Forschung der Unternehmerpersönlichkeit wird weitestgehend eine Stabilität der so genannten „Big Five" angenommen. Auf dieser Grundlage werden in zahlreichen Studien weitere Persönlichkeitsmerkmale in Bezug auf eine erfolgreiche Unternehmensgründung untersucht. Analysiert werden Kernmerkmale, wie die Risikoneigung und -bereitschaft, die Leistungsmotivstärke, die internale Kontrollüberzeugung, die Selbstwahrnehmung sowie die Selbstwirksamkeit der Gründerpersönlichkeiten *(vgl. Rauch/Frese 1998, S. 12 ff., Markgraf 2008, S. 25ff.)*. Einige Studien untersuchen zusätzlich die Durchsetzungsbereitschaft, die Ungewissheitstoleranz und das Unabhängigkeitsstreben der Gründer/innen *(Müller/Gappisch 2002, S. 28, Müller 2000)*.

Müller erkennt signifikante Zusammenhänge zwischen Persönlichkeitsmerkmalen und unternehmerischem Handeln. Er sieht in seiner quantitativen Forschung die Selektionshypothese bestätigt, welche in den Eigenschaftsausprägungen der Person die Ursachen für eine unternehmerische Tätigkeit sieht *(vgl. Müller 2000, S. 114)*. *Müller* entwickelte bis zum Jahr 2000 den „Fragebogen zur Diagnose unternehmerischer Potenziale (F-DUP)" *(Müller 2001)*, der zwölf selbständigkeitsrelevante Primäreigenschaften testet *(vgl. Müller 2001)*. Er gliedert diese in motivationale, affektive, kognitive und soziale Persönlichkeitsmerkmale *(vgl. Abb. 1, vgl. Müller 2007)*. Zukünftige potenzielle Unternehmer/innen können hinsichtlich ihrer Eigenschaftsmerkmale getestet und Prognosen über ihre Eignung erstellt werden.

Tabelle 1: Psychologische Gliederung der Persönlichkeitsmerkmale nach *Müller (Müller 2007)*

Motivationale Persönlichkeitsmerkmale	Affektive Persönlichkeitsmerkmale	Kognitive Persönlichkeitsmerkmale	Soziale Persönlichkeitsmerkmale
• Leistungsmotivstärke • Internale Kontrollüberzeugung • Unabhängigkeitsstreben	• Antriebsstärke • Belastbarkeit • Emotionale Stabilität	• Analytische und intuitive Problemlöseorientierung • Risikoneigung • Ungewissheitstoleranz	• Durchsetzungsbereitschaft • Soziale Anpassungsfähigkeit

Eine umfassendere psychologische Betrachtung der unternehmerischen Person findet sich in *Müllers* Beitrag *„Berufliche Selbständigkeit" (Müller 2007)*. Hier nimmt er in Anlehnung an andere psychologische Studien auch frühkindliche Prägungen und die Sozialisation der Person in den Blick. Eine seiner zentralen Aussagen – welche der Psychoanalyse entstammt – ist, dass Personen, welche problematische und ambivalente familiäre Beziehungskonstellationen kennengelernt haben, eine höhere Ungewissheits- oder Ambiguitätstoleranz entwickeln, die der unternehmerischen Tätigkeit entgegenkommt *(vgl. Müller 2007, S. 381f., vgl. Goebel 1991)*. Wenn das Elternhaus die Individualität, die Eigenverantwortung und die unabhängigen Sichtweisen ihrer Kinder fördert oder belohnt, kann laut *Müller* die Leistungsmotivstärke gefördert werden. Diese Erkenntnisse bauen auf der Forschung von *McClelland (1987)* auf. Ein ausgeprägtes Leistungsmotiv kann die Wahl in Richtung einer unternehmerischen Tätigkeit sowie den Erfolg dieser positiv beeinflussen *(vgl. Müller 2007, S. 382)*. Die elterliche Erziehung hat weiterhin einen prägenden Einfluss auf die Übernahme von Geschlechterrollen und -stereotypen und somit auch auf das Gründungsverhalten der Personen. Frauen trauen sich laut der psychologischen Studien bei *Müller* weniger zu, Selbständigkeit und Familie miteinander zu vereinbaren *(vgl. ebd., S. 382)*. *Müller* gibt weiterhin Auskunft über die selbständigkeitsrelevanten Kernkompetenzen: die Eigeninitiative, Selbstführungskompetenz, Fach- und Sozialkompetenz umfassen.

Hinsichtlich der selbständigkeitsrelevanten Eigenschaftsmerkmale versucht er, aufbauend auf den amerikanischen Studien von *Miner (2000)* eine Typologie der unternehmerischen Persönlichkeit vorzunehmen: 1. Distanzierter Leistungstyp (Leistungsträger), 2. Rationaler Ausdauertyp (Unternehmensmanager), 3. Ideenreicher Akquisitionstyp (Verkäufertyp), 4. Kontrollierter Macht-/Ausdauertyp und 5. Ich-bezogener Aktivitätstyp *(vgl. Müller/Gappisch 2002, S. 307)*. Die zwei letztgenannten Typen, die *Müller* entworfen hat, wurden jedoch noch nicht umfassend erforscht und verifiziert. *Stilz (2006)* hat mithilfe einer quantitativen Erhebung die „Typusbesonderheiten von Unternehmern in Branchen der sogenannten Old und New Economy analysiert" *(Müller 2007, S. 384)*. Sie erkennt typenspezifische Unterschiede zwischen den Branchen. So weisen Unternehmer/innen der New Economy[14] ein höheres unternehmerisches Gesamtpotenzial auf, was sich in höheren Ausprägungen in der Problemlöseorientierung, Ungewissheitstoleranz und in der sozialen Anpassungsfähigkeit zeigt *(Stilz 2006, S. 166ff.)*.

Markgraf (2008) kommt in einer quantitativen Studie mittels Fragebogenerhebung zu dem Ergebnis, dass die o. a. „Big Five" und die allgemeine Selbsteinschätzung der Gründerperson einen entscheidenden Einfluss auf die Gründungsneigung und die Gründungsentscheidung des potenziellen Unternehmers bzw. der potenziellen Unternehmerin nehmen *(vgl. Markgraf 2008, S.188f.)*. *Utsch (2004)* untersucht in einer umfangreichen Studie die psychologischen Einflussgrößen von Unternehmensgründung und -erfolg, wobei auch hier der Fokus auf den Personenmerkmalen der Gründer/innen liegt. Er kommt zu dem Ergebnis, dass den Personenmerkmalen je nach Stadium des Unternehmensprozesses eine unterschiedliche Bedeutsamkeit zukommt. Daher sei es wichtig, „nicht nach Personenmerkmalen zu suchen, die für den gesamten Unternehmensprozess wichtig sind, sondern punktuell begründete Personenmerkmale zu betrachten" *(Utsch 2004, S. 158)*. *Utschs* Forschung baut dabei auf den Arbeiten von *Frese (1998, 1995)* auf, der vor allem erfolgreiche Unternehmensgründer/innen untersuchte.

Die Wiener Gründerstudien *(Frank/Korunka/Lueger 2003)* untersuchten in ihren psychologischen Studien zur Gründerpersönlichkeit auch die Schule als Ort der unternehmerischen Erziehung und Bildung und stellten fest, dass die frühe Förderung von wirtschaftlichem Wissen und Interesse einen Effekt auf die Entwicklung einer späteren unternehmerischen Tätigkeit haben können *(vgl. Frank/Korunka/Lueger 2003, S. 310f.)*.

---

[14] Die New Economy umfasst neue Geschäftsfelder der Volkswirtschaft, wie die Informations-
und Kommunikationstechnologie sowie Bio- und Gentechnologie *(vgl. Gabler Kompakt-
Lexikon Wirtschaft 2010, S. 316)*.

2.5 Der/die Unternehmer/in aus soziologischer Sicht

In der soziologischen Gründungsforschung stehen bisher einerseits die Motivationen für unternehmerisches Handeln und andererseits die ökonomischen Chancen, welche auf unternehmerischen Praktiken beruhen *(vgl. Brüderl/Preisendörfer/Ziegler 2009, S. 27; vgl. Bührmann/Pongratz 2010, S. 9)*, im Vordergrund. Dabei wird davon ausgegangen, dass das unternehmerische Handeln die jeweils bestehenden gesellschaftlichen Strukturen reproduziert *(vgl. Bührmann/Pongratz 2010, S. 8)*. Die Soziologie hat sich zur Aufgabe gemacht, die Folgewirkungen unternehmerischer Praktiken und Handlungsweisen auf das Wirtschafts- und Gesellschaftssystem zu untersuchen.

Grundlagentheoretisch stützt sich die soziologische Gründungsforschung auf die klassischen Kapitalismusstudien von *Karl Marx (1848; 1955)* über *Max Weber (1905; 1947)* bis zum Ökonomen *Joseph A. Schumpeter (1911; 2006)*, wobei der/die Unternehmer/in in der soziologischen Theoriebildung eine eher untergeordnete Rolle spielte. Während *Karl Marx* in seinem „Manifest der kommunistischen Partei" eine Gefährdung der kleinen Selbständigen durch die kapitalstarke Bourgeoisie aufzeigte *(vgl. Marx, MEW 4, S. 469)*, legte *Max Weber* umfassend die zunächst protestantisch geprägten Motivationen des unternehmerischen Handelns dar, welche aus einer methodischen Lebensführung der Gläubigen erwuchsen. Er entwarf ein Idealbild des damals fast ausschließlich männlichen kapitalistischen Unternehmers, der mit einem rationalen Kalkül kontinuierlich nach Gewinn und Rentabilität strebt *(vgl. Weber 1947)*. *Schumpeter* entwickelte schließlich eine Typologie des modernen Unternehmertums. Er erarbeitete vier Typen, die sich als Stufen zum reinen Typ verstehen lassen *(vgl. Schumpeter 1928, S. 476ff.; Bude 2000, S. 11)*. Auch dieses Konstrukt impliziert ausschließlich männliche Unternehmer: Der erste Typ ist der Fabrikherr, der klassische Vertreter der bürgerlichen Wirtschaft. Er ist der Gründer und Besitzer seines Unternehmens und hält an der bürgerlichen Lebensform fest *(vgl. Bude 1997, S. 77)*. Der zweite Typ ist der „moderne Industriekapitän" *(ebd, S. 78)*, der im Besitz der Aktienmajorität oder anderer Beteiligungen ist. Dieser Typ steht seinen Beschäftigten rein strategisch und nicht väterlich gegenüber, im Gegensatz zum Fabrikherrn *(vgl. ebd., S. 78)*. Bei dem dritten Typ handelt es sich um eine Zwischenform – dem Manager. Er ist an einem gewissen Gehalt und einer Versorgung interessiert und benötigt die Zustimmung seiner Kollegen und Mitarbeiter. Der eigentliche Unternehmer ist für *Schumpeter* der „unternehmerische Unternehmer" *(Schumpeter 1928, S. 485)*, der sich hauptsächlich durch seine Unternehmerfunktion definiert. Er ist der schöpferische Zerstörer, der permanent nach neuen Möglichkeiten und Kombinationen auf dem Markt sucht und den soziale Beziehungen und Bindungen nicht interessieren *(vgl. ebd.)*.

Die deutsche Sozialgeschichtsschreibung hat sich weitestgehend auf die Erfolgs-
geschichten von männlichen Unternehmern, wie Krupp *(Gall 2002, Maurer
1991, Mühlen 1965)* fokussiert. Einige allgemeinere Studien liefern *Kocka
(1975)*, der die erfolgreichen männlichen Unternehmer der Industriellen Revolution des 19. Jahrhunderts und deren Voraussetzungen analysierte, und *Hartmann
(1968)*. Dieser untersuchte im Rahmen einer umfangreichen amerikanischen
empirischen Studie die männlichen deutschen Unternehmer. Er stellte fest, dass
„die deutsche Industrie ihr eigenes, einzigartiges Autoritätssystem entwickelt
hat, dass (…) fest in den Traditionen und Werten der deutschen Gesellschaft
verwurzelt ist" *(Hartmann 1968, S. 6)*, wobei es vorkommt, dass die funktionale
Autorität der Unternehmer zugunsten der kreditiven Autorität vernachlässigt
wird *(vgl. Hartmann 1968, S. 71)*. *Bögenhold (1985)* nimmt eine umfassende
soziologische Verortung der Selbständigen im gesamtgesellschaftlichen Gefüge
vor, wobei er von einer theoretischen hin zur faktischen Einordnung kommt. Er
unterteilt weiterhin die Motivationen zur Selbständigkeit in zwei unterschiedliche Typen, einerseits identifiziert er die Motivation zur Selbständigkeit aus der
Not heraus und andererseits erkennt er bei einem zweiten „alternativen" *(Bögenhold 1987, S. 41)* Typus die Motivation aus dem Bedürfnis nach Selbstverwirklichung.

Wirtschaftssoziologische Studien erforschen die sozialen Grundlagen, die
Institutionen und die gesellschaftlichen Folgen unternehmerischen Handelns
(vgl. Maurer 2008, S. 9; Minssen 2008). *Deutschmann (2008)* setzt sich spezifisch mit dem Typus des Unternehmers bzw. der Unternehmerin aus wirtschaftssoziologischer Sicht auseinander. Seine These lautet: „dass die gesellschaftliche
Leistung des Unternehmers darin besteht, die Potentiale des organisierten Ar-
beitsvermögens zu mobilisieren und sozial zu strukturieren" *(Deutschmann
2008, S. 58)*. Daraus entstehe eine neue Art kapitalistischer Marktwirtschaft,
deren Ratio die Aktualisierung der Möglichkeiten gesellschaftlicher Arbeit sei
(vgl. Deutschmann 2008, S. 58).

In der soziologischen Organisationsforschung *(Luhmann 1964)* betrachtet
man die Organisation als soziales Gebilde, von dem ausgehend unterschiedliche
unternehmerische Organisationsformen und -kulturen sowie deren Formations-
und Transformationsprozesse innerhalb von Netzwerken untersucht werden *(vgl.
Bührmann/Pongratz 2010, S. 8; Göhlich/Hopf/Sausele 2005)*.

In der soziologischen Genderforschung gibt es seit Mitte der 1980er Jahre
diverse Untersuchungen, die geschlechtsspezifische Unterschiede zwischen
Gründerinnen und Gründern herausarbeiten. Hier finden sich empirische Studien, welche sich mit den individuellen und strukturellen Voraussetzungen weib-
licher Existenzgründung auseinandersetzen *(vgl. Verheul 2005, Assig/Lammar
1991)*. *Lammar* zeigt beispielsweise in einer Studie über „Marktorientierte Frauenbetriebe als neues Praxisfeld sozialer Arbeit" *(1995)* die starke Benachteili-

gung der potenziellen Gründerinnen auf dem Arbeitsmarkt sowie in der Sozial-politik auf. *Gordon (1999)* untersucht mithilfe der Genogrammanalyse selbstän-dige ostdeutsche Frauen in Hinblick auf die Kategorie „Neugierde" und entwi-ckelt eine spezifische Typenbildung, wobei in dieser qualitativen Studie die gesamte Biographie in den Blick genommen wird. In der Studie von *Fromme (2002)* über die Förderung der weiblichen Gründerinnen in Berlin werden u. a. ausführlich die differenten Ausgangslagen der weiblichen Existenzgründerinnen gegenüber den männlichen Existenzgründern (z. B. geringere Qualifikation der Frauen, fehlende Finanzmittel, Vereinbarkeit zwischen Gründung und Familie, Akzeptanzprobleme u. a.) aufgezeigt und vor allem das Scheitern der Gleichstel-lung von Gründerinnen gegenüber den Gründern untersucht. *Welter/Lageman* zeigen auf, dass Frauen weniger häufig gründen als Männer, jedoch dann ein spezifisches Gründungsverhalten zeigen: Sie brechen in der Gründungsphase seltener ab als männliche Existenzgründer *(vgl. Welter/Lageman 2003, S. 95).*

Andere Studien setzen sich mit der Frage auseinander, weshalb Frauen we-niger Bereitschaft zeigen, ein Unternehmen zu gründen. In diesen Untersuchun-gen wird festgestellt, dass die Attribuierung der Hauptverantwortung für Kinder-erziehung und Haushaltsführung sowie die traditionelle Arbeitsteilung Frauen noch immer an einer Existenzgründung hindern *(vgl. Diezinger 2000).* Wenn Frauen zu Existenzgründerinnen werden, dann eher im kleinen, wenig expansi-ven Rahmen *(vgl. Bendl/Riedl 2000, Hodenius 1997).* Die Motivlagen von Un-ternehmerinnen sind von *Apitzsch/Kontos/Kreide* im Rahmen eines EU-Forschungsprojektes *(Apitzsch/Kontos/Kreide 2001)* untersucht worden. Diese zeigen mithilfe qualitativer Forschung auf, dass Frauen durch eine Gründung eine aktive berufsbiographische Neuorientierung und -gestaltung vornehmen. *Bührmann u. a. (2006)* nehmen in ihrer Aufsatzsammlung das Unternehmerin-nenbild in Deutschland in den Blick *(Bührmann/Hansen 2006).* Sie stellen fest, dass in den Medien ein veraltetes Unternehmerinnenbild reproduziert wird. *Wer-ner/Kranzusch/Kay (2005)* kommen zu dem Ergebnis, dass nicht allein das Un-ternehmerinnenbild für die schwächere Gründungsneigung für Frauen verant-wortlich ist, sondern andere Einflussfaktoren, wie beispielsweise die Humanka-pitalausstattung *(Werner/Kranzusch/Kay 2005, S. 72).*

In den letzten Jahren wird in der Soziologie zusätzlich ein Fokus auf die Prekarisierung von Unternehmern und Unternehmerinnen bzw. auf das prekäre Unternehmertum gelegt *(Bührmann/Pongratz 2010).* In diesen Studien wird deutlich, dass es nicht nur Vollzeitgründungen gibt, sondern zunehmend Teilzeit-Unternehmer/innen, Nebenerwerbs-Unternehmer/innen und Not-Unterneh-mer/innen, welche aus der Arbeitslosigkeit heraus gründen *(Lohman/Luber 2004). Bührmann/Pongratz* verdeutlichen, „dass sich Unternehmertum häufig über lange Phasen – vor allem in der Gründungszeit aber auch darüber hinaus –

in einer Prekaritätszone zwischen Erfolg und Scheitern bewegt" *(Bühr-mann/Pongratz 2010, S. 12)*.

Die soziologische Forschung zeigt seit den 1990er Jahren eine größere Hinwendung zu qualitativen Forschungsmethoden, um beispielweise die biographische Einbettung beruflicher Sozialisation sowie die Lernprozesse, die zur Motivationsentstehung führen, untersuchen zu können. Die Sozialisation in die Selbständigkeit sollte, laut *Kontos (2003)* stärker fokussiert werden. Sie untersuchte im Rahmen des o. a. EU-Forschungsprojekts selbständige Migrantinnen mithilfe biographischer Interviews und stellte Fragen nach dem Verhältnis von Motivation, Sozialisation und Selbständigkeit sowie den damit verbundenen Lernprozessen, die die Selbständigkeit mit auslösen *(vgl. Kontos 2003, S. 115)*. In der Ergebnissicherung werden die spezifischen Lernprozesse, welche mit Transformationsprozessen der Migrantinnen einhergingen, einzeln rekonstruiert und analysiert *(vgl. Kontos 2003, S. 116ff.)*, um dann eine allgemeinere Kategorisierung vorzunehmen.

Ein weiterer detaillierter qualitativer Forschungsarbeitsbericht wurde von *Bude* im Jahr 2000 veröffentlicht, der anhand von sechs offenen Interviews, geführt mit Unternehmern und Unternehmerinnen aus Baden-Württemberg, eine neue deutsche Unternehmergeneration in Ansätzen herausarbeitet. Er vergleicht den alten deutschen Fabrikherrn-Unternehmertyp mit *Schumpeters* Vorlage des „unternehmerischen Unternehmers" *(Schumpeter 1928, S. 485;* vgl. die o. a. Ausführungen in diesem Kapitel) und erarbeitet drei Fallporträts. Der erste Typus ist der „Garagenunternehmer der siebziger Jahre" *(Bude 2000, S. 16)*, der sich als ein „industrieller Funktionalist ohne selbstverpflichtende Gemeinwohlorientierung" *(ebd.)* erweist. Der zweite ist ein männlicher Entrepreneur der neunziger Jahre, der in der Industriebranche unternehmerisch tätig ist und eine hohe soziale Verpflichtung und politische Verantwortung empfindet *(vgl. Bude 2000, S. 54)*. Der dritte Typus ist eine „Pionierin des Neuen Marktes" *(Bude 2000, S. 39)*, die ein erfolgreiches Web-Unternehmen führt, sich als eine Unternehmerin neuen Typs versteht und sich auch in der Politik verorten möchte *(vgl. Bude 2000, S. 54)*. *Bude* erkennt hier den „Wechsel vom technik- zum kreditorientierten Unternehmertyp" *(ebd.)*, der seine „Erfahrungen mit einer ‚neuen Ökonomie' zum Vorbild einer ‚neuen Politik' nehmen will" *(ebd.)*. In dieser Studie wird unter geringem Einbezug der Sozialisation der Gründer/innen deren Weg in die Existenzgründung betrachtet, soziale und frühkindliche Prägungen sowie biographische Einflüsse werden jedoch weitestgehend dethematisiert. Dadurch kommt es zu einer starken Reduktion auf die Elemente der Handlungstypen, ihrer unternehmerischen Qualifikationen und Strukturmerkmale.

2.6 Der erziehungswissenschaftliche Blick auf den/die Unternehmer/in

Im Zuge wachsender Aktualität des Themas Existenzgründungsforschung und der gesellschaftspolitischen Forderung nach frühzeitigen pädagogischen Maßnahmen zur Erweckung unternehmerischen Denkens und Handelns bei Kindern und Jugendlichen hat die Erziehungswissenschaft diesen Forschungszweig für sich entdeckt. Der Gegenstandsbereich berufliche Selbständigkeit und Freiberuflichkeit wird erst in den letzten zwei Jahrzehnten von Erziehungswissenschaftlern und -wissenschaftlerinnen intensiv unter verschiedenen Forschungsfragestellungen betrachtet. Dabei wird einerseits vor allem die Existenzgründungsberatung *(Maier-Gutheil 2009, Tödt 2001)* und andererseits die Gründerkompetenz im Zuge der Bildung und Ausbildung *(Fritzsche/Nohl/Schondelmayer 2006, Nohl 2005, Panick 1999, Nittel 1997)* – im Besonderen an Hochschulen *(Westerfeld 2004, Braukmann 2002)* – untersucht. Ein dritter Fokus ist die Erforschung der Freiberufler/innen und Selbständigen in der Weiterbildung *(Lenk 2010, Braun/Hengst/Petersohn 2008, Nittel/Völzke 2002)*. Eine Auswahl der Studien werden im weiteren Text vorgestellt.

Da die Entrepreneurshipforschung durch die fokussierte Blickweise auf den *Schumpeterschen* Entrepreneur, dessen Persönlichkeitsmerkmale und dazugehörige Erfolgsfaktoren einen allzu statischen Blick auf die männliche Gründerperson wirft *(vgl. Fritsche/Nohl/Schondelmayer 2006, S. 11f.)*, wendet sich die Erziehungswissenschaft in diversen empirischen Studien den „neuen" Gründern/innen und Selbständigen *(vgl. Bögenhold 1987)* zu, welche mit ihren Forschungsfragen am alltagspraktischen Handeln und an dem darin verankerten Erfahrungswissen der Gründerpersonen ansetzen *(vgl. Fritzsche/Nohl/Schondelmayer 2006, S. 12)*.

Grundlagentheoretisch knüpft die Erziehungswissenschaft hierzu an den weitreichenden Lern- und Bildungsprozessen der (potenziellen) Gründerperson sowie des unternehmerischen Milieus an. Dabei werden sowohl die biographischen Lern- und Bildungsprozesse der Individuen in qualitativen Studien rekonstruiert als auch die formalen und nonformalen Lernaktivitäten in pädagogischen Institutionen oder Beratungssettings untersucht. In diesem Kontext muss auf die Debatte von der Pädagogisierung der Lebenswelt und der von *Kade* formulierten These von der Entgrenzung des Pädagogischen *(Kade 1997, Lüders/Kade/Hornstein 2007)* verwiesen werden, da gerade in der Erwachsenenbildung, dem Hauptfeld der Existenzgründungsberatung und -weiterbildung, eine Pluralisierung von Bildungs- und Lernprozessen zu beobachten ist, welche nicht mehr nur in den genuin-pädagogischen Orten und Einrichtungen stattfinden. Diese Prozesse erfassen alle Altersstufen und Bereiche des öffentlichen Lebens, so dass Phänomene pädagogischen Denkens und Handelns im Alltag überall beobachtbar sind und es kaum noch exklusive Räume der Vermittlung und des Lernens gibt *(vgl. Lüders/Kade/Hornstein 2007, S. 226)*. Aus dieser Perspektive heraus ergibt sich unmittelbar die Notwendigkeit der erziehungswissenschaftlichen Erforschung von individuellen sowie kollektiven Bildungs- und Lernprozessen.

In der Erziehungswissenschaft werden biographische Erfahrungs- und Lernprozesse von Gründer/innen zunehmend mit den Methoden der Biographieforschung untersucht. *Schütze* zeigt zum Beispiel in seiner „Biographieanalyse eines Müllerlebens" den Zusammenhang zwischen dessen lebensgeschichtlichen Wandlungsprozess und dem wirtschaftlichen Erfolg seines Unternehmens auf *(Schütze 1991, S. 218)*. *Nittel (2003)* untersucht in seinem Beitrag den biographischen Umgang einer Juristin sowie eines freiberuflichen Pädagogen mit beruflicher Ungewissheit. Er bringt analytisch zum Ausdruck, dass beide auf sehr unterschiedliche Art und Weise diese Kontingenz bewältigen, ohne diese konkret für sich zu reflektieren. Während die Rechtsanwältin früh ein berufsbiographisches Motiv in Richtung Jurastudium und der Spezialisierung auf internationales Recht entwickelt und ihre Freiberuflichkeit biographisch folgerichtig erscheint *(vgl. Nittel 2003, S. 307f.)*, geht der erwachsenenbildnerische Protagonist mit seiner freiberuflichen Tätigkeit einen berufsbiographischen Kompromiss ein. So kann er nach Ablauf einer gewissen Spanne an Lebenszeit seine unterschiedlichen Interessen, Ideale und Kompetenzen in dieser Tätigkeit weitestgehend ausleben und so die Ungewissheit bewältigen *(vgl. ebd., S. 310f.)*. Auch *Panick (1999)* wendet in ihrer Forschungsstudie in Ansätzen die Methoden der Biographieforschung an. Sie untersucht mithilfe von narrativen Interviews die Lern- und Erfahrungsprozesse von Gründer/innen im Einzelhandel in den neuen Bundesländern, um die Erfahrungen an den Entwicklungsprozessen zur Selbständigkeit zu erforschen *(vgl. Panick 1999, S. 7ff.)*. In acht Fallporträts eruiert und analysiert die Forscherin die Lernerfahrungen der Befragten, wobei keine Untersuchung der biographischen Prozessstrukturen erfolgt. Die Analyse der Lernprozesse wird weitestgehend auf den Gründungsprozess und die Vorgründungsphase reduziert und in drei Lernformen geclustert: 1. Lernen auf eigene Faust, 2. Lernen durch Anknüpfen an berufliche Erfahrungen, 3. Lernen durch Berater *(vgl. Panick 1999, S. 163ff.)*. Diese Studie bietet jedoch für die vorliegende Arbeit einige Anschlussmöglichkeiten, wobei hier die gesamten biographischen Lernformen und -prozesse sowie deren biographische Verankerung analysiert werden.

Biographische Einflüsse auf den Erfolg von selbständigen Frauen hat *Löhr-Heinemann (2005)* in ihrer Diplomarbeit herausgearbeitet, wobei sie die Auswertung narrativer Interviews mit der Genogrammanalyse verknüpft. In ihrer Arbeit fokussiert sich die Forscherin vor allem auf den Familienstammbaum und die -beziehungen der Gründerinnen und daraus resultierende Karrieremuster *(vgl. Löhr-Heinemann 2005)*.

Zwei wesentliche biographieanalytische Studien, welche im Rahmen von empirischen Untersuchungen der Existenzgründerprogramme der Deutschen Kinder-
und Jugendstiftung entstanden, haben *Fritzsche* und *Nohl/Schondel-mayer
(2005/2006)* publiziert. Hier wurden narrative Interviews mit Gründer/innen in
den neuen Bundesländern geführt, die innerhalb des Programms „Enterprise"
individuell begleitet und qualifiziert wurden, während sie arbeitslos oder von
Arbeitslosigkeit bedroht waren *(vgl. Fritzsche/Nohl/Schondelmayer 2006, S. 9f.).*
In der zweiten untersuchten Fördermaßnahme „Citynet" wurden Gründungen
von Kleinunternehmen unterstützt, um das gesellschaftliche Umfeld einzubezie-
hen und möglichst neue Arbeitsplätze zu schaffen *(vgl. ebd., S. 10).* In diesen
Studien war der „Fokus auf die lebensgeschichtliche Verankerung der Existenzgründung" *(ebd., S.10)* gerichtet und es wurden mithilfe der dokumentarischen
Methode *(Bohnsack 2003, Bohnsack/Nentwig-Gesemann/Nohl 2001)* die Hand-
lungs- und Problemlösestrategien sowie Erfahrungs- und Lernprozesse untersucht. *Fritzsches* Evaluation basiert auf zehn narrativen Interviews mit Gründerinnen, die am Programm „Enterprise" teilnahmen. Sie unterscheidet in der Ab-
schlusspublikation zunächst zwei Typen: „Typ A: GründerInnen, die an berufliche Vorerfahrungen anknüpfen und Typ B: GründerInnen, die sich völlig unabhängig von bisherigen Ausbildungen selbständig machen" *(Fritzsche 2006, S.
34)* und entwickelt aus diesen drei sehr spezifische Kategorien, welche die berufsbiographische Verankerung der Existenzgründung verdeutlichen *(vgl. ebd. S.
35ff.)*. *Fritzsche* nimmt Verallgemeinerungen bzgl. der Menge an Erfahrungen
vor, welche die Gründer/innen unterschiedlich für sich nutzen, und an deren
Defiziten mögliche Beratungen ansetzen können *(vgl. S. 57).* Weitere Ergebnisse
gleicht sie mit den Möglichkeiten und Vorzügen des Qualifizierungs- und Bera-
tungsangebots des Programms „Enterprise" ab. In einem zweiten Auswertungs-
kapitel geht sie auf die Bedeutung des sozialen Umfeldes der Gründer/innen ein
und stellt als Ergebnis wiederum drei Kategorien vor. Die Gründer/innen können
im Allgemeinen auf ein starkes soziales Umfeld zurückgreifen, welches sie in
ihren Zielen sehr unterstützt *(vgl. S. 61ff.).* Ein weiterer Fokus war die Eruierung
der Lernprozesse, die im Laufe des Gründungsprozesses ablaufen *(vgl. S. 77ff.).*
Hier zeigt die Evaluation, dass 1. Fachwissen und ökonomisches Wissen erlernt
wird, 2. soziales Lernen stattfindet, in dessen Folge es zur Erweiterung sozialer
Kompetenzen kommt und 3. persönliches Lernen abläuft. Dieser Lernprozess
wird durch die Auseinandersetzung mit der eigenen Person vollzogen und kann
zu einem Selbstmanagement führen *(vgl. ebd., S. 80).* Bei einigen Interviewpartnern und -partnerinnen, so erwähnt *Fritzsche* im Fazit, finden diese Lernprozesse
kaum oder gar nicht statt. Sie kommt zu der Schlussfolgerung, dass die Gründungen daher scheitern *(vgl. ebd., S. 81).* Abschließend fasst die Autorin Rück-
meldungen der Gründer/innen zum Programm „Enterprise" zusammen und ent-

wickelt daraus Empfehlungen für mögliche weitere Existenzgründungspro-gramme.

Nohl/Schondelmayer (2006) führten für ihre empirische Auswertungsstudie des Förderprogramms „Citynet" neun narrative Interviews mit Gründer/innen im Alter zwischen 31 und 40 Jahren, „die überwiegend biographisch angelegt wa-ren" *(Nohl/Schondelmayer 2006, S. 99)* und durch ein Experteninterview ergänzt wurden. Die Autoren identifizieren zunächst die biographischen Lern- und Bil-dungsprozesse, die in unmittelbaren Zusammenhang mit der Existenzgründung stehen, wobei alle anderen ablaufenden Lern- und Bildungsprozesse außer Acht gelassen werden *(vgl. ebd., S. 106)*. Es wird eine klare Abgrenzung zwischen Lern- und Bildungsprozessen vorgenommen, dabei bestimmt das Autorenteam, dass sie „Lernen als die Mehrung von Wissen und Können in gegebenen Rah-men der Lebensorientierung begreifen; demgegenüber ist Bildung als die Trans-formation dieser Rahmen zu definieren" *(ebd., S. 106)*. In der Auswertung wer-den die formellen und informellen Lernprozesse getrennt voneinander aufgelistet und falldetailliert analysiert. Zusammenfassend kommt das Autorenteam zu der Annahme, dass die ablaufenden Lern- und Bildungsprozesse die Biographien verändern und Entrepreneurship zu einer „biographischen Chance" *(ebd. S. 180)* wird. Gründungsprozesse begünstigen, ja fordern meist das Lernen und die Er-schließung von neuen Wissensgebieten. Auch bei wirtschaftlichem Misserfolg kommt es zu Lern- und Bildungsprozessen, so zeigt die Ergebnissicherung. Empfehlungen und Handreichungen für Gründungsbegleitprogramme schließen die Ausführungen ab. Im Folgenden werden vom Autorenteam sodann die Aus-wertungen zur Beschäftigung von Mitarbeiter/innen und zum gesellschaftlichen Umfeld der Gründer/innen sowie die Förderung der Gründung tiefgehend behan-delt. Abschließend wird das Förderprogramm nochmals bewertet *(vgl. ebd., S. 244ff.)*. Diese Studie kann als eine wichtige Vorarbeit für das vorliegende Disser-tationsprojekt angesehen werden, da die angewendeten Methoden sich weitest-gehend gleichen und das Sampling sich in der Altersstruktur ähnelt. In der Größe und der Länge des Bestehens der Unternehmen, in den Branchen und in den Rekrutierungsmechanismen kommt es jedoch zu erheblichen Abweichungen. Der wesentliche Unterschied zwischen der Studie von *Nohl/Schondelmayer* und der vorliegenden Arbeit ist die umfassende Analyse der biographischen Prozess-strukturen der Gründer/innen und deren lernspezifischer Qualitäten.

In einer bildungshistorischen Forschungsarbeit kann *Groppe (2004)* über die Seidenfabrikantenfamilie Colsman – eine Unternehmerdynastie über mehrere Jahrhunderte – nachweisen, dass die nachfolgenden Unternehmer/innen zum Unternehmertum erzogen wurden. Anhand von eingangs gestellten Thesen zu Lebenswelt, Lebensform, Lebensmuster und Kultur, Bildungswegen und Protes-tantischer Ethik werden die erfolgreichen Sozialisations- und Bildungsprozesse der Unternehmensnachfolge systematisch ermittelt *(vgl. Groppe 2004)*.

Ein weiterer großer Forschungsschwerpunkt in der Erziehungswissenschaft ist die Untersuchung der Beratung vor und während der Existenzgründung und deren Einflussmöglichkeiten. Hier entstanden gerade in den letzten Jahren eine Reihe von Veröffentlichungen *(Maier-Gutheil 2009, Müller 2005, Strauer 2004, Tödt 2001)*. Von den qualitativ-empirischen Studien werden viele Handlungsfelder in den Blick genommen. *Maier-Gutheils* Studie *(2009)* untersucht beispielsweise die Handlungsaktivitäten im Feld der Existenzgründungsberatung, in dem 13 Existenzgründungsberatungsgespräche erhoben und interaktionsanalytisch ausgewertet werden. Die Autorin rekonstruiert die Arbeitsschritte in der Existenzgründungsberatung und kommt zu dem Ergebnis, dass nicht nur Beratungsaktivitäten, sondern auch „andere Kernaktivitäten wie etwa das Begutachten oder das Vermitteln" *(Maier-Gutheil 2009, S. 181)* eingelassene Handlungsaktivitäten im Beratungsprozess sind. In diesem Zusammenhang arbeitet sie die Kernprobleme und Paradoxien sowie die Fehlerquellen in der Beratung klar heraus und belegt damit die Notwendigkeit von pädagogischer Professionalität *(vgl. ebd., S. 235ff.)*.

Ein noch junger Forschungszweig beschäftigt sich mit der theoretischen Fundierung der Existenzgründungsqualifizierung an Schulen und Hochschulen. Diese Forschung, welche eine hohe Affinität zur Wirtschaftspädagogik aufweist, verortet sich im Schnittstellenbereich von Wirtschafts- und Erziehungswissenschaft und wird unter dem Begriff der Entrepreneurshipeducation gefasst *(vgl. Westerfeld 2004, S. 29)*. Nach *Sloane* beschäftigt sich diese im weitesten Sinne „mit der Erziehung von Menschen im und durch das Wirtschafts- und Beschäftigungssystem" *(Sloane 1997, S. 136)*. In diesem Kontext hat sich *Westerfeld* mit der „Förderung persönlichkeitsbezogener unternehmerischer Kompetenzen im Rahmen der Existenzgründungsqualifizierung an Hochschulen" *(Westerfeld 2004)* beschäftigt, welche im Rahmen des Projektes „bizeps" an der Bergischen Universität Wuppertal entstand. Die Autorin entwickelt ein didaktisch orientiertes Konstrukt zur Förderung persönlichkeitsbezogener unternehmerischer Kompetenzen, welches sie zuerst bildungstheoretisch fundiert analysiert *(ebd., S. 173ff.)*. Anschließend erarbeitet sie didaktische Vorschläge für eine diese spezifischen Kompetenzen fördernde Lehr- und Lernumgebung *(ebd, S. 195ff.)*.

Da in der Erwachsenenbildung eine hohe Anzahl von Freiberuflern tätig ist und die Existenzgründung in dieser Branche ansteigt, haben sich *Braun/Hengst/Petersohn (2008)* mit der Gründung in der Weiterbildung auseinandergesetzt und wesentliches, praktisch konnotiertes Wissen für eine potenzielle Selbständigkeit in dieser Branche zusammengetragen. Sie beschäftigen sich mit der Situation auf dem Weiterbildungsmarkt, den Formen der Existenzgründung, den möglichen Qualifikationen von Erwachsenenbildnern und -bildnerinnen und geben Einblick in die konkrete Vorgehensweise bei einer Existenzgründung – von der Planung bis hin zur strategischen Durchführung *(vgl. Braun/Hengst/Petersohn 2008, S. 9f.). Lenk (2010)* hat eine umfassende quantitative Studie über die Freiberufler/innen in der Weiterbildung in Hessen vorgelegt. Sie untersuchte neben demographischen Daten, Aufbau und Entwicklung der Freiberuflichkeit auch deren Kernaktivitäten und inhaltliche Tätigkeit sowie deren berufliches Selbstverständnis.

3 Der Lerndiskurs in der Biographieforschung

3.1 Lernen ist Erfahrung – Lernbegriff und Lerntheorie

Die empirische Untersuchung von lebensgeschichtlich eingebetteten Lernphänomenen führt zunächst zur Auseinandersetzung mit dem biographietheoretisch gerahmten Lernbegriff, der vor allem die längerfristigen Lernprozesse über die Lebenszeit fokussiert. Lernen heißt im allgemeinen Sinn des Wortes zunächst die auf einer Erfahrung beruhende, relativ beständige Verhaltensänderung eines Menschen, wobei der Fokus auf der Erfahrung liegt *(vgl. Lefrancois 1986, S. 3)*. In der Erziehungswissenschaft haben sich *Göhlich/Zirfas* aus dem Blickwinkel der Allgemeinen Pädagogik eingehend mit dem Lernen beschäftigt und diesen Begriff wie folgt erklärt: „Lernen bezeichnet die Veränderungen von Selbst- und Weltverhältnissen sowie von Verhältnissen zu anderen, die nicht aufgrund von angeborenen Dispositionen, sondern aufgrund von zumindest basal reflektierten Erfahrungen erfolgen und die als dementsprechend begründbare Veränderungen von Handlungs- und Verhaltensmöglichkeiten, von Deutungs- und Interpretationsmustern und von Geschmacks- und Wertstrukturen vom Lernenden in seiner leiblichen Gesamtheit erlebbar sind; kurz gesagt: Lernen ist die erfahrungsreflexive, auf den Lernenden sich auswirkende Gewinnung von spezifischem Wissen und Können" *(Göhlich/Zirfas 2007, S. 17)*.

Lernen wird hier als Veränderungen von Selbst- und Weltverhältnissen infolge von erlebten und verarbeiteten Erfahrungen dargestellt, wobei hermeneutische und phänomenologische Ansätze in diese Begriffserklärung eingehen[15]. Als Vertreterin der phänomenologischen Denktradition zeigt *Mayer-Drawe* in ihrer Theorie des Lernens auf, dass Lernen subjektive Erfahrung ist, die immer auch leibbezogen stattfindet. In Anlehnung an *Merleau-Ponty (vgl. Merleau-Ponty*

---

[15] *Wilhelm Dilthey* hat als wichtiger Vertreter der geisteswissenschaftlichen Pädagogik auf die sinnstiftende Komponente der Biographie verwiesen und diese hermeneutisch betrachtet. Er begreift Verstehen als ein Herstellen von lebensgeschichtlichen Zusammenhängen unter Berücksichtigung von Ort, Zeit und sozialen Rahmungen und schließlich deren Einordnung in den großen Zusammenhang zwischen dem Individuum und der Welt *(vgl. Dilthey 1974, S. 163f.)*. Phänomenologisch hat sich bereits *Edmund Husserl* mit dem Erfahrungsbegriff auseinandergesetzt und die Lebenswelt als Raum von Erlebnissen und Erfahrungen begriffen *(Husserl 1977, vgl. von Felden 2008, S. 114f.)*.

1966) beweist sie eindrücklich, dass Wahrnehmung, Erfahrung und damit Lernen ohne Leiblichkeit und ohne Einbezug der Sinnlichkeit unmöglich sei, da jeder Mensch an seinen Körper gebunden sei und ohne diesen keine Wahrnehmung stattfinden könne *(Meyer-Drawe 2008, S. 211f.)*. Meyer-Drawe geht weiterhin davon aus, dass Lernen durch eine Störung, ein Widerfahrnis (auch Schmerz) ausgelöst wird, welches die Gewohnheit durchbricht und eine Erfahrung nach sich zieht. Diese aktive oder passiv-subjektive Erfahrung führt letztendlich zum Lernen. „Lernen ist bestimmt durch Vorurteile, durch Gewohnheiten. Es ist ermöglicht durch Vorwissen, aber auch begrenzt durch den so genannten gesunden Menschenverstand. Lernen in einem strengen Sinn beginnt dort, wo das Vertraute brüchig und das Neue noch nicht zur Hand ist (...)" *(Meyer-Drawe 2008, S. 213)*.

Diese Sichtweise findet sich bereits bei *John Dewey*, der sich als Philosoph und Pädagoge bereits ein knappes Jahrhundert früher mit der Kategorie „Erfahrung" eingehend beschäftigt hat. *Dewey* postuliert folgendes: „Durch Erfahrung lernen heißt, das, was wir den Dingen tun, und das, was wir von ihnen erleiden, nach rückwärts und vorwärts miteinander in Verbindung bringen" *(Dewey 1994, S. 141)*. Die Aussage impliziert, dass es bei Erfahrungen nicht nur darum geht, sich aktiv die Welt anzueignen, sondern auch die Leidensprozesse zu durchleben und in unterschiedlichster Weise zu verarbeiten.

Die sozialen Konstruktivisten *Berger/Luckmann* gehen davon aus, dass Lernen immer unter Einbezug der eigenen Deutung und Wahrnehmung der Welt stattfindet. Basierend auf dem Grundgedanken, dass der Mensch sich seine Wirklichkeit auf der Basis seiner sozialen interaktiven Beziehungen zu anderen konstruiert, wird Lernen als ein aktiver Handlungsvollzug angesehen, der von den jeweiligen kulturellen, normativen und sozialen Rahmungen abhängt. Das bedeutet, Lernen ist hier ein Akt der subjektiven Konstruktion *(vgl. Berger/Luckmann 1999)*.

Dieser kurze Überblick auf einige Lerntheorien deutet den umfangreichen Lerndiskurs an, der in der erziehungswissenschaftlichen Forschung zu finden ist. In der vorliegenden Studie wird die o. a. Sichtweise, dass Lernen Erfahrung ist, zugrunde gelegt.

3.2 Lebenslanges Lernen und biographisches Lernen

Der Begriff des lebenslangen Lernens verweist bereits darauf, dass die Menschen über die gesamte Lebensspanne lernen und dass es sich um eine zeitliche sowie räumliche Ausdehnung des Lernens handelt *(vgl. Alheit/Dausien 2010, S. 714)*. In Anbetracht des beschleunigten gesellschaftlichen Wandels und den damit einhergehenden Globalisierungs- und Technisierungstendenzen hat eine Umschichtung der Lernzeit von der Kindheit und Jugend in das Erwachsenenleben stattgefunden, welche das lebenslange Lernen zu einer unbedingten Norm erhebt *(vgl. Kade/Nittel/Seitter 1999, S. 28)*. Daraufhin hat die europäische Bildungspolitik mit der Verabschiedung des Memorandum on Lifelong Learning im März 2000 die Ausweitung der Lern- und Bildungsprozesse in modernen Gesellschaften strategisch und funktional vorangetrieben. In diesem Memorandum wird postuliert: „Lifelong learning is no longer just one aspect of education and training; it must become the guiding principle for provision and participation across the full continuum of learning contexts" *(Commission of the European Communities 2000, S. 3)*. Das lebenslange Lernen erhält somit über die Funktion des Lernens im Lebenslauf hinaus die Aufgabe, bei der Bewältigung gesellschaftlicher Problemlagen mitzuhelfen *(vgl. Hof 2009, S. 16)*. Das Memorandum expliziert weiter, dass das lebenslange Lernen alle sinnvollen Lernaktivitäten, also formale, nicht-formale und informelle Lernprozesse einbezieht *(vgl. Commission of the European Communities 2000, S. 8)*.

In der Erziehungswissenschaft wird das Konzept des lebenslangen Lernens unter zwei Aspekten betrachtet: Einerseits werden aus dem bildungspolitischen Blickwinkel die sich mehr und mehr verändernden Bedingungen der Arbeits- und Bildungsgesellschaft untersucht und mögliche ökonomische und kulturelle Ressourcen erforscht[16]. Andererseits findet eine pädagogische und bildungstheoretisch interessierte Betrachtung und Untersuchung der Bedingungen und Möglichkeiten biographischen Lernens der (individuellen) gesellschaftlichen Akteure statt *(vgl. Alheit/Dausien 2010, S. 716)*. Dieser zweite Aspekt – auf dem die vorliegende empirische Studie aufbaut – setzt sich mit der individuellen Dimension des lebenslangen Lernens auseinander, wobei es insbesondere „um Lernen als (Trans-)Formation von Erfahrungen, Wissen und Handlungsstrukturen im lebensgeschichtlichen und lebensweltlichen *(‚lifewide')* Zusammenhang" *(ebd., S. 722)* geht. Dieses wird von den Autoren und Autorinnen als biographisches Lernen bezeichnet, welches in Anlehnung an den phänomenologischen Ansatz des Lernbegriffs auf die lebensgeschichtliche Sichtweise des jeweils Lernenden rekurriert *(vgl. ebd., S. 722)*. Biographische Lernprozesse eines Gesellschaftsmitglieds finden zu einem Teil in Bildungsinstitutionen statt, in denen eine erste Strukturierung der (formalen) Lernprozesse ermöglicht wird und denen sich das einzelne Individuum nicht entziehen kann. An dieser Stelle ist es sinnvoll, kurz

---

[16] *Alheit/Dausien* beschreiben den Ursprung der veränderten Bildungsprogrammatik in vier Entwicklungstrends: „(a) die Veränderung der Bedeutung der ‚Arbeit', (b) die neue und völlig gewandelte Funktion des ‚Wissens', (c) die Erfahrung der zunehmenden Dysfunktionalität der etablierten Bildungsinstitutionen und (d) Herausforderungen an die sozialen Akteure selbst, die mit den Etiketten ‚Individualisierung' und ‚reflexive Modernisierung' (…) nur grob charakterisiert sind" *(Alheit/Dausien 2010, S. 717)*. Diese werden von ihnen danach näher betrachtet und erläutert.

auf die Lebenslaufforschung zu verweisen, die sich mit gesellschaftlich genormten Lebenslaufmodellen beschäftigt. *Martin Kohli*, der die Institutionalisierung des Lebenslaufs der modernen Gesellschaft erforscht hat, teilt den klassischen Lebenslauf in drei Phasen: Vorbereitung, Aktivität und Ruhephase *(vgl. Kohli 1991, S.310f.)*. Er zeigt auf, dass in der Kindheit und Jugend als Vorbereitung auf die berufliche Tätigkeit der Großteil der formalisierten Bildungsprozesse in der Normalbiographie abläuft – vorwiegend in der Schule – und diese die Grundlage für alle weiteren Lernprozesse bilden. *Schütze* nennt diese formalisierten Prozesse institutionalisierte Ablauf- und Erwartungsmuster *(vgl. Schütze 1984, S. 92)*, die das einzelne Individuum durchläuft[17]. In den folgenden Lebenslaufphasen findet lediglich ein Ausbau des vorherigen Lern- und Bildungsniveaus statt. Durch die gesellschaftliche Transformation und der damit einhergehenden Veränderung der Erwerbsarbeit löst sich die Normalbiographie mehr und mehr auf und die Grenzen zwischen den drei Phasen werden diffus. Die zeitliche Ordnung der Lern- und Bildungsprozesse verändert sich im Lebenslauf, sie dehnt sich aus, indem formale Bildungsabschlüsse im Erwachsenenalter nachgeholt werden und nonformales Lernen zu beruflichen Veränderungen führen. Hier kommt das Konzept des lebenslangen Lernens zum Tragen. Ohne kontinuierliche Weiterbildung und Qualifizierung im Erwachsenenalter kann ein relativ kontinuierliches Erwerbsleben kaum aufrechterhalten werden, da jegliches Wissen eine „kürzer werdende ‚Halbwertzeit'" *(vgl. Alheit/Dausien 2010, S. 725)* besitzt. Bildung wird zum biographischen Prozess, welcher alltägliche und lebensgeschichtliche Erfahrungen mitbestimmt und Übergänge sowie Krisen mehr oder weniger bewältigbar macht *(vgl. ebd. S. 726)*. Dabei gewinnen implizite Lernprozesse, die sich über die gesamte Biographie erstrecken und bei formalen sowie informellen Bildungsprozessen mitlaufen, an Bedeutung, da diese zur Bildung von übergeordneten und generativen Handlungs- und Wissensstrukturen führen können *(vgl. ebd. S. 727)*. Unter Berücksichtigung, dass biographisches Lernen immer eingebunden in unterschiedliche Lebenswelten ist und interaktiv sowie sozial strukturiert verläuft, zeigt sich, dass die biographischen Lernprozesse Räume für Reflexion und Kommunikation sowie interaktive Auseinandersetzung benötigen, um sich entwickeln zu können *(vgl. ebd. S. 728)*.

---

[17] *Schütze* beschäftigte sich eingehend mit dem autobiographisch-narrativen Interview und entwickelte das theoretische Konzept der Prozessstrukturen des Lebensablaufs. Dazu gehören: 1. institutionalisierte Ablauf- und Erwartungsmuster, 2. biographische Handlungsschemata, 3. Verlaufskurven und 4. biographische Wandlungsprozesse. Weitere Erläuterungen befinden sich im Kapitel 4.1.3.

3.3 Biographische Lernprozesse: Lerntheoretisches Konzept von *Nittel/Seltrecht*

Um die lebensgeschichtlichen Lernprozesse differenziert mithilfe der biographie-analytischen Methodologie erarbeiten zu können, fehlte bisher eine biographische Lerntheorie, die auf empirischen Befunden basiert *(vgl. ebd. S. 730)*. *Nittel* und *Seltrecht (2013)* haben im Rahmen ihres DFG-Projektes „Lebenslanges Lernen im Kontext lebensbedrohlicher Erkrankungen. Die Anwendung der biographieanalytischen Perspektive auf Herzinfarkt- und Brustkrebspatienten"[18] einen empirischen Versuch der Weiterentwicklung der lerntheoretischen Kategorien unternommen. Ihr Forschungsziel bestand darin, auf der Grundlage von autobiographisch-narrativen Interviews mit Betroffenen grundlegende Analysekategorien in Hinblick auf den Zusammenhang zwischen Biographie, Krankheit und Lernen *(vgl. Nittel/Seltrecht 2013, S. 5)* zu generieren. Weiterhin fokussierte sich das Forscherteam auf die Frage, welche informellen Aneignungsprozesse die Biographieträger/innen über die Lebenszeit durchlaufen *(vgl. Nittel 2013a, S. 108)*.

Eine wesentliche Vorarbeit des o. a. DFG-Projekts wurde von *Seltrecht* mit ihrer biographieanalytischen Studie *„Lehrmeister Krankheit?" (Seltrecht 2006)* geleistet, in der autobiographisch-narrative Interviews mit an Brustkrebs erkrankten Frauen geführt und ausgewertet wurden. Ziel der Untersuchung war, einerseits die biographische Lagerung dieser lebensbedrohlichen Erkrankung zu ermitteln und andererseits die Lernprozesse, welche im Zuge der Krankheit vollzogen werden, zu eruieren *(vgl. Seltrecht 2012b, S. 26)*. *Seltrechts* umfassende Studie zeigt, dass eine Brustkrebserkrankung unter Maßgabe der Betrachtung der gesamten Biographien der betroffenen Frauen unterschiedliche Relevanzen haben, diese bewegen sich von einem „Kontinuum von biographischer Irrelevanz bis hin zu langfristig positiv oder negativ bewerteten Auswirkungen" *(ebd., S. 28)*, wobei die biographische Erfahrungsaufschichtung der entscheidende Indikator für die Lagerung der lebensbedrohlichen Krankheit ist[19]. In der weite-

---

[18] Dieses Projekt wurde von der Deutsche Forschungsgemeinschaft vom 1.5.2009 bis zum 31.10.2012 gefördert und von *Nittel* und *Seltrecht* geleitet und durchgeführt. In diesem Rahmen entstanden zahlreiche Publikationen *(Nittel/Seltrecht 2013, Nittel 2013, Seltrecht 2013, Nittel 2012, Seltrecht 2012, Nittel/Seltrecht 2011, Nittel 2011, Herzberg/Seltrecht 2011)*, von denen hier nicht alle genannt werden können. Genaue Auskunft gibt die Website: *www.biographie-krankheit-lernen.de*.

[19] *Seltrecht* untersucht in ihrer biographieanalytischen Studie die Lagerung der lebensbedrohlichen Erkrankung in 20 autobiographisch-narrativen Interviews mit weiblichen Betroffenen. Sie analysiert die dominanten Prozessstrukturen des Lebensablaufs, welche vor, während und nach der Krankheit auftreten *(vgl. Seltrecht 2012b, S. 26)*. Im Ergebnis zeigen sich sechs Kategorien: 1. Biographische Irrelevanz einer Brustkrebserkrankung, *(Seltrecht 2006, S. 132ff.)*,

ren Ergebnissicherung finden sich Phänomene des Lernens, wie die Aneignung von Wissen, Entwicklung neuer oder Modifizierung bestehender Eigentheorien, die Veränderung von Verhaltensweisen sowie die Veränderung des Selbst- und Weltbezugs, ein Aufzeigen von Lernmodi – Verlernen, Umlernen und Nichtlernen – und unterschiedliche biographische Lernstrategien, wie Anpassen, Vergleichen, Suche nach Neuem und biographische Reflexion *(vgl. ebd., S. 29ff.)*.

Das o.a. DFG-Projekt von *Nittel/Seltrecht* konnte auf *Seltrechts* Kategoriensystem aufbauen, dieses modifizieren und wesentlich weiterentwickeln. Bereits während des Forschungsprozesses zeigte sich in den Analysen der Biographien, dass innerhalb der vier Prozessstrukturen des Lebensablaufs jeweils Lernphänomene zu finden sind und die Herzinfarkt- und Brustkrebserkrankten unterschiedliche Lernprozesse durchlaufen, aber ein erklärendes lerntheoretisches Konzept in der erwachsenenpädagogischen Lernforschung fehlte. Außerdem zeigte sich ein Desiderat in der Erforschung von Lernphänomenen, welche in Erleidensprozessen, wie einer lebensbedrohlichen Erkrankung, auftreten *(vgl. Nittel 2010, S. 97)*. Daraufhin fokussierte sich das Forscherteam auf die Entwicklung eines lernspezifischen Kategoriensystems, welches auf den biographieanalytischen Kategorien der Prozessstrukturen basiert *(vgl. Seltrecht 2010, S. 87)*. Ein weiterer Schwerpunkt war, die Vielschichtigkeit des Lernens, wie z. B. Arten, wie gelernt wird, oder die Reichweite des Lernens in den Blick zu nehmen und auch für diese passende lerntheoretische Kategorien zu finden. Das Ergebnis ist ein dezentral angelegtes lerntheoretisches Kategoriensystem, welches auf der Grundlage des Verfahrens des autobiographisch-narrativen Interviews entworfen wurde *(vgl. Nittel 2012, S. 39)* und in den folgenden Unterkapiteln kurz erklärt wird. Das von *Nittel/Seltrecht* vorgelegte lerntheoretische Konzept muss seine Anwendbarkeit in der empirischen Praxis in Bezug auf weitere zu erforschende Gegenstandsbereiche noch unter Beweis stellen. Eine erste methodische Handreichung ist die Erstellung von biographischen Lernportfolios *(vgl. Nittel 2013a, S. 143ff.)*, welche in dieser Studie erstmals angewendet werden.

3.3.1 Lernmodi

Auf der Basis unseres alltagsweltlichen Verständnisses der Art und Weise des Lernens entwickelten *Nittel/Seltrecht* mithilfe einer wissenschaftlichen Reinterpretation das Konstrukt der Lernmodi *(vgl. Nittel 2011, S. 84)*, welches aus Neulernen, Umlernen, Verlernen und Nichtlernen besteht. Die Lernmodi drücken in

---

2. Kontinuität des lebenszyklischen Ablauf- und Erwartungsmusters *(ebd., S. 137ff.)*, 3. Kontinuität der Verlaufskurve *(ebd., S. 144ff.)*, 4. Expansion der Verlaufskurve *(ebd., S. 147ff.)*, 5. Partielle biographische Wandlung *(ebd., S. 153ff.)*, 6. Umfassende biographische Wandlung *(ebd., S. 156ff.)*.

erste Linie aus, wie gelernt wird. Dabei wird deutlich, „dass das Lernen eine durch und durch multidimensionale Erfahrung darstellt, es hier kein ‚richtig oder falsch' bzw. ‚ja oder nein' geben kann, sondern eine Vielfalt von Erlebnisformen mit vielen Abstufungen in Rechnung zu stellen sind" *(Nittel 2012, S. 40)*.

Der Lernmodus Neulernen umfasst alle möglichen Aneignungsprozesse von Wissen und Können mithilfe der Erfahrung, wobei hier das, was in der Erziehungswissenschaft eigentlich unter „Lernen" verstanden wird, gemeint ist *(vgl. Nittel 2011, S. 84)*. Die Person nimmt neue Informationen auf, was in manchen Situationen ein Überraschungsmoment haben kann. Typische Settings für Neulernen können die Wissensaneignung in formalen Bildungseinrichtungen sein, wie Schule, Ausbildungs- oder Weiterbildungsorganisationen. Wiederum können sich unterschiedliche Lernsituationen in informellen Kontexten entwickeln, wie beim Auftreten einer lebensbedrohlichen Erkrankung die Aneignung der Patientenrolle oder bei einer Beförderung im Arbeitskontext die Aneignung der Rolle als Führungskraft.

Im Modus des Umlernens wird kein neues Erfahrungsniveau erreicht und ein Überraschungsmoment fehlt. Hier greift das Individuum auf seine bestehenden Wissens- und Erfahrungsbestände zurück und transformiert diese lediglich in einen neuen Gegenstands- oder Handlungsbereich *(vgl. ebd.)*. Bereits bei *Meyer-Drawe* findet sich diese Erkenntnis, dass Lernen meist Umlernen ist, da es nicht um das Integrieren von neuen Wissenselementen, sondern eher um einen „Prozeß der Konfrontation zwischen unausdrücklich leitendem Vorwissen und neuer Sicht, neuer Erfahrungs- und Handlungsmöglichkeit" *(Meyer-Drawe 1982, S. 34)* gehe. So nutzen beispielsweise Personen, die bisher als Angestellte tätig waren, als Freiberufler/innen ihren bisherigen Wissensfundus und transformieren ihn auf die neue Tätigkeit, ohne neu zu lernen.

Der Modus des Verlernens ist dem Tatbestand geschuldet, dass Lernen immer ein Prozess ist, der auf vergangenen Erfahrungen aufbaut, um zukünftige Erfahrungen zu ermöglichen. Das bedeutet, dass einmal erlerntes Wissen zugunsten von neuen Erkenntnissen und Perspektiven vergessen und verlernt wird *(vgl. Nittel 2012, S. 50)*. So können bestimmte Alltagsroutinen als Angestellte/r in einer freiberuflichen Position nicht mehr genutzt und somit verlernt werden, da nun andere Verhaltensweisen evident werden.

Die Kategorie des Nichtlernens impliziert die Möglichkeit, dass sich ein Individuum Wissen oder Fähig- und Fertigkeiten aneignen könnte, sich aber bewusst dagegen entscheidet, also ein aktives Nichtlernen an den Tag legt *(vgl. Seltrecht 2006, S. 201)*. Demgegenüber besteht auch die Möglichkeit, dass eine Person ein bestimmtes Wissen nicht erlernen kann, also das Phänomen des passiven Nichtlernens eintritt. *Nittel* beschreibt es wie folgt: „Dieser Modus des Nichtlernens kann daran festgemacht werden, wenn aus der Perspektive des generalisierten Anderen (Normalformerwartung) zwar eine konditionelle Rele-

vanz für die Möglichkeit eines Wissens- und Könnenszuwachs vorliegt, diese
Erwartung aber nicht erfüllt wird" *(Nittel 2011, S. 85).*

3.3.2 Prozessuale Lerndimensionen

Auf der Grundlage des Erhebungsinstrumentes des autobiographisch-narrativen
Interviews und dem Konzept der Prozessstrukturen des Lebensablaufs nach
Schütze (1981) erarbeitete *Nittel* das Konzept der prozessualen Lerndimensionen.
Schütze unterteilt vier Prozessstrukturen des Lebensablaufs, welche die elemen-
taren Erfahrungshaltungen eines Biographieträgers oder einer -trägerin zu sei-
ner/ihrer eigenen Lebensgeschichte darstellen *(vgl. Schütze 1984, S. 92)*: 1. Institutionalisierte Ablauf- und Erwartungsmuster des Lebensablaufs, 2. Biographische Handlungsschemata, 3. Verlaufskurven, 4. Wandlungsprozess der Selbstidentität *(vgl. Schütze 1981)*. Mit diesen relevanten lebensgeschichtlichen Erfahrungen, welche die Prozessstrukturen repräsentieren, sind laut *Nittel* auch ganz
spezifische Lernerfahrungen verbunden *(vgl. Nittel 2013b, S. 144)*. Das Ergebnis
seiner eingehenden Forschung sind die prozessualen Lerndimensionen, welche
sich auf die „*Wann*-Fragen" *(ebd.)* hinsichtlich des Lernens im Lebensablauf
beziehen. *Nittel* unterscheidet folgende vier prozessuale Lerndimensionen: das
verwaltete Lernen, das zielgerichtete Lernen, das leidgeprüfte Lernen und das
schöpferische Lernen *(vgl. Nittel 2012, S.40)*.

1. Verwaltetes Lernen

Die institutionellen Ablauf- und Erwartungsmuster, welche sowohl die lebenszyklischen Ablaufmuster, wie Familiengründung, Eheschließung etc. als auch
Schul-, Ausbildungs- und Berufskarrieren umfassen, sind in unserem Kulturkreis
weitestgehend standardisiert und von Expertengruppen aus Wirtschaft, Politik,
Wissenschaft und Recht überwacht. Vorwiegend in den institutionalisierten Ab-
lauf- und Erwartungsmustern, die institutionell gerahmt sind und innerhalb derer
es „einerseits um organisierte bzw. lizenzierte Vermittlungsaktivitäten und andererseits um Prozesse der obligatorischen und beiläufigen Aneignung als Medium
der institutionellen Inklusion geht" *(Nittel 2013a, S. 116)* findet ein verwaltetes
Lehren und Lernen statt. Der Terminus verwaltetes Lernen bezieht sich in der
Regel auf kontrollierte Lernprozesse in organisatorischen Zusammenhängen,
welche beispielsweise häufig in Bildungsinstitutionen stattfinden und die mit
Zeugnissen oder Zertifizierungen abgeschlossen werden. Die organisatorische
Rahmung und die professionelle Begleitung führen zu einer engen Verbindung
der Vermittlungs- und Aneignungsprozesse und es kommt zu einem (obligatori-
schen) verwalteten Lernprozess, der sozial kontrolliert verläuft und den die ge-

sellschaftlichen Mitglieder in der Regel mit einer gewissen Anpassungsbereit-schaft durchlaufen *(vgl. Nittel 2013b, S 146)*.

2. Zielgerichtetes Lernen

Dass ein/e Biographieträger/in ein biographisches Handlungsschema entwickeln und umzusetzen kann, setzt „die Hintergrundannahme der Möglichkeit einer weitgehend selbstbestimmten Verfügung über das eigene Lebensschicksal vo-raus" *(Nittel 2013a, S. 121)*. Die Erfahrungshaltung zur eigenen Lebensgeschich-te ist in der Erinnerung dabei eine aktive und zielgerichtete *(vgl. Nittel 2013b, S. 153)*. In der Vorbereitungsphase dieser Prozessstruktur wird ein Handlungsent-wurf entwickelt, der jedoch zunächst nicht realisierbar ist, da das spezifische Wissen sowie kognitive und emotionale Kompetenzen hinsichtlich der ange-strebten Veränderungen fehlen. Um also das biographische Handlungsschema, z. B. einer Auswanderung oder einer Existenzgründung umsetzen zu können, wird der/die Biographieträger/in selbständig aktiv und eignet sich das fehlende Wis-sen oder die notwendigen Kompetenzen autodidaktisch oder mithilfe personen-bezogener Dienstleistungen an. Die Aneignungsprozesse sind innerhalb der Pro-zessstruktur problemorientiert und pragmatisch, es kommt zu einem aktiven, zielgerichteten Lernen, welches eine Zweck-Mittel-Relation impliziert *(vgl. Nittel 2013a, S. 122)*. Mithilfe des erlernten Wissens und der entwickelten Kom-petenzen steht der Realisierung des biographischen Handlungsschemas nichts mehr im Wege.

3. Leidgeprüftes Lernen

In der Prozessstruktur der Verlaufskurve kommt es für den/die Biographieträ-ger/in zu einer konditionellen Verkettung von Ereignissen, die seine/ihre bisheri-ge intentionale Lebensführung nachhaltig stört und einer konditionellen Hand-lungsorganisation Raum gibt, z. B. bei langfristiger Arbeitslosigkeit. „Negative Verlaufskurven (=Fallkurven) schränken den Möglichkeitsspielraum für Hand-lungsaktivitäten und Entwicklungen der sozialen Einheit progressiv im Zuge besonderer Verlaufsformen der Aufschichtung ,heteronomer' Aktivitätsbedin-gungen ein, die vom Betroffenen nicht kontrolliert werden können" *(Schütze 1981, S. 91)*. Die Prozessstruktur der Verlaufskurve, die häufig als biographi-scher Bruch bezeichnet wird, setzt sich aus mehreren Phasen zusammen. Zu Beginn kommt es zu einer Aufschichtung von Verlaufskurvenpotenzial, in der das subjektive Empfinden des Erleidens noch nicht auftreten muss. Durch weite-re negative Einflüsse kommt es zur Manifestation der Verlaufskurve, in der das Erleiden dominant wird, bis hin zum Krisenhöhepunkt, an dem die Handlungs-orientierung meist ganz zusammenbricht. Der/die Biographieträger/in fühlt sich in dieser Phase als Getriebene/r und sieht sich nicht mehr als Gestalter/in der eigenen Lebensgeschichte. Mögliche Lernversuche scheitern in dieser Phase oder stellen sich sogar als kontraproduktiv heraus. Meist findet erst nach diesem Höhepunkt ein konstruktives Lernen statt, welches in Bearbeitungs- und Kontrollhandlungsstrategien manifest und als leidgeprüftes Lernen bezeichnet wird *(vgl. Nittel 2013b, 157f.)*. Diese Lerndimension kann laut *Nittel* „als ein Oszillieren zwischen Nicht-lernen-Können und einem Lernen aus der Not heraus charakterisiert werden, wobei sich in späten Phasen der Verlaufskurvenentwicklung und erst recht nach der Überwindung dieser Prozessstruktur ein gesteigerter Reflexionsbedarf abzeichnet" *(ebd., S. 159)*.

4. Schöpferisches Lernen
Biographische Wandlungsprozesse der Selbstidentität rufen meist gesteigerte Bildungsprozesse und verborgene Kreativitätspotenziale bei dem/der Biographieträger/in hervor. *Nittel* und *Seltrecht* modifizieren das ursprüngliche Kernkonzept des biographischen Wandlungsprozesses insofern, als dass sie unterscheiden zwischen einer „starken" und „schwächeren" Variante *(vgl. Nittel 2013a, S. 130)*. Die erste Variante ist der oben bereits erwähnte weitreichende biographische Wandlungsprozess der Selbstidentität, die zweite „schwächere" Variante wird „durch die Kategorie des tief greifenden Umbaus der horizontalen Identitätsformation" *(ebd., S. 130f., vgl. Seltrecht 2006, S. 153f.)* definiert. Innerhalb dieser Prozessstruktur finden eine Fülle von formalen Lehr-Lernsituationen sowie informelle, nicht pädagogisch beabsichtigte Lehr-Lernaktivitäten statt, die bei dem/der Biographieträger/in ein schöpferisches Lernen hervorrufen. In dieser Lerndimension des schöpferischen Lernens dominiert die „Lebensstimmung der Kreativität, des Aufbruchs und der beschleunigten Persönlichkeitsentwicklung" *(Nittel 2013a, S. 131)*.

Diese vier prozessualen Lerndimensionen beschreiben an sich einen konjunktiven Erfahrungsraum, der jedoch durch die strukturellen Lerndimensionen, die Lernmodi und -kontexte grundlegend gerahmt wird *(vgl. ebd., S. 123)*.

3.3.3 Strukturelle Lerndimensionen

In Ergänzung der prozessualen Lerndimensionen wird unter der Kategorie der strukturellen Lerndimensionen die gesamte thematische Bandbreite an möglichen Lerninhalten zusammengefasst *(vgl. ebd., S. 111)*. Sie beschreiben also alle inhaltlichen Dimensionen der jeweiligen Veränderungen im Selbst- und Weltbezug und konstatieren die Reichweite und Ebenen des Lernens (räumlich, sachlich, sozial und zeitlich). Es wird der Frage, was gelernt wird, nachgegangen. *Nittel* unterscheidet drei strukturelle Lerndimensionen: a.) die situative Aneignung von Wissen, b.) die Veränderung des Alltagsverhaltens und c.) den Umbau der Identitätsformation *(vgl. Nittel 2013b, S. 169, vgl. Seltrecht 2012b, S. 29f.)*.

a.) Die situative Aneignung von Wissen bezieht sich auf die konkreten gelernten Daten, Fakten und Begriffe über die Welt, welche im semantischen Gedächtnis gespeichert werden *(vgl. Nittel 2012, S. 40)*. Hier spielen auch die Unterscheidung, ob es sich um wissenschaftliches, alltagsweltliches, berufliches oder religiöses Wissen handelt, und die konkrete Aneignungssituation entscheidende Rollen. Leider werden diese Lerninhalte von dem/der Biographieträger/in meist nicht reflektiert, so dass sie in der lebensgeschichtlichen Erzählung kaum thematisiert werden.

b.) Bei der Veränderung des Alltagsverhaltens, welches die Alltagspraxis, den Lebensstil, die Wohn- und Arbeitsverhältnisse umfasst, kommt es zu einer nachhaltigen Transformation des Verhaltens, der Routinen und Gewohnheiten, so dass hier die Arbeit des prozeduralen Gedächtnisses betroffen ist *(vgl. ebd.)*.

c.) In der Lerndimension der Modifikation der Identitätsformation verändern sich die Eigentheorien des Biographieträgers bzw. der Biographieträgerin, er/sie erlernt neue Rollen, und es kommt zu einer Veränderung seiner/ihrer sozialen und persönlichen Identität. Diese Veränderungen betreffen das episodische Gedächtnis *(vgl. ebd.)*. Die Analyse des autobiographisch-narrativen Interviews ermöglicht meist Implikationen der zwei letztgenannten strukturellen Lerndimensionen herauszuarbeiten.

3.3.4 Lernkontexte

Den letzten Teil des lerntheoretischen Konzepts von *Nittel/Seltrecht* bilden die Lernkontexte, die den örtlichen Rahmen des Lernens fokussieren *(vgl. Nittel 2013a, S. 111)*. Die klassische Unterscheidung der Lernkontexte in formales, nonformales und informelles Lernen ist in der Erwachsenenbildung im Zuge der Debatte des lebenslangen Lernens und damit einhergehend der Entgrenzung der Pädagogik *(Kade 1997)* eine seit längerem diskutierte Differenzierung verschiedener Lernformen, wobei der Fokus primär auf dem informellen Lernen liegt *(vgl. Seltrecht 2012a, S. 530f.)*. Wie in Kapitel 3.2 beschrieben, wird bereits im Memorandum on Lifelong Learning der Europäischen Kommission diese Unterteilung der Lernaktivitäten ausdrücklich festgehalten. Weitgehend übereinstimmend werden unter formalen Lernprozessen jene verstanden, die in klassischen Bildungseinrichtungen stattfinden und innerhalb derer festgelegte Lerninhalte und -ziele organisiert vermittelt und geprüft werden. In der Regel werden diese Lernprozesse mit gesellschaftlich anerkannten Zertifikaten oder Zeugnissen abgeschlossen *(vgl. Hof 2009, S. 68)*. Nonformales Lernen betrifft alle organisierten Lehr-Lernsituationen, die außerhalb des etablierten Bildungssystems stattfinden und durch kürzere Lernzeiten und Freiwilligkeit charakterisiert sind *(vgl. ebd., S. 69)*. Informelle Lernprozesse sind natürliche Lernprozesse, die als ungeplant, beiläufig, implizit oder unbewusst charakterisiert werden und die ohne formale pädagogische Interventionen stattfinden *(vgl. BMBF/Dohmen 2001, S. 18)*. Dabei handelt es sich nicht unbedingt um intentionales Lernen, was bedeutet, dass dem Lernenden die Erweiterung seines Wissens und Könnens nicht bewusst ist. Der Begriff des informellen Lernens wurde im wissenschaftlichen Diskurs vielfach unterschiedlich definiert, so dass eine eindeutige Begriffsbestimmung kaum möglich ist *(vgl. Seltrecht 2012a, S. 532f.)*.

Nittel/Seltrecht haben daher eine Perspektiventransformation der Lernkontexte vorgenommen und plädieren für die Unterscheidung zwischen pädagogisch intendierten und nicht pädagogisch intendierten Lernkontexten *(vgl. ebd., S. 535)*.

4 Das Forschungsdesign

4.1 Forschungsmethodologie

Um den unterschiedlichen forschungsleitenden Fragestellungen der Arbeit gerecht zu werden und die Rekonstruktion und Analyse der Lernprozesse der Existenzgründer/innen ermöglichen zu können, wird in der Studie methodisch eine induktive Vorgehensweise angewendet. Deduktive Methodologien würden der Differenziertheit des autobiographisch-narrativen Datenmaterials nicht gerecht werden. Die vielfältigen Methoden der qualitativen Sozialforschung bieten eine solche induktive Verfahrensweise an. Es wurden mit allen Existenzgründer/innen jeweils ein autobiographisch-narratives Interview und direkt im Anschluss ein Experteninterview anhand eines offenen Leitfadens geführt. Um in den Erhebungs- und Auswertungsphasen einen offenen, individuellen Zugang zum Gegenstand und dementsprechend zum erhobenen Datenmaterial zu gewährleisten, wird eine Methodenkombination von Grounded Theory und Biographieanalyse, einschließlich des autobiographisch-narrativen Interviews angewendet. Diese Verfahren und Methoden werden im Folgenden kurz näher erläutert.

4.1.1 Grounded Theory

Die Grounded Theory ist eine qualitative Forschungsmethodologie, die von den amerikanischen Soziologen *Glaser* und *Strauss (Glaser/Strauss 1967)* in den 1950ern und 1960ern entwickelt wurde. In einer medizinsoziologischen Studie untersuchten die Forscher die Interaktionen des klinischen Personals mit todkranken Patienten und Patientinnen. Ziel war es, Abstand von der bloßen Verifizierung vorformulierter Hypothesen und Theorien zu nehmen und eine größere Nähe zu der sich permanent verändernden sozialen Lebenswelt der Akteure und Akteurinnen herzustellen. Ihre Methode kennzeichnet, dass Theorien innerhalb des Forschungsprozesses generiert werden, welche direkt auf den erhobenen Daten basieren. Eine sogenannte gegenstandsverankerte Theorie „wird durch systematisches Erheben und Analysieren von Daten, die sich auf das untersuchte Phänomen beziehen, entdeckt, ausgearbeitet und vorläufig bestätigt" *(Strauss/Corbin 1996, S. 8)*. Dabei ist die Offenheit gegenüber dem Datenmate-

rial ein zentrales Merkmal, wobei die Entdeckung relevanter Variablen und Phänomene entscheidend ist.

Der Forschungsablauf sieht vor, dass Datenerhebung und -analyse parallel
ablaufen: Nach der Erhebung des ersten Datenmaterials wird dieses analysiert
und der Prozess des Kodierens[20] beginnt. Danach erfolgt auf der Basis des Theoretical Samplings[21] eine weitere Datenerhebung und die Analyse wird mithilfe
des Kodiervorgangs fortgesetzt. Alle Ergebnisse, wie Kode- und Planungs-
Notizen, theoretische Notizen und ähnliche, werden kontinuierlich in Memos
festgehalten. Gleichzeitig findet bereits die systematische Theorieentwicklung
statt, welche auf den vorher analysierten Konzepten[22] und Kategorien[23] basiert.

4.1.2 Die erziehungswissenschaftliche Biographieforschung

Die Biographieforschung[24] ist eine Teildisziplin der Erziehungswissenschaft
(vgl. Schulze 2006, S. 49), welche sich mit narrativen Daten und Quellen hinsichtlich ihres Gegenstandes – der Biographie, in Abgrenzung vom Lebenslauf[25]
– auseinandersetzt. Die Biographie stellt eine meist narrative Rekonstruktion des
gelebten Lebens aus der Perspektive des Individuums dar, wobei dieses nie den

---

[20] „Kodieren stellt die Vorgehensweisen dar, durch die die Daten aufgebrochen werden, konzep-
tualisiert und auf neue Art zusammengesetzt werden" *(Strauss/Corbin 1996: S. 39)*. Der Prozess des Kodierens setzt sich aus drei Kodierungstypen zusammen: dem offenen, dem axialen
und dem selektiven Kodieren *(vgl. Corbin 2006: S. 73)*. Unterstützend werden die kodierten
Phänomene nach dem Kodierparadigma hinsichtlich ihrer Bedingungen, Interaktionen, Strategien und Taktiken sowie der Konsequenzen untersucht *(vgl. Strauss 1998: S. 57)*.

[21] Als Theoretical Sampling wird die Datenerhebung bezeichnet, welche auf der Basis von entwickelten Konzepten beruht, welche „eine bestätigte theoretische Relevanz für die sich entwi-
ckelnde Theorie besitzen. Es ist ein Aspekt der vergleichenden Analyse, der das gezielte Suchen und Erkennen von Indikatoren für die Konzepte in den Daten ermöglicht"
(Strauss/Corbin 1996: S. 148).

[22] Konzepte sind höhersymbolische theoretische Bezeichnungen oder Etiketten, die einzelnen
Ereignissen und Vorkommnissen zugeordnet werden *(vgl. Strauss/Corbin 1996: S. 43)*.

[23] Kategorien sind eine Klassifikation von Konzepten, die beim Vergleich von Konzepten mit
Bezug auf ein ähnliches Phänomen erarbeitet wird *(vgl. Strauss/Corbin 1996: S. 43)*.

[24] Die Biographieforschung umfasst sozialwissenschaftliche Forschertätigkeiten, welche die
Datenerhebung und -auswertung zwecks der Erschließung von Handlungs- und Erleidensprozessen sowie individuellen Sinnkonstruktionen nutzen, um daraus möglichst gegenstandsbezo-
gene Theorien zu erzeugen. „Dabei gilt es die Kategorie ‚Lebensgeschichte' als Synonym für
die subjektiv-sinnhafte Organisation des biographischen Erfahrungsstroms vom Begriff ‚Le-
bensverlauf' zu unterscheiden. Dieser zielt auf objektivierbare Lebensereignisse, Karrieremuster, Statuspassagen und erwartbare Einschnitte im Lebenszyklus" *(Nittel 2010, S. 103)*.

[25] Der Lebenslauf ist die chronologische verzeitlichte Form eines individuellen Lebens *(vgl.
Kade/Nolda 2012, S. 284)*. Die Biographie ist auf den Lebenslauf bezogen, stellt jedoch dem-
gegenüber den subjektiven Erfahrungs- und Handlungszusammenhang einer Person dar *(vgl.
Alheit 2006, S. 109)*.

gesamten Lebensablauf in der realen Abfolge erinnert *(vgl. Ecarius 1998, S. 133)*. „Gegenstand der Biografieforschung ist (...) die soziale Wirklichkeit, die die Menschen in Auseinandersetzung mit sich, mit anderen und der Welt für sich jeweils herstellen" *(Marotzki 2006, S. 23)*.

Das große Interesse an der Biographie entstand seit den 1970er Jahren durch die wachsende Individualisierung der modernen Gesellschaft und den damit verbundenen biographischen Wandlungen. So ist die „Normalbiographie" heute immer seltener zu finden. Biographien sind häufiger durch längere Moratorienzeiten und Brüche, wie Arbeitslosigkeit, Familienzeit oder Krankheit gekennzeichnet. Biographische Entwürfe von Individuen werden ambivalenter und durch diverse soziale Phänomene brüchiger. Darüber hinaus wandelt sich die bisherige Industriegesellschaft in eine Wissensgesellschaft, im Zuge dessen sich pädagogische Ämter und Institutionen mehr und mehr mit Teilbereichen des Lebenslaufs ihrer Klientel auseinandersetzen *(vgl. Nittel 2010, S. 104)*.

Die Biographieforschung hat heute sowohl die Aufgabe fundiertes Wissen über die komplexen Biographien zu erzeugen als auch „über die subjektiven Konstruktionen von Menschen soziale, kulturelle und gesellschaftliche Räume zu explorieren" *(Marotzki 2006, S. 24)*. Der Fokus der erziehungswissenschaftlichen Biographieforschung ist die Rekonstruktion von Lern- und Bildungsgeschichten der Menschen in Hinblick auf unterschiedliche soziale Komponenten *(vgl. Krüger 2006, S. 14)*. So wurden in den letzten Jahren vor allem in der Teildisziplin Erwachsenenbildung biographische Lernprozesse mit Hilfe der Biographieanalyse unter differenten Schwerpunkten identifiziert. Ein Beispiel ist *Herzbergs* Untersuchung des Rostocker Werftarbeitermilieus und die Herausarbeitung des biographischen Lernhabitus *(Herzberg 2004)*. *Wrogemann* setzte sich mit den Lebensgeschichten von Führungskräften auseinander *(Wrogemann 2010)* und erarbeitete differenzierte Kategorien in Hinblick auf informelle und formale Lernprozesse von Führungskräften. *Nittel* und *Seltrecht* untersuchten Lern- und Bildungsprozesse im Kontext lebensbedrohlicher Krankheiten *(Nittel 2010, 2011, 2012; Seltrecht 2006, 2010, 2011, 2012)* und entwickeln seit 2011 unter Berücksichtigung der Lernforschung und unter Einbezug der Kategorie Erfahrung eine weiterführende Theorie, welche sich aus den prozessualen Lerndimensionen, den strukturellen Lerndimensionen, den Lernmodi und -kontexten zusammensetzt *(Nittel 2012, 2013; Seltrecht 2012, 2013)*. Diese Auswahl der Studien gibt nur einen kleinen Einblick in die umfangreiche Forschungslandschaft der Biographieanalyse in der Erwachsenenbildung, welche sich auf Lernprozesse fokussieren (vgl. Kapitel 3).

Auf die neu entwickelte Theorie der Lern- und Bildungsprozesse von *Nittel/Seltrecht* wird sich auch die vorliegende Forschungsstudie beziehen. Die Biographien der untersuchten Existenzgründer/innen werden u. a. nach den biographischen Dimensionen von Lern- und Bildungsprozessen analysiert und darauf aufbauend entsprechende Kategorisierungen vorgenommen.

4.1.3 Das autobiographisch-narrative Interview

Schütze entwickelte in den 1970er und 1980er Jahren auf der Grundlage der Grounded Theory einen Stil der Biographieforschung – das biographieanalytische Verfahren – in dem die jeweiligen Informanten und Informantinnen gebeten werden, ihre gesamte oder Teile ihrer Lebensgeschichte aus dem Stegreif zu erzählen *(Schütze 1978, 1981, 1983, 1984, 1987)*. Es handelt sich um eine nichtstandardisierte Form der Datenerhebung, in welcher der/die Interviewte eigenständig einen Erzählfaden entwickelt, eigene Relevanzen setzt, die Erzählinhalte selbst auswählt und die Verknüpfungen seiner/ihrer Lebensereignisse herstellen muss[26]. Das bedeutet, mit diesem Verfahren kann der Entwicklungsverlauf von Biographien dargestellt werden, wobei die erhobenen Datentexte „die Ereignisverstrickungen und die lebensgeschichtliche Erfahrungsaufschichtung des Biographieträgers so lückenlos reproduzieren, wie das im Rahmen systematischer sozialwissenschaftlicher Forschung überhaupt nur möglich ist" *(Schütze 1983, S. 285)*.

Mit dem Verfahren des autobiographisch-narrativen Interviews wird der Entwicklungsverlauf einer Biographie dargestellt und dominante Prozessstrukturen des Lebenslaufs aufgedeckt und rekonstruiert. Prozessstrukturen sind „systematische Haltungen des Biografieträgers zum Erfahrungsstrom seiner Lebens-

---

[26]   Die Erhebung des autobiographisch-narrativen Interviews lässt sich in drei wesentliche Teile untergliedern: Im ersten Abschnitt formuliert der/die Interviewer/in einen Erzählstimulus, wobei zunächst einige knappe Angaben zur eigenen Person, zur Interviewmotivation sowie zum Interviewablauf folgen, um dann dem/der Informant/in die konkrete Erzählaufforderung zu geben, die offen und ohne eng gefassten Rahmen formuliert sein sollte. Im zweiten Teil des Interviews folgt die biographische Haupterzählung des Informanten bzw. der Informantin, wobei diese von dem/der Interviewer/in nicht unterbrochen wird, sondern er/sie lediglich sein/ihr aktives Zuhören durch Rezeptionssignale anzeigt. Nach der Erzählkoda, in welcher der/die Informant/in das Ende seiner/ihrer Erzählung klar zum Ausdruck bringt, honoriert der/die Interviewer/in die Erzählbereitschaft des Informanten bzw. der Informantin und beginnt mit dem dritten Abschnitt, den Nachfragen. Der erste Teil der Nachfragen sollte narrativer Art sein und an das Erzählpotenzial der Haupterzählung anschließen, wobei diese sich auf Stellen fehlender Plausibilität oder möglicher Auslassungen beziehen. Im zweiten Teil der Nachfragen wird die Erklärungsfähigkeit des Informanten bzw. der Informantin als Experte bzw. Expertin seines/ihres eigenen Lebens genutzt, so dass der/die Interviewer/in an dieser Stelle Fragen stellt, die an die eigentheoretischen Kommentare der Haupterzählung anknüpfen und den Informanten bzw. die Informantin zu weiteren Argumentationen und Abstraktionen bezüglich seines/ihres Lebens führen. Nach einer weiteren Koda des Erzählers bzw. der Erzählerin bedankt sich der/die Interviewer/in nochmals für die Bereitschaft zu dem Interview *(vgl. Schütze 1978)*.

geschichte; zugleich stellen sie elementare Aggregatzustände der Verknüpfung des Ereigniszusammenhangs dar" *(Nittel 1997, S. 13)*. *Schütze* unterscheidet vier grundlegende Prozessstrukturen:

1. Institutionalisierte Ablauf- und Erwartungsmuster stellen bestimmte erwartbare, meist gesellschaftlich vorgegebene Phasen und Einschnitte im Lebens- und Familienzyklus des Biographieträgers bzw. der Biographieträgerin mit normativer Geltung dar. Hierzu zählen beispielsweise institutionsspezifische Ausbildungs- und Berufskarrieren sowie Heirat und Familiengründung *(vgl. Schütze 1981, S. 67f.)*.

2. Unter biographischen Handlungsschemata versteht man längerfristig geplante, zielgerichtete Handlungen, die der/die Biographieträger/in erfolgreich oder -los verwirklichen und bewerten kann. Hierbei kann es sich um biographische Entwürfe, biographische Initiativen zur Veränderung der Lebenssituation, um episodale Handlungsschemata des Erlebens von Neuem mit nachträglicher Relevanz, situative Bearbeitungs- und Kontrollschemata von biographischer Relevanz oder um Handlungsschemata markierter biographischer Irrelevanz handeln *(vgl. Schütze 1981, S. 70ff.)*.

3. Verlaufskurven entstehen in Folge lebensgeschichtlicher Ereignisse, die den/die Biographieträger/in überwältigen und in deren Verlauf er/sie den Prozess des Erleidens oder des Getriebenwerdens erlebt, so dass er/sie meist nur noch konditionell reagieren kann und mühevoll ein labiles Gleichgewicht der Alltagsbewältigung erreicht *(vgl. Schütze 1981, S. 88ff.)*. Beispiele sind der Verlauf einer Krankheitskarriere oder die kollektive Verlaufskurve der Wende in der DDR.

4. Relevante lebensgeschichtliche Ereignisse können im Gegensatz zur Verlaufskurve auch biographische Wandlungsprozesse der Selbstidentität zur Folge haben. Sie stellen gesteigerte Bildungsprozesse dar, welche mit einer systematischen Entwicklung von Handlungs- und Erlebnismöglichkeiten und einer plötzlichen Entfaltung von Kreativitätspotenzialen für den/die Biographieträger/in verbunden sind, sowie eine Umschichtung der lebensgeschichtlich-gegenwärtig dominanten Ordnungsstrukturen des Lebensablaufs nach sich ziehen können. In der Folge kommt es zu einer partiellen oder grundlegenden Änderung des Ich- und Weltbezuges *(vgl. Schütze 1981, S. 103ff.)*.

Die erzählte Lebensgeschichte setzt die Selbst- und Weltbilder des/der Erzählenden, seine/ihre biographischen Eigentheorien, sowie Deutungsmuster und Interpretationen frei; somit können die Entwicklungsdynamik und Wandlung der biographischen Identität nachgezeichnet und auch kollektive soziale Bedingungen und Prozesse, in die der/die Biographieträger/in eingebunden ist, nachvollzogen werden. Um jene Phänomene aus dem Datenmaterial konkret herausfiltern und analysieren zu können, besteht die Notwendigkeit der Aneignung der sprachsoziologischen, erzähltheoretischen Grundlagen des autobiographisch-narrativen Interviews. Charakteristische Darstellungsformen in lebensgeschichtlichen Erzählungen sind die Kommunikationsschemata der Sachverhaltsdarstellung[27] – das Erzählen, das Beschreiben und das Argumentieren. In dem der/die Interviewte seinen/ihren eigenen Erzählfaden entwickelt und aus dem Stegreif erzählt, beginnen die Zugzwänge des Erzählens *(vgl. Schütze 1982, S. 571f.)* zu wirken[28]. Diese Zugzwänge der Stegreiferzählung haben zur Folge, dass der/die Biographieträger/in erneut in die Rolle des/der Handelnden eintaucht und so eine große Nähe zu den tatsächlichen Erlebnissen und Erfahrungen entsteht. Da er/sie sich also in der Erzählzeit befindet, entwirft er/sie ein ungefähres Abbild der tatsächlichen Ereignisse, wobei er/sie partiell infolge der Plausibilität gegen seinen/ihren Willen von problematischen und unangenehmen Aspekten seiner/ihrer Biographie spricht. Die Verbindung zwischen Erzählstrom und der Entwicklung der lebensgeschichtlichen Erfahrungsaufschichtung wird laut *Schütze* über die kognitiven Figuren[29] hergestellt.

---

[27]   Im Sachverhaltsschema des Erzählens werden Handlungs- und Erleidensprozesse dargestellt, die sich in der Zeit verändern, das heißt der/die Informant/in erzählt von Ereignissen, die sich über mehrere zeitliche Schwellen hinweg entwickeln. Im Sachverhaltsschema des Beschreibens schildert der/die Interviewte soziale Beziehungen, Bedingungen, Umstände und Eigenschaften, die eine Stabilität aufweisen und die eine statische Struktur kennzeichnet. Das Sachverhaltsschema der Argumentation setzt bei dem Informanten bzw. der Informantin ein stritti-ges Verhältnis zur Welt voraus, so dass diese/r im Argumentationsschema seine/ihre Orientierungen, Erklärungen, Rechtfertigungen und Deutungen sowie seine/ihre Eigentheorien darstellt *(vgl. Kallmeyer/Schütze 1977, S. 159ff.)*.

[28]   Der erste Zugzwang, der Gestaltschließungszwang, bewirkt, dass alle für den Erzählzusammenhang rekapitulierten wesentlichen Ereignisse und Zusammenhänge in die Erzählung einge-fügt werden, so dass die Geschichte zur Gestalt wird, die von dem Informanten bzw. der Informantin geschlossen werden muss *(vgl. Schütze 1982, S. 571)*. Der Kondensierungszwang, der zweite Zugzwang, treibt den/die Biographieträger/in dazu, nur das zu erzählen, was für die Darstellung seiner/ihrer biographischen Geschichte wirklich relevant und für das Verständnis der Ereignisse, der Handlungen und ihrer Folgen notwendig erscheint *(vgl. ebd., S. 572)*. Der dritte Zugzwang, der Detaillierungs- und Plausibilitätszwang, bewirkt, dass der/die Informant/in versucht, die erlebten Ereignisse in ihrer authentisch inhaltlichen und zeitlichen Reihenfolge ausführlich darzustellen und Verbindungen, Hintergründe und Zusammenhänge zwischen diesen herzustellen *(vgl. ebd.)*.

[29]   „Die kognitiven Figuren des Stegreiferzählens sind die elementarsten Orientierungs- und Darstellungsraster für das, was in der Welt an Ereignissen und entsprechenden Erfahrungen aus der Sicht persönlichen Erlebens der Fall sein kann und was sich die Interaktionspartner als Plattform gemeinsamen Weiterlebens wechselseitig als selbstverständlich unterstellen" *(Schütze 1984, S. 80)*. Dass bedeutet, die lebensgeschichtliche Stegreiferzählung orientiert sich an den kognitiven Figuren und es entsteht eine chronologische und inhaltliche Ordnung innerhalb dieser Erzählung. Die grundlegenden kognitiven Figuren sind Biographie- und Ereignisträger/innen und ihre sozialen Beziehungen untereinander, Ereignis- und Erfahrungsverkettungen sowie Situationen, Lebensmilieus und soziale Welten und letztlich die Gesamtgestalt der Lebensgeschichte *(vgl. Schütze 1984, S. 81)*.

Die Auswertung der autobiographisch-narrativen Interviews erfolgt zunächst auf der Basis der Transkription eines Interviews – der ersten Fallanalyse – welche mit der formalen Textsortenanalyse beginnt *(vgl. Schütze 1983, S. 286).* Den Hauptteil stellt die komplette strukturelle Beschreibung der transkribierten Haupterzählung des Interviews dar, in der die wirksamen Prozessstrukturen des Lebenslaufs, die unterschiedlichen Lern-, Bildungs- und Aneignungsprozesse sowie die sozialen Rahmungen für den individuellen Fall herausgearbeitet werden. Den Abschluss der ersten Fallanalyse bildet die analytische Abstraktion, welche in einer biographischen Gesamtformung die allgemeinen Ablaufmuster bezogen auf kollektiv-historische und andere soziale Rahmungen darstellt. Die anschließende Wissensanalyse kontrastiert die biographischen Prozessstrukturen mit den Deutungsmustern und Eigentheorien des Biographieträgers bzw. der Biographieträgerin *(vgl. Schütze 1983, S. 286; Nittel 1994, S. 167f.).* Auf der Grundlage des Theoretical Sampling wird ein weiterer Eckfall, der einen maximalen kontrastiven Vergleich zum ersten darstellt, aus dem erhobenen Datenmaterial ausgewählt und nach dem o. a. Verfahren analysiert. Ein nächster Schritt ist der Vergleich der Eckfälle, wobei auf der Grundlage der Herausarbeitung von Gemeinsamkeiten und Unterschieden innerhalb der biographischen Prozessstrukturen erste Kategorien entwickelt werden. Nach weiteren Fallanalysen wird auf der Basis der erarbeiteten Kategorien und deren Verdichtung das theoretische Modell entwickelt, welches durch die übrigen erhobenen Interviews verifiziert wird *(vgl. Nittel 1994, S. 169f.).*

4.1.4 Das Experteninterview als Anwendungsform des Leitfadeninterviews

Mit dem Experteninterview beschäftigten sich insbesondere *Meuser* und *Nagel (1991, 1997)* und beschreiben es als eine dezidierte Anwendungsform des Leitfadeninterviews *(vgl. Flick 2007, S. 214).* Dieses qualitative Forschungsverfahren gilt jedoch als ein eher „randständiges Verfahren" *(Meuser/Nagel 1997, S, 481),* da eine einheitliche methodologische Verankerung und Reflexion fehlt und eher kontroverse Standpunkte hinsichtlich des Expertenbegriffs existieren *(vgl. Bogner/Menz 2005, S. 10).*

In dieser Interviewform fungiert der/die Informant/in als Experte bzw. Expertin eines bestimmten Handlungsbereiches und als Repräsentant/in einer sozialen Gruppe, das bedeutet, dass nicht die Person des Experten bzw. der Expertin im Vordergrund ist, sondern der betriebliche und institutionelle Kontext, in dem er/sie tätig ist *(vgl. Meuser/Nagel 1991, S. 444).* Durch das Experteninterview erhält der/die Forscher/in folglich einen Zugang zum sozialen Wissen des Experten bzw. der Expertin und weiterführend zum jeweiligen Untersuchungsbereich. Hier liegt auch dessen Vorteil: Das Experteninterview wird häufig zur Rekonstruktion komplexer sozialer Wissensbestände eingesetzt *(vgl. Meuser/Nagel 1997, S. 481f.).* Dabei handelt es sich um Erfahrungswissen, welches durch die berufliche Stellung meist auf bestimmte Erfahrungs- und Handlungsbereiche bezogen ist *(vgl. Kanwischer 2004, S. 95).* Die Rolle des Experten bzw. der Expertin entsteht erst durch den Untersuchungsgegenstand und das Forschungsinteresse und wird so von dem/der Forscher/in festgelegt *(vgl. Meuser/Nagel 1991, S. 443).* Durch die Interviewplanung und -vorbereitung ist die Beschäftigung mit dem gesellschaftlichen Kontext für den/die Forscher/in konstitutiv. Der Leitfaden besteht aus Themenschwerpunkten und wird offen und flexibel gestaltet, um die Perspektiven des Informanten oder der Informantin möglichst ohne Beeinflussung durch den/die Forscher/in eruieren zu können.

In der vorliegenden Studie wird das Experteninterview mit Hilfe eines teilstrukturierten Leitfadens als Ergänzung zum autobiographisch-narrativen Interview eingesetzt, um additiv das Kontextwissen und die Eigentheorien zum milieuspezifischen Hintergrund hinsichtlich der Existenzgründung und die Wissensbestände zur Realisierung der Selbständigkeit identifizieren zu können. Es dient einer thematischen Vorstrukturierung und ermöglicht eine bessere Vergleichbarkeit der Interviews.

4.2 Der Forschungsprozess

4.2.1 Eigene Datenerhebung

Vorbereitung und Feldzugang

Eine erste Orientierung im Feld fand im Sommer 2008 durch genaue Branchenrecherchen im Internet und durch erste Vorgespräche mit Institutionen der Existenzgründungsberatung (z. B. Gründernetz Route A66[30]) statt. Es stellte sich die Frage, welche Wirtschaftszweige bzw. -branchen und welche Gründungsarten konkret untersucht werden. Die klassischen Freiberufler/innen – wie Juristen und Juristinnen sowie Ärzte und Ärztinnen – sollten nicht im Fokus stehen, sondern die Neugründer/innen in den sonstigen Bereichen des Dienstleistungssektors[31],

---

[30]   Das Gründernetz Route A66 ist ein Netzwerk der Fachhochschule Frankfurt am Main, der Hochschule für Gestaltung Offenbach und der Hochschule RheinMain, welches speziell die Gründungen von Akademikern und Akademikerinnen sowie Studierenden unterstützt.

[31]   Aus der wirtschaftstheoretischen Sichtweise gliedert sich eine Volkswirtschaft in den primären Sektor (Agrarsektor), den sekundären Sektor (Industriesektor) und den tertiären Sektor (Dienstleistungssektor) *(vgl. Gabler Kompakt-Lexikon Wirtschaft 2010, S. 393).* Der Dienstleistungssektor beinhaltet folgende Wirtschaftszweige: Handel, Kreditgewerbe, Versicherungen, Verkehr, sonstige Dienstleistungs-unternehmen, Staat, öffentliche Verwaltung und gemeinnützige Organisationen *(vgl. ebd., S. 431).*

inklusive der neueren Wirtschaftszweige, welche beispielsweise Informations- und Kommunikationstechnologie anbieten. Zeitgleich zur Feldorientierung wurde ein Leitfaden mit offenen Fragestellungen hinsichtlich des familien- und milieuspezifischen Hintergrunds, der Lernerfahrungen und der Existenzgründung für das im Anschluss an das autobiographisch-narrative Interview durchzuführende Experteninterview entwickelt.

Der Feldzugang gestaltete sich zunächst als schwierig. Zuerst kontaktierte ich mehrere mir persönlich bekannte Existenzgründer/innen aus dem Dienstleistungssektor (Werbung, Design, Handel) telefonisch, vereinbarte Termine und führte die ersten drei Interviews. Dabei wurde deutlich, dass die vorhandenen persönlichen Vorinformationen über die Interviewten die Durchführung eines autobiographisch-narrativen Interviews beeinträchtigen. So wurden beispielsweise von einem Existenzgründer und einer Gründerin einige biographische Daten zunächst dethematisiert, da sie als bekannt vorausgesetzt wurden. Im Zuge dieses Erkenntnisprozesses veränderte ich ohne erheblichen Zeitverzug meine Herangehensweise an das Feld und konnte mit Hilfe der Unterstützung durch Freunde, Bekannte und Kollegen bzw. Kolleginnen aus der Forschungswerkstatt neue Kontakte zu potenziellen Interviewpartnern und -partnerinnen herstellen, wobei diese vorwiegend im Dienstleistungssektor tätig waren. Nach einem ersten mündlichen Einverständnis der Gründer/innen gegenüber den Kontaktpersonen wurde von mir eine Anfrage per E-Mail an die Personen versandt mit den Angaben zu meiner Person und dem Grund des narrativen Interviews. Weiterhin wurden kurz das Ziel der Dissertation, die Aufzeichnung des Interviews auf Band und der ungefähre Zeitrahmen von ein bis zwei Stunden genannt. In mehreren Fällen führte ein anschließendes persönliches Telefonat zur konkreten Terminvereinbarung. Einige Interviewpartner/innen hatten Fragen zur Interviewdurchführung und zur Anonymisierung sowie Verwendung der Daten. Ich vermied stets erfolgreich den autobiographisch-narrativen Fokus des Interviews zu nennen und richtete die Aufmerksamkeit ausschließlich auf den erzählenden Charakter der Interviewart. Das Ziel der Dissertation, die Untersuchung der Lernprozesse der Existenzgründer/innen, kam jedoch bei der Kontaktaufnahme und Terminvereinbarung jeweils zur Sprache. Die Anonymisierung wurde in jedem Fall schriftlich zugesichert und die Verwendung des Interviewmaterials auf die Studie der Promotion begrenzt.

Auswahl der Interviewpartner und -partnerinnen

Die Auswahl der Existenzgründer/innen wurde zu Beginn der Studie durch folgende Voraussetzungen und Rahmenbedingungen festgelegt: Es sollten Gründer/innen kleiner und mittlerer Unternehmen (KMU) untersucht werden, die sich mindestens seit drei Jahren erfolgreich auf dem Unternehmensmarkt etabliert und mindestens eine/n Mitarbeiter/in angestellt haben sowie sich noch nicht im Ruhestand befinden. Weiterhin sollten die Informanten und Informantinnen möglichst keine Nachfolger/in eines Familienunternehmens sein, d. h. es stand die eigene Unternehmensgründung im Fokus und sie sollten aus unterschiedlichen Branchen des Dienstleistungs- oder Informationssektors stammen. Hinsichtlich des Geschlechts wurde eine Ausgewogenheit zwischen männlichen Informanten und weiblichen Informantinnen angestrebt. Aufgrund dieser Bedingungen wurde ein erstes Theoretical Sampling entwickelt, welches im Laufe des Forschungsprozesses mehrfach modifiziert wurde.

Die erste erfolgreiche Erhebungswelle auf der Grundlage des soeben dargestellten Samplings fand zwischen Herbst 2008 und Frühjahr 2009 statt, in der 14 autobiographisch-narrative Interviews mit anschließendem Leitfadeninterview geführt wurden. In dieser Zeit wurden zunächst Interviews mit Kleinunternehmer/innen aus der Werbebranche und dem Gesundheitswesen erhoben. Es folgten mehrere Erhebungen mit Interviewpartner/innen aus der Einzelhandels- und der Beratungsbranche. Den Abschluss der ersten Erhebungswelle bildeten Interviews im Bildungs- sowie im Handwerksbereich. Erst im Zuge der Interviewdurchführung stellte ich fest, dass einige der Interviewten nicht alle vorgegebenen Rahmenbedingungen erfüllten. So gibt es mehrere Gründer/innen, die keine Angestellten haben, sondern alleine oder nur mit freien Mitarbeiter/innen arbeiten. Weiterhin finden sich im Sampling zwei Gründer, welche den elterlichen Betrieb übernahmen und eine Gründerin, die nach dem Tod des Vaters den Handwerksbetrieb weiterführt. Diese Erfahrungen innerhalb des Forschungsprozesses zeigten, dass die Auswahlkriterien des Theoretical Samplings nicht tragfähig waren, da die Gründungsart zunächst nur eingeschränkt berücksichtigt wurde und so ein Großteil der Gründer/innen – Unternehmer/innen mit freien Mitarbeiter/innen oder Familienbetriebe – keine Beachtung finden würden. So fand eine Modifizierung des Theoretical Samplings statt, welche dazu führte, auch die eben genannten Gründer/innen ins Sampling mit aufzunehmen und sich auf unterschiedliche Gründungsarten (Allein-Gründung, Teamgründung, Neugründung, Übernahme u. a.) zu konzentrieren.

Als nächstes wurde aus dem vorhandenen Datenkorpus ein erster Eckfall ausgewählt, welcher alle o. a. Rahmenbedingungen (eigene Existenzgründung, mehrere Jahre auf dem Markt, mehrere Mitarbeiter/innen) erfüllte und sich durch einen hohen Narrationsgehalt auszeichnete. Dieser wurde daraufhin von der Forscherin transkribiert[32] und ausgewertet. Während der Auswertung dieses Eckfalls wurde das Theoretical Sampling weiter überarbeitet und beispielsweise ein Überhang an weiblichen Interviewpartnerinnen festgestellt.

---

[32]   Die Transkription erfolgte nach den Regeln von *Kallmeyer* und *Schütze (Kallmeyer/Schütze 1976)*.

Die weitere Suche nach geeigneten Interviewpartnern und -partnerinnen erwies sich als schwierig. So wurden aufgrund des Theoretical Samplings Informanten und Informantinnen aus der Informations- und Kommunikationstechnologiebranche sowie aus der Gastronomie-, Handwerks- und Gesundheitsbranche gesucht. Durch vorhandene Kontakte von Kollegen und Kolleginnen kamen drei erfolgreiche Interviews zustande. Weiterhin wurde die Suche nach Interviewpartner/innen im Stadtteil der Forscherin fortgesetzt, in dem diese die Unternehmen mehrfach persönlich aufsuchte und um ein Interview bat. Durch diesen Rekrutierungsweg konnte ich noch vier weitere Interviews erheben. So wurde die zweite Erhebungswelle erfolgreich im Herbst 2011 durchgeführt und abgeschlossen.

Als zweiter Eckfall sollte ein maximaler Kontrast zum ersten Eckfall ausgewählt werden. Daher wurde ein männlicher Unternehmer aus dem Dienstleistungssektor gesucht, welcher Informations- und/oder Kommunikationstechnologie herstellt oder vertreibt, möglichst viele Mitarbeiter angestellt hat und eine hohe Risikobereitschaft mitbringt. Dieser wurde während der zweiten Erhebungswelle gefunden, sodann transkribiert und analysiert.

Tabelle 2: Datensample

Interviewname	Unternehmen, Marktbranche	Anzahl der Mitarbeiter/innen	Datum des Interviews	Interviewlänge
Paul Laus	Kommunikationsagentur, Werbebranche	4 MA	Okt. 2008	67 Min.
Janka Einhorn	New Business-Agentur, Werbebranche	1 Aushilfe	Nov. 2008	58 Min.
Inga Wolf	Logopädie-Praxis, Gesundheitsbranche	2 MA	Nov. 2008	60 Min.
Dieter Fuchs	Beratung, Coaching, Gesundheitsbranche	Keine MA	Nov. 2008	83 Min.
Klara Gazelle	Designagentur, Werbebranche	4 MA	Nov. 2008	65 Min.
Simone Lachs	Buchhandlung, Einzelhandel	3 MA	Nov. 2008	41 Min.
Nicole Iltis	Regionaler Buchverlag, Medienbranche	3 MA	Dez. 2008	67 Min.
Hermann Qualle	Steuerbüro, Steuerbranche	10 MA	Dez. 2008	84 Min.
Konstanze Dachs	Beratung, Supervision, Gesundheitsbranche	Keine MA	Dez. 2008	59 Min.

Interviewname	Unternehmen, Marktbranche	Anzahl der Mitarbeiter/innen	Datum des Interviews	Interviewlänge
Dora Schwan	Schuhhandelskette, Einzelhandel	Knapp 100 MA	Jan. 2009	65 Min.
Anka Bär	Designagentur, Werbebranche	4 MA	Jan. 2009	118 Min.
Uwe Nashorn	Fahrschulbetrieb	21 MA	Jan. 2009	75 Min.
Claudia Fliege	Weiterbildungsinstitution, Erwachsenenbildung	10 MA	Feb. 2009	29 Min.
Susanne Schimmel	Glasherstellungsfirma, Handwerk	10 MA	Apr. 2009	42 Min.
Cem Ediz Wiesel	IT- und Softwareentwicklungsfirma	8 MA	Apr. 2011	61 Min.
Sascha Elch	IT-Firma und Branche	30 MA	Sept. 2011	149 Min.
Alexander Biene	IT-Firma und Branche	7 MA	Sept. 2011	46 Min.
Simon Robbe	IT-Firma und Branche	12 MA	Sept. 2011	136 Min.
Klaus Bock	Orthopädieschuhmacher-GmbH, Handwerk	18 MA	Okt. 2011	60 Min.
Henri Hirsch	Orthopädieschuhmacher-GmbH, Handwerk	18 MA	Okt. 2011	58 Min.
Steffi Maus	Restaurant, Gastronomie	10 MA	Okt. 2011	52 Min.

Interviewablauf

Der erste Teil des Interviewablaufs orientierte sich weitestgehend an den Vorgaben des autobiographisch-narrativen Interviews nach *Schütze*. Nach der Begrüßung kam es in einer kurzen Phase des Kennenlernens meistens zur Vorstellung der Person und des Unternehmens. Der Zeitrahmen und die Rahmenbedingungen sowie die Interviewaufnahme auf Band wurden sodann kurz von mir erläutert. Danach erfolgte die Einschaltung des Aufnahmegerätes. Ich gab zunächst Auskunft über mich und stellte mein Forschungsvorhaben und den Ablauf des Interviews dar. Dabei wurde als Forschungsfokus der Vergleich der Lernprozesse von erfolgreichen Unternehmern und Unternehmerinnen genannt. Das bedeutet, dass im Erzählstimulus eine Lenkung auf die Lern- und Berufsbiographie stattfand, die sich zum Teil auf die Gestaltung der Interviews auswirkte. Die gesamten Informationen gab ich weitestgehend im Sachverhaltsschema der Erzählung wieder, um diese Form im Weiteren auch bei den Interviewpartner/innen zu

evozieren. Nach der Vorstellung der Basisinformationen und der Aushandlungs-
phase folgte die eindeutige lebensgeschichtliche Erzählaufforderung an die Informanten und Informantinnen.

Nach der Haupterzählung der Biographieträger/innen folgte der Nachfrageteil gemäß der Technik des autobiographisch-narrativen Interviews, wobei vor
allem Auslassungen und wenig plausible Stellen narrativ erfragt wurden. Fragen
zu weiteren Eigentheorien wurden in das nachfolgende Experteninterview verla-
gert. Dieses schloss sich nahtlos an und erfolgte auf der Grundlage eines teilstrukturierten Leitfadens. Es wurden sieben Fragen zum Familienhintergrund
und -milieu, drei Fragen zum Lernen und fünf Fragen zur eigenen Selbständigkeit gestellt. Der folgende Leitfaden diente zur Orientierung und wurde dem
vorherigen Gesprächsverlauf jeweils angepasst.

Leitfaden des Experteninterviews

1. Was haben Ihr Vater und Ihre Mutter beruflich gemacht und welche Einstellung hatten Sie zu Ihrem Beruf? Können Sie diese beschreiben?
2. Waren Ihre Eltern/Verwandten selbständig oder freiberuflich tätig? (Oder:
   Gab es Freunde und Bekannte, die unternehmerisch tätig waren? Können
   Sie diese näher beschreiben?)
3. Wann sind Sie mit Unternehmern bzw. Unternehmerinnen und/oder Selbständigkeit erstmals in Berührung gekommen?
4. Gab es beruflich selbständige Personen, die Sie früh kennen gelernt haben,
   die evtl. wichtig für Sie waren?
5. Wie sah Ihr erstes Bild einer idealen Unternehmerin/eines Unternehmers
   aus? Können Sie dieses beschreiben?
6. Haben Sie über selbständig Tätige etwas in den Medien oder von Ihrer
   Umwelt gelernt und was? Gab es Vorbilder, welche Unternehmer/innen waren, denen Sie in den Medien begegnet sind?
7. Sind Sie in der Schule oder in der Universität unternehmerischer Selbständigkeit begegnet?
8. Gibt es Schlüsselerlebnisse in Schule, Ausbildung und/oder Studium, wo
   Sie besonders viel gelernt haben? Wann/in welchen Situationen hatten Sie
   eine hohe Lernmotivation?
9. In welchen Vereinen, Sportvereinen, Ehrenämtern oder Jugendgruppen
   waren Sie aktiv und was haben Sie dort erlebt?
10. Sind Sie viel gereist in der Kindheit, Jugend und/oder Gegenwart?
11. Können Sie sich an die Situation erinnern, als Sie sich erstmals selbständig
    machen wollten und können Sie diese Situation beschreiben? (Können Sie

sich an krisenhafte Situationen erinnern? Welche Hürden mussten Sie überwinden? Wie hat Ihr soziales Umfeld auf die Selbständigkeit reagiert?)
12. Wie sind Sie auf Ihre Geschäftsidee gekommen? Wie haben Sie diese Idee umgesetzt und mit welchem Aufwand? Können Sie das näher darlegen?
13. Wie gehen Sie mit Stress und Arbeitsbelastung um? Schildern Sie eine krisenhafte Situation in Ihrem Arbeitsleben und/oder in der Familie und die Art der Bewältigung!
14. Inwieweit hat Ihr Ausbildungs- und/oder Universitätsabschluss Sie hinsichtlich des Wunsches sich selbständig zu machen beeinflusst?
15. Wie bilden Sie sich weiter?

Nach Abschluss des gesamten Interviews bedankte sich ich mich bei den Informanten und Informantinnen und erklärte mich auf Anfrage bereit, eine Kopie der Interviewaufnahme zu erstellen und zuzusenden.

Die Interviews fanden überwiegend am Arbeitsplatz der Informanten und Informantinnen statt, ein Drittel der Interviews konnte in der häuslichen Umgebung der Interviewten geführt werden. Die Länge der Interviews liegt in der Regel zwischen einer halben Stunde und zweieinhalb Stunden.

4.2.2 Eigene Datenauswertung

Für die Datenauswertung wurden zwei Methoden verwendet, das biographieanalytische Verfahren von *Schütze* und die Grounded Theory von *Glaser/Strauss*. Auf der Grundlage des erarbeiteten und modifizierten Theoretical Samplings wurden zwei maximal kontrastierende Eckfälle aus dem erhobenen Datenkorpus ausgewählt und nach den von *Schütze* vorgeschriebenen Analyseschritten ausgewertet.

Zunächst erfolgte in beiden Fällen eine ausführliche formale Textsortenanalyse. Danach wurde die autobiographisch-narrative Haupterzählung einer detaillierten strukturellen Beschreibung unterzogen. Dieser Analyseschritt ist notwendig, da eine lebensgeschichtliche Erzählung nicht nur den eigentlichen Ereignisablauf darstellt, „sondern auch die ‚inneren Reaktionen‘, die Erfahrungen des Biographieträgers mit den Ereignissen und ihre interpretative Verarbeitung in Deutungsmustern" *(Schütze 1983, S. 286)* enthält. Auf ein offenes Kodieren *(Strauss/Corbin 1996, S. 43ff.)* wurde zugunsten der strukturellen Beschreibung verzichtet. Jedoch wurden während dieses Analyseschrittes immer wieder Memos *(Strauss/Corbin 1996, S. 169ff.)* hinsichtlich erster Kategorienbildung angefertigt.

Den dritten Analyseschritt stellte die Erarbeitung der analytischen Abstraktion der jeweiligen Eckfälle dar, in dem „die abstrahierten Strukturaussagen zu den einzelnen Lebensabschnitten (...) systematisch miteinander in Beziehung gesetzt" *(Schütze 1983, S. 286)* und so die Abfolge der dominanten Prozessstrukturen sowie die Lernmodi, -dimensionen und -kontexte in der biographischen Gesamtformung erarbeitet wurden. In der Wissensanalyse wurden diese mit den eigentheoretischen und argumentativen Kommentaren der Interviewten in Beziehung gesetzt und „systematisch auf ihre Orientierungs-, Verarbeitungs-, Deutungs-, Selbstdefinitions-, Legitimations-, Ausblendungs- und Verdrängungsfunktion hin" *(Schütze 1983, S. 286f.)* interpretiert. Um die Fülle und Komplexität der analysierten Lernprozesse genauer darzustellen, wurde die analytische Abstraktion der Eckfälle jeweils um ein biographisches Lernportfolio erweitert, in dem die dominanten prozessualen Lerndimensionen „und das Wechselspiel von strukturellen Lerndimensionen, Lernkontexten und Lernmodi in Abhängigkeit von der biographischen Gesamtformung" *(Nittel 2013a, S. 146)* verdeutlicht werden.

Um eine genauere Übersicht über das gesamte Datenmaterial zu erhalten, erstellte ich nach der Einzelanalyse der zwei Eckfälle eine Übersicht über den ausgewählten Datenkorpus von 21 Interviews mithilfe einer Fallsynopse. Hier wurden sowohl die formalen Daten der Interviewpartner/innen protokolliert, als auch die familienbiographische Kontinuität oder Diskontinuität der Existenzgründung und die formale Bildungsbiographie dokumentiert. In einem weiteren Analyseschritt arbeitete ich mit Hilfe des offenen Kodierens die dominanten Prozessstrukturen heraus, um eine erste Übersicht über diese Kategorien zu erhalten.

Zur weiteren Fallkontrastierung wurden mithilfe des offenen Kodierens einige Kurzporträts angefertigt, die Auswahl erfolgte zunächst minimal kontrastiv zu den zwei Eckfällen. Diese Fälle haben zwar eine unterschiedliche Anzahl von Mitarbeiter/innen, sind nicht unbedingt in derselben Branche tätig und haben eine unterschiedliche Risikobereitschaft, jedoch finden sich durchaus Ähnlichkeiten im Familienmilieu und in der Bildungsbiographie. Ein drittes Fallporträt wurde noch einmal maximal kontrastiv ausgewählt, als bei der Identifizierung der Prozessstrukturen im Fall Fuchs ein biographischer Wandlungsprozess transparent wurde.

Zur Vorbereitung der Erarbeitung eines theoriegenerierenden Modells erfolgte nun der Analyseschritt, sich von den konkreten Einzelfallanalysen zu lösen und kontrastive Vergleiche durchzuführen *(vgl. Schütze 1983, S. 287)*. Zunächst wurden die zwei Eckfälle auf der Grundlage der analytischen Abstraktion miteinander kontrastiert. Die Strategie des minimalen Vergleichens ließ Ähnlichkeiten bei den für die Forschungsfragen interessanten Phänomenen zutage treten. Danach wurde ein maximaler Vergleich der Eckfälle vorgenommen, um die Unterschiede herauszufiltern *(vgl. Schütze 1983, S. 287)*. In diesem Abschnitt wurde erst das offene Kodieren genutzt, um danach aus den gefundenen

Kodes erste Kategorien zu entwickeln. Durch die Hinzuziehung der weiteren Fälle und unter Berücksichtigung der forschungsleitenden Fragestellungen wurden die Kategorien untereinander in Beziehung gesetzt. Mithilfe des axialen Kodierens wurden die generierten Kategorien einer ständigen Überprüfung unterzogen. Alle Kategorien wurden sodann unter Einsatz des Kodierparadigmas miteinander in Beziehung gesetzt und unter Einbezug des gesamten Datenmaterials überprüft. Erste Schlüsselkategorien bildeten sich im Zuge des selektiven Kodierens heraus. Diese und die vorherigen Analyseschritte wurden in einer Forschungswerkstatt stetig überprüft und waren so einer ständigen Kritik ausgesetzt, so dass einseitige Interpretationen vermieden werden konnten. Im Ergebnis kam es zu der Generierung eines theoriegeleiteten gegenstandsbezogenen Modells, welches aus der Strukturierung der Schlüssel- und Kernkategorien entstand.

5 Fallporträts

In diesem Kapitel werden die Biographien von einer Unternehmerin und einem Unternehmer in Form von Einzelfallporträts vorgestellt, welche im Forschungsprozess als maximal kontrastive Eckfälle aus dem Datensample ausgewählt und analysiert wurden. In einer Einleitung werden die Kontaktaufnahme und die Interviewsituation abgebildet und anschließend die analytischen Ergebnisse der strukturellen Beschreibung in Form der biographischen Gesamtformung, der Wissensanalyse und dem biographischen Lernportfolio dargestellt.

Zur Verdeutlichung der Reichweite des Datensamples werden drei weitere Kurzporträts von zwei Unternehmern und einer Unternehmerin vorgestellt, welche minimal kontrastiv zu den zwei Eckfällen ausgewählt wurden.

5.1 Einzelfallporträt Inga Wolf

Frau Wolf war zum Zeitpunkt des Interviews ca. 34 Jahre alt, führte seit ca. fünf Jahren ihre eigene Logopädie-Praxis und beschäftigte seit zwei Jahren mehrere Angestellte. Ich lernte die Informantin durch die logopädische Behandlung meines Sohnes kennen. Nach einigen Sitzungen und kurzen informativen Gesprächen zur Behandlung meines Sohnes sprach ich die Informantin bzgl. meiner Dissertation in Erziehungswissenschaften an. Die Informantin zeigte sofort ihre Bereitschaft zu einem Interview. Nach der Ausarbeitung des Leitfadens vereinbarten wir einige Wochen später einen Termin am Abend des 12. November 2008 in der Wohnung der Informantin. Frau Wolf wohnte mit ihrem Ehemann und ihrer kleinen Tochter zusammen, der Ehemann arbeitete jedoch zum Zeitpunkt des Interviews außer Haus.

Zu dem vereinbarten Termin klingelte ich an der Tür eines mehrstöckigen Hauses in der Stadt. Frau Wolf teilte per Sprechanlage mit, dass sie im zweiten Stock wohne. Es handelte sich um ein gepflegtes, neu saniertes Haus mit wenigen Flurfenstern. Frau Wolf bat mich in ihre Wohnung und geleitete mich in das Wohnzimmer, wo bereits ein kleiner Tisch vor der Couch mit Wasser und Kräckern gedeckt war. Die Informantin war in Jeans und T-Shirt sportlich leger gekleidet. Nach einer kurzen Begrüßung fragte mich Frau Wolf, ob sie Wasser einschenken solle, welches ich bejahte. Wir nahmen auf dem Ecksofa Platz, Frau

Wolf saß im rechten Winkel zu mir. Nach dem Ausprobieren des Aufnahmege-
räts wurde dieses von mir eingeschaltet und das Interview durchgeführt.
Frau Wolf wirkte während des Interviews eher entspannt. Sie erzählte offen
und ausführlich mit einer regen Gestik und Mimik. Die Haupterzählung dauerten
ca. 28 Minuten und der narrative Nachfrageteil ca. drei Minuten sowie das anschließende Leitfadeninterview nochmals knapp 30 Minuten, so dass das Interview nach einer Stunde endete.

Nach dem Interview kam es zwischen Frau Wolf und mir zu einem fünf-
zehnminütigen Gespräch zum Thema Kindererziehung und dem Suchen eines
geeigneten Kindergartens. Frau Wolf fragte mein Erfahrungswissen als Mutter
ab. Danach verabschiedete ich mich und Frau Wolf brachte mich zur Tür.

5.1.1 Biographische Gesamtformung

Familiäre Sozialisation in einer bürgerlichen Herkunftsfamilie

Frau Wolf wird 1975 als dritte Tochter eines Lehrerehepaares geboren. Sie gehört einer Generation an, die bereits von den Ergebnissen des bundesdeutschen
Wirtschaftswunders, der Bildungsreform sowie der Frauenemanzipation profitiert und ein materiell weitestgehend sorgenfreies Leben genießt. Eingebettet in
eine dörfliche Gemeinschaft wächst Frau Wolf von ihren Eltern behütet auf und
erlebt durch die natürliche Einbindung in das soziale Umfeld eine große Bestän-
digkeit. Die Biographieträgerin verbringt ihre Kindheit und Jugend bis zum Erreichen ihres Abiturs dort.

Ihr Vater wächst in einem autoritären Familiensystem auf und ist zunächst
als Dorfschullehrer tätig, welcher seinen Schülern gerne vielfältiges Wissen
vermittelt. Zu einem späteren Zeitpunkt muss er seine Lehrtätigkeit auf einer
Hauptschule fortsetzen. Hier beginnt die pädagogische Tätigkeit ihn mehr und
mehr zu belasten, was sich vermutlich in häufigen Krankheiten niederschlägt. An
die modernen pädagogischen Konzepte, die im Gegensatz zu seiner eigenen
Erziehung stehen, kann er seine Handlungsorientierungen wenig anpassen. Er
möchte einerseits an den neuen Erziehungsstilen partizipieren, scheitert jedoch
andererseits zunehmend an der Umsetzung der reformpädagogischen Konzepte,
so dass ihm der Vollzug eines erfolgreichen Umlernprozesses beruflich nicht
gelingt. Das auftretende berufsbiographische Verlaufskurvenpotenzial kann der
Vater durch vermehrte Mitarbeit in der Familie und durch die Unterstützung
seiner Ehefrau bearbeiten. Aufgrund der Arbeitszeiten, welche vornehmlich in
den Vormittag fallen, ist er für seine drei Töchter sehr präsent und übernimmt
die nachmittägliche Betreuung. Seine eigenen Unterrichtsvorbereitungen erledigt
er vorwiegend in den Abendstunden.

Die Mutter ist bis zur Geburt von Frau Wolf als Lehrerin tätig, entscheidet sich jedoch dann als Hausfrau zu Hause zu bleiben, wodurch sich auch in ihrer Biographie Verlaufskurvenpotenzial aufschichtet. Sie engagiert sich jedoch neben ihren familiären und häuslichen Aufgaben zunehmend in ehrenamtlichen Tätigkeiten. Das deutet darauf hin, dass die Mutter neben ihren häuslichen Pflichten ein hohes Autonomiebestreben besitzt, welches sie jedoch nicht in ihrem Beruf an der Institution Schule verwirklicht, sondern im Ehrenamt. Hier kann sie vor allem auch außerhalb ihres Heimes Zufriedenheit finden und das berufsbiographisch aufgeschichtete Verlaufskurvenpotenzial handlungsschematisch bearbeiten. Die Mutter entwickelt sich für Frau Wolf mit ihrem außenorientierten Autonomiebestreben zu einer zentralen Orientierungsperson.

Die familiäre Primärsozialisation der Biographieträgerin ist zunächst durch das Aufwachsen im bürgerlichen Herkunftsmilieu als Lehrerkind geprägt. So wirken die strukturellen Rahmenbedingungen der Familie nach außen „konservativ"; die Mutter ist Hausfrau und der Vater erwerbstätig und alleine für das Familieneinkommen zuständig. Durch die häufige häusliche Anwesenheit des Vaters wird das konservative Familienbild jedoch brüchig. Der Vater unterstützt durch seine nachmittägliche Betreuung der Töchter seine Frau in ihrer Selbstverwirklichung und gewährleistet ihr so die Vereinbarkeit von Familie und ehrenamtlicher Arbeit. So ist es möglich, dass die Eltern ihr jeweiliges berufsbiographisch aufgeschichtetes Verlaufskurvenpotenzial durch die differente häusliche Arbeits- und Rollenverteilung in ihrer Familie latent bearbeiten können. Zur klassischen Familienstruktur wird hier ein Gegenentwurf entwickelt, der die Sozialisations- und Lernprozesse der Biographieträgerin entscheidend prägt und zur Herausbildung eines unkonventionellen Familienbildes in Richtung emanzipatorischer Orientierungen beiträgt.

Frau Wolfs Beziehung zu ihren Eltern gestaltet sich weitestgehend problemlos und sie erlebt große Nähe und Geborgenheit, sowie die Unterstützung in ihren beruflichen wie auch privaten Wünschen. Sie wächst mit zwei älteren Schwestern auf, wobei ihre familiäre Position als jüngstes Mädchen für sie eine große Relevanz hat. Möglich ist, dass sie sich durch diese Rolle als jüngste Tochter in Bezug auf kind- und jugendliche Freiheiten weniger mit den Eltern auseinandersetzen muss, als ihre Schwestern. Zu ihrer mittleren Schwester entwickelt sie ein engeres Verhältnis. Bereits in frühen Jahren überschneiden sich die Freundeskreise der beiden Mädchen, teilweise partizipiert Frau Wolf an den etwas älteren Freundschaftsbeziehungen ihrer Schwester. Sie erlebt die Schwester sehr früh als dominant und bestimmend.

Entstehung von familiärem Verlaufskurvenpotenzial durch den Schwesterkonflikt

Da Frau Wolf, aufgrund des institutionellen Vorgehens nicht in die Kindergartengruppe zu ihrer Schwester und ihren Freunden darf, hat die Informantin bereits im Kindergartenalter mit Trennungsängsten im Bezug zur Mutter zu kämpfen. Durch eine frühzeitige Einschulung kann sie an den Freundschaften zunächst anschließen. Im jugendlichen Alter sind die Freundeskreise der zwei Schwestern nicht mehr trennbar, daher finden vielfach gemeinsame Unternehmungen statt. Jedoch beginnt die Biographieträgerin unter der Dominanz der Schwester zunehmend zu leiden, da diese von allen Freunden sehr geschätzt wird, Frau Wolf sich jedoch häufig als die jüngere Schwester von dieser innerhalb der peergroup deklassifiziert fühlt. Aufgrund der Dominanz der Schwester und dem damit einhergehenden Leidensdruck der Informantin kommt es für die Informantin im sozialen Kontext zur Aufschichtung von Verlaufskurvenpotenzial. Frau Wolf bildet eine biographische Verletzungsdisposition aus, deren latente Bearbeitung erst lange nach dem Auszug aus dem Elternhaus und dem Heimatwohnort erfolgt. So reflektiert sie viel später das Verhältnis zu ihrer Schwester und durchläuft diesbezüglich einen leidgeprüften Lern- und Bewusstwerdungsprozess, wobei dieser bis zum Zeitpunkt des Interviews noch nicht abgeschlossen erscheint. Hier deutet sich ein weiterer Grundstein für ihr später deutlich werdendes Autonomiebestreben sowie die Ausprägung eines Kämpferhabitus an. So versucht sich die Biographieträgerin durch das Verlassen des Elternhauses von der Schwester und deren Einfluss zu befreien, d. h. sie entwickelt ein Fluchthandlungsschema, baut sich an einem neuen Wohnort ein eigenes unabhängiges soziales Umfeld auf und durchläuft damit einen zielgerichteten Lern- und Reifungsprozess. Sie erlebt diesen Zustand, losgelöst vom Einfluss der Schwester zu leben, als Freiheit.

Institutionelles Ablauf- und Erwartungsmuster der Kindergarten- und Schullaufbahn

Zunächst passiert Frau Wolf das institutionelle Ablauf- und Erwartungsmuster der Kindergartenlaufbahn, wobei ihre Sozialisation in die Institution Kindergarten nicht problemlos verläuft. Die Biographieträgerin leidet sehr unter der institutionellen Vorgehensweise, dass sie aufgrund der Schwester nicht in die Gruppe ihrer Freunde einsozialisiert wird. Sie fühlt sich ausgeschlossen und kann sich zunächst wenig in die andere Gruppe integrieren, was zu einem leidgeprüften Lernprozess und zusätzlich zu Ablöseproblemen von den Eltern führt.

Durch eine verfrühte Einschulung kann die Informantin dem Kindergarten entkommen und in der Grundschule an ihre gemeinsamen sozialen Kontakte anknüpfen. Die schulische Ausbildung vollzieht Frau Wolf nahezu mühelos und mit wenigen negativen Vorkommnissen. Bereits hier entwickelt sie eine biographische Disposition, welche sich – wie bereits im Kindergarten – auf die Auseinandersetzung mit institutionellen Regeln bezieht, denen sie sich nicht problem- und kritiklos unterordnen möchte. So zeigt sie in der Grundschule ein unangepasstes Verhalten gegenüber schulischen Autoritäten und deren Forderungen. Die Elternzeit ihrer Grundschullehrerin, die innerhalb der Institution Schule für Frau Wolf eine signifikante Andere darstellt, löst einen leidgeprüften Lernprozess bei der Biographieträgerin aus, der zu einer Abwehrhaltung gegenüber Autoritäten führt. Auffällig wird diese auch außerhalb der Schule, als sie ihren Ballettunterricht aufgibt, um sich den wechselnden Gemütszuständen und der Kritik ihrer dortigen Lehrerin zu entziehen.

Das institutionelle Ablauf- und Erwartungsmuster der gymnasialen Laufbahn durchläuft Frau Wolf weitestgehend störungsfrei, wobei sie sich auch hier bei Problemen mit den Lehrerautoritäten nicht zurückhält, sondern sich diesen – jedoch als Einzelperson – aktiv stellt. Bereits hier zeigen sich Ansätze der biographischen Basispositionen des Durchsetzungsvermögens, der Willenskraft und des Autonomiebestrebens.

Aufgrund der Initiative der Eltern nimmt Frau Wolf neben der Schule an milieuspezifischen Freizeitaktivitäten, wie Sport und Musik, teil. Dabei nimmt die Musik eine konstitutive Dimension in Frau Wolfs Biographie ein.

Biographisches Handlungsschema Chor

Während ihrer Abiturzeit entwickelt Frau Wolf zunächst das Bearbeitungs- und Kontrollhandlungsschema des Eintritts in einen Chor in einer anderen Stadt. Basierend auf diesem kann sie sich von der Dominanz der Schwester befreien, das vorhandene Verlaufskurvenpotenzial bearbeiten und einen eigenen Freundeskreis und Aktionsraum aufbauen, der ihre Unabhängigkeit von der Schwester garantiert.

Im Zuge eines zielgerichteten Lernprozesses bildet sich die Suche nach einem Chor in einem neuen Ort zu einem biographischen Handlungsschema heraus, welches Frau Wolf in ihrer Biographie konsequent in jeder neuen Stadt realisiert, um sich problemloser einsozialisieren zu können und ihrem wichtigsten Interesse – „der Stimme" – zu folgen.

*Berufsbiographische Bewährungssituation während des freiwilligen sozialen
Jahres*

Aufgrund ihrer noch nicht ausgereiften beruflichen Pläne, Frau Wolf möchte
gerne mit Kindern arbeiten und zunächst eventuell Sozialpädagogik studieren,
entschließt sich die Biographieträgerin ein freiwilliges soziales Jahr zu absolvieren, um es als Moratorium nutzen zu können. Vorher ist bereits der Entschluss in
ihr gereift, das heimatliche Dorf und ihre Familie zu verlassen und wegzuziehen,
um ein selbständiges Leben führen zu können. Hier deutet sich ein selbst initiier-
ter, radikaler Ablöseprozess von der Familie an, der für sie als Abiturientin folgerichtig erscheint. Das institutionelle Ablauf- und Erwartungsmuster des freiwilligen sozialen Jahres absolviert sie in einer sozialen Einrichtung, einem Kin-
derheim, da sie die soziale Arbeit näher kennenlernen möchte. Als berufliche
Anfängerin empfindet sie die Tätigkeit mit den verhaltensauffälligen Kindern als
sehr anstrengend und schwierig sowie die Situation in der Einrichtung als problematisch. Sie wird häufig krank und erlebt „stimmliche" Überanstrengungen.
Das freiwillige soziale Jahr entwickelt sich für Frau Wolf zu einer schwierigen
berufsbiographischen Bewährungssituation, welche die Biographieträgerin nur
mit großer Anstrengung bewältigt. Eine weitere Bürde ist die selbst initiierte
Trennung von ihrer Familie und ihrem sozialen Umfeld. Die biographischen
Dispositionen, wie Kämpferhabitus, Belastbarkeit und Durchhaltevermögen,
bilden sich im Zuge eines leidgeprüften Lernprozesses zunehmend heraus. Es
kommt zur Aufschichtung von Verlaufskurvenpotenzial, welches die Informantin durch den Besuch von begleitenden Bildungsmaßnahmen latent bearbeitet.
Diese Seminare fungieren als Bearbeitungs- und Kontrollhandlungsschema,
aufgrund derer sie die neu erlernten Strategien und Techniken sofort für sich
umzusetzen versucht. Da die schwierigen Arbeitsverhältnisse Frau Wolf sehr
belasten, durchläuft sie einen leidgeprüften Lernprozess, der für ihre weitere
Berufswahl konstitutiv ist. Eventuell deutet sich hier berufsbiographisch die
strukturelle Lerndimension der Identitätsveränderung an, da infolge dessen eine
Modifikation der Berufswahl erfolgt.

　　　Nach Abschluss des freiwilligen sozialen Jahres verändert Frau Wolf ihre
berufliche Relevanzsetzung und definiert für sich den temporalen und modalen
Rahmen ihrer zukünftigen beruflichen Tätigkeit neu. Sie entscheidet sich für eine
Ausbildung als Logopädin. Dieser Beruf stellt eine berufsbiographische Synthese
ihrer Interessen dar: Sozialpädagogik, „Stimme", Therapie, Zielgruppe der Kinder. Die mögliche Identitätsveränderung deutet auf einen beginnenden biographischen Wandlungsprozess hin.

Berufsbiographisches Handlungsschema der Ausbildung zur Logopädin

Zunächst gestalten sich die Bemühungen um einen Ausbildungsplatz als Logopädin problematisch. Nach einer weiteren kurzzeitigen Umorientierung erhält die Biographieträgerin jedoch verspätet und durch einen Zufall die Zusage für einen Logopädie-Ausbildungsplatz, welche eine positive berufsbiographische Weichenstellung impliziert. Frau Wolf zieht erneut um und absolviert eine dreijährige Ausbildungszeit in X-Stadt. Die äußeren Rahmenbedingungen in dieser Studentenstadt erlebt sie als sehr positiv und bereichernd. Durch ihr bewährtes biographisches Handlungsschema, einem Chor beizutreten, kann sie viele soziale Kontakte knüpfen und ein reges Freizeitleben initiieren.

In dieser Zeit gestaltet sich ihre fachliche Ausbildung als schwierig und anstrengend. So wird von der Informantin ein hohes Maß an Selbstreflexion und Auseinandersetzung mit den anderen Auszubildenden verlangt, welche vermutlich Defizite und unverarbeitete persönliche Erfahrungen zutage treten lassen. Sie empfindet diese Reflexionsphasen als unangenehm und mühsam und ist häufig gefordert mit Kritik umzugehen. Die Ausbildungszeit erweist sich als eine schwierige berufsbiographische Phase, verbunden mit einem erneuten leidgeprüften Lernprozess. Das entstandene Verlaufskurvenpotenzial bearbeitet sie durch den erfolgreichen Abschluss der Ausbildung.

Berufsbiographisches Handlungsschema des ersten Angestelltenverhältnisses

Ungeachtet der zweijährigen Fernbeziehung zu einem Mann entscheidet sich Frau Wolf nach ihrer Ausbildung frei und selbstbestimmt, in ein anderes Bundesland zu ziehen und sich dort eine erste Arbeitsstelle zu suchen. Die Option, an den Wohnort ihres Freundes zu ziehen, schlägt sie aus. Dieser Entschluss lässt auf die biographischen Basisdispositionen der Entscheidungs- und Umsetzungsfähigkeit sowie der Eigeninitiative und des Autonomiebestrebens schließen, welche den gründungsrelevanten Faktor der Selbstbestimmung implizieren.

Frau Wolf sucht sich für ihre erste Anstellung gezielt eine größere Logopädie-Institution aus, um im Lernmodus des Neulernens größtmögliche Ergebnisse erzielen zu können. Sie möchte am vorhandenen Wissen anderer Mitarbeiter partizipieren und hofft auf einen hohen Lernaustausch, d. h. sie möchte am kollektiven Erfahrungswissen teilhaben. Sie bleibt zwei Jahre in dieser Anstellung. Der Arbeitsalltag erweist sich als anstrengend, da Frau Wolf zu den inhaltlichen, fachlichen Anforderungen noch organisatorische Aufgaben zu erledigen hat und daher ihre Arbeitszeit komplett verplant ist. So gestaltet sich der Berufseinstieg schwierig, da sie sich teilweise als zu unsicher einschätzt. Probleme bereiten ihr vor allem die Konfrontationen mit den Eltern der Patientenkinder, die sie als belastend erlebt. Innerhalb dieser konfliktbehafteten Arbeitssituation durchläuft sie einen leidgeprüften Lernprozess, in dem sie neue berufliche Handlungsstrategien erlernt, die sie für ihren weiteren beruflichen Weg gut nutzen kann. Auch die soziale Integration am neuen Wohnort verläuft zunächst problembehaftet. Neben dem hohen Arbeitsaufkommen, hat sie lange Fahrzeiten zum Arbeitsplatz, so dass ihr nur wenig Zeit für Freizeitaktivitäten bleibt. Nachdem sie ihr biographisches Orientierungs- und Handlungsschema des Beitritts in einen Chor verwirklicht hat, knüpft sie neue soziale Beziehungen. Heimisch und glücklich wird die Informantin an diesem Ort jedoch nicht.

Lebenszyklisches Ablauf- und Erwartungsmuster der partnerschaftlichen Bindung

Im Rahmen des lebenszyklischen Ablauf- und Erwartungsmusters der partnerschaftlichen Bindung vollzieht Frau Wolf einen erneuten räumlichen Wechsel und zieht zu ihrem Partner nach Y-Stadt. Zu diesem Zeitpunkt verlässt sie ihren bisherigen selbstbestimmten Weg und ordnet sich der derzeit dominanten Prozessstruktur unter. Im Zuge von leidgeprüftem Lernen muss sie mit Diskrepanzerfahrungen in Bezug auf ihren geringeren Verdienst und mit schlechteren Arbeitsbedingungen umgehen.

Institutionelles Ablauf- und Erwartungsmuster der erneuten Anstellung in einer Logopädie-Praxis

Ihr zweites Angestelltenverhältnis findet Frau Wolf in einer kleineren Logopädie-Praxis in Y-Stadt, die von einem Ehepaar geleitet wird. Die Ehefrau ist ausgebildete Logopädin, ihr Mann hat als Fachfremder die Geschäftsführung inne. Wegen der erlebten Personalfluktuation in der Praxis stellt die Informantin den Führungsstil des Geschäftsführers in Frage und schätzt diesen als mangelhaft und unprofessionell ein. Daraufhin entwickelt sich bei Frau Wolf eine manifeste Arbeitsunzufriedenheit, die durch Forderungen von deprofessionalisierenden Tätigkeiten noch untermauert wird. Diesen suboptimalen beruflichen Forderungen der Praxisleitung tritt Frau Wolf jedoch entschieden, wenn auch kompromissbereit entgegen. Im Modus des Umlernens entwickelt sie die Strategie des kurzfristigen Kompromisses. Die negativen Begebenheiten in der Logopädie-Praxis lassen die Informantin ein distanziertes Verhältnis zu ihrer Arbeit einnehmen, so dass sie zwar ihren Job erledigt, sich ansonsten aber klar abgrenzt. Aufbauend auf ihren bisherigen Berufserfahrungen verändert die Informantin ihr berufliches Alltagsverhalten und passt sich vorübergehend an die Gegebenheiten an. Sie distanziert sich vom Führungsstil der Leitung und ihr leidgeprüfter Lern-prozess führt zur Ausbildung künftiger Führungsqualitäten am negativen Gegen-horizont. Bereits hier ist die Entwicklung eines Berufshabitus erkennbar.

Als eine neue Kollegin kommt, baut die Biographieträgerin zeitnah eine kollegiale Beziehung zu dieser auf und sie konstituieren sich zu einer sozialen Einheit gegenüber dem Praxisleiter. So entwickeln sie ein konstruktives Hand-lungsmodell, um eigene Ziele offensiv durchzusetzen, und Frau Wolf beginnt ihre distanzierte Haltung zu der Praxissituation und ihrer Arbeit aufzugeben. Der zielgerichtete Lernprozess lässt die berufsbiographische Kompetenz der kollegia-len und durchsetzungsfähigen Zusammenarbeit erkennen.

Die Beziehungs- und Organisationsstrukturen innerhalb der Praxis sind Frau Wolf aus ihrer Ursprungsfamilie durchaus bekannt. So zeigt sie im Umgang mit dem Praxisleitungsehepaar einerseits ein selbstbewusstes Auftreten sowie Durchsetzungsvermögen, andererseits jedoch ein hohes Sensibilisierungspoten-zial, wenn sie sich bei einigen Arbeiten kompromissbereit zeigt. Durch die sozia-le Nähe zur Kollegin kann Frau Wolf auch die Nähe zu ihrer beruflichen Arbeit wieder herstellen, so dass hier eine Korrelation auftritt, die eine Reparatur der Schwesterbeziehung impliziert.

Gelegenheitsstruktur der Erwählung und Bewährung

Durch die Schwangerschaft der leitenden Ehefrau steht eine Neubesetzung der fachlichen Leitungsstelle zur Disposition. Da sich Frau Wolf bisher als kompe-tent und selbstbewusst ausgezeichnet und sie einen individuellen Professionali-sierungsprozess durchlaufen hat, wird ihr die Führungsposition angeboten. Hier kommt ein Vertrauens- und Kompetenzvorschuss seitens der bisherigen Leitung zum Vorschein. Diese berufliche Gelegenheitsstruktur ergreift Frau Wolf sodann und wird zur Praxisleiterin auf der fachlichen Ebene erwählt. Sie entwickelt innerhalb eines zielgerichteten Lernprozesses eigene Führungskompetenzen und grenzt sich weiterhin vom Führungsstil der bisherigen Leitung ab. Als eine neue Kollegin aufgrund dieses alten Führungsstils kündigen will, entwickelt sie über ihre eigentliche Position hinaus eine sensible Handlungs- und Vermittlungsstra-tegie zwischen den beiden Parteien, die sich als erfolgreich erweist. Diese zielge-richtete Handlung weist auf einen Akt der Selbstermächtigung in Bezug auf ihre Führungsrolle hin. Im Modus des Umlernens kann sich Frau Wolf positive Füh-rungsqualitäten wie strategisches, vermittelndes Reagieren und Agieren aneig-nen. Sie erlernt und entwickelt im Gegenhorizont zu ihrem Vorgesetzten zielge-richtet eine beziehungsorientierte Mitarbeiterführung und wächst in ihre neue

Führungsrolle hinein, so dass in ihrer Berufsbiographie erstmals eine antizipatorische Sozialisation[33] als Führungskraft ersichtlich wird.

Prozess der partiellen biographischen Wandlung

In ihrer mehrjährigen Partnerschaft weicht Frau Wolf zunehmend von ihrem
selbstbestimmten Weg ab und erlebt eine gewisse Enge und Fremdbezogenheit,
die zu einer unsicheren Haltung führen. In der Partnerschaft tritt Verlaufskurvenpotenzial auf. Am Ende eines leidgeprüften Lernprozess trennt sich Frau
Wolf von ihrem Partner, so dass das lebenszyklische Ablauf- und Erwartungsmuster der Paarbeziehung wegbricht. Für die Biographieträgerin beginnt eine
Phase der privaten und beruflichen Neuorientierung. Durch die Trennung ist
Frau Wolf auf sich selbst gestellt, sie findet innerhalb eines umfassenden Emanzipationsprozesses zu einem neuen Selbstbewusstsein zurück, ihre Identität verändert sich und sie bearbeitet erfolgreich das vorhandene Verlaufskurvenpotenzial. Eine Wandlung der Infrastruktur ihres gesamten Lebens wird durch die
Parallelität ihrer privaten und beruflichen Entwicklung ausgelöst. So findet durch
ihren privaten Emanzipationsprozess eine Neufokussierung auf ihre beruflichen
Ziele statt. Frau Wolf durchlebt einen schöpferischen Lernprozess, im Zuge
dessen eine partielle Veränderung ihres Selbst- und Weltbezuges passiert. Sie
beginnt erneut das Ablauf- und Erwartungsmuster der beruflichen Karriere zu
verfolgen. In der Folge wird der Prozess der partiellen biographischen Wandlung
deutlich.

Zielgerichtetes Lernen in einem Existenzgründungsseminar

Ausgehend vom erneuten Fokus auf das Ablauf- und Erwartungsmuster der beruflichen Karriere und an die bisherige antizipatorische Sozialisation anknüpfend
beginnt Frau Wolf mit ihrer Kollegin über eine gemeinsame Existenzgründung
nachzudenken. Ihre beruflichen Karrierechancen als Angestellte in einer Logopädie-Praxis hat sie bis dahin ausgeschöpft und durchläuft nun eine folgerichtige

---

[33]   Sozialisation wird der Prozess der Entwicklung der Persönlichkeit in Auseinandersetzung mit
        den körperlichen und psychischen Anlagen sowie der sozialen und physikalischen Umwelt
        (vgl. Hurrelmann 2002, S. 7) genannt. Als antizipatorische Sozialisation wird im Allgemeinen
        die Übernahme von Einstellungen, Werten und Normen einer sozialen Gruppe (wie Familie
        oder Arbeitsgruppe) durch ein Individuum bezeichnet *(vgl. Merton/Rossi 1957, S. 265f.)*. In der
        wissenschaftlichen Literatur wird die antizipatorische Sozialisation häufig in Verbindung mit
        der beruflichen Sozialisation eines Individuums genannt. Gemeint ist die Sozialisation in der
        Familie, dem Milieu und der Schicht in Hinblick auf die zukünftige Berufswahl der Person
        (vgl. Lange u. a. 1999, S. 16, vgl. auch Hurrelmann 2002, S. 172ff.).

Entwicklung in Richtung der Existenzgründung, welche eine weitere Aufstiegsmöglichkeit bedeutet. Frau Wolf entwickelt zusammen mit ihrer Kollegin sehr schnell das Handlungsschema der Teilnahme an einem Existenzgründungsseminars. Im Modus des Neulernens begeben sie sich in eine organisierte Vermittlungssituation, welche eine Engführung von Vermittlung und formalem Lernen impliziert. In der Teilnahme an dem Praxisgründungsseminar wird die prozessuale Lerndimension des zielgerichteten Lernens deutlich, welche als Grundlage für die weitere berufliche Karriere dient.

Berufsbiographisches Handlungsschema Existenzgründung

Aufgrund der Schwangerschaft ihrer potenziellen Existenzgründungspartnerin wird Frau Wolf vor die Entscheidung gestellt, entweder ihr beginnendes Handlungsschema der Existenzgründung abzubrechen oder allein eine Gründung zu realisieren. So reduzieren sich ihre Eingangsvoraussetzungen auf ihre eigenen Kompetenzen. Frau Wolf durchläuft einen zielgerichteten Lern- und Entscheidungsprozess, der vor allem durch den zuvor erlebten privaten Emanzipationsprozess zur positiven Dynamik der Durchsetzung des Handlungsschemas der Existenzgründung führt. Auch wirkt an dieser Stelle die Gleichzeitigkeit von leidgeprüftem, zielgerichtetem und schöpferischem Lernen, welche die partielle biographische Wandlung der Selbstidentität zur Folge hat. Infolge dessen unterschätzt Frau Wolf ihre berufsbiographischen Kompetenzen, wie strategische Tatkraft, Um- und Durchsetzungsvermögen.

Durch eine Gelegenheitsstruktur findet Frau Wolf einen Praxisraum, welcher optimale äußere Rahmenbedingungen für ihre Existenzgründung einer Logopädie-Praxis impliziert. Ausgelöst durch diese positiven Bedingungen und durch die Nutzung ihres schöpferischen Kreativitätspotenzials kann sie einen risikoarmen Einstieg in die Selbständigkeit vollziehen. Trotz ihres weniger positiven Eindrucks von ihrer Vermieterin stellt Frau Wolf an dieser Stelle erstmals die ökonomischen Gesichtspunkte klar in den Vordergrund ihrer Entscheidung. Einhergehend mit zielgerichteten und schöpferischen Lernprozessen kann sie die sozialstaatlichen Angebote für sich nutzen und beantragt mit einem selbstentworfenen Businessplan bei der staatlichen Behörde das Überbrückungsgeld, so dass sie bereits hier konsequent eine ökonomische Sichtweise entwickelt und verfolgt. Ihr gelingt eine erfolgreiche Umsetzung des berufsbiographischen Handlungsschemas der Existenzgründung. Sie führt die Praxis ca. fünf Jahre lang erfolgreich mit unveränderten Rahmenbedingungen.

Lebenszyklisches Ablauf- und Erwartungsmuster der festen Partnerschaft und späteren Familiengründung

Als Frau Wolf einige Zeit nach ihrer Existenzgründung eine feste Partnerschaft mit ihrem zukünftigen Ehemann eingeht, lässt sie sich von diesem in ihrem berufsbiographischen Werdegang nicht beeinflussen. Als Folge des leidgeprüften Lernprozesses ihrer früheren Paarbeziehung entwickelt sie das Bearbeitungs- und Kontrollhandlungsschema sich dem lebenszyklischen Ablauf- und Erwartungsmuster der festen Partnerschaft nicht nochmals beruflich unterzuordnen, sondern ihr berufsbiographisches Handlungsschema der Selbständigkeit konsequent weiter zu verfolgen. In der Folge zieht der zukünftige Ehepartner zu ihr nach Y-Stadt.

Zwei Jahre später wird Frau Wolf schwanger. Sie heiratet ihren Partner und bringt eine Tochter zur Welt. Durch ihre Selbständigkeit ist sie in der Lage Familie und Beruf gut zu vereinbaren. Ihr Mann arbeitet im Krankenhaus im Schichtsystem und unterstützt sie an seinen freien Tagen bei der Betreuung ihrer gemeinsamen Tochter. So kann Frau Wolf biographisch an ihre primärsozialisatorischen Erfahrungen aus ihrer Ursprungsfamilie anknüpfen.

Ihr persönliches Relevanzsystem verändert sich nach der Geburt der Tochter, so dass ihr Beruf nicht mehr die Priorität darstellt, sondern sie nach einer Vereinbarkeit von Beruf und Familie strebt.

Berufsbiographisches Handlungsschema der beruflichen Weiterbildung

Um ihr Praxisangebot erfolgreich erweitern zu können, erwirbt Frau Wolf einen zusätzlichen formalen Bildungsabschluss als Voice-Coach. Sie durchläuft einen weiteren zielgerichteten Lernprozess, um Seminare in Richtung Stimme anbieten und die finanzielle Absicherung ihrer Praxis gewährleisten zu können.

Berufsbiographisches Handlungsschema der Erweiterung der Praxis durch Auftreten von Verlaufskurvenpotenzial

Während ihrer Schwangerschaft wird Frau Wolf der Logopädie-Praxisraum gekündigt, was zum Auftreten von Verlaufskurvenpotenzial und einem erneuten leidgeprüften Lernprozess führt. Frau Wolf durchläuft einen berufsbiographisch relevanten Entscheidungsprozess, in dem sie ihre Selbständigkeit neu überdenkt. Durch eine weitere berufsbiographische Gelegenheitsstruktur kann sie neue Räume mieten und das berufsbiographische Handlungsschema der Erweiterung der Logopädie-Praxis durch Einstellung von Mitarbeitern erfolgreich umsetzen.

Für Frau Wolf stellt die Zusammenarbeit mit ihren Angestellten ein großer Zugewinn dar, der einen professionellen Informationsaustausch impliziert. Die zusätzlichen Verwaltungstätigkeiten stellen eine Mehrbelastung dar, wobei hier ein Umlernprozess stattfindet, da sie die zuvor als Angestellte erlernten Handlungsmuster nun als eigenverantwortliche Unternehmerin umsetzen muss.

Erweitertes Autonomiemodell

Frau Wolf eignet sich über ihre beruflichen wie privaten Sozialisationsprozesse die Rolle als Existenzgründerin aktiv an, wobei sie einen risikoarmen Einstieg in die Selbständigkeit vollzieht. Durch die Unternehmensgründung zeichnet sich eine Passung ihrer familiären Dispositionen, ihrer berufsbiographischen Voraussetzungen, Problemlagen und Kompetenzen sowie ihrer sozialen Rahmenbedingungen ab. Das hier herausgearbeitete erweiterte Autonomiemodell, welches sich u. a. durch die vielfältigen Unabhängigkeitsbestrebungen und der wiederholten Transformation von Bewährungs- und Grenzsituationen auszeichnet, fungiert für Frau Wolf als Bearbeitung des o. a. familienbiographischen Konfliktes mit der Schwester. Durch die Existenzgründung kann Frau Wolf des Weiteren einen berufsbiographischen Aufstieg verwirklichen und den sozialen Status ihrer Eltern und Geschwister erreichen.

5.1.2 Wissensanalyse

Selbstbild

Frau Wolf vermittelt von sich ein weitestgehend gefestigtes Bild als selbständige Logopädin und Unternehmerin, sowie als Ehefrau und Mutter. Ihren Lebensablauf kann sie in einer strukturierten, selbstreflexiven Haltung schildern, wobei sie zunächst die Relevanzsetzung bzgl. möglicher Probleme vornimmt. Sie stellt sich während ihrer Kindheit und Jugend als eine Rebellin dar, die sich vor allem institutionellen Autoritäten sowie den damit einhergehenden institutionellen Ablauf- und Erwartungsmustern nur bedingt unterordnen möchte. Die zunehmende Entwicklung und Durchsetzung eigener biographischer Handlungsschemata sowie ihr partieller Wandlungsprozess sind Frau Wolf nicht durchgängig bewusst. Ihren Eigentheorien zufolge erhält sie berufsbiographisch relevante Gelegenheitsstrukturen, welche sie erfolgreich für sich umsetzen und nutzen kann, wobei sie auf ihren handlungsorientierten und berufsbiographisch funktionalen Habitus verweist.

Die leidgeprüften Lernprozesse, die sie beispielsweise während ihres freiwilligen sozialen Jahres sowie in ihrer ersten partnerschaftlichen Beziehung und der anschließenden Trennung durchläuft, thematisiert sie nur partiell, wobei sie sich deren biographischer Relevanz durchaus bewusst ist. So vermittelt sie in eigentheoretischen Einlassungen ihre weiteren erfolgsorientierten Entscheidungen sowie die berufsbiographischen Folgewirkungen.

Ihr problematisches Verhältnis zu ihrer mittleren Schwester kommt in Hintergrundkonstruktionen und eigentheoretischen Kommentaren nur in Ansätzen zum Ausdruck. Im Kommunikationsschema der Argumentation werden jedoch die inneren Dissonanzen der Informantin wahrnehmbar, die den vermutlich bis in die Gegenwart herrschenden Schwesternkonflikt verdeutlichen.

Selbstbild ihrer Begabungen
In umfangreichen Erklärungen vermittelt Frau Wolf ihr Selbstbild als das einer stetigen und unabhängigen Kämpferin, die ihre eigenen Interessen vielfach gut durchzusetzen vermag. Diese Strategie erlernt und entwickelt sie bereits in der Kindheit, wobei sie deren Ursprung in der Schulzeit datiert. Mit dem Verlassen ihres Elternhauses und der Veränderung ihrer bisherigen sozialen Welt entwickelt sie ein Autonomiebestreben, welches sich bereits früher andeutet. Die Biographieträgerin verweist auf ihre biographischen Basispositionen der Selbstbestimmung sowie der Eigeninitiative. Sie übernimmt für sich ein heroisches Handlungsmodell, was für sie als Unternehmerin funktional ist.

Frau Wolf sind gut funktionierende Beziehungsstrukturen wichtig. Sie benennt bzgl. ihrer häufigen Umzüge und Ortswechsel das Handlungsschema des zielgerichteten Eintritts in einen Chor, um schneller soziale Kontakte knüpfen zu können. Beruflich achtet sie auf ein kollegiales und soziales Verhalten, ohne ihre eigenen Grenzen außer Acht zu lassen. In der Leitungsfunktion eignet sie sich eine beziehungsorientierte Mitarbeiterführung an und grenzt sich gegenüber dem Führungsstil ihrer Vorgesetzten klar ab.

Als persönliche Stärken definiert die Biographieträgerin ihre Durchsetzungskraft und ihre hohe Selbstwirksamkeit. Sie ist sich bewusst, dass sie im Laufe ihres Berufslebens als Logopädin ihre Interessen sowohl als Angestellte als auch als Unternehmerin gut um- und durchsetzen kann. Ihr Erklärungsansatz über ihre frühe kindliche Selbstwirksamkeit bzgl. der Entscheidung der Mutter, Hausfrau zu bleiben, ist jedoch fragwürdig.

Frau Wolf erlebt sich als lebhafte, starke Frau, die mit Hilfe von leidgeprüften Lernprozessen beruflich wie privat ihren eigenen selbstbestimmten Weg beschreitet, wobei sie ihre Entscheidungen selbstkritisch überdenkt. Ihre Selbsteinschätzung wirkt weitestgehend ausgewogen. So traut sie sich berufliche und private Herausforderungen zu und schätzt ihre Grenzen klar ein. Privat strebt sie in der Rolle als Mutter nach einer work-life-balance, die ihr mit Hilfe von mehreren Angestellten immer besser gelingt.

Selbstbild als Existenzgründerin
Die Biographieträgerin sieht sich als weniger risikofreudige Existenzgründerin, die die Möglichkeiten von Gelegenheitsstrukturen aktiv für sich nutzt. Aufgrund des tiefgreifenden Emanzipationsprozesses entwickelt sie bewusst neue Handlungsstrategien. Die unterschiedlichen berufsbiographischen Handlungsschemata im Zuge der Existenzgründung werden von ihr nur in Ansätzen erkannt; der partielle Wandlungsprozess ist Frau Wolf nicht bewusst. Dennoch erlebt sich die Biographieträgerin als autonome Entscheidungsinstanz und Motivatorin ihrer Existenzgründung.

Frau Wolf kann als Unternehmerin ihre ausgebildeten Kompetenzstrukturen gezielt einsetzen und weiter ausbauen. Innerhalb ihres unternehmerischen Sozialisationsprozesses entwickelt sie schnell eine ökonomische und strategische Handlungsmaxime, die jedoch soziale Komponenten mit einschließt. Auf eigentheoretischer Ebene verdeutlicht die Biographieträgerin die Etablierung eines professionellen Habitus als Unternehmerin und Führungskraft. Frau Wolf besitzt jedoch kein ausgeprägtes Karrierekalkül. So ist ihr nur bedingt bewusst, dass ihre Existenzgründung eine folgerichtige Strategie für ihren Aufstieg war. In Bezug auf ihren unternehmerischen Erfolg zeigt sie ambivalente Emotionen, die einen Zugzwang der Rechtfertigung auslösen.

Weltbild

Biographisches Relevanzsystem: Positive soziale Beziehungen
Frau Wolf ist der Aufbau und der Erhalt positiver sozialer Beziehungen eine Lebensmaxime. Ihren Ursprung hat diese Relevanzsetzung vermutlich in der schwierigen Beziehung zu ihrer mittleren Schwester. Bereits in ihrer Kindheit zeigt sich die Signifikanz freundschaftlicher Beziehungen. So misslingt zunächst ihre Sozialisation im Kindergarten, demgegenüber funktioniert der frühzeitige Schuleintritt, durch den die Biographieträgerin an ihre bisherigen sozialen Beziehungen anknüpfen kann. In ihrer Berufsbiographie kann sie bei Aufbau von positiven sozialen Beziehungen ihre Kompetenzen gut für sich nutzen, bei fehlenden Beziehungen hat Frau Wolf Schwierigkeiten sich einzusozialisieren (wie während ihres freiwilligen sozialen Jahres). Das wiederholte Handlungsschema des Eintritts in einen Chor zeigt die Signifikanz des Aufbaus eines positiven sozialen Beziehungsgeflechts. Auch als Unternehmerin achtet die Biographieträgerin in ihrer Logopädie-Praxis auf ein positives soziales Arbeitsklima.

Biographisches Relevanzsystem: „Die Stimme"
Die Arbeit mit der „Stimme" nimmt in Frau Wolfs Berufsleben eine tragende
Rolle ein. So entwickelt sich ihre Affinität zur Stimme bereits in ihrer Kindheit,
spätestens mit Eintritt in einen Chor. Ihre Ausbildungsentscheidungen fokussieren sich vor allem auf Berufe, welche eine Arbeit mit und an der Stimme ermöglichen. Frau Wolf entfaltet eine hohe Motivationsstruktur in Richtung Stimme,
die bis in die Gegenwart reicht und beispielsweise Weiterbildungen auslöst.

5.1.3 Biographisches Lernportfolio

Funktionalität der prozessualen Lerndimensionen in Richtung Existenzgründung

Einen ersten leidgeprüften Lernprozess durchläuft Frau Wolf bereits im Zuge des
institutionalisierten Ablauf- und Erwartungsmusters des Kindergartenbesuchs.
Hier erfährt die Biographieträgerin, dass sich institutionelle Vorgehensweisen
nicht mit ihren Wünschen und Interessen – gemeinsamer Besuch der Kindergartengruppe der Schwester und der Freunde – decken. Wolf zeigt im Alltagsverhalten ihre Schwierigkeiten deutlich, so dass ihre Einsozialisierung in diese Bil-
dungsinstitution scheitert und auf ein Nichtlernen hinweist. In Bezug auf ihre
Identitätsformation ist es wahrscheinlich, dass Wolf bereits hier lernt, dass institutionelle Entscheidungen und Vorgehensweisen problematisch sein können.
    Das institutionelle Ablauf- und Erwartungsmuster der Grundschul- und
Gymnasiallaufbahn bewältigt Inga Wolf mit guten Leistungen, wobei sie sich
innerhalb dieses verwalteten Lernprozesses schnell eine kritische Auffassungs-
gabe aneignet. Bereits in der Grundschule nimmt sie vermutlich aufgrund von
Einflüssen aus dem Elternhaus eine kritische Haltung gegenüber Lehrerautoritäten ein und behält diese im Schulalltag bei, so dass sie sich der sozialen Kontrol-
le der Institution nur bedingt unterwirft. Bezogen auf ihre Identitätsformation
verändert sich ihr Weltbezug hinsichtlich einer gewissen Distanz zu institutionellen Zumutungen. Diesen passt sie sich nicht kritiklos an und bildet bereits in der
Gymnasialzeit ein stark akzentuiertes Autonomiebestreben heraus.
    In ihrer Adoleszenz kann sich Frau Wolf mit dem verwalteten Lernen situa-
tiv gut arrangieren, wobei dieses wiederholt mit leidgeprüften Lernphasen einhergeht. So lernt sie in ihrem freiwilligen sozialen Jahr die Arbeit mit verhaltensauffälligen Kindern kennen und erfährt innerhalb eines leidgeprüften Lernprozesses die Schwierigkeiten dieser Betreuungsarbeit. Ihren anstrengenden
Arbeitsalltag kann sie durch Beharrlichkeit und mithilfe des Besuchs von nonformalen Bildungsseminaren durchstehen. In der Konsequenz des verwalteten
Aneignungsprozesses modifiziert sie ihre beruflichen Wünsche und Ziele. Sie
nutzt ihre biographischen Erfahrungen für ihre kommende Berufswahl, was auf

einen Umlernprozess im Übergang zur Adoleszenz hinsichtlich der Veränderung in ihrer sozialen Identität schließen lässt.

Innerhalb des institutionalisierten Ablauf- und Erwartungsmusters der Anstellung als Logopädin unterliegt Frau Wolf einem weiteren verwalteten Lernprozess, der sehr stark informelle Züge trägt. Ihre berufsbiographischen Erfahrungen mit der Praxisführung induzieren ein negatives Vorbildlernen, was zu einer Veränderung ihres beruflichen Alltagsverhaltens führt. Frau Wolf passt sich an die schwierigen Gegebenheiten mit dieser wenig kompetenten Praxisleitung an und erlernt erfolgreich eine gemeinsame kollegiale Zieldurchsetzung. Im Modus des Umlernens kann sie die Strategie des kurzfristigen Kompromisses entwickeln, um langfristig eigene Ziele verwirklichen zu können. Sie entwickelt in Abgrenzung des erlebten negativen Führungsstils allmählich eigene Führungsqualitäten, was bedeutet, dass sie einen Kompetenzzuwachs und eine Veränderung der Identitätsformation erfährt.

In Inga Wolfs biographischer Entwicklung zeigt sich eine große Affinität zur Entwicklung von biographischen Handlungsschemata. Bereits in ihrer Abiturientenzeit verlässt sie ihr Elternhaus und ihre Schwester, um in einer anderen Stadt neue eigene Erfahrungen zu sammeln. Zielstrebig sucht sie sich einen Chor, um soziale Kontakte knüpfen zu können und ihre Integration an diesem Ort zu erleichtern. Dieses biographische Handlungsschema behält sie bei allen späteren Umzügen bei, was auf einen veränderten Weltbezug schließen lässt.

In der Ausbildung zur Logopädin durchläuft Inga Wolf einen zielgerichteten Lernprozess, innerhalb dessen sie sich vielfältiges Fachwissen und soziale Kompetenzen aneignet. Die in der Ausbildung geforderte Selbstreflektion erlernt sie im Modus des leidgeprüften Lernens, wobei sie hier nicht zuletzt einen Teil ihrer Autonomiebestrebungen verlernen muss. Auch in ihrem ersten Angestelltenverhältnis überwiegt zunächst das zielgerichtete Lernen. Sie erlernt die Abläufe und partizipiert am kollektiven Erfahrungswissen in der Logopädie-Praxis. Aufgrund der Bewältigung von vielfältigen fachlichen, inhaltlichen und organisatorischen Aufgaben und der Unsicherheit im Umgang mit den Eltern der Patienten und Patientinnen kommt es zu einem leidgeprüften Lernprozess, der zu einer fachlichen und sozialen Kompetenzzunahme und zu einem Identitätslernen führt.

Ermöglichung der Existenzgründung durch schöpferischen Lernprozess

Nachdem Inga Wolf innerhalb ihrer partnerschaftlichen Beziehung ihre Selbstbestimmung infolge emotionaler Probleme aufgegeben und sich an die äußeren Gegebenheiten angepasst hat, kommt es sowohl in der Partnerschaft als auch in ihrem Berufsleben aufgrund einer zunehmenden Arbeitsunzufriedenheit zur

Aufschichtung von Verlaufskurvenpotenzial. Im Modus des leidgeprüften Lernens erlernt sie den Umgang mit Diskrepanzerfahrungen – sie wurde zunächst ihren biographischen Wurzeln in Bezug auf ihr Autonomiebestreben untreu – und findet mühevoll zu ihrer selbstbestimmten Haltung zurück, was auf ein Umlernen hinweist.

Im Zuge des Entscheidungs- und Realisierungsprozesses der Existenzgründung dominiert neben dem zielgerichteten das schöpferische Lernen. Inga Wolf eignet sich in einem nonformalen Bildungsprozess Fach- und betriebswirtschaftliches Wissen an und realisiert in ihrem Alltag mithilfe eines hohen Kreativitätspotenzials vorbereitende und durchführende Maßnahmen zur Existenzgründung. Bereits hier beginnt sie eine Identität als Selbständige zu entwickeln und ihren Selbst- und Weltbezug zu verändern. Nach der erfolgreichen Existenzgründung verlernt sie langsam den Habitus einer Angestellten.

Elementare Lernprozesse in Richtung der Existenzgründung

Die biographische Basisposition des Autonomiebestrebens entwickelt Inga Wolf bereits in ihrer Primärsozialisation einerseits durch den Konflikt mit ihrer Schwester und andererseits durch Schwierigkeiten mit Autoritäten innerhalb der besuchten Bildungsinstitutionen. Damit einhergehend bildet sich eine gewisse Abwehrhaltung gegenüber Institutionen heraus. Diese biographischen Basispositionen transformieren sich durch zielgerichtete und leidgeprüfte Lernprozesse während der Absolvierung ihres freiwilligen sozialen Jahres, ihrer Ausbildung zur Logopädin und ihrer Angestelltentätigkeiten zu einem biographischen Kontinuum. In wesentlichen Orientierungsphasen stellt sich dieses für Frau Wolf als grundlegende Einflussgröße ihrer Handlungsentscheidungen dar. Berufsbiographisch entsteht bereits früh ein Sog in Richtung der Existenzgründung.

Das leidgeprüfte Lernen erweist sich in Wolfs Berufsbiographie als äußerst funktional. So inszeniert sie wiederholt Grenz- und Bewährungssituationen, beispielsweise durch den frühen Auszug aus ihrem Elternhaus, und ist in der Lage, diese innerhalb leidgeprüfter Lernprozesse zu transformieren und für sich zu nutzen. Im Ergebnis ist Frau Wolf in der Lage, sich in berufsbiographischen Krisensituationen zu bewähren und gestärkt daraus hervorzugehen, was gerade für ihre Selbständigkeit eine wichtige Rahmenbedingung darstellt.

In ihren Angestelltentätigkeiten eignet sich Wolf antizipatorisch im Modus des Neulernens Wissen hinsichtlich beruflicher Abläufe und Prozesse an und modifiziert im Modus des Umlernens ihr Fachwissen. Die Kompetenzen auf der Ebene des beruflichen Alltagsverhaltens erwirbt sie ebenfalls innerhalb eines antizipatorischen Sozialisationsprozesses zur Logopädin. Im negativen Gegenhorizont erlernt sie erste Führungskompetenzen. Mithilfe des Umlernens kann sie sich in einem weiteren Angestelltenverhältnis zusätzliche Führungsqualitäten aneignen und eine soziale Identität als Führungskraft entwickeln. Diese organische Dynamik zur sozialen Führungskraft kann sie am besten als Unternehmerin nutzen. In der Konsequenz führen diese biographischen Lernprozesse zu einer erfolgreichen Existenzgründung.

5.2 Einzelfallporträt Sascha Elch

Sascha Elch ist zum Interviewzeitpunkt 47 Jahre alt und seit zehn Jahren Geschäftsführer einer IT-Firma[34] mit ca. 30 Angestellten. Der Kontakt wurde durch einen Forschungskollegen hergestellt, der Herrn Elch kontaktierte und bzgl. eines möglichen Interviews anfragte. Nach einer mündlichen Zusage erhielt ich die Kontaktdaten von Herrn Elch. Per E-Mail kam ein erster Kontakt zustande, in dem kurz das Forschungsanliegen genannt und ein möglicher Termin erfragt wurde. Es kam eine sofortige Antwort per E-Mail, in der allerdings auf die knappen Zeitressourcen des Interviewpartners hingewiesen wurde. Der Termin fand zwei Wochen später am 13. September 2011 ab 11 Uhr im Bürogebäude des Informanten statt.

Zum vereinbarten Termin suchte ich das große Bürohaus auf. Im fünften Stock wurde ich von einer Sekretärin empfangen und in einen langen Büroflur geführt, von dem links und rechts Büros abgingen. Herr Elch kam kurze Zeit später hinzu, es kam zu einer knappen Begrüßung und es wurde vorerst erfolglos ein passender Besprechungsraum gesucht. Nach kurzen Überlegungen schlug Herr Elch die Büroküche als geeigneten Raum vor, welcher dann als Interviewort genutzt wurde. Die Sekretärin brachte an der Tür den Hinweis, nicht zu stören, an. In dieser kleinen Büroküche befand sich auf der einen Seite Küchenmöbel mit Kaffeemaschine und auf der anderen Seite ein Tisch mit vier Stühlen.

Herr Elch war ein stattlicher Mann in mittleren Jahren, der einen dunklen Anzug, Hemd und Krawatte trug. Er wirkte sehr offen und kontaktfreudig und bot mir einen Platz am Tisch an. Er nahm gegenüber Platz und saß daher nah vor dem Fenster. Die Sekretärin stellte Tassen, Milch und Zucker auf den Tisch. Während ich die technische Ausstattung in Betrieb nahm, erläuterte Herr Elch in wenigen Sätzen die knappen räumlichen Ressourcen der Firma und entschuldigte sich für die Raumwahl. Dann wurde das Interview von mir geführt.

Nach wenigen Minuten wurde das Interview durch die Sekretärin unterbrochen, welche eine Kanne Kaffee brachte. Danach gab es nach 70 Minuten eine

---

[34]   IT ist die gebräuchliche Abkürzung für Informationstechnologie. Um die Authentizität des Einzelfallporträts zu erhalten, wird diese Abkürzung im Folgenden weiter verwendet.

weitere kurze Unterbrechung durch hereinkommende Angestellte, die Herr Elch sofort deutlich zurechtwies, dass der Raum derzeit nicht zur Verfügung stehe und dass das an der Tür zu lesen sei.

Während des Interviews sprach Herr Elch überlegt und deutlich, gelegentlich erhöhte sich sein Sprechtempo. Er nahm mir gegenüber eine offene körpersprachliche Haltung ein und gestikulierte häufig mit seinen Händen. Herr Elch erzählte sehr ausführlich von seiner Firma und deren Organisationsgeschichte, sowie über seine Arbeitsbranche und zukünftige Entwicklungen und Projekte. Seine autobiographisch-narrative Haupterzählung dauerte ca. eineinhalb Stunden, diese ist vor allem in der zweiten Hälfte von vielen organisationalen und branchenspezifischen Erläuterungen durchsetzt. Der Nachfrageteil und das Leitfadeninterview währten ca. eine Stunde, so dass das Interview insgesamt ca. zweieinhalb Stunden dauerte.

Nach dem Interview war Herr Elch über seine ausführliche und offene Erzählung erstaunt. Er erläuterte weitergehend die derzeitige Branchenpolitik. Mit Blick auf die Zeit schloss er seine Ausführungen ab und brachte mich zum Büroausgang.

5.2.1 Biographische Gesamtformung

Familienbiographische Voraussetzungen

Sascha Elch wird 1964 in einer deutschen Großstadt geboren und verbringt den überwiegenden Teil seines Lebens dort. Die wirtschaftspolitischen Rahmenbedingungen der ersten Hälfte der 1960er Jahre sind von dem bundesdeutschen Wirtschaftswunder geprägt.

Die Kindheit und Jugend von Sascha Elchs Mutter ist gekennzeichnet durch die kollektive Verlaufskurve des Zweiten Weltkrieges und die daraus resultierende Verlaufskurve der Flucht und des Aufwachsens in einem Flüchtlingslager. Im Rahmen von leidgeprüften Lernprozessen kann sie sich aus den Verhältnissen befreien, umziehen und eine Lehre absolvieren. Sie beginnt eine feste Beziehung mit Elchs Vater und sie gründen gemeinsam eine Familie. Im Zuge dessen beendet die Mutter ihre eigenständige Berufstätigkeit und erfüllt seither hauptsächlich die Rolle der Mutter und Hausfrau. Sie bringt im Abstand von zwei Jahren zwei Kinder zur Welt, Sascha Elch und dessen jüngere Schwester.

Der Vater, dessen Kindheit von Herrn Elch nicht thematisiert wird, schließt sein Diplom in einer Ingenieurswissenschaft ab, muss jedoch wegen einer Augenkrankheit seinen Beruf wechseln und baut eine eigene Versicherungsagentur auf. Als Selbständiger absolviert er ein hohes Arbeitspensum, da er als Alleinverdiener für den Unterhalt der Familie sorgen muss. Seine Ehefrau ist in seiner

Agentur unterstützend tätig, da der Vater keine Angestellten beschäftigt. Elchs Vater wird von ihm als ein ausgezeichneter Verkaufsvertreter beschrieben, dessen soziale Kompetenz im Umgang mit Vorgesetzten und Mitarbeiter/innen defizitär sein soll. So verfügt er über ein ausgeprägtes Unabhängigkeitsbestreben und kann sich nur unzureichend unterordnen und anpassen. Sascha Elch erlebt seinen Vater als unabhängigen selbständigen Versicherungsagenten, welcher für den familiären Lebensunterhalt sehr viel arbeiten muss und daher wenig Zeit für die Familie hat.

Sozialisatorische Rahmung innerhalb eines kleinbürgerlichen Herkunftsmilieus

In ihrer primären Sozialisation wachsen Herr Elch und seine Schwester im traditionellen kleinbürgerlichen Milieu auf. Aufgrund der begrenzten Einkommensverhältnisse der Familie leben sie in den ersten Jahren in wohnräumlich engen Verhältnissen. Die Beziehung zwischen Sascha Elch und seinem Vater ist durch Ambivalenzen gekennzeichnet. Einerseits erkennt er in dem väterlichen Familienversorger sein männliches leistungsorientiertes Vorbild. Andererseits erlebt der Biographieträger seinen Vater als streng, fordernd, starrsinnig sowie wenig kompromissbereit und assoziiert mit ihm einen überwiegend autoritären Erziehungsstil, gegen den er sich mit zunehmendem Alter aufzulehnen versucht. Den hohen väterlichen Anforderungen an seine schulischen und sportlichen Leistungen kann er nicht immer entsprechen und es kommt zur Aufschichtung von Verlaufskurvenpotenzial – vor allem aufgrund des aufoktroyierten Leistungssports – welches der Biographieträger zunächst nicht bearbeiten kann. Jedoch erfährt er durch den Vater eine hohe Leistungsorientierung, die sich für ihn zur biographischen Basisdisposition entwickelt. Er entfaltet weiterhin die biographische Disposition des Drangs nach ökonomischer und räumlicher Freiheit und entwickelt eine zunehmende Distanz zum Vater.

Eine behütete Kindheit erfährt Herr Elch gleichwohl durch die liebevolle Umsorgung seiner Mutter, die für ihre Kinder immer da ist. Sie ist als signifikante Andere für Herrn Elch in allen existenziellen Fragen, vor allem die Schule betreffend, ansprechbar und übernimmt zum Beispiel die komplette Hausaufgaben- und Lernbetreuung ihrer Kinder. Der Biographieträger erlebt in seiner familiären Sozialisation zwei unterschiedliche Erziehungsstile: den überfürsorglichen Stil seiner Mutter versus die fordernde Erziehung seines Vaters. Diese scheinen eine komplementäre Wirkung auf seine biographische Entwicklung zu haben, da Herr Elch sowohl eine hohe Leistungsbereitschaft als auch eine außerordentliche Sensitivität herausbildet.

In der Herkunftsfamilie von Herrn Elch findet sich die traditionelle Rollenverteilung der 1950er und 1960er Jahre in der Bundesrepublik Deutschland. Der

Vater übernimmt die finanzielle Versorgung der Familie, wohingegen die Mutter
für die Erziehung der Kinder und für alle Haushaltspflichten zuständig ist. Als
mitarbeitende Ehefrau unterstützt die Mutter ihren Mann, wo es notwendig ist.
    Das Verhältnis von Herrn Elch zu seiner jüngeren Schwester ist freund-
schaftlich geprägt. Zu Beginn der Adoleszenz gehen beide der gemeinsamen
Freizeitaktivität des Tanzens nach, welches für Herrn Elch zunehmend eine biographische Relevanz erhält. Sie trainieren als Tanzpaar mehrmals pro Woche
Standard- und Lateintanz und nehmen regelmäßig an Tanzturnieren teil. Dieses
Hobby verfolgt Herr Elch mit Begeisterung und er kann einige Erfolge erringen.
Durch die rollenförmige Freizeitaktivität, in der Bruder und Schwester miteinander tanzen, kommt es in Elchs Biographie zu einer Vermischung der familiären
und außerfamiliären sozialen Ebenen.

Institutionelles Ablauf- und Erwartungsmuster der Schullaufbahn

Das institutionelle Ablauf- und Erwartungsmuster der Schullaufbahn vollzieht
Herr Elch problemlos. So besucht er zunächst die Grundschule und wechselt
dann auf das Gymnasium, welches er mit einer guten Abiturleistung erfolgreich
abschließt. In den höheren Klassen bildet Herr Elch eine starke Affinität zur
Naturwissenschaft heraus und belegt aus Interesse zusätzlich Kurse wie Mathematik und Informatik. Er zeigt eine Begeisterung für Computer und ordnet sich
den frühen Computerfans der beginnenden 1980er Jahre zu.
    Seine Freude und Begeisterung am Lernen wird von der Mutter ausgelöst.
Der Biographieträger erlebt die gemeinsame Hausaufgabenerledigung mit seiner
Mutter als eine unbeschwerte Zeit, in der er eine zunehmende Wissbegierde
entwickelt. Seine positiven Lernerfahrungen haben in diesen gemeinsamen Stunden ihren Ursprung. Als Herr Elch in die sechste Schulklasse kommt, beendet
die Mutter für ihn abrupt ihre Hausaufgabenbegleitung mit dem Ziel, ihre Kinder
zur Selbständigkeit zu erziehen. Herr Elch empfindet dieses Ereignis als eine
Bestrafung und entwickelt infolge dessen eine Verletzungsdisposition, die weitreichende Auswirkungen auf seine schulischen Leistungen hat. So verweigert er
die Erledigung der Hausaufgaben und seine Leistungen verschlechtern sich sukzessive, bis sein Vater den Leistungsabfall verärgert bemerkt und mit Konsequenzen droht. In den letzten Schuljahren kann Herr Elch seine Leistungen wieder verbessern.
    Vom Vater initiiert, betreibt Herr Elch im Jugendalter nacheinander zwei
Sportarten (Rudern, Judo) als Leistungssport, die für ihn vorwiegend Anstrengung und Mühsal bedeuten. Biographisch kommt es zu einer Aufschichtung von
Verlaufskurvenpotenzial, welches er im Zuge von leidgeprüften Lernprozessen
allerdings nur unzureichend bearbeiten kann. Er erlernt Ausdauer sowie Diszip-

lin und entwickelt die biographische Disposition des Durchhaltevermögens. Jedoch nimmt der Biographieträger eine innere distanzierte Haltung zu den damaligen Ereignissen ein, so dass ihm die biographische Relevanz bis in die Gegenwart nicht durchgängig deutlich ist.

Biographisches Handlungsschema des eigenständigen Geldverdienens

Während Sascha Elchs Kindheit hat die Familie wenig Geld, was sich beispielsweise darin niederschlägt, dass die Familie in den Ferien regelmäßig nur per Fahrrad innerhalb Deutschlands verreisen kann. Im Zuge dessen entwickelt Herr Elch noch als Schüler das biographische Handlungsschema des frühzeitigen eigenständigen Geldverdienens. Er nimmt einen ersten Schülerjob als Zeitungszusteller an, um über eigene Geldmittel verfügen zu können und stückweise eine finanzielle Autonomie gegenüber seinem Vater zu erlangen. Es könnte sich um Herrn Elchs Versuch handeln, das aufgeschichtete Verlaufskurvenpotenzial, welches aus der strengen Erziehung seines Vaters resultiert, zu bearbeiten. Im Alter von 16 Jahren übernimmt Elch einen nächsten Schülerjob, der ihm eine weitestgehende finanzielle Unabhängigkeit von seinen Eltern ermöglicht. Ab diesem frühen Zeitpunkt kann er sich sogar an den monatlichen Fixkosten der Familie, wie Telefon- und Mietkosten, beteiligen, was auf einen leidgeprüften Lernprozess hindeutet und die biographische Disposition des Drangs nach ökonomischer Autonomie verdeutlicht. Mit Hilfe seines biographischen Handlungsschemas durchläuft der Biographieträger einen zielgerichteten Lernprozess, in dem er den Umgang mit eigenen materiellen Ressourcen lernt. Ungefähr in diesem Zeitraum stirbt Elchs Großmutter und die Familie kann sich mithilfe einer kleinen Erbschaft eine längere Ferienreise in die USA leisten.

Institutionelles Ablauf- und Erwartungsmuster des Wehrdienstes und Distanzierung von der elterlichen Karriereerwartung bzgl. einer Offizierslaufbahn

Aufgrund seiner eigenen Berufserfahrungen als selbständiger Versicherungsagent entwickelt Elchs Vater für den Informanten den beruflichen Entwurf, ein Medizinstudium bei der Bundeswehr zu absolvieren und eine Karriere als Offizier und Mediziner anzustreben. Herr Elch beugt sich zunächst dem väterlichen Plan, eine militärische Offizierslaufbahn zu absolvieren. Nach einer negativen institutionellen Anfangserfahrung bei der Einberufung beginnt er, die fremdbestimmte Entscheidung bezüglich seiner Bundeswehrkarriere zu hinterfragen. Aufgrund einer familiengeschichtlichen Bindung zur Marine mütterlicherseits, wählt er als militärischen Einsatzbereich die Marine.

Seine erste berufsbiographische Entscheidungsphase verläuft stark fremdbestimmt. Herr Elch hält sich an die aufoktroyierten väterlichen Vorgaben und
setzt durch die Wahl des militärischen Bereichs die Traditionen der mütterlichen
Familie fort. Der Biographieträger lernt in der halbjährigen Grundausbildung das
hierarchische System der bundesdeutschen Streitkräfte und die Paradoxien mili-
tärischer und institutioneller Entscheidungen kennen, welchen er sich nur schwer
anpassen kann. Der Fremdbestimmung durch den Vater und der geforderten
Unterordnung in der Institution der Bundeswehr möchte er sich nicht für einen
längeren Zeitraum unterwerfen. So kann er diese Zeit der Grundausbildung als
Identitätsmoratorium nutzen und das Bearbeitungs- und Kontrollhandlungsschema der Absage der Offizierslaufbahn entwickeln. Um seine Loyalität gegenüber seinem Vater zu wahren, legitimiert er seine autonome Entscheidung unter
Zuhilfenahme von sekundären Gründen bzgl. der institutionellen Paradoxien der
Bundeswehr. Jedoch wird deutlich, dass der Biographieträger durch den Anpas-
sungs- und Unterordnungszwang in der Bundeswehr an seine Grenzen kommt,
da er die Beschränkung seiner persönlichen Autonomie als unerträglich erlebt.
Herr Elch leistet seine reguläre Wehrpflichtzeit von eineinhalb Jahren ab und
scheidet danach aus der Bundeswehr aus.

In Elchs Biographie kommt es demnach während seines Bundeswehrdienstes zu einer weiteren Aufschichtung von Verlaufskurvenpotenzial. Das bereits
erwähnte Bearbeitungs- und Kontrollhandlungsschema der Absage der Bundeswehrlaufbahn ist die Folge eines leidgeprüften Lernprozesses.

*Institutionelles Ablauf- und Erwartungsmuster des Medizinstudiums und dessen
Scheitern*

Sascha Elch entscheidet sich nach der Beendigung seines Bundeswehrdienstes
das institutionelle Ablauf- und Erwartungsmuster des Medizinstudiums zu absolvieren, welches eine Erfüllung des väterlichen Konzepts hinsichtlich seiner
beruflichen Laufbahn bedeutet. Aufgrund der Nichterfüllung des hohen Numerus
Clausus für die Zulassung zu einem Studienplatz in Medizin verzögert sich zunächst sein regulärer Studienbeginn um einige Semester. Jedoch beginnt er bereits ohne formale Zulassung medizinische Veranstaltungen an der Universität zu
besuchen, was auf eine Tendenz zum selbstorganisierten Lernen schließen lässt,
und arbeitet nebenbei.

Als er dann den Studienplatz in Medizin erhält, beginnt Herr Elch mit der
Erfüllung des institutionellen Ablauf- und Erwartungsmusters des Medizinstudiums. Seine Motivation für das Studium lässt schnell nach, er studiert mit einem
minimalen Lernaufwand und besteht die ärztliche Vorprüfung erst nach vierfa-
cher Wiederholung und mit einiger Anstrengung, was ein Indiz für ein Nichtler-

nen darstellt. Er zeigt in dieser Fachrichtung keinerlei Begeisterung am Lernen und keine Ambition mögliche Studienerfolge zu erringen. Unter den vorgegebenen Studienstrukturen kann er sich wenig verorten und sein Interesse an dem Studium ist gering. Herr Elch versucht sich anfänglich mit der Studienrichtung zu arrangieren, jedoch verdeutlichen die geringen Lernerfolge seine fehlende Affinität für diese fremdbestimmte Studienrichtung. Herr Elch verwirklicht sich beruflich in seiner Nebentätigkeit und vernachlässigt sein Studium zunehmend.

Ein neuer berufsbiographischer Entwurf, der Aufbau eines Klinikums in den neuen Bundesländern gemeinsam mit einem ehemaligen Studienkollegen, und die damit verbundenen beruflichen Karrieremöglichkeiten lassen seine Motivation, sich der nächsten medizinischen Prüfungseinheit zu stellen, nochmals anwachsen. Mithilfe einer ergebnisorientierten Wissensaneignung durchläuft er einen zielgerichteten Lernprozess und besteht das erste Staatsexamen, was auf die biographische Disposition der Willenskraft hinweist. Im Zuge des Scheiterns des Klinikaufbaus – ausgelöst durch eine persönliche Krise seines Partners – kommt es in Elchs Berufsbiographie zur Aufschichtung von Verlaufskurvenpotenzial. Er bricht seine Prüfungsvorbereitungen auf das nächste Staatsexamen ab und flüchtet sich in seine Nebentätigkeit. Sein berufsbiographischer Entwurf des Abschlusses seiner medizinischen Erstausbildung in dem geplanten Klinikum bricht zusammen und er findet keine neue Motivation, seine praktische medizinische Ausbildung in einer anderen Einrichtung zu absolvieren. Herr Elch ist nicht in der Lage seine Erfahrungsaufschichtung für ein Umlernen zu nutzen und sich in einer anderen Klinik weiter ausbilden zu lassen. Seine biographische Disposition sich nicht unterzuordnen und anzupassen könnte hier ein bestimmender Faktor sein.

Der Biographieträger wird nach 15 Jahren als Medizinstudent von der Universität exmatrikuliert und erreicht keinen medizinischen Abschluss. Sein Scheitern versucht er bis heute durch eine Geringschätzung des Medizinstudiums zu verarbeiten. So ist Herr Elch nicht in der Lage das institutionelle Ablauf- und Erwartungsmuster des Medizinstudiums erfolgreich abzuschließen, was zur Aufschichtung von Verlaufskurvenpotenzial führt und auf seine Indifferenz gegenüber dem verwalteten Lernen innerhalb des Medizinstudiums hinweist. Es wird deutlich, dass der Biographieträger bisher keine reflexive Haltung zu diesem Ereignisablauf entwickeln kann und die notwendige biographische Arbeit noch nicht abgeschlossen hat.

Biographisches Handlungsschema des Arbeitens und zielgerichteter Lernprozess im IT-Bereich

Die Zulassungsverzögerung zum Medizinstudium nutzt Herr Elch und entwickelt das biographische Handlungsschema des Arbeitens und Geldverdienens. Er beginnt neben dem Besuch von ersten universitären Medizinveranstaltungen zu arbeiten, was auf eine hohe Eigenmotivation schließen lässt. Durch eine Bekannte findet er eine Stelle als Hilfskraft in einer großen Firma, welche universitätsnah verortet ist. Hier ist er für die Katalogisierung der Firmenprodukte zuständig. Um sich die Arbeit zu erleichtern, beginnt Herr Elch seine bisherigen Computer- und Programmierkenntnisse für die Verwaltung der Prospekte zu nutzen, was auf einen erfolgreichen Umlernprozess hindeutet. Sein Vorgesetzter ist mit seinen Arbeitsergebnissen zufrieden.

Infolge der Unternehmensübernahme durch die Firma F erhält Herr Elch einen neuen Vorgesetzten, der sein Talent zur Programmierung schnell erkennt und ihn an produktbasierten IT-Fortbildungskursen teilnehmen lässt. Herr Elch durchläuft beruflich erste nonformale Lernprozesse im IT-Bereich. Dieser berufliche Akteur entwickelt sich für den Biographieträger zum signifikanten Anderen, da er wie Elch ein Interesse an der IT besitzt und Elch in seinen Programmierversuchen sehr unterstützt. Herr Elch erlebt jenen Vorgesetzten als einen erfolgreichen, kompetenten Abteilungsleiter, der sich im Gegensatz zu den meisten anderen Vorgesetzten seiner Generation in der Programmierung von Datenbanken auskennt. Im Folgenden stellt dieser dem Biographieträger die Aufgabe kleine IT-basierte Programme für die Katalogverwaltung zu schreiben. Herr Elch entwickelt in diesem Kontext eine hohe Motivation und Leidenschaft zur Programmierung und zum Erlernen neuen IT-Wissens, die weit über die Erfüllung der beruflichen Forderungen hinausgeht. So beginnt er einen zielgerichteten Lernprozess in Richtung Programmierung und besucht universitäre Vorlesungen der Fachrichtung Informatik. Zeitgleich kauft er sich privat – gegen den Willen seines Vaters – mit dem gesamten von seiner Großmutter geerbten Geld einen Computer für den Geschäftsbereich, welchen er für seine weiteren Programmierungsbestrebungen in der Firma benötigt und einsetzt. Ohne weitere Absprache ermächtigt er sich selbst und entwickelt mithilfe des neu erworbenen Wissens und des Computers mit einem enormen privaten Zeitaufwand ein innovatives praxisorientiertes Programm, welches sämtliche bisher aufgetretenen Probleme löst. Anhand dieses Prozesses treten Herrn Elchs biographische Dispositionen der Entschlusskraft und Belastbarkeit deutlich zu Tage. Die Arbeit markiert den Beginn seiner IT-Tätigkeit und zeigt seine wahre Berufung als Innovator und IT-Bastler, da er deswegen seine weiteren privaten Interessen und Aktivitäten vernachlässigt. Diese berufsbiographische Erfahrung zeigt erstmals eine Dominanz des informellen Lernens in Elchs Lebensgeschichte.

Als Herr Elch das selbstentwickelte Programmierergebnis seinem Vorgesetzten präsentiert, nimmt dieser eine Überprüfung des Programms vor und am Folgetag erhält der Biographieträger seine Kündigung. Herr Elch reagiert mit einer hohen Betroffenheit und benötigt eine längere Phase zur Verarbeitung des Erfahrenen, in der er sich unter Zuhilfenahme eines weiteren Vorgesetzten mit den Gründen reflexiv auseinanderzusetzen versucht, was auf einen leidgeprüften Lernprozess schließen lässt. Hier kommt seine biographische Disposition zur Entwicklung aktiver Handlungs- und Bearbeitungsstrategien zum Tragen. Der konkreten beruflichen Erfahrung begegnet Herr Elch, in dem er diese auf interne Macht- und Konkurrenzstrukturen zurückführt, die Erkenntnisse verallgemeinert und seine lebensweltlichen und beruflichen Ordnungsstrukturen an seine negative Erfahrung anpasst, ohne jedoch eine kritische Auseinandersetzung mit der Entscheidungslogik des Vorgesetzten vorzunehmen. Es zeigt sich eine Paradoxie in Elchs Ordnungsstrukturen: Von den militärischen Strategien in der Bundeswehr distanziert er sich, während er die wirtschaftlichen Managementstrategien völlig internalisiert.

Die berufsbiographisch relevante Erfahrung führt zur Aufschichtung von Verlaufskurvenpotenzial, da Elchs zielgerichteter Lernprozess in Richtung der Aneignung und Umsetzung von IT-Wissen nicht zu einem Erfolg, sondern zu seiner Entlassung führt. Der Biographieträger entwickelt eine Verletzungsdisposition, die seinen berufsbiographischen Weg und seinen weiteren Umgang mit Vorgesetzten beeinflusst. So könnte sich seine biographische Basisposition, sich nicht unterordnen und anpassen zu wollen, durch diese Erfahrung verstarken.

Durch seine Entlassung verliert Herr Elch eine weitere Verdienstmöglichkeit, die Erstellung wissenschaftlicher Ausarbeitungen für den Medizinbereich, da er für die Berechnungen die technischen Möglichkeiten des Unternehmens benötigt. Die Nebentätigkeit weist einerseits auf Elchs Affinität zum Geldverdienen und andererseits auf sein faktisches innovatives Wissen hinsichtlich der informationstechnologischen Umsetzung medizinischer Berechnungen hin. Es handelt sich hierbei um Herrn Elchs Versuch, mithilfe dieser Beschäftigung seine Verletzungsdisposition hinsichtlich des nicht erreichten Medizinabschlusses und den erfolglosen Weg des verwalteten Lernens über die Anwendung seines informellen Wissens zu bearbeiten.

In einem anderen Aushilfsjob zeigt der Informant eine ähnliche Verhaltensweise. Er setzt sich über seine Kompetenzbeschränkungen als Aushilfskraft hinweg und automatisiert seine Tätigkeit weitestgehend ohne Rücksprache mit dem Vorgesetzten, was bedeutet, dass er die Weisungsbefugnisse und Entscheidungslogiken des Unternehmens ignoriert. Doch seine eigenmächtige Handlungsweise führt hier nicht zur Entlassung, jedoch zu Schwierigkeiten mit dem Vorgesetzten. Seine Probleme mit Unterordnung verdeutlichen auch diese Erfahrung.

Formierung einer freiberuflichen Identität im IT-Bereich

Herr Elch beginnt nach dem abrupten Ende seiner Aushilfstätigkeit und neben seinem Medizinstudium freiberuflich als IT-Berater zu arbeiten. Hier kommt ihm die Zeitgeschichte zupass: In den 1990er Jahren erlebt die IT-Branche einen kollektiven Prozess des Wirtschaftsaufschwungs, so dass in dieser Zeit eine hohe Zahl an Informatikern und IT-Experten gesucht werden[35]. Dass bedeutet, dass für Herrn Elch eine Passung von gesellschaftlich-ökonomischer und seiner berufs- biographischen Entwicklung stattfindet. Der Biographieträger ergreift diese Ge- legenheitsstruktur in der IT-Branche und kann kurzfristig erste Erfolge auf die- sem Gebiet erringen. Beispielsweise begeistert ihn die Arbeit in der Erwachse- nenbildung, da er hier seine Affinität mit Menschen zu arbeiten mit seinem Wis- sen aus dem Informatikbereich verbinden kann. Es findet eine berufsbiographi- sche Relevanzverschiebung in Richtung IT-Consulting statt, da sich Herr Elch mehr und mehr als IT-Berater und Innovator definiert und den Berufsweg des Mediziners aus dem Blick verliert. Im Zuge eines Identitätslernprozesses beginnt er bereits zu diesem Zeitpunkt eine berufliche Identität als IT-Berater zu entfal- ten, da er die freiberufliche Entwicklung und Umsetzung von innovativen IT- Konzepten als einen möglichen Lebensentwurf sieht und hier seine biographi- schen Dispositionen gut nutzen kann.

Berufsbiographie Gelegenheitsstruktur einer gemeinschaftlichen Existenzgrün- dung in der IT-Branche

Nach dem gescheiterten Versuch des Klinikaufbaus in den neuen Bundesländern und dem damit verbundenen Ende möglicher Medizinkarrierepläne, arbeitet Herr Elch nach wie vor im Consultingbereich. In dieser Zeit lernt er beruflich seinen späteren Geschäftspartner kennen, der ebenfalls als Freiberufler tätig ist. Dieser Ereignisträger verfügt über ein großes IT-Wissen und entwickelt Software für die Callcenterbranche. Er unterbreitet dem Biographieträger das Angebot dessen

---

[35]   Aufgrund der Zunahme der weltweiten Internetnutzung ab den 1990er Jahren kommt es zu einem enormen Entwicklungsschub in der Informations- und Kommunikationstechnologie, so- dass diese als Teil der New Economy nicht nur in Deutschland, sondern weltweit einen enor- men Wirtschaftszuwachs erlebt. Die New Economy steht im Gegensatz zur Old Economy (produzierende Industrie und Landwirtschaft) und erschließt volkswirtschaftlich neue Ge- schäftsfelder mithilfe eines großen Innovationspotenzials. Sie setzt sich zusammen aus den Un- ternehmen, die den wissenschaftlich-technischen Fortschritt in der Informations- und Kommu- nikationstechnik (IuK) sowie der Bio- und Gentechnik anwenden und immatrielle Güter pro- duzieren und/oder mit ihnen handeln *(vgl. Gabler Kompakt-Lexikon Wirtschaft 2010, S. 316).* Ab den 1990er Jahren kommt es infolge der Aufbruchsstimmung im Bereich der digitalen Technologie in der IT-Branche zu einer Vielzahl von Neugründungen.

Software zusammen weiter zu konzipieren und eine gemeinsame IT-Firma zu gründen, was Elchs Affinität zur Freiberuflichkeit und autonomen Arbeitsweise entspricht. Herr Elch nimmt die berufsbiographische Gelegenheitsstruktur wahr und es kommt zur gemeinsamen Firmengründung mit der Prämisse der Beteiligung zweier weiterer Firmen. Diese markiert den eigentlichen Beginn seiner Existenzgründung. Der damit einhergehende berufsbiographische Entwurf – Herr Elch und sein Partner erledigen die IT-Arbeit, während die Beteiligungsfirmen den Verkauf der Produkte übernehmen, und mit dem Gewinn können sie sich ein Leben in einem spanischen Urlaubsort leisten – scheitert aufgrund der kollektiven Verlaufskurve dieser Wirtschaftsbranche im Jahr 2000/2001[36]. Der mit der Existenzgründung in der IT-Branche implizierte berufsbiographische Entwurf veranschaulicht den Wunsch des Biographieträgers nach einer ausschließlichen IT-Tätigkeit und schnellem materiellem Erfolg.

Herr Elch zeigt eine große Affinität zu firmengeschichtlichen Prozessen. So erinnert er sich eher an Unternehmensprozesse als an seine Lebensgeschichte. Ab dem Zeitpunkt seiner IT-Firmengründung kommt es zu einer Amalgamierung zwischen seiner Biographie und der Organisationsgeschichte seines Unternehmens.

Bearbeitung einer krisenhaften Entwicklung der eigenen Firma

Aufgrund der Insolvenz eines Teilhaberunternehmens und der unkooperativen Haltung der anderen Teilhaberfirma muss sich Herr Elch in seiner Funktion als Firmeninhaber einer extremen berufsbiographischen Herausforderung stellen, was biographisch zur Aufschichtung von Verlaufskurvenpotenzial führt. Seine bisherige berufliche Handlungsstruktur bricht kurzerhand zusammen, und er sieht sich gezwungen, funktionale Auswege aus der Krisensituation zu finden. Im Folgenden entwickelt und realisiert der Biographieträger unter einem exorbitanten zeitlichen und finanziellen Druck eine Reihe von Bearbeitungs- und Kontrollhandlungsschemata, wie die Übernahme der Mitarbeiter/innen des insolventen Unternehmens, die Anmietung neuer Büroräume, die Beschaffung von Geldmitteln sowie den Aufbau eines funktionierenden Vertriebs. Dabei muss er vielfältige Problemlagen bewältigen. Beispielsweise wird ihm ein Kredit von den offiziellen Kreditinstituten verweigert, so dass er sich ein unkonventionell ge-

---

[36] Der enorme Wirtschaftsaufschwung in der IT-Branche führt ab Mitte der 1990er Jahre zu umfangreichen Börsengängen der Technologieunternehmen, welche mit hohen Gewinnerwartungen und Spekulationen einhergehen. Diese Gewinnerwartungen nehmen vielfach unrealistische Züge an (Dotcom-Base), sodass es im Jahr 2000 zu einem Kurssturz an der New Yorker und Frankfurter Börse kommt, infolge dessen die IT-Branche in eine Rezession stürzt *(vgl. Glebe 2008, S.20f. und 104ff.).*

währtes Darlehen aus dem Rotlichtmilieu beschafft mit der Prämisse der persönlichen Haftung bei unpünktlicher Rückzahlung. Hier zeichnet sich eine verletzliche Disposition hinsichtlich der fehlenden finanziellen Unterstützung durch öffentlich legitimierte Geldinstitute ab, welche der Informant nicht ganz bearbeiten kann.

Innerhalb der GmbH wird eine sofortige Arbeitsteilung entschieden, die zu Elchs Ungunsten ausfällt. Sein Partner ist weiterhin für die Softwareentwicklung zuständig und Herr Elch übernimmt ab diesem Zeitpunkt die anfallenden Verwaltungs- und Führungstätigkeiten. Im Zuge dessen durchläuft er mehrere informelle leidgeprüfte Lernprozesse hinsichtlich Vertriebsaufbau, Mitarbeiterführung, -bezahlung, -motivation und -entlassung, was deutlich die biographischen Dispositionen der Belastbarkeit und der Willenskraft des Informanten hervorhebt. Zum Beispiel versucht Herr Elch aufgrund von fehlenden Kenntnissen in der Mitarbeiterführung, den von seinem Vater und vom Partner empfohlenen Führungsstil aus der Versicherungsbranche ohne weitere Anpassung zu übernehmen, woraus sich ein Misserfolg ergibt. Hier zeigt sich zunächst ein fehlendes Umlernen. Der Biographieträger sieht sich daraufhin gezwungen, seine Führungsqualitäten schnellstens auszubilden und eignet sich diesbezüglich autodidaktisch Wissen an. Sein Kompetenzzuwachs wird ausnahmslos durch informelle Lernprozesse hervorgerufen. In der Bearbeitungsphase der Unternehmensverlaufskurve zeigt sich bei Herrn Elch eine hohe Wissensaneignung sowie eine Veränderung des beruflichen Alltagsverhaltens in Richtung neuer Tätigkeitsbereiche, wodurch er das Verlaufskurvenpotenzial latent bearbeiten kann. Außerdem findet eine Umschichtung zuvor dominanter Ordnungsstrukturen in seiner beruflichen Alltagsorganisation statt, da die bisherige IT-Tätigkeit für Herrn Elch zunehmend an Relevanz verliert und er die Unternehmensführung in den Bereichen Marketing, Vertrieb und Mitarbeiterführung übernimmt. Der Biographieträger geht dabei ein extrem hohes persönliches Risiko ein, was zusätzlich auf eine Kompetenzentwicklung zum Unternehmer hindeuten könnte.

Lebenszyklisches Ablauf- und Erwartungsmuster der partnerschaftlichen Bindung und Familiengründung

In der Zeit der unternehmerischen Verlaufskurve lernt Herr Elch über das Internet seine spätere Ehefrau kennen. Zuvor hat er mehrere Beziehungen zu Tänzerinnen, deren Bekanntschaft er über sein Hobby, den Paartanz, schließen kann. Eine achtjährige Beziehung wird beiderseitig wegen differenter Lebenskonzepte beendet. Mit seiner späteren Ehefrau, einer 15 Jahre jüngeren Betriebswirtschaftlerin, unterhält er eine längere glückliche „Fernbeziehung". Nach der ungeplanten Schwangerschaft seiner Partnerin vollziehen sie das lebenszyklische Ablauf-

und Erwartungsmuster der Eheschließung und Familiengründung. Frau Elch bringt zwei Kinder, einen Sohn und eine Tochter im Abstand von zweieinhalb Jahren zur Welt. Im Zuge der Übernahme der Mutterrolle gibt sie ihre ehrgeizigen beruflichen Karrierepläne auf und fügt sich in die neue Aufgabe der Kindererziehung ein. Nach zweijähriger beruflicher Pause arbeitet sie vor der Geburt ihrer Tochter halbtags in Herrn Elchs Unternehmen mit, wobei der Sohn in einer Kindereinrichtung im selben Bürohaus untergebracht wird. Diese Einrichtung zieht zu diesem Zeitpunkt durch die Eigeninitiative des Biographieträgers in das Bürohaus ein. Nach einer weiteren Erziehungspause beginnt Elchs Ehefrau erneut in seinem Unternehmen mitzuarbeiten und übernimmt den Bereich Finanzen.

So zeigt sich in Herrn Elchs eigener Familie eine Tradierung der Rollenverteilung seiner Ursprungsfamilie, wobei der Biographieträger der Hauptverdiener ist und seine Frau die Rollen der Hausfrau, Mutter und mitarbeitenden Ehefrau innehat. Außerdem kommt es zu einer Verschränkung der privaten und beruflichen Ebene in Herrn Elchs Leben, da seine Frau in sein Unternehmen eingebunden wird und seine Kinder örtlich nah untergebracht werden.

Herausbildung einer Unternehmeridentität

Herr Elch und sein Unternehmenspartner können die Firmenverlaufskurve erfolgreich bearbeiten und das unkonventionell gewährte Darlehen aus dem Rotlichtmilieu fristgerecht abbezahlen. Es kommt zu einer Stabilisierung des Unternehmens.

Das unternehmerisch orientierte Handeln des Biographieträgers bildet die Grundlage für weitere berufliche Erfolge. Aufgrund der Einflussnahme einer seiner Teilhaberfirmen durchläuft Herr Elch einen leidgeprüften Lernprozess in Richtung der kontinuierlichen Erarbeitung und Überprüfung unternehmerischer Ziele, indem er zur regelmäßigen Zielsetzung gezwungen wird. Im Zuge dessen wird seine Entscheidungsautonomie eingeschränkt, jedoch kann Herr Elch sukzessive die Vorteile der planmäßigen Zielsetzung als Unternehmer erkennen und diese Strategie für sich habitualisieren.

Durch die erfolgreiche Nutzung der Option des Rückkaufs der Unternehmensanteile der anderen Teilhaberfirma führt der Biographieträger die gemeinsame Gesellschaft mit beschränkter Haftung in eine länger währende Erfolgsphase.

Um die 2008 beginnende kollektive Verlaufskurve in der Callcenterbranche[37] zu bearbeiten, entwickelt er wiederum mehrere erfolgreiche Bearbeitungs- und Kontrollhandlungsschemata, die auf die biographische Disposition des strategischen unternehmerischen Denkens und Handelns hinweisen.

In der gesamten Zeitspanne von Beginn der Firmenkrise, über die Konsolidierung bis hin zum Unternehmenserfolg, welche einen Zeitraum von über fünf Jahren einnimmt, eignet sich der Biographieträger in Form von informellen Lernprozessen sukzessive das notwendige Unternehmerwissen an und es kommt zu einem Umbau seiner Identitätsformation. Unter Zuhilfenahme des neuen Wissens und der Anpassung seiner Eigentheorien verändert Herr Elch seinen Selbstbezug in Richtung des Unternehmerdaseins. Er sieht sich mehr und mehr als Unternehmer an und kann zunehmend seine soziale Identität nicht mehr von seiner Unternehmeridentität trennen, so dass auf der Ebene des Selbstbezugs eine Veränderung hinsichtlich der habitualisierten Rolle des Unternehmers stattfindet. Selbst private Entscheidungen, wie der Kindergartenbesuch des Sohnes oder die berufliche Karriere der Ehefrau werden im Abgleich mit der Funktionalität für das Unternehmen getroffen. Eine Veränderung seines Weltbezugs wird ebenfalls deutlich, indem sich Herr Elch nun der Gruppe der Unternehmer und der Informationstechnikbranche zugehörig fühlt und sämtliche Lebens- und Arbeitsbereiche aus einer Unternehmerperspektive beschreibt. Herr Elch entfaltet eine Unternehmeridentität, welche seine persönliche Identität mehr und mehr überlagert und zu einer Entäußerung seiner Biographie in das Unternehmen hinein führt. Dies ist einerseits erkennbar, indem seine lebensgeschichtlichen Erzählungen in die Beschreibungen der Firmenhistorie übergehen und er nicht mehr zwischen seiner sozialen Identität und der Unternehmeridentität unterscheiden kann. Andererseits entwickelt Herr Elch einen Unternehmerhabitus, der sich durch strategisches, wirtschaftliches Denken, Leistungsstreben, Kompetenz, Kreativität, Durchsetzungsfähigkeit und Risikofreude sowie eine enorme innovative Ideenvielfalt auszeichnet. Herr Elch kann seine vielfältigen Fähig- und Fertigkeiten durch sein Unternehmerdasein sehr gut entfalten und entwickelt eine unternehmerische Sensitivität, die ihn zu einem erfolgreichen Unternehmer heranreifen lässt und eine Basis für weitere Erfolge bedeutet. Jedoch könnte in der Vermischung von Unternehmen und familiärem Privatbereich ein Strukturproblem liegen.

---

[37]   Verlaufskurve der Callcenterbranche: Aufgrund der US-Immobilienkrise im Jahr 2007, ausgelöst durch zu hohe Spekulationen in der Branche, kommt es zu einer Banken- und Finanzkrise, dessen extreme Verluste ab 2008 negative Auswirkungen auf die europäische Realwirtschaft und nicht zuletzt auf die Callcenterbranche, haben *(vgl. Glebe 2008, S. 112f.).* Hinzu kommt, dass nach einigen Datenschutzskandalen das deutsche Bundesdatenschutzgesetz 2009 durch Gesetzesbeschlüsse des Deutschen Bundestages mit drei Novellen geändert wird, was beispielsweise zu einer Einschränkung des Adresshandels führt. Diese Änderungen führen u. a. zu starken Umsatzeinbußen in der Callcenterbranche *(vgl. Bundesgesetzblatt 2009, S. 2413-2415).*

Funktionalistisches Autonomiemodell

Der Biographieträger besitzt bereits im Jugendalter den Drang nach finanzieller Autonomie gegenüber seinen Eltern und versucht durch Schülerjobs diese durchzusetzen, was ihm ab dem Alter von 16 Jahren allmählich gelingt. Jedoch geht seine Suche nach Autonomie gleichzeitig mit der starken Fremdbestimmung durch seinen Vater einher, was sich in den auferlegten Sportarten und der aufoktroyierten Berufswahl zeigt. Er kann sich durch die Absage der Bundeswehrlaufbahn ansatzweise aus der väterlichen Fremdbestimmung befreien und durchläuft einen latenten Emanzipationsprozess, der jedoch seine Studienfachwahl nicht beeinflusst. Herr Elch verbleibt demnach in der Fremdbestimmung durch den Vater.

Die darauffolgende Gleichzeitigkeit der Prozessstrukturen in Elchs Biographie – das institutionelle Ablauf- und Erwartungsmuster des Medizinstudiums und das biographische Handlungsschema des eigenständigen Arbeitens – führt zu einer Indifferenz gegenüber dem Medizinstudium und zu einer zunehmenden Dominanz des biographischen Handlungsschemas. Als Sascha Elch die Rolle des Freiberuflers übernimmt, kann er erste Erfolge erringen und seine Autonomie wächst zunehmend. Die gemeinsame Existenzgründung mit seinem IT-Partner löst die Gleichzeitigkeit der Prozessstrukturen auf. Herr Elch wird in dem selbst gewählten Arbeitsbereich ein erfolgreicher Unternehmer, der sich von seiner väterlichen Fremdbestimmung lösen kann, sich jedoch nun mit den Unternehmensteilhabern arrangieren muss. So besitzt er weiterhin nur eine latente reduzierte Autonomie. Es kommt zu einer berufsbiographischen Kompromissbildung *(vgl. Nittel 2003, S. 310)*, da er wirtschaftlich mindestens so viel verdient wie ein Mediziner und auch vom Status her ein ähnliches gesellschaftliches Ansehen als Unternehmer besitzt.

Sein persönlicher Fokus ist vor allem auf die finanzielle Autonomie gerichtet. Autonomie bedeutet für ihn viel Geld zu verdienen und zu besitzen, welches ihm Freiheit und Unabhängigkeit – auch in Hinblick auf seinen Vater – bringen soll.

Jedoch kann Herr Elch tatsächlich keine biographische Autonomie erringen, sondern erreicht nur eine scheinbare Emanzipation vom Vater. In seinen Eigentheorien wird eine oberflächliche Ablösung deutlich, allerdings übernimmt der Biographieträger faktisch das väterliche Modell. Auch jener erlernt einen Beruf, in dem er nicht arbeitet. Mit Hilfe seiner Selbständigkeit kann der Vater das zentrale Problem seiner Berufsbiographie bearbeiten und auch Herr Elch macht sich diese biographische Bearbeitungsstrategie zu eigen. Der Biographieträger kann durch die Existenzgründung seine biographischen Problemlagen – die väterliche Fremdbestimmung und das Scheitern seines Medizinstudiums – lösen, jedoch reproduziert er die o. a. berufliche Strategie seines Vaters und das Bild seiner Herkunftsfamilie. So kommt hier ein funktionalistisches Autonomiemodell zum Tragen. Herr Elch wird ein erfolgreicher Unternehmer, der jedoch für sich noch keine generelle Autonomie von seinen Unternehmensteilhabern erreichen konnte und diese als weit gefasstes Ziel weiter verfolgt.

5.2.2 Wissensanalyse

Selbstbild

Sascha Elch ist ein Mann, der sich primär als ein beruflich erfolgreicher Unternehmer präsentiert, der einen hohen Krisenbewältigungsmodus besitzt und selbstbestimmte Ziele jederzeit erreicht. Seinen biographischen Werdegang rekonstruiert er in der Erzählsituation der Haupterzählung, in dem er sich zunächst an wichtigen biographischen Markierern und später ausschließlich an organisationsspezifischen Ereignissen und Verstrickungen orientiert. Mit einer eingeschränkten reflexiven Haltung fokussiert Herr Elch die berufsbiographischen und vor allem die unternehmerischen Ereignisabläufe seiner Biographie, während die biographischen Prozesse seiner Kindheit und seiner privaten Entwicklung nur in Ansätzen thematisiert werden. Dabei wird deutlich, dass der Biographieträger seine Lebensgeschichte stark auf das Merkmal der Berufsbiographie reduziert und sich in den organisationalen Prozessen besser auskennt als in seiner Biographie. Dass er sich unter den institutionellen Ablauf- und Erwartungsmustern nur bedingt verorten kann und eher selbstbestimmte biographische Handlungsschemata entwickelt und durchsetzt, ist Herrn Elch durchaus bewusst, wobei er mithilfe zirkulärer Eigentheorien ungewollt Ähnlichkeiten zu seinem Vater herausarbeitet. Die unternehmerischen leidgeprüften Lernprozesse stellt er in argumentativen Einlassungen deutlich heraus, seine privaten Erleidensprozesse sind ihm nur rudimentär bewusst und weisen auf eine starke biographische Entfremdung Herrn Elchs hin.

Selbstbild seiner Begabungen
Der Biographieträger stellt sich eigentheoretisch als einen intelligenten naturwissenschaftlich begabten Menschen dar, der einen großen Hang zum selbstbestimmten Lernen und logischen Denken hat. Positive Lernerfahrungen sammelt er zunächst während seiner Schulzeit mit Hilfe seiner Mutter, die seine Hausaufgabenerledigung umfassend betreut. Hier erlernt er die Strategie der eigenständigen Wissensaneignung, die er in seiner beruflichen Karriere wiederkehrend sehr gut in informellen Lernkontexten anwenden kann. Sein naturwissenschaftliches Interesse lässt ihn in der gymnasialen Oberstufe Kurse in Informatik belegen und er entwickelt eine wachsende Affinität zur IT. Herr Elch sieht sich trotz dieser

Affinität zunächst nicht als Informatiker, sondern begibt sich auf den geforderten Weg des Berufsmediziners. Er ist reflexiv nicht imstande seine biographisch fehlende Motivation hinsichtlich der Medizin deutlich einzuschätzen und zu verarbeiten.

Sascha Elch erlebt sich in seinen selbst gewählten Nebenjobs als belastbar, flexibel und zum großen Teil als durchsetzungsfähig. Sein authentisches Interesse an Informationstechnologie, seine hohe Lernbereitschaft in diesem Gebiet und seine innovative, eigenverantwortliche Handlungsmaxime helfen ihm, sich zunächst neben-, später jedoch auch hauptberuflich zu einem erfolgreichen IT-ler zu entwickeln. Durch seine sukzessive berufliche Umorientierung und die damit verbundenen diversen Erleidensprozesse entdeckt und entwickelt er einen Pool persönlicher Stärken wie Durchsetzungsvermögen, Selbstwirksamkeit, ökonomisches Zeitmanagement, wirtschaftliches und strategisches Denken. Die Darstellung seiner beruflichen und unternehmerischen Leistungen nimmt Herr Elch meistens im Modus der positiven Selbstpräsentation vor. Er versteht es seine beruflichen und unternehmerischen Ziele kompetent und in einer umfangreichen Fachsprache zu vermitteln.

Der Biographieträger schätzt sich als ein wenig angepasster Mensch ein, dem jegliche Unterordnung, beispielsweise in der Institution Bundeswehr, schwer fällt. Herr Elch bringt eine geringe berufliche Anpassungsbereitschaft mit, die ihn als Unternehmer und Innovator auszeichnet, jedoch einen Gegensatz zu seiner biographischen Anpassung hinsichtlich der beruflichen Richtungsweisung seines Vaters darstellt.

Selbstbild als Unternehmer

Im Zuge seiner beruflichen Umorientierung in Richtung Informationstechnologie findet auch ein Wechsel der Arbeitsform statt: Herr Elch arbeitet nicht mehr in einem Angestelltenverhältnis, sondern ist freiberuflich als IT-Berater tätig. Diese Form entspricht nicht nur überdurchschnittlich seiner Affinität zur selbstbestimmten und autonomen Arbeitsweise, sondern auch seiner biographischen Relevanzsetzung in Richtung maximalen Geldverdienens und der damit einhergehenden sozialen sowie ökonomischen Absicherung.

Nach der Übernahme der Unternehmerrolle fühlt sich der Biographieträger als ein Teil des Unternehmens und identifiziert sich stark mit diesem. Unternehmerische Erfolge sowie Misserfolge erlebt er als persönliche Gewinne und Niederlagen. Als das Unternehmen in eine Krise gerät, sieht er die Bewahrung des Unternehmens vor der Insolvenz als sein persönliches Unterfangen an, welches er unter Aufgebot seiner gesamten Kräfte und mit Hilfe einer extremen Belastbarkeit, Willenskraft und Lernbereitschaft erfolgreich zu verhindern sucht.

Herr Elch nimmt sich als eigenständigen Unternehmer wahr, der sich durch strategisches und ökonomisches Denken, sowie durch unternehmerische Kompetenz, innovative Kreativität, Risikofreude, Zielorientierung und Leistungsbereitschaft auszeichnet. Er hat eine enorme Fach- und Branchenkenntnis, die er redegewandt präsentiert. Seine Führungskompetenz zeichnet sich durch eine hohe Menschen- und Branchenkenntnis aus, welche er im Abgleich mit den ökonomischen Gegebenheiten des Unternehmens anzuwenden versteht.

Lediglich seine Position als Unternehmensteilhaber ruft beim Biographieträger eine Unzufriedenheit hervor, da er sich in seiner Autonomie und Entscheidungsgewalt eingeschränkt fühlt.

Weltbild

Biographisches Relevanzsystem: Freiberuflichkeit/Unternehmertum
Sascha Elch entwickelt nach der gemeinschaftlichen Unternehmensgründung und im Zuge der Bewältigung der Unternehmenskrise eine starke Unternehmeridentität, die seine persönliche und biographische Identität zunehmend überlagert. Berufliche Erfahrungen verallgemeinert er schnell und passt daraufhin seine lebensweltlichen Ordnungsstrukturen und Verhaltensweisen sukzessive an. Sein berufsbiographisches Relevanzsystem wird identitätsstiftend. Es findet eine Vermischung zwischen seiner privaten Lebenswelt und seiner Unternehmerwelt insofern statt, dass seine Ehefrau im Unternehmen mitarbeitet und sich zu einer wichtigen Entscheidungsträgerin im Unternehmen entwickelt sowie seine Kinder unternehmensnah betreut werden und auch zeitweise den Unternehmensalltag miterleben.

Biographisches Relevanzsystem: Geldverdienen und ökonomische Absicherung
Herr Elch nutzt bereits im jugendlichen Alter jegliche Gelegenheit zum Geldverdienen und entwickelt diesbezüglich frühzeitig eine biographische Relevanzsetzung. Er entwirft für sich die Lebensmaxime, dass viel Geld Freiheit und Unabhängigkeit bedeute. Im Zuge seiner Unternehmertätigkeit manifestiert sich dieser Lebensentwurf und er konkretisiert den geldlichen Betrag – mehrere Millionen Euro – den er in seiner beruflichen Tätigkeit erwirtschaften möchte. Wiederholt stellt er sein noch entferntes Ziel dar, das Unternehmen für einen höheren Millionenbetrag zu verkaufen und dann mit seiner Familie ökonomisch abgesichert einen ruhigen Lebensalltag zu verleben und nur noch seine innovativen Ideen zu verwirklichen.

5.2.3 Biographisches Lernportfolio

Geringe Affinität zur prozessualen Lerndimension des verwalteten Lernens

In seiner Schulzeit kann sich Herr Elch zunächst noch dem verwalteten Lernen unterordnen. Die Hausaufgabenbetreuung der Mutter führt zu positiv konnotierten Lernerfahrungen und die dabei erlebte Vergemeinschaftung beim Lernen scheint einen Lernhabitus zu konstituieren, welcher zu einer lebenslangen Lernbegeisterung führt. In seiner Gymnasialzeit eignet sich Elch im Modus des Neulernens formal vor allem Kenntnisse in Mathematik, Informatik und Naturwissenschaft an. Er sammelt in diesem Kontext vermutlich besonders viele Erfolgserlebnisse.

Schwierigkeiten mit dem verwalteten Lernen treten bei der Bewältigung des institutionalisierten Ablauf- und Erwartungsmusters des Bundeswehrdienstes auf. Hier dominieren der Modus des Nichtlernens und die prozessuale Lerndimension des leidgeprüften Lernens. Elch entzieht sich der Notwendigkeit des Erlernens von Verhaltensweisen im Alltag in der Institution Bundeswehr, die auf Anpassung und Unterordnung abzielen und baut hinsichtlich seiner sozialen Identität als Soldat eine Distanz zu großen Organisationen auf, die er nie abzulegen scheint. Innerhalb der Absolvierung des institutionalisierten Ablauf- und Erwartungsmusters des Medizinstudiums kann er den verwalteten Lernprozess ebenfalls nicht erfolgreich durchlaufen. Elch eignet sich das medizinische Fachwissen zwar zunächst formal an, aber sein minimaler Lernaufwand führt nur teilweise zur Bewältigung der staatlichen Prüfungen. Er investiert viel Zeit und Energie in Umgehungsstrategien. Seine geringe Lernmotivation und diese Umgehungsstrategien weisen auf ein Nichtlernen hin. In seinem lebenspraktischen Alltag bewältigt er abgesehen von dem Medizinstudium eher seine nebenberufliche Tätigkeit im IT-Bereich, in die er wesentlich mehr Zeit investiert. Hinsichtlich des Identitätslernens lässt sich konstatieren, dass Elch keine antizipatorische Sozialisation als zukünftiger Mediziner absolviert, sondern sich zunehmend als IT-Berater wahrzunehmen und zu definieren scheint.

Dominanz von zielgerichtetem und leidgeprüftem Lernen

Ein früher leidgeprüfter Lernprozess wird durch den vom Vater auferlegten Leistungssport bei Herrn Elch ausgelöst. Elch erlernt mühsam Ausdauer und Disziplin, welche er sukzessive im Alltag anwenden kann und aufgrund derer er Durchhaltevermögen und eine starke Leistungsorientierung entwickelt. Die berufsbiographische Fremdbestimmung durch den Vater lässt den Biographieträger weitere leidgeprüfte Lernprozesse durchlaufen, die die Prozessstruktur des institutionalisierten Ablauf- und Erwartungsmusters großenteils überlagern. Im Modus des Umlernens erlebt Elch eine enorme Kompetenzentwicklung in Richtung Leistungsstreben, Durchhaltevermögen, Durchsetzungsfähigkeit und Selbstdisziplin.

Elch entwickelt früh eine Reihe von biographischen Handlungsschemata, vor allem im beruflichen Bereich in Richtung Geldverdienen und im IT-Bereich, um das zuvor aufgeschichtete Verlaufskurvenpotenzial zu bearbeiten. So durchläuft er mithilfe eines Schülerjobs einen zielgerichteten Lernprozess. Indem er sich den Job zunächst sucht, diesen gewissenhaft erledigt und dann eigenes Geld verdient, kann er eine gewisse ökonomische Autonomie gegenüber den Eltern erlangen und im Modus des Neulernens den Umgang mit materiellen Ressourcen erlernen.

Ein Hilfskraftjob lässt Elch einen weiteren zielgerichteten Lernprozess in Richtung Personalcomputer und Programmierung durchlaufen. In diesem Kontext eignet er sich im Modus des Neulernens gezielt Fachwissen an und appliziert dieses Wissen mit dem Ziel der Arbeitserleichterung auf seine alltägliche Arbeitspraxis. Er nimmt an nonformalen Fortbildungskursen teil und besucht universitäre Informatikveranstaltungen. Die erlernten Programmierkenntnisse wendet er im informellen Lernkontext durch Ausprobieren an. Hier beginnt eine innere Veränderung seiner Rolle als Hilfskraft hin zum Programmierer. Da sein Arbeitsergebnis zu seiner Entlassung führt, erlebt Elch einen leidgeprüften Lernprozess, im Zuge dessen er sich Organisations- und Managementwissen im Modus des Umlernens aneignet und wodurch sich sein Umgang mit Vorgesetzten im Arbeitsalltag verändert. Hinsichtlich seiner Identität erfolgt eine unkritische Internalisierung von wirtschaftlichen Managementstrategien, die Auswirkungen auf seine spätere unternehmerische Tätigkeit haben.

Als Unternehmer wird er im Zuge der kollektiven Verlaufskurve seiner Wirtschaftsbranche mit einer Unternehmensverlaufskurve konfrontiert, welche ihn erneut einen leidgeprüften Lernprozess durchlaufen lässt. Er erlernt auf informellem Wege umfangreiche Kenntnisse im Vertriebsaufbau, Marketing und in der Mitarbeiterführung und verringert im Arbeitsalltag seine IT-Arbeit zugunsten unternehmerischer Tätigkeiten und Handlungsstrategien. Hier kommen die Modi des Umlernens und Verlernens zum Tragen, da er seinen bisherigen Tätigkeitsbereich weitestgehend hinter sich lassen muss. In der Folge entwickelt Herr Elch sukzessive eine unternehmerische Identität und verändert seinen Habitus vom IT-ler zum Unternehmer. Er entfaltet innerhalb dieser Lernprozesse eine Reihe von unternehmerischen Kompetenzen, wie ökonomisches Denken, Kreativität, Risikofreude, Entschlusskraft und Belastbarkeit.

Elementare Lernprozesse in Richtung der Existenzgründung

Innerhalb des verwalteten Lernens überwiegen in Elchs Biographie einerseits der Lernmodus des Neulernens, was auf Elchs Lernbegeisterung verweist und andererseits der Modus des Nichtlernens, was seine Schwierigkeiten, sich an institutionelle Sachzwänge anzupassen und unterzuordnen, aufzeigt. Letztgenannter Nichtlernprozess weist auf eine misslungene Einsozialisierung in der Bundeswehr hin, mit der Elch eine Distanz zu größeren Institutionen entwickelt. Innerhalb seiner Identitätskonstruktion manifestiert sich diese Distanzhaltung und deutet einen ersten biographisch implementierten Impuls in Richtung der Existenzgründung an. Die früh inszenierte Ablösung vom Elternhaus mithilfe des eigenen Geldverdienens weist auf ein Autonomiebestreben hin, welches für eine Selbständigkeit ebenfalls sehr funktional ist.

Im Kontext der o. a. zielgerichteten und leidgeprüften Lernprozesse dominieren wiederum die Lernmodi des Neulernens und des Umlernens. So eignet sich Elch schnell neues (Fach-)Wissen an oder appliziert vorhandenes Wissen auf neue Tätigkeitsbereiche. Aufgrund dieser Lernimplikationen entwickelt Elch eine hohe Flexibilität, Kreativität und Belastbarkeit, die nur in einer unternehmerischen Tätigkeit bestmöglich zur Entfaltung kommt.

Durch neue Anforderungsstrukturen ist Elch mehrfach gefordert, sein praktisches Erfahrungswissen sowie seine theoretischen Wissensbestände durch Neu- und Umlernen zu erweitern und zu modifizieren, was wiederum seine Flexibilität verdeutlicht. Diese gesteigerten Lernprozesse und insbesondere seine hohe Affinität zum Lernen, die Ausdruck in der gesteigerten informellen Wissensaneignung in Richtung der Informationstechnologie findet, lassen Elch zu einem sehr innovativen Unternehmer werden.

5.3 Kleine Fallvorstellungen

Um einen größeren Einblick in das weitere Datenmaterial zu gewähren, werden an dieser Stelle noch drei Kurzporträts vorgestellt: Anka Bär arbeitet in der Werbebranche, Henri Hirsch ist als Sportwissenschaftler Teilhaber einer Orthopädiefirma und Dieter Fuchs arbeitet als selbständiger Berater und Coach. Im Unterschied zu den zwei männlichen Existenzgründern erlebt die Designerin Anka Bär unternehmerisches Denken und Handeln bereits in ihrer Herkunftsfamilie. Sie entwickelt früh den Wunsch zur Selbständigkeit und ihr berufsbiographischer Weg führt sie in eine Branche mit einer hohen Existenzgründungswahrscheinlichkeit. Die zwei männlichen Unternehmer stammen aus einem Angestelltenhaushalt und bestreiten sehr unterschiedliche Wege in die berufliche Selbständigkeit.

5.3.1 Kurzporträt: Anka Bär

Sozialisation im bürgerlichen Herkunftsmilieu und im Unternehmerhaushalt

Anka Bär wird 1964 in Süddeutschland als Tochter eines Architektenehepaars geboren. Auch sie ist ein Kind der 1960er-Jahre-Generation, die vom zunehmenden Wohlstand profitiert und die Protestbewegungen am Ende der 1960er Jahre als Kind nur peripher erlebt. Sie wächst zunächst mit ihrer sieben Jahre älteren Schwester und ihrem fünf Jahre älteren Bruder in einer behüteten und kreativen Familie am Rande einer deutschen Großstadt auf. Ihr Vater arbeitet anfangs als angestellter Architekt bei der Stadt, gründet jedoch, als Anka Bär ungefähr drei Jahre alt ist, ein eigenständiges Architekturbüro, welches in das Wohnhaus der Familie integriert ist. Bärs Mutter muss in den 1950er Jahren ihr Modegrafikstudium abbrechen, als sie mit ihrem ersten Kind schwanger wird. In den zehn Jahren als Hausfrau und Mutter durchläuft sie einen leidgeprüften Lernprozess und entwickelt das Handlungsschema des zyklisch wiederkehrenden frei- und nebenberuflichen Arbeitens von zu Hause. Als ihr Ehemann das Architekturbüro gründet, arbeitet sie von Beginn an vollständig mit und übernimmt den gesamten Entwurf und die Entwicklung der Innenarchitektur innerhalb der Projekte sowie die Kommunikation mit den Kunden und Handwerkern, während der Vater für die Bauplanung, Konstruktion und die architektonische Durchführung zuständig ist.

Als Anka Bär im Vorschulalter ist, zieht die Familie in eine sehr ländliche Gegend in ein vom Vater entworfenes und gebautes Terrassenhaus mitten im Wald, welches von der Mutter eingerichtet wird. Anka Bär verlebt eine relativ unbeschwerte Kindheit in der Natur, in der sie viel alleine umherstreift und eine überdurchschnittliche Beobachtungsgabe entwickelt. Da ihre Eltern ihr Büro im Wohnhaus integriert haben, sind diese häufig anwesend, wenngleich sie viel arbeiten und für Kunden sowie Handwerker ständig präsent sein müssen. Anka Bär wird daher früh mit den Rahmenbedingungen der Selbständigkeit konfrontiert und durchläuft durch das Erleben der Einheit von Berufs- und Familienwelt einen informellen Lernprozess. Durch das permanente Arbeiten beider Eltern erlernt die Biographieträgerin vor allem eigenverantwortliches Handeln. So wird der Wunsch der Kinder nach eigenen Ponys von den Eltern erfüllt, mit der Prämisse, dass die Geschwister ausnahmslos selbständig für die Tiere sorgen müssen. Die Eltern zahlen alle Rechnungen, jedoch müssen die Kinder für Nahrung und Bewegung der Pferde sowie die Stallsäuberung selbst sorgen. So entwickelt Frau Bär frühzeitig die biographische Basisposition des eigenständigen Handelns.

Bildungskarriere

Anka Bär absolviert das institutionelle Ablauf- und Erwartungsmuster des Grundschulbesuchs in einer ländlichen sehr kleinen Schule, in der vier Klassen in zwei Klassenzimmern untergebracht sind. Ihre schulischen Leistungen sind durchschnittlich gut und sie hat mit dem verwalteten Lernen keinerlei Probleme.
    Auch das institutionelle Ablauf- und Erwartungsmuster der Gymnasiallaufbahn absolviert sie problemlos. Sie besucht eine Ganztagsschule in der nahe gelegenen Großstadt und wird schnell selbständig. Da ihre Eltern viel arbeiten, fährt sie in den Ferien häufig alleine auf organisierte Freizeiten oder jobbt für ein geringes Entgelt im elterlichen Architekturbüro. Im Alter von 13 Jahren entwickelt sie den Berufswunsch Wasserarchäologin zu werden, verwirft diesen jedoch aufgrund der hohen Lernanforderungen, wie das Erlernen alter Sprachen sowie des Tauchens. Anka Bär entwickelt ein hohes kreatives Potenzial, welches sich im Malen, Gestalten und Basteln ausdrückt. Die Affinität zum Zeichnen und Entwerfen übernimmt sie vermutlich von ihrem Vater, der eine große Vorbildwirkung hat. Nachdem ihr Bruder den Architekturberuf des Vaters ergreift, entschließt sie sich bewusst gegen dieses Studium, um den hohen Anforderungen des Vaters nicht standhalten zu müssen.
    Ihre große Leidenschaft gilt zunehmend der bildenden Kunst und Frau Bär entwickelt das berufsbiographische Handlungsschema des Studiums an einer Kunstakademie, wobei sie dieses wohnortnah wegen einer Studienplatzablehnung nicht realisieren kann. Die Erstellung ihrer Kunstmappe dauert ca. ein Jahr, welches sie zudem für Praktika nutzt. Sie bewirbt sich an einer Hochschule für Gestaltung in einem anderen Bundesland und erhält einen Studienplatz. Sie absolviert das Studium der visuellen Kommunikation in zwölf Semestern und erwirbt 1990 ihr Diplom. Frau Bär entwickelt das biographische Handlungsschema des Aufbaustudiums in einer englischen Großstadt, durchläuft einen weiteren verwalteten Lernprozess und erhält mit Hilfe eines einjährigen Stipendiums nach zwei Jahren den Master of Art in den Fächern Graphic Design und Art Direction. In dieser Zeit bewirbt sie sich weiterhin für einen Auslandsaufenthalt in Japan und erhält die Bewilligung. Dieser zielgerichtete Lernprozess wird von Frau Bär selbständig initiiert und zeigt ihre wachsende Kompetenz, sich flexibel auf fremde und neue Gegebenheiten einzulassen und für sich zu nutzen. Anka Bärs Interesse an japanischen Verpackungen lässt auf die biographische Basisdisposition der kreativen Neugier schließen.

Erste Berufserfahrungen und Existenzgründung als Designerin

Nach ihrem englischen Master-Abschluss sucht sie eine Arbeitsmöglichkeit in England, die jedoch ausbleibt. Sie kehrt auf Anraten ihrer Mutter nach Deutschland zurück und folgt dem institutionellen Ablauf- und Erwartungsmuster der ersten Angestelltentätigkeit in einem kleinen Designbüro. In dieser Zeit eignet sie sich das Wissen für die Entwicklung und Durchführung von Designprojekten schnell praktisch an, muss aber feststellen, dass sie nach einiger Zeit das Interesse an diesen monotonen Projekten verliert. Nach zwei Jahren entwickelt sie aufgrund der nachlassenden beruflichen Lernmöglichkeiten das berufsbiographische Handlungsschema der Existenzgründung als Designerin. Noch weitere Angestelltentätigkeiten auszuprobieren sind für Anka Bär keine Option, was ein Indiz für ein Nichtlernen sein könnte. Mithilfe einer Gelegenheitsstruktur, sie erhält einen Hinweis von einem befreundeten Designer, kann sie einen Raum in einer Bürogemeinschaft mit zwei Produktmanagern, einem Designmanager und einer anderen Designerin mieten. Sie kauft von einem Teil ihrer Ersparnisse die nötigen Büroarbeitsmittel, wie PC, Schreibtisch und weiteres Equipment und meldet ihr Gewerbe an, ohne konkrete Kunden oder erste Aufträge. Hiervon lässt sie sich nicht aufhalten, was auf ihrer familienbiographischen Disposition der Affinität zur Selbständigkeit basieren könnte. Sie kann die Kontakte aus der Bürogemeinschaft gut für sich nutzen, wartet ab, wobei die biographische Disposition der Beobachtung ihr hier zugutekommt und erhält nach zwei Monaten ihren ersten Auftrag, den sie sehr zufriedenstellend erledigt. Danach kann sie durch Empfehlungen erfolgreich an diesen Auftrag anknüpfen. Sie stellt zwei freie Mitarbeiter/innen ein und beschäftigt wiederkehrend Praktikanten und Praktikantinnen, sodass ihr Designbüro stetig wächst. Über die Bürogemeinschaft lernt sie nach ca. fünf Jahren ihre spätere Geschäftspartnerin kennen, mit der sie schnell beschließt ein eigenes größeres Designbüro zu gründen, da sie tendenziell größere Projekte realisieren möchte. Sie finden eigene größere Büroräume und schließen sich beruflich zusammen. Mithilfe weiterer freier Mitarbeiter/innen wächst das Designbüro und wird sukzessive erfolgreicher, ohne dass eine Kundenakquise durch die Geschäftsführerinnen erfolgen muss. Auch die deutsche Wirtschaftskrise im Jahr 2001 können Frau Bär und ihre Geschäftspartnerin bearbeiten, wobei sie in dieser Zeit weniger freie Mitarbeiter/innen beschäftigen können.

Frau Bär hat nach einer zwölfjährigen Paarbeziehung seit mehreren Jahren keinen Partner, wobei sie einer neuen Partnerschaft gegenüber offen ist. Ihre damalige Beziehung bricht sie wegen unterschiedlicher Lebenseinstellungen ab. Momentan richtet sie ihren Fokus jedoch eher auf ihre berufliche Verwirklichung, daher hat sie aufgrund ihres hohen Arbeitsaufwandes wenig Zeit für den Aufbau eines Privatlebens. In ihrer begrenzten Freizeit reist sie gerne in Europa und besichtigt zielgerichtet die Kunstmuseen.

5.3.2 Kurzporträt: Henri Hirsch

Sozialisation in der kleinbürgerlichen Herkunftsfamilie

Henri Hirsch wird 1973 in einer bundesdeutschen Großstadt in einer Zeit geboren, die bereits von den Auswirkungen der Protestbewegungen und der Bildungsreform in Deutschland gekennzeichnet ist. Er ist der jüngste von drei Brüdern und wächst in einem kleinbürgerlichen Haushalt auf. Beide Elternteile absolvieren eine kaufmännische Ausbildung und sind bis zur Familiengründung in mittelständischen Unternehmen angestellt. Sein Vater arbeitet als Bankangestellter, der sich im Laufe der Zeit mithilfe der biographischen Dispositionen, wie Zielstrebigkeit, Belastbarkeit und Durchhaltevermögen, eine Position als Führungskraft erarbeitet. Hirschs Mutter ist eine Speditionskauffrau, die sich ca. 15 Jahre als Hausfrau und Mutter der Erziehung der Kinder widmet und dann wieder erfolgreich ins Berufsleben zurückkehrt. Sie unterstützt tatkräftig die Sportkarrieren ihrer Söhne. Zum Interviewzeitpunkt hat sie eine Führungsfunktion in einer Spedition inne.

Bildungs- und Sportkarriere

Henri Hirsch durchläuft trotz einer hohen Lernbegabung das institutionelle Ablauf- und Erwartungsmuster der Grundschule und des Gymnasiums als ein durchschnittlicher Schüler. Seine Lernstrategie besteht darin, sich den Lernstoff durch kurze Lesesequenzen – welche morgens im Bett bei seiner Mutter für 20 Minuten stattfinden – anzueignen. In der Endphase der Schulzeit nimmt sein Ehrgeiz zu. Er verfolgt zielgerichtet seinen berufsbiographischen Entwurf des Medizinstudiums. Henri Hirsch beendet seine gymnasiale Laufbahn mit einem sehr guten Abitur, um den vorgegebenen Numerus Clausus für das Studienfach Medizin zu erreichen, was auf seine Basiskompetenz des zielorientierten Lernens schließen lässt.

Bedingt durch seine älteren Brüder, die täglich trainieren, beginnt er sich für Leichtathletik zu interessieren und sein sportliches Talent wird im Alter von sechs Jahren entdeckt. Es folgt innerhalb der Schulzeit das institutionelle Ablauf- und Erwartungsmuster der Leistungssportkarriere in Leichtathletik, welches er zusammen mit seinen zwei Brüdern ehrgeizig verfolgt. Er trainiert täglich mehrere Stunden und sein Ziel ist es bei den Olympischen Wettkämpfen in Sydney im Jahr 2000 teilzunehmen. In diesem Zusammenhang entwickelt er die biographischen Basisdispositionen der Leistungsorientierung, der Belastbarkeit und des Durchhaltevermögens. Innerhalb eines zielgerichteten Lernprozesses entwickelt er die Erkenntnis, dass nur seine Misserfolge ihn vorantreiben und erfolgreich werden lassen. Er hat keine Zeit für andere Freizeitaktivitäten. In den Ferien begibt er sich in Trainingslager oder in ein Wochenendhaus der Familie, wo er zusammen mit seinen Brüdern trainiert.

Seinen eigentlichen berufsbiographischen Entwurf des Studiums der Medizin verschiebt Henri Hirsch zunächst zugunsten seiner Leichtathletikkarriere. Dem institutionellen Ablauf- und Erwartungsmuster des Wehr- oder Zivildienstes kann der Biographieträger entgehen, da er aufgrund eines körperlichen Wirbelschadens ausgemustert wird. Seine Affinität zum Sport lässt ihn das berufsbiographische Handlungsschema des Studiums der Diplomsportwissenschaften entwickeln, da er glaubt, dieses weniger lernintensive Studienfach besser mit seiner Sportkarriere vereinbaren zu können. Er studiert schnell und zielgerichtet und erfüllt innerhalb von sechs Semestern alle Voraussetzungen für die Zulassung zur Diplomprüfung. Nebenbei arbeitet er als wissenschaftliche Hilfskraft in der Biomechanik des Instituts für Sportwissenschaften. Außerdem entwickelt und realisiert er während seines Studiums nebenher zielstrebig das berufsbiographische Handlungsschema der Selbständigkeit, um einerseits Geld zu verdienen und seine Lebenshaltungskosten zu finanzieren und andererseits um Geld für Studienmaterial, wie Bücher u. ä. einzusparen. Er gründet gegen die Empfehlung seiner Eltern im Alter von 19 Jahren eine Marketing- und Managementfirma und entwickelt als erstes eine Marketing-Strategie für Anatomietafeln, indem er diese für seinen gesamten Studiengang beim Hersteller billig einkauft und sie mit einem kleinen Gewinn an seine Studienkollegen und -kolleginnen weiterverkauft. Diese Strategien entwickelt er zielgerichtet für immer neue Produkte weiter.

Henri Hirsch verfolgt seine Sportkarriere konsequent, muss jedoch im Alter von 21 Jahren erkennen, dass seine körperliche Leistungsfähigkeit im Leistungssport an seine Grenzen stößt. Ein Arzt empfiehlt ihm dringend seine Leistungssportkarriere zu beenden, um größere körperliche Schädigungen zu verhindern. In der Folge kommt es zu einer Aufschichtung von Verlaufskurvenpotenzial, welches einen leidgeprüften Lernprozess beim Biographieträger auslöst. Er verändert sein Alltagsverhalten dahingehend, dass er mit dem Leistungssport sukzessive aufhört und beginnt, sich beruflich intensiv mit der Biomechanik auseinanderzusetzen. Er beendet seine Sportkarriere nicht ohne Enttäuschung. Kurz danach beginnt er in seiner Freizeit mit der Sportart Volleyball, die er bis zum Interviewzeitpunkt weiter verfolgt und in der er zum Mannschaftskapitän einer Amateurmannschaft aufsteigt.

Selbständige Tätigkeit als Biomechanik-Spezialist

Im Jahr 1995 erhält er über seinen Job als wissenschaftliche Hilfskraft eine be-rufliche Gelegenheitsstruktur in der Biomechanik, die er sofort ergreift. Nach-dem er alle Voraussetzungen für seinen Studienabschluss erfüllt hat, nimmt er zwei Urlaubssemester, in denen er als Biomechanik-Spezialist und Sportwissen-schaftler in einer Orthopädieschuhmacher-GmbH aushilfsweise zu arbeiten be-ginnt. Er entwickelt dort die Bewegungsanalysen für die Kunden, zumeist Sport-ler und Sportlerinnen, und avanciert schnell zu einem Spezialisten auf diesem Gebiet. Ungefähr in diesem Zeitraum schreibt er seine Diplomarbeit im The-menbereich der Biomechanik und beendet damit sein Studium. Im Anschluss entwickelt er das berufsbiographische Handlungsschema in dieser Orthopädie-schuhmacher-GmbH Gesellschafter zu werden. Zielgerichtet fordert er die zwei bisherigen Gesellschafter des Unternehmens dazu auf, ihn als dritten Gesell-schafter aufzunehmen mit einem Anteil von zwanzig Prozent. Nach deren Ein-willigung schließt er seine Marketing- und Managementfirma und konzentriert sich beruflich vollständig auf seine Arbeit in der Orthopädieschuhmacher-GmbH. In der anschließenden erfolgreichen Phase entwickelt Herr Hirsch mehr und mehr einen Unternehmerhabitus als Bewegungsspezialist und übernimmt zwei Jahre später die weiteren dreißig Prozent vom zweiten Gesellschafter, der dann die GmbH verlässt, da er noch andere Firmen besitzt. Es findet eine Modi-fizierung der Zuständigkeiten statt: Henri Hirsch ist für die Arbeitsbereiche Prä-vention, Biomechanik, Kundenakquise und den Verkauf verantwortlich, während sein gleichberechtigter Geschäftspartner für das Handwerk zuständig ist. Ihre gemeinsame GmbH wird immer erfolgreicher. Sie stellen weitere Mitarbei-ter/innen ein und weiten ihre Produktpalette aus. Henri Hirsch beginnt Seminare im Bereich Bewegungsanalysen zu halten.

Henri Hirsch heiratet früh, wobei die erste Ehe scheitert. Einige Jahre später heiratet er ein zweites Mal eine Lehrerin. Mit ihr hat er eine gemeinsame Toch-ter, die zum Interviewzeitpunkt ca. zwei Jahre alt ist. Seit Beginn dieser Partner-schaft arbeitet er etwas weniger und genießt das Familienleben.

5.3.3 Kurzporträt: Dieter Fuchs

Familiäre Sozialisation im bürgerlichen Milieu

Dieter Fuchs wird 1964 in einer deutschen Großstadt als ältester von vier Brü-dern geboren. Es ist eine Zeit, in der die Bevölkerung in der Bundesrepublik Deutschland vom Wirtschaftswunder profitiert und sich in der Jugend eine Auf-bruchsstimmung entwickelt, welche sich in den Protestbewegungen ab 1968 widerspiegelt. Der Vater von Dieter Fuchs – der als Kind den Zweiten Weltkrieg erlebt und 1945 mit seinen Eltern flüchten musste – entwickelt früh den berufsbiographischen Entwurf zur See zu fahren und beginnt eine Ausbildung im Bereich der Handelsseefahrt, die er aufgrund einer Organoperation abbrechen muss. Daraufhin verpflichtet er sich zum Dienst bei der Deutschen Bundeswehr und kann bei der Deutschen Marine, der Seekriegsflotte, zur See fahren. Hier kann er sowohl seinen berufsbiographischen Entwurf verwirklichen als auch seiner politischen Überzeugung folgend dem deutschen Staat dienen. Nach der Eheschließung und Familiengründung wird er Lehrer bei der Marine, was seinem zweiten beruflichen Interesse, mit Menschen zu arbeiten, sehr entgegenkommt. Durch die institutionellen Gegebenheiten bei der Marine muss die Familie ca. alle zwei bis drei Jahre an den neuen Einsatzort des Vaters umziehen. Diese ständigen Umzüge prägen die Kindheit von Herrn Fuchs, da er mit Verlust von Freundschaften und Beziehungsabbrüchen zu kämpfen hat und kein soziales Netz aufbauen kann, sodass es zu einer Aufschichtung von Verlaufskurvenpotenzial kommt. Jedoch bildet Dieter Fuchs durch die vielen Umzüge die biographische Basisposition der räumlichen Mobilität und Flexibilität aus.

Herrn Fuchs' Mutter erlebt in ihrer Kindheit ebenfalls den Zweiten Weltkrieg. Ihr Vater ist wie ihr späterer Ehemann bei der Marine und zu Kriegszeiten sehr selten zu Hause. Sie lernt den Beruf der Krankenschwester und passt sich nach der Eheschließung den beruflichen Anforderungen ihres Mannes, wie dem dreijährigen Umzugsrhythmus der Marine, problemlos an. Nach der Geburt von Dieter Fuchs gibt sie ihre Berufstätigkeit auf und bleibt als Hausfrau und Mutter zu Hause. Herr Fuchs wächst im Milieu des Bildungsbürgertums auf. Mit seinem dreizehn Monate jüngeren Bruder erlebt er immer wiederkehrende Konkurrenzsituationen. Aus heutiger Sicht hat Herr Fuchs keine tiefere Beziehung zu diesem Bruder aufbauen können. Zu seinen anderen Brüdern hat er gute Beziehungen, die zum Interviewzeitpunkt durch gelegentliche Telefonkontakte gekennzeichnet sind.

Bildungskarriere

Dieter Fuchs durchläuft das institutionelle Ablauf- und Erwartungsmuster des Kindergarten- und Schulbesuchs. In seiner Grundschul- und Gymnasialzeit muss er aufgrund der unterschiedlichen Einsatzorte seines Vaters die Schule mehrfach wechseln und besucht für drei Jahre eine Schule im fremdsprachigen Ausland auf einem anderen Kontinent. Er bewältigt die Schule dort in einer anderen Sprache. Infolgedessen entwickelt er die biographische Basisdisposition des Umgangs mit Fremdheit. Mit dem formalen, verwalteten Lernen hat Herr Fuchs wenige Probleme, was an seiner großen Lernbereitschaft und den guten Noten erkennbar ist. Nach dem Abitur in Deutschland erfüllt Dieter Fuchs das institutionelle Ablauf- und Erwartungsmuster des fünfzehnmonatigen Grundwehrdienstes bei der Bundeswehr. Anschließend absolviert er das institutionelle Ablauf- und Erwartungsmuster der Ausbildung zum Bankkaufmann in einer deutschen Großstadt, wobei er zu diesem Zeitpunkt bereits alleine lebt, da er sich im Alter von 21 Jahren weigert mit den Eltern ein weiteres Mal umzuziehen und die Lehre in einer anderen Stadt abzuschließen.

Er studiert sechs Jahre Betriebswirtschaftslehre und bewältigt die damit verbundenen Lernanforderungen problemlos, wenn auch nicht ohne größeren Lernaufwand. Es wird deutlich, dass das verwaltete Lernen in Dieter Fuchs' Schul-, Ausbildungs- und Studienzeit die dominante prozessuale Lerndimension darstellt. Nebenbei arbeitet der Biographieträger als Betreuer der Auszubildenden in einer großen Bank und finanziert damit die Hälfte seiner Lebenshaltungskosten selbst. Hier deutet sich seine Affinität zur Arbeit mit Menschen an, wobei der pädagogische Bezug vom Vater stammen könnte. Als Student entwickelt Herr Fuchs das biographische Handlungsschema des Reisens, er absolviert ein Praktikum in einer US-amerikanischen Großstadt, bereist weite Teile Europas und pausiert nach der deutschen Wiedervereinigung 1991 für ein halbes Jahr in einer Großstadt in den neuen Bundesländern. Anschließend beendet er sein sechsjähriges Studium als Diplomkaufmann.

Berufskarriere im Ausbildungsberuf

Das darauffolgende institutionelle Ablauf- und Erwartungsmuster des ersten Arbeitsplatzes in der Fertigungsindustrie bewältigt Herr Fuchs ohne Probleme. Der Biographieträger arbeitet in einem Zeitraum von fünf Jahren in den Bereichen Einkauf, Vertrieb, Beschaffung und Controlling und durchläuft in diesen Bereichen mehrere informelle Lernprozesse, in denen er sich beispielsweise fachspezifisches Wissen und alltägliche Arbeitsabläufe aneignet. Aufgrund der lähmenden Arbeitsroutine und der fremdbestimmten Arbeit wächst seine berufliche Unzufriedenheit und er wechselt die Branche, zieht in eine andere Stadt und arbeitet drei Jahre in einer Unternehmensberatung. Anschließend ist er zwei Jahre in einem Trainingsunternehmen tätig. Hier erhält er beruflich die Gelegenheit sich persönlich fortzubilden und einen verwalteten Lernprozess zu durchlaufen, was er für sich zu nutzen versteht. Nach dem Besuch von Kursen zur Persönlichkeitsentwicklung, beginnt Herr Fuchs eine Ausbildung in körperorientierter Psychotherapie. Im Rahmen dieser Ausbildung lernt er einen Trainer und Berater im Bereich Kreativität kennen, der ihn sehr begeistert und sein Mentor wird. Die Begegnung und die Erfahrungen mit dem signifikanten Anderen führen zu einem Vorbildlernen. Die erfahrungsorientierte, sehr intensive Ausbildung löst einen zielgerichteten Lernprozess bei Dieter Fuchs aus, der ihn über sein Leben und seinen Beruf reflektieren lässt, so dass er bewusst für sich biographische Arbeit leistet.

Biographischer Wandlungsprozess und Existenzgründung

In seiner Angestelltentätigkeit schichtet sich durch seine zunehmende berufliche Unzufriedenheit mehr und mehr Verlaufskurvenpotenzial auf. Er fühlt sich teilweise mit der dauernden Reisetätigkeit als Berater und dem Leben in wechselnden Hotels überfordert. Durch seine ständigen Reisen hat er Schwierigkeiten, ein funktionierendes Privatleben an seinem Wohnort aufzubauen. Dieter Fuchs wechselt seinen Arbeitsplatz als Berater, was die Unzufriedenheit jedoch nicht verringert. Seine Ausbildung in körperorientierter Psychotherapie absolviert er weiter und finanziert diese privat. Hier beginnt sich ein biographischer Wandlungsprozess abzuzeichnen. Er fängt an, seine Arbeit sowie die Berufsbranche, in der er tätig ist, in Frage zu stellen und erkennt, dass er sich beruflich sowie privat nicht weiterentwickeln kann. Er befindet sich in einer biographischen Suchbewegung. Persönlich beginnt er in einem schöpferischen Lernprozess mit der Reflexion über seine Familiengeschichte und Sozialisation und entwickelt ein höheres Maß an Eigenverantwortung für sein Leben. Der Bewusstwerdungsprozess führt zu einer Veränderung seines Selbst- und Weltbezuges. Reflektierend stellt er fest, dass er beruflich im Sozialbereich arbeiten möchte und entwickelt das Handlungsschema der Kündigung und setzt dieses konsequent um, ohne eine klare berufliche Zielsetzung. Anschließend entwickelt er das Handlungsschema der Existenzgründung als selbständiger Berater und Coach und realisiert dieses. Er entscheidet sich nochmals umzuziehen, und vollzieht das Handlungsschema des Umzuges in seine norddeutsche Heimatstadt. Nebenbei schließt er die o. a. Ausbildung ab und absolviert eine weitere Ausbildung zum Heilpraktiker für Psychotherapie, sodass er später die Möglichkeit hat, therapeutisch zu arbeiten. Mit Beginn seiner Selbständigkeit kann er das berufliche Verlaufskurvenpotenzial bearbeiten und erlangt einen stabilen Gleichgewichtszustand in seiner beruflichen Lebensgestaltung. So nimmt er aktiv einen berufsbiographischen Spurwechsel vor, in dem er seinen bisherigen beruflichen Weg verlässt und nun in die Arbeitsform der Selbständigkeit wechselt. Er beginnt im Bereich Beratung und Coaching zu arbeiten und durchläuft insgesamt eine Identitätsveränderung, die ihn in seiner alltäglichen Lebensgestaltung einige Veränderungen, wie eine Therapie und die Bewältigung vielfältiger reflexiver Phasen, vornehmen lassen.

Mithilfe seiner bisherigen beruflichen Erfahrungen und seinem betriebswirtschaftlichen Verständnis versucht er sich zunächst als Berater und Coach zu etablieren. Nach anfänglichen Schwierigkeiten in der Kundenakquise durchläuft

er einen zielgerichteten Lernprozess und geht eine Kooperation mit dem Arbeitsamt ein, indem er für dieses erfolgreich für mehrere Jahre Arbeitslosenberatung
und Bewerbertrainings anbietet. Aufgrund seiner Erfahrungen kann er sukzessive
seine berufliche Handlungskompetenz in der Beratung entwickeln und wird zum
Berater und Coach für Führungskräfte. Er beginnt mit einer Personalberatung zu
kooperieren, welche ihm seitdem weitere Klienten und Coachingkunden vermittelt. Bis zum Interviewzeitpunkt arbeitet er sowohl als selbständiger Berater als
auch freiberuflich für einige Firmen als Consultant. Er ist bestrebt, weitere Kooperationen aufzubauen und in Beratungsteams mitzuarbeiten.

6 Beeinflussende Determinanten der Existenzgründung als Ergebnis der Biographieanalyse

Nach den im letzten Kapitel dargestellten empirisch analysierten Eckfällen und Kurzporträts werden nun in diesem und in den Folgekapiteln das erarbeitete theoretische Modell vorgestellt. An dieser Stelle erscheint es sinnvoll, das Erkenntnisinteresse der Arbeit erneut zu rekapitulieren. Die vorliegende Studie verfolgt das Ziel, die Lebensgeschichten von Existenzgründer/innen zu untersuchen, um die lebensgeschichtlich situierten Lernprozesse analysieren und theoretisch verorten zu können. Dabei liegt das Erkenntnisinteresse darauf, wie die Existenzgründung im Lebensablauf der Biographieträger/innen unter der Berücksichtigung der Dimensionen des Lernens und der Bildung gelagert ist. Untersuchungsgegenstand sind die Biographien erfolgreicher Existenzgründer/innen, die sich mindestens seit drei Jahren mit ihrem Unternehmen am Markt etabliert haben, mindestens eine/n Angestellte/n haben und die Selbständigkeit als ihre finanzielle Haupteinnahmequelle ansehen, sodass sie als Erhalt der materiellen Existenz der Familie fungiert.

Die zwei dargestellten Einzelfallporträts zeigen bereits die Bandbreite der stattfindenden biographischen Lern- und Bildungsprozesse auf, wobei die empirisch analysierten Lernverläufe für die Existenzgründung und das Unternehmertum eine hohe Funktionalität besitzen. Diese Erkenntnis wird in den Kapiteln des theoretischen Modells transparenter, vor allem wenn die Lernportfolios der einzelnen Gründertypen eingehend erklärt werden.

Im ersten Abschnitt des sechsten Kapitels wird der biographieanalytische Ansatz der vorliegenden Arbeit unter der Betrachtung zweier weiterer wissenschaftlicher Ansätze erläutert. Dann folgt im zweiten Abschnitt die Präsentation der erarbeiteten Bedingungsmatrix gründungsrelevanter Determinanten. Das siebte Kapitel behandelt die zentralen familienbiographischen und milieuspezifischen Dispositionen der untersuchten Existenzgründer/innen. Im achten Hauptkapitel werden die entwickelten vier Gründertypen differenziert dargestellt. Hier werden je Typ zunächst die biographieanalytischen Ergebnisse beschrieben, gefolgt von den lerntheoretischen Implikationen in Form von Lernportfolios. Das neunte Kapitel erklärt ein weiteres zentrales Ergebnis der Arbeit, die Funktion der Existenzgründung zur Bearbeitung eines spezifischen biographischen Problems.

6.1 Der biographieanalytische Ansatz der Studie

Im Rahmen dieses Kapitels wird zunächst eine theoretische Abgrenzung der hier angewendeten biographieanalytischen Betrachtung gegenüber anderen wissenschaftlichen Ansätzen, wie dem persönlichkeitsmerkmalbezogenen Ansatz und dem Humankapitalansatz vorgenommen, um die wesentlichen Unterschiede zu diesen häufig in der Gründungsforschung angewendeten wissenschaftlichen Ansätzen darzustellen.

Bei der Beschäftigung mit dem Thema Existenzgründung fielen zunächst die in den Medien ins Rampenlicht gestellten Biographien von exorbitanten Gründerpersönlichkeiten in der Computerindustrie, wie die US-Amerikaner Steve Jobs – Gründer von Apple Inc. – und Bill Gates – Gründer von Microsoft Corporation – ins Blickfeld. Vielfach wird dabei die Aufmerksamkeit auf die wichtigen Persönlichkeitsmerkmale der Unternehmer/innen gelenkt, wie eine hohe Risikobereitschaft, Strategieorientierung und Kompetitivität. Jedoch finden wesentliche biographische Dispositionen und Lernprozesse bisher wenig Beachtung. Dieses Desiderat will die vorliegende Studie füllen.

Bei der wissenschaftlichen Untersuchung erfolgreicher Existenzgründungen gehen der biographieanalytische Ansatz, wie auch die persönlichkeitsbezogenen Erklärungsansätze von der zentralen Rolle der Gründerperson aus. Während eine Vielzahl von psychologischen Erklärungsmodellen die Unternehmerpersönlichkeit mit ihren Merkmalsausprägungen fokussiert *(Markgraf 2008, Stilz 2006, Müller 2000, Brandstätter 1999)* und der ökonomisch konnotierte Humankapitalansatz sich nur auf die Humankapitalausstattung einer Gründerperson konzentriert *(Brüderl 2009, Moog 2004, Pfeiffer 1999)*, nimmt die Biographieanalyse die gesamten biographischen Prozesse einer Gründerperson einschließlich ihrer Prägungen durch das soziale Umfeld in den Blick. Diese Fokussierung ist für die Fragestellung der vorliegenden Studie wesentlich. Im Folgenden werden die Ansätze kurz umrissen, um die Unterschiede besser hervorheben zu können.

Persönlichkeitsmerkmalorientierter und kompetenztheoretischer Ansatz

Das persönlichkeitsmerkmalorientierte Konzept geht davon aus, dass vor allem die Persönlichkeitseigenschaften und ihre Merkmalsausprägungen das unternehmerische Handeln bestimmen *(vgl. Müller 2000, S. 105)*. Dafür werden die unterschiedlichen Begabungen und konsistenten Persönlichkeitsmerkmale[38] der

---

[38] *Müller* unterscheidet in seinem Fragebogen zur Diagnose unternehmerischer Potenziale 12 selbständigkeitsrelevante Primäreigenschaften, die er in motivationale, affektive, kognitive und soziale Persönlichkeitsmerkmale unterteilt *(vgl. Müller 2007)*. Dieser Forschungsansatz wird im Kapitel 2.4. näher erläutert.

Gründerperson untersucht und überprüft, wie z. B. eine hohe Leistungsmotivation, eine positive Risikoneigung und ein hohes Unabhängigkeitsstreben, die diese zum erfolgreichen unternehmerischen Handeln befähigen *(vgl. Moog 2004, S. 13f.)*. Es gibt weitere Studien, die zusätzlich die Kompetenzen[39] der Gründerperson in den Blick nehmen, somit den kompetenztheoretischen und den persönlichkeitsmerkmalorientierten Ansatz verbinden *(Westerfeld 2004)*. Im kompetenztheoretischen Ansatz wird vorwiegend davon ausgegangen, dass die notwendigen Kompetenzen die Selbstorganisationsdispositionen einer Person darstellen und sowohl Bedingung als auch Ergebnis informeller Lernprozesse sind *(vgl. Erpenbeck/Heyse 2007, S. 159)*. Dieser Ansatz ist ebenfalls subjektorientiert und ein wenig umfassender, da auch die Interessen und Bedürfnisse der Gründer/innen berücksichtigt werden (*vgl. Arnold/Schüssler 2001, S. 54f., vgl. Weinberg 1999, S. 136ff.)*. In der Gründungsforschung wird häufig nach Fach-, Methoden-, sozialkommunikativen, personalen sowie aktivitäts- und umsetzungsbezogenen bzw. unternehmerischen Kompetenzen[40] unterschieden. Dabei werden auch die individuellen Lernstrategien in den Blick genommen, das bedeutet, dass dieser Ansatz eine hohe Anschlussfähigkeit an die biographieanalytische Perspektive besitzt, jedoch werden hier weitaus nicht alle Lernprozesse untersucht. Die Schwierigkeit ist, dass nach den Konzepten der Persönlichkeitsmerkmalorientierung und der Kompetenzentwicklung eher das Augenmerk auf die Unterschiede zwischen einzelnen Gründerpersonen im Hinblick auf psychische Eigenschaften und Dimensionen gelegt, jedoch die soziale Konstitution des gesamten unternehmerischen Umfeldes, wie familiäre Prägungen, Milieuzugehörigkeit,

---

[39]   Als Kompetenzen sind bei *Dehnbostel/Meister* „Fähigkeiten, Methoden, Wissen, Einstellungen und Werte zu verstehen, deren Erwerb, Entwicklung und Verwendung sich auf die gesamte Lebenszeit eines Menschen bezieht" *(Dehnbostel/Meister 2002, S. 11)*. Dabei zeichnen sie sich dadurch aus, dass sie „an das Subjekt und seine Befähigung zu eigenverantwortlichem Handeln gebunden" *(ebd.)* sind.

[40]   *Frieling/Schäfer/Fölsch* verstehen unter Fachkompetenz alle Fähig- und Fertigkeiten, die zur Bewältigung von berufsspezifischen Anforderungen nötig sind. Die Methodenkompetenz beinhaltet berufs- und arbeitsplatzübergreifende Fähigkeiten, wie etwa die Lernkompetenz. Unter Sozialkompetenz werden kommunikative und kooperative Fähigkeiten subsumiert und unter Selbstkompetenz fallen alle individuellen Einstellungen, Werthaltungen und Motive *(vgl. Frieling/Schäfer/Fölsch 2007, S. 22)*. *Erpenbeck/Heyse* unterteilen die Kompetenzen hingegen etwas umfassender in Fach- und Methodenkompetenz, in personale Kompetenzen, aufgrund derer die Unternehmerperson reflexiv selbstorganisiert handelt, in Aktivitäts- und umsetzungsbezogene sowie sozial-kommunikative Kompetenzen. Unter den Aktivitäts- und umsetzungsbezogenen Kompetenzen werden die Dispositionen verstanden, welche die Person aktiv selbstorganisiert und auf die Umsetzung orientiert handeln lässt. Unter sozial-kommunikative Kompetenzen subsumieren *Erpenbeck/Heyse* alle Dispositionen, aufgrund derer eine Person kommunikativ und kooperativ handelt *(Erpenbeck/Heyse 2007, S. 159)*. Die unternehmerische Kompetenz wird von *Westerfeld* in Anlehnung an *Müller (2000, S. 106ff.)* analysiert und umfasst dessen vier Dimensionen von Persönlichkeitsmerkmalen: die kognitive, affektive, motivationale und soziale Dimension (vgl. Kapitel 2.4.) *(vgl. Westerfeld 2004, S. 148)*.

Bildungswege sowie biographische Problemlagen der Gründerperson weitestgehend ausgeklammert werden. Diese Betrachtungslücken können über die biographieanalytische Forschung ergänzt werden.

Humankapitalansatz

Im Humankapitalansatz werden ökonomische Zusammenhänge zwischen der Humankapitalausstattung und den Erfolgsaussichten einer Existenzgründung herausgearbeitet, wobei dieses folgende drei Bestandteile umfasst: allgemeines, branchenspezifisches und unternehmerisches Humankapital *(vgl. Brüderl/ Preisendörfer/Ziegler 2009, S. 50)*. Das allgemeine Humankapital besteht aus der formalen Bildung, wie Schulbildung, Ausbildung und Studium. Das branchenspezifische und das unternehmerische Wissen werden in nonformalen und informellen Aneignungsprozessen innerhalb der bisherigen beruflichen Tätigkeit oder in beruflichen Weiterbildungen erworben *(vgl. ebd., S. 50f.)*. Die Humankapitaltheorie geht von der These aus, dass die gesamte Humankapitalausstattung der Gründerperson positive Auswirkungen auf eine Existenzgründung hat. Dazu werden die Wirkungszusammenhänge zwischen den ökonomischen Investitionen in Bildung und Qualifikationen und der Produktivität einer Gründerperson in Form des Profits untersucht *(vgl. Moog 2004, S. 27)*. Diesen wissenschaftlichen Ansatz hat bereits *Bourdieu (1983)* in seiner Abhandlung über die Kapitalsorten[41] als einseitig kritisiert, da die Bildungsinvestitionen (zeitlicher und geldlicher Aufwand) in Geldwerte umgerechnet werden, jedoch die relative Bedeutung und der gesamte immaterielle Ertrag der Bildungsinvestitionen nicht eingerechnet werden können, da diese in Geldwerten nicht ausdrückbar sind *(vgl. Bour-*

---

[41] *Bourdieu* unterscheidet in seiner Abhandlung drei Kapitalsorten: das ökonomische, das kulturelle und das soziale Kapital *(Bourdieu 1983, S. 185ff.)*. Unter dem ökonomischen Kapital versteht er jegliche Besitztümer und Waren (Produktionsmittel, Geld, Vermögen etc.). Das kulturelle Kapitel existiert in drei Formen, welches von *Bourdieu* in inkorporiertes, objektiviertes und institutionalisiertes Kulturkapital unterteilt wird. Inkorporiertes Kulturkapital ist grundsätzlich körpergebunden und umfasst die durch Akkumulation von Kultur verinnerlichten dauerhaften Dispositionen und Fertigkeiten eines Individuums, wobei das Bildungskapital ein Teil davon ist *(vgl. ebd., S. 186f.)*. Objektiviertes Kulturkapital umfasst das materiell übertragbare kulturelle Kapital in Form von Schriften, Gemälden, Instrumenten etc. *(vgl. ebd., S. 188f.)*. Das institutionalisierte Kulturkapital existiert in Form von (Bildungs-)Titeln, die selbständig erworben werden *(vgl. ebd., S. 189f.)*. Das soziale Kapital „ist die Gesamtheit der aktuellen und potentiellen Ressourcen, die mit dem Besitz eines dauerhaften Netzes von mehr oder weniger institutionalisierten *Beziehungen* gegenseitigen Kennens oder Anerkennens verbunden sind; oder anders ausgedrückt, es handelt sich dabei um Ressourcen, die auf der *Zugehörigkeit zu einer Gruppe* beruhen." [Hervorhebungen im Original] *(ebd., S. 190)*. Eine vierte, übergeordnete Kapitalsorte ist für Bourdieu das symbolische Kapital, worunter Anerkennung, Ansehen, Bekanntheit, Ruhm, Reputation u. ä. subsumiert werden und welches in den anderen drei Kapitalformen auftreten kann *(Bourdieu 1982, S. 378f.)*.

dieu 1983, S. 185f.). In *Bourdieus* Konzept ist das Bildungskapital nur ein Teil des inkorporierten Kulturkapitals, sodass sich für die Humankapitaltheorie der Schluss ziehen lässt, dass diese weder die informellen biographischen Lernprozesse noch das objektivierte und institutionalisierte Kulturkapital einer Gründerperson berücksichtigt. Hier wird der Unterschied zur Biographieanalyse deutlich, welche alle formalen, nonformalen und informellen Bildungs- und Lernprozesse innerhalb der erzählten lebensgeschichtlichen Erfahrungsaufschichtung einer Gründerperson analysiert und in Beziehung zueinander setzt.

Biographieanalytischer Ansatz

Die erziehungswissenschaftliche Biographieforschung richtet ihren Blick ganzheitlich auf die Gründerperson. Sie untersucht die erzählten Lebensgeschichten der Unternehmer/innen im sozialen Kontext, wobei ihr Hauptaugenmerk auf der Rekonstruktion deren Lern- und Bildungsgeschichten liegt *(vgl. Krüger 2006, S. 14)*. Der biographieanalytische Ansatz arbeitet dabei die individuellen lebensgeschichtlichen Abläufe und latenten Sinnkonstruktionen der Biographien von Gründerpersonen heraus und zeigt die Bewegungen im soziokulturellen, gesellschaftlichen und historischen Raum auf, wobei vor allem die pädagogischen Dimensionen im Fokus stehen *(vgl. Schulze 2006, S. 37f.)*. Die Gründerperson wird also nicht isoliert betrachtet, wie in den o. a. Ansätzen, sondern als ein soziales Wesen in ihrer Lebenswelt und ihrem Erfahrungsraum. Im Mittelpunkt der Analyse stehen die Erarbeitung der Identität der Gründerperson und deren Lernbiographie. Mit „Identität" ist grundlagentheoretisch zunächst sowohl die soziale als auch die persönliche Identität gemeint[42], welche gesellschaftlich überformt und geprägt sind *(vgl. Krappmann 2000, S. 9ff.)*. Die Unternehmeridentität umfasst in diesem Zusammenhang aber auch das Ensemble der familien- und milieuspezifischen Bedingungen, die zum Beispiel einer bestimmten Geschäftsidee den Vorzug vor anderen geben. Für die Lernbiographie werden die prozessualen und strukturellen Lerndimensionen sowie die Lernmodi und Lernkontexte nach

---

[42] Die Arbeit orientiert sich am Identitätsbegriff des symbolischen Interaktionismus nach Mead, der die Auffassung vertritt, dass sich Geist und Identität erst in gesellschaftlichen Interaktionsprozessen durch die Sprache entwickelt: „Identität entwickelt sich; sie ist bei der Geburt anfänglich nicht vorhanden, entsteht aber innerhalb des gesellschaftlichen Erfahrungs- und Tätigkeitsprozesses, das heißt im jeweiligen Individuum als Ergebnis seiner Beziehungen zu diesem Prozeß als Ganzem und zu anderen Individuen innerhalb dieses Prozesses" *(Mead 1973, S. 177).*

dem lerntheoretischen Konzept von *Nittel/Seltrecht*[43] analysiert, um alle möglichen Realitätsdimensionen des Lernens die in Hinblick auf eine erfolgreiche Existenzgründung auftreten, in den Blick nehmen zu können *(vgl. Nittel 2013a, S. 111)*.

6.2 Bedingungsmatrix gründungsrelevanter Faktoren

Im nachfolgenden Unterkapitel sind die gründungsrelevanten Bedingungsfaktoren dargestellt, welche aus der Analyse des empirischen Materials hervorgehen. In der Gründungsforschung werden innerhalb der personenzentrierten Ansätze meist ausschließlich die Motive, Merkmale und Kompetenzen der Gründerpersonen untersucht und dargestellt, während die Kontext- und Umfeldbedingungen der Gründungen außer Acht gelassen werden *(Müller 2007, Stilz 2006, Fritzsche/Nohl/Schondelmayer 2006, Apitzsch/Kontos/Kreide 2001, Bude 1997)*. Um der Komplexität dieser erziehungswissenschaftlichen Untersuchung gerecht zu werden und konsequent alle möglichen Lernprozesse in den Blick nehmen zu können, wird es als notwendig erachtet, zunächst alle vorhandenen Konstellationen, welche eine Existenzgründung beeinflussen, in den Fokus zu nehmen, so auch die Kontext- und Umfeldbedingungen. Dabei wird eine Bedingungsmatrix gründungsrelevanter Faktoren innerhalb der unterschiedlichen Systemebenen (Makro-, Meso- und Mikroebene) erarbeitet, welche sowohl den Einfluss der kollektiven heteronomen Veränderungsprozesse auf eine Existenzgründung aufzeigen, als auch die biographischen und berufsbiographischen Prozesse der Gründerpersonen fokussieren. Die nachfolgende Abbildung (Abbildung 1) verdeutlicht die in den Interviews auftretenden Bedingungsfaktoren, wobei auf der Makroebene folgende heteronome kollektive Veränderungsprozesse subsumiert werden: die weltökonomische und gesamtgesellschaftliche Lage sowie die Generationslagerung der Gründer/innen, die regionale markt-, zeit- und branchenspezifische Situation und die sozialen Umfelddeterminanten. Auf der Mesoebene wird die Unternehmensgründung durch die unternehmensbezogenen Bedingungskonstellationen beeinflusst. Innerhalb der Mikroebene haben die gesamten biographischen Prozesse der Gründerperson auf eine Gründung große Auswirkungen. Spezifisch handelt es sich dabei um die familienbiographischen und

---

[43]   Das lerntheoretische Konzept von *Nittel/Seltrecht (2013)* ist im Rahmen ihres DFG-Projektes „Lebenslanges Lernen im Kontext lebensbedrohlicher Krankheiten. Die Anwendung der biographieanalytischen Perspektive auf Herzinfarkt- und Brustkrebspatienten" entstanden. Währenddessen die prozessualen Lerndimensionen die lernspezifischen Implikationen innerhalb der Prozessstrukturen des Lebensablaufs nach *Schütze* beinhalten, also die zeitliche Lerndimension skizzieren *(vgl. Nittel 2013b, S. 144)*, bestimmen die strukturellen Lerndimensionen „den Gegenstandsbereich des Lernens näher" *(Nittel 2013a, S. 111)*. Die Lernmodi zeigen die Art und Weise des Lernens auf und die Lernkontexte die räumliche Verortung des Lernens *(ebd.)*.

biographischen Dispositionen, die dominanten Prozessstrukturen des Lebensablaufs *(vgl. Schütze 1983)*, die biographischen Lern- und Bildungsprozesse sowie die biographischen Problemlagen.

In Bezug auf die betriebswirtschaftliche Gründungsforschung zeigen sich Ähnlichkeiten in der Unterteilung der Bedingungsdeterminanten, wobei hier an einigen Stellen abweichende Begrifflichkeiten und Zuteilungen (vgl. Unterkapitel 6.2.5.) auftreten.

Abbildung 1:   Bedingungsmatrix gründungsrelevanter Faktoren

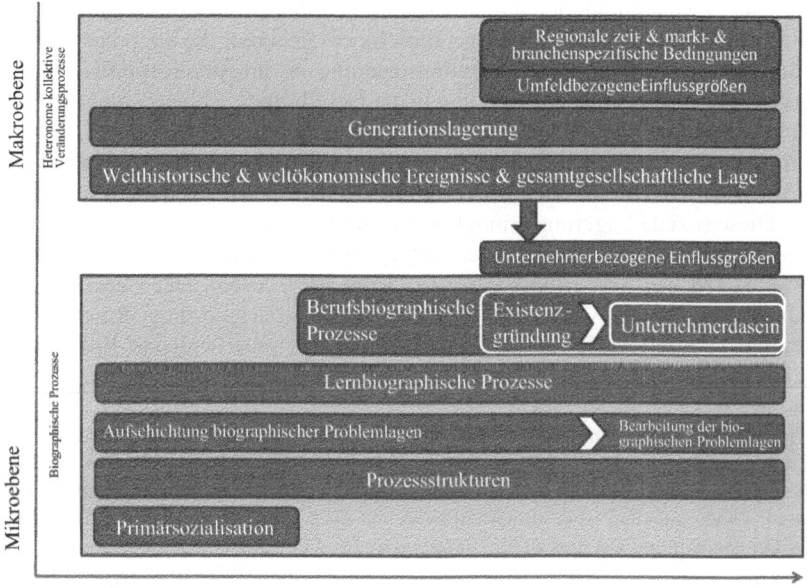

Zeitliche Entwicklung

Unter Einbeziehung des Datenmaterials werden nun im Folgenden die einzelnen Bedingungsfaktoren einer Existenzgründung detaillierter dargestellt und zunächst die Situierung kollektiver gesellschaftlicher Veränderungsprozesse in den Lebensläufen der Gründerpersonen von der Makroperspektive in Betracht genommen. In den weiteren Ausführungen des sechsten Kapitels erfolgt der Wechsel zur Mesoperspektive und die Ausführungen widmen sich den sozialen und unternehmensbezogenen Einflussgrößen einer Gründung.

Die biographischen Determinanten auf der Mikroebene implizieren die familienbiographischen Dispositionen der Gründer/innen, welche durch die Primärsozialisation geprägt sind, die biographischen Dispositionen, die dominanten Prozessstrukturen des Lebensablaufs, die biographischen Lern- und Bildungsprozesse sowie die Bearbeitung biographischer oder familienbiographischer Problemlagen. Diese lebensgeschichtlich situierten Einflussgrößen, die im Mittelpunkt der vorliegenden Arbeit stehen, werden in den darauffolgenden Kapiteln (Kapitel 7, 8, 9) sehr differenziert dargestellt.

6.2.1 Generationslagerung der Gründer/innen

Die interviewten Biographieträger/innen werden in eine bestimmte gesellschaftlich-historische Zeit und eine Generation hinein geboren, die sie prägt und entscheidend beeinflusst. Die Generationslagerung ist im Sinne *Mannheims* eine spezielle Form der sozialen Lagerung in der Gesellschaft, wobei *Mannheim* unter einer Generation „gleichzeitig aufwachsende Individuen" *(Mannheim 1964, S. 516)* versteht, die aufgrund ihrer Geburt im selben historisch-sozialen Kontext aufwachsen. D. h. er nimmt eine Verortung in altersspezifischen Gemeinschaften vor. Diese soziale Lagerung ermöglicht einen Spielraum für die Entwicklung von Individualität innerhalb bestimmter eingegrenzter Möglichkeiten *(vgl. Mannheim 1964, S. 528, vgl. von Hippel/Reich-Claassen 2011, S. 66)*. Der Generationszusammenhang ist die verwandte Lagerung im historisch-sozialen Raum, wobei hier die kulturell verfasste Erlebnisschichtung die entscheidende Rolle spielt, welche bei gleichzeitig geborenen Jahrgängen ähnliche Perspektiven ausbilden.

„Nicht das Faktum der in derselben chronologischen Zeit erfolgten Geburt, des zur selben Zeit Jung-, Erwachsen-, Altgewordenseins, konstituiert die gemeinschaftliche Lagerung im sozialen Raume, sondern erst die daraus erstehende Möglichkeit an denselben Ereignissen, Lebensgehalten usw. zu partizipieren und noch mehr, von derselben Art der Bewußtseinsschichtung aus dies zu tun" *(Mannheim 1964, S. 536).*

Die Biographieträger/innen des vorliegenden Samples werden zwischen 1947 und 1982 geboren, das bedeutet, dass eine hohe Spannbreite in der Generationslagerung vorkommt. Nachfolgend wird eine zusammengefasste Darstellung des kollektiv-historischen Kontexts dieser Jahre vorgenommen, um die Generationslagerung der Informanten zu verdeutlichen.

Das letzte Drittel der 1940er Jahre ist im Nachkriegsdeutschland eine Zeit der Entbehrungen und des Wiederaufbaus durch die sogenannten Trümmerfrauen. Deutschland wird zunächst von den Alliierten regiert und spaltet sich in Ost und West *(vgl. Görtemaker 2002, S. 57).* Die westdeutsche Währungsreform manifestiert 1948 diese Teilung und leitet in Westdeutschland das Ende des materiellen Notstands ein *(vgl. ebd., S. 68f.).* 1949 werden die beiden deutschen Staaten gegründet. Die 1950er Jahre sind zunächst von der Heimkehr vieler

Kriegsgefangener gekennzeichnet. Es folgt eine Zeit der Arbeit und des Aufbaus, der zu materiellem Erfolg und zunehmendem Wohlstand führt. Die 1950er und frühen 1960er Jahre werden in der Bundesrepublik Deutschland als die Zeit des Wirtschaftswunders bezeichnet *(vgl. ebd. S. 74f.)*. Für einen Teil der untersuchten Biographien konstituieren die Gründer- und Wirtschaftswunderjahre die Zeit der beginnenden Primärsozialisation, die von Anpassung und Wohlstand gekennzeichnet ist.

In den 1960er Jahren wird die deutsch-deutsche Teilung durch die Befestigung der Grenzen 1961 verschärft und vollendet *(vgl. ebd., S. 149)*. In den Folgejahren erreicht der Nachkriegsboom in der Bundesrepublik seinen Höhepunkt. Kennzeichen dafür ist der breite Wohlstand der Bevölkerung. Mitte der 1960er Jahre bildet sich eine studentische Protestbewegung heraus, die sich einerseits gegen starre Strukturen und mangelnde Reformbereitschaft an den Hochschulen auflehnt und andererseits der Elterngeneration die fehlende Aufarbeitung des Nationalsozialismus vorwirft. In der Folge entsteht die sogenannte 68er Bewegung, welche die bis dahin geltenden traditionellen Rollenbilder verwirft und die deutsche Kriegsgeneration mit neuem antibürgerlichem und antifamiliärem Gedankengut konfrontiert *(vgl. ebd. S. 193ff.)*. Es beginnt sich ein „Wertewandel" *(Ellwein 1989, S. 118)* zu vollziehen, der mehr und mehr eine individuelle Lebensgestaltung zulässt. In dieser Zeit werden ein Drittel der Interviewten geboren, während ein weiteres Drittel ihre Primärsozialisation sowie ihre schulische und/oder post-schulische Ausbildung absolviert. Einige der älteren Biographieträger/innen erleben diese Zeit als sehr fortschrittlich, in der sich vor allem im Kunst- und Kulturbereich viel verändert.

Simone Lachs studiert in dieser Zeit an einer Kunsthochschule und lernt ihren zweiten Freund kennen, der sie mit neuen fremdartigen Themen konfrontiert: „Er hat mich an spirituelle Themen rangeführt. Das war alles völlig neu für mich" *(Interviewausschnitt Simone Lachs)*.

Zwei Interviewte des Samples kommen in den 1960er Jahren in der Deutschen Demokratischen Republik zur Welt. Hier beherrschen die marxistisch-leninistische Staatsdoktrin der Sozialistischen Einheitspartei Deutschlands, die Planwirtschaft, das Arbeiten in den sozialistischen Betrieben und Produktionsstätten und die Ausbildung im sozialistischen Schulsystem den Alltag der Menschen. Durch den Bau der Mauer werden die Reise- und Ausreisemöglichkeiten der DDR-Bürger in das kapitalistische Ausland vollständig unterbunden *(vgl. Staritz 1989, S. 77)*. Die aufoktroyierten Dogmen der politischen Führung, die zu nicht-systemkonformen Haltungen führen, die fehlenden Reisemöglichkeiten sowie die beginnende Reformbewegung in der Sowjetunion sind im Sample Grund für die Antragstellung auf eine Ausreise in die Bundesrepublik in den 1980er Jahren, die schließlich genehmigt wird.

Janka Einhorn schildert ihre Erfahrungen in der DDR wie folgt: „also hab ich Kulturwissenschaften studiert, bin aber dann zu Gorbatschows Zeiten neunzehnhundertsechsunachzig ehm angeeckt politisch, weil ich das hinterfragt habe. Das war ja ne tolle Sache, Reformierung und so weiter, das war natürlich in unserer Schule nicht gefragt und bin dann darauf geext wurden, weil diese Fragen auch immer deutlicher wurden." Sie nimmt unterschiedliche Hilfskrafttätigkeiten an und erhält kurze Zeit später Berufsverbot. Diese für sie unverständliche Situation erklärt sie folgendermaßen: „Weil ich ja nicht in die SED gehen wollte und politisch nicht einwandfrei war, weil wir auch immer Messegäste hatten in X-Stadt zweimal im Jahr und meine Mutter och natürlich als Künstlerin da überhaupt nicht politisch engagiert war, ganz im Gegenteil. Mein Vater auch, aber als Künstler war das legitimiert, das war okay, Künstler waren son bisschen abgefahren, die konnten- die mussten nicht unbedingt in die SED gehen, aber .. trotzdem ehm war es halt nicht so einfach. Also ich hatte es schwierig, außerdem warn wir jüdisch und ich hatte ich war noch in nem (…)chor und das war ja weitestgehend verboten, sogar. So, daher kommt auch der Name. Also da war immer schon so ne Art Stempel, ne (…) naja. Und da habe ich mir überlegt, was machste jetzt. Und da war ich in einem Diätladen, hab da Eier verkauft, weil ich nicht mehr arbeiten durfte, ... und hab dann gedacht, also wenn Du hier keine Arbeitserlaubnis mehr hast, und das gabs also im Osten das hab ich vorher nicht gewusst, ich dachte alle können arbeiten, das stimmt nicht, ehm .. da hatte ich dann an die Hundert Mark im Monat, was nich so wenig war aber trotzdem auch nicht soviel. Die Miete war ja bloß zwanzig Mark damals. Und da habe ich gedacht, also stellste en Ausreiseantrag. Hab ich gemacht. .. Bin dann zwo Jahre lang, fast zwo Jahre lang sehr böse beschattet worden, also .. mir is nichts passiert aber es war schon heftig, also es war es war schon richtig übel. Bin dann allein ausgereist, vor der Wende" *(Interviewausschnitt Janka Einhorn).*

Ein Informant reist Anfang der 1980er Jahren mit seinen Eltern aus, während die o. a. Informantin 1988 die Ausreise alleine bewältigt. Diese Erfahrungen sieht sie als sehr prägend an.

In den 1970er Jahren erblickt der verbleibende Rest der Biographieträger/innen mit einer Ausnahme das Licht der Welt. Diese Zeit ist von der bundesdeutschen Bildungsreform gekennzeichnet, die eine Vereinheitlichung der Schulysteme in den Bundesländern sowie neue Berechtigungen auf Bildung und Ausbildungsmöglichkeiten schaffen soll *(vgl. Ellwein 1989, S. 109ff.).* Es konstituieren sich die Frauen(emanzipations)-, die Friedens- und die Umweltschutzbewegung, welche neuen gesellschaftlichen Dimensionen Raum geben *(vgl. Görtemaker 2002, S. 271ff.).* Ein Großteil der Informanten und Informantinnen befindet sich in deren früher Sozialisationsphase und absolviert die schulische Laufbahn. In dieser Zeit gründen die ersten Biographieträgerinnen ihr Gewerbe.

Einige Interviewte, die sich in den 1970er Jahren in ihrer Ausbildungs- oder Studienphase befinden, schätzen diese Zeit als eine Periode des Wandels, der Kreativität und ihrer prägendsten Erfahrungen ein. Sie leben in ihrer Studienzeit in Wohngemeinschaften, beteiligen sich an politischen und philosophischen Gesprächsrunden und nehmen an unterschiedlichen Demonstrationen teil.

Paul Laus studiert in diesem Zeitraum Grafikdesign und wechselt mit mehreren Studienkollegen an eine andere Fachhochschule. Hier sammelt er viele Erfahrungen: „Und wir haben auch zusammen uns in T-Gebiet ein ein Haus gemietet, und haben da zusammen gelebt. Und das war so Leben und Studium ehm hat sich wirklich in einander verwoben, ja ehm so künstlerische Ansätze die dann immer mal da waren und auch gelebt haben im im Haus und drum rum und den Aktivitäten die wir sonst hatten. Also das war so richtig, das war ne Zeit ich sach mal so, Durchlauferhitzer. Ja, also da is so einiges hochgekocht, an Impulsen an an eh künstlerischen Impulsen, an Gedanken Impulsen auch, was mich dann auch wirklich später sehr gut getragen hat im Berufsleben." *(Interviewausschnitt Paul Laus)*

Die 1980er Jahre sind von einem breiten Wohlstand in der Bundesrepublik Deutschland geprägt. Zu jener Zeit wird ein Informant geboren, während mehrere Interviewte bereits in die Selbständigkeit wechseln.

6.2.2 Weltökonomische und gesamtgesellschaftliche Lage

Ein wesentlicher ökonomischer Bedingungsfaktor für eine Existenzgründung stellt die weltwirtschaftliche Lage dar *(vgl. Pott/Pott 2012, S. 79, Baldegger/Julien 2011, S. 51)*. Das verdeutlichen die Aussagen der Informanten und Informantinnen, die im jeweiligen zeithistorischen Kontext vor allem deutlich die Weltwirtschafts- und Finanzkrisen, inflationäre Entwicklungen sowie die daraus resultierende Arbeitslosigkeit thematisieren. An einigen wenigen Interviewstellen wird auf internationale Wirtschaftsbeziehungen verwiesen. Bei der Gründungsentscheidung und -vorbereitung ist es notwendig, die gesamtgesellschaftliche Situation zu berücksichtigen, da die jeweiligen politischen, rechtlichen sowie ökonomischen Verhältnisse einer Volkswirtschaft – beispielsweise im Zuge der deutschen Wiedervereinigung oder der beginnenden Vereinigung Europas – sich immanent auf die neugegründeten Wirtschaftseinheiten auswirken *(vgl. Pott/Pott 2012, S. 79f.)*. Dieser Bedingungsfaktor wird jedoch wenig explizit in den Interviews thematisiert. Die Gründerpersonen beginnen ihr Unternehmertum in unterschiedlichen kollektiv-historischen Zeiträumen, die jeweils differente Bedingungen für eine Selbständigkeit vorgeben. Im Sample wird deutlich, dass in den 1970er und 1980er Jahren noch vornehmlich Unternehmensnachfolger in die Selbständigkeit gehen. Die Neugründungen finden derweil in den 1990er und 2000er Jahren statt, wobei die späteste Neugründung des Samples im Jahr 2004 vollzogen wird. Im Folgenden wird in kurzen Zügen der kollektiv-historische wirtschaftliche Kontext in Dekaden dargestellt und die jeweiligen Einwirkungen auf die Gründungen aus dem Sample ergänzt.

Während der schnelle Wiederaufbau nach dem zweiten Weltkrieg in Westdeutschland in den 1950er und 1960er Jahre zu einem hohen wirtschaftlichen

Wachstum und einer sehr niedrigen Arbeitslosenzahl führt, kommt es in den 1970er Jahren zu einer Stagnation des ökonomischen und sozialen Wachstums, da nun die Binnennachfrage gesättigt ist und neue Produktionsverfahren Arbeitskräfte, -aufwand und -zeit einsparen. In den westlichen Industrieländern kommt es in den Jahren 1974 und 1975 zu einem wirtschaftlichen Abschwung, ausgelöst von der ersten Ölkrise im Jahr 1973. Diese Phase der Rezession kann von der sozialdemokratischen Bundesregierung nicht aufgehalten werden und erreicht 1975 ihren Tiefpunkt, die einen starken Anstieg der Arbeitslosigkeit in Deutschland und Europa nach sich zieht *(vgl. Ellwein 1989, S. 52ff.)*. In diesen Jahren entschließt sich eine Informantin nebenberuflich in die Selbständigkeit einzusteigen, da sie ihre künstlerische Laufbahn aufgrund der wirtschaftlichen Stagnation als wenig existenzsichernd einschätzt. Sie übernimmt mit ihrem Partner eine Buchhandlung. Eine andere Gründerin nutzt Ende der 1970er Jahre die ökonomische Gelegenheit zur Gründung eines eigenen Schuhhandelsdiscounts zusammen mit ihrem Ehemann, in dem sie das elterliche Firmenkonzept an einem anderen Standort kopieren. Die Öffnung des südeuropäischen Wirtschaftsraumes, die in diese Zeit fällt, ermöglicht dem Ehepaar ihren Wareneinkauf nicht nur in Deutschland, sondern auch in Italien und Spanien zu tätigen.

Die marktwirtschaftlich orientierte Politik unter Bundeskanzler Kohl führt in den 1980er Jahren Deutschland aus der Krise heraus und die Volkswirtschaft erholt sich, sodass diese Jahre von der Blüte des Wohlfahrtstaates charakterisiert sind *(vgl. ebd., S. 130ff.)*. Es beginnt sich ein technologischer Wandel abzuzeichnen, der durch das Vordringen der neuen Technologien, wie der Robotertechnik und der computergestützten Konstruktion und Fertigung gekennzeichnet ist. Der Dienstleistungssektor expandiert und Deutschland entwickelt sich mehr und mehr zur Dienstleistungsgesellschaft *(vgl. Giebel-Felten 2002, S. 6.)*. In den 1980er Jahren übernehmen drei Unternehmensnachfolger/innen die elterlichen Firmen, welche sich in der wirtschaftlichen Blütezeit der letzten Jahrzehnte gut entwickelt und am Markt etabliert haben. Die florierende Automobilindustrie dieser Jahre ermöglicht es einem Unternehmensnachfolger das väterliche Fahrschulunternehmen sofort zu erweitern und neue Zweigniederlassungen zu gründen.

Die 1990er Jahre sind von der Wiedervereinigung Deutschlands gekennzeichnet. Diese führt zu einem kurzfristigen Wirtschaftsaufschwung, währenddessen führen in den anderen westlichen Industrienationen der Zusammenbruch der Ostblockstaaten und die Auflösung des Rates für gegenseitige Wirtschaftshilfe infolge der politischen Umwälzungen in Europa eine wirtschaftliche Rezession herbei. Diese Konjunkturkrise erreicht 1993 auch Deutschland *(vgl. ebd., S. 7)*. Eine Reaktion auf die Wirtschaftskrise ist der sprunghafte Anstieg der Anzahl von Selbständigen. Ein Informant kündigt beispielsweise in dieser Zeit seine Angestelltentätigkeit, kann jedoch dann im Anschluss keine neue Anstellung finden. Er entschließt sich mit zwei weiteren Partnern eine Bürogemeinschaft in der Werbebranche zu gründen.

Eine Interviewte folgt Anfang der 1990er Jahre dem Aufruf ihres Arbeitgebers Aufbauarbeit in Ostdeutschland zu leisten und kann beim Aufbau von neuen Filialen des Arbeitsamtes in den neuen Bundesländern entscheidend mithelfen. Die Aufbruchsstimmung im Osten nutzt sie im Anschluss konstruktiv und beginnt einen beruflichen Neuanfang.

Claudia Fliege erzählt: „So, und war mittlerweile dann Abschnittsleiterin im Arbeitsamt T-Stadt, und bin von dort zum Aufbau der Arbeitsämter Neue Bundesländer nach M-Stadt gekommen, und zwar schon im März neunzehnhundertneunzig. Und da war so ein Punkt, wo ich gedacht habe, Mensch, ich kann auch noch was anderes, ne? Ich kann also ganz gut organisieren, ich hab einfach so gesehen, ich kann noch eine Menge. Ich hab einfach noch mal so Spaß auch an Aufgabenstellungen, die in dem Job bei der Bundesanstalt für Arbeit nicht befriedigt werden" *(Interviewausschnitt Claudia Fliege).*

Die zunehmende Verbreitung des Internets und die Einführung des Computernetzwerks WorldWideWeb führt Mitte der 1990er Jahren zu einem Entwicklungsschub in der Informations- und Kommunikationstechnologie, sodass die europäischen Staaten und die westlichen Nationen einen enormen Wirtschaftszuwachs erleben. Gerade im Bereich der digitalen Technologie innerhalb der Informationstechnologie-Branche kommt es zu einer Vielzahl von Neugründungen in der New Economy[44]. In diesem Zeitraum gründet ein Großteil der Informanten aus dem Sample ein Unternehmen, welches vor allem im IT-Bereich[45] und in der Werbebranche angesiedelt ist oder in der Handwerks- und Gastronomiebranche entsteht. So können drei Interviewte die Gunst der Zeit nutzen und sich im IT-Dienstleistungsbereich selbständig machen. Sie erreichen innerhalb kürzester Zeit eine hohe Auftragslage und stellen Mitarbeiter/innen oder Freiberufler/innen ein.

Die Vereinigung Europas nimmt nach der Jahrtausendwende durch die Einführung der einheitlichen Euro-Währung deutliche Züge an. Im vorliegenden Sample kommt es zu Beginn des neuen Jahrtausends zu Neugründungen in der Gesundheitsbranche, in der Erwachsenenbildung und im IT-Bereich. Die Öffnung und Liberalisierung der Weltmärkte und der Wirtschaftsaufschwung führen ab Mitte der 1990er Jahre zu umfangreichen Börsengängen der Technologieun-

---

[44]   Die New Economy steht im Gegensatz zur Old Economy (produzierender Industriezweig und Landwirtschaft) und erschließt volkswirtschaftlich neue Geschäftsfelder mithilfe eines großen Innovationspotenzials. Sie setzt sich aus Unternehmen zusammen, die den wissenschaftlich-technischen Fortschritt in der Informations- und Kommunikationstechnik sowie der Bio- und Gentechnik anwenden und vorwiegend immatrielle Güter produzieren und mit denen handeln *(vgl. Gabler Kompakt-Lexikon Wirtschaft 2010, S. 316).*

[45]   IT Abkürzung für Informationstechnologie

ternehmen, welche mit hohen Gewinnerwartungen und Spekulationen einhergehen. Ab dem 21. Jahrhundert nehmen die Gewinnerwartungen im Bereich des E-
Commerce vielfach unrealistische Züge an, sodass es kurz nach dem Jahrtau-
sendwechsel zu einem Kurssturz an der New Yorker und Frankfurter Börse
kommt, infolge dessen die IT-Branche in eine Rezession stürzt *(vgl. Glebe 2008,
S.20f. und 104ff.)*. Diese konjunkturellen Einbrüche haben negative Auswirkungen auf einen Großteil der deutschen Unternehmen, welche in den Interviews
offen thematisiert werden:

Paul Laus betreibt eine kleine Firma für Grafikdesign, die zehn Jahre erfolgreich arbeitet.
Mit dem Börsencrash im Jahr 2001 kommt das Unternehmen in eine eklatante Krisensituation. Paul Laus beschreibt diese wie folgt: „Das lief dann auch ziemlich gut mit Höhen
und Tiefen, bis zum Crash ehm zweitausendeins. Das hat damals unmittelbar auf unsere
Auftragslage durchgeschlagen, ganz massiv. Also im Dezember zweitausendeins musst
ich dann die erste Mitarbeiterin entlassen und Frühjahr zweitausendzwei hat es dann auch
nicht mehr gereicht eh für den zweiten. Also das war für mich also ne Krisenphase eh wo
es also- also das ist mir sehr an die Substanz gegangen und ehm ... ja das war so für mich
der Punkt wo ich so gemerkt hab im Nachhinein, das war so der Punkt fünf Minuten vorm
Burn out" *(Interviewausschnitt Paul Laus)*. Paul Laus kann die unternehmerische Krise
nur langsam überwinden und erzählt, dass er fast fünf Jahre mit den Folgen dieser Wirtschaftskrise zu kämpfen hat.

In der IT-Branche muss Sascha Elch mit den Folgen der Wirtschaftskrise umgehen,
da eine seiner Beteiligungsfirmen kurzerhand in Konkurs geht. Er erzählt: „dann kann
man sagen kam die größte Prüfung zweitausendeins, die Firma H ging pleite. Es standen
noch ungefähr dreihunderttausend vierhunderttausend Mark auf- aus das waren noch
Mark, die Firma J dann also spätere Firma I sagte och wir können grad auch nich mehr
verkaufen" *(Interviewausschnitt Sascha Elch)*. Auch Sascha Elch kann gemeinsam mit
seinem Partner diese Krise mit unterschiedlichen Handlungsstrategien und einem exorbitanten Arbeitsaufwand langsam bearbeiten.

Die Weltwirtschaftskrise macht sich in Deutschland in vielen Bereichen bemerk-
bar. Der sich abzeichnende demographische Wandel führt in dieser Zeit zu massiven Einschnitten in die sozialen Sicherungssysteme. Es kommt zu Steuererhö-
hungen und Leistungskürzungen der gesetzlichen Krankenkassen. Wirtschaftliche Auswirkungen spüren beispielsweise 2005 die Unternehmer/innen in der
Gesundheitsbranche.

Henri Hirsch ist Geschäftsführer einer Firma für orthopädische Schuhe. Er erzählt von
den massiven wirtschaftlichen Folgen, die die deutschen Gesetzesänderungen 2005 in der
Gesundheitsbranche auslösen: „Und das war eigentlich für uns ein Paradies, das heißt, der
Orthopädieschuhmacher, bis ersten ersten zweitausendfünf war ein paradiesisches Leben,
weil, man musste sich nur darum kümmern, dass der Arzt einem Patienten schickt, und
der Rest war leichtes Geld verdienen, weil dem Patient das nicht bewusst war. Und ab
dem Moment gab es die Festbetragsregelung, ersten ersten zweitausendfünf. Das bedeu-

tet, man kriegt nur noch fünfzig Euro Festzuschuss und muss den Rest selber zahlen, sprich, die Patienten mussten ab dem Moment zwischen fünfzig und hundert Euro zuzahlen, was natürlich einen Rieseneinschnitt und einen Riesenaufschrei in der Branche gab, wie es bei Hörgeräteakustikern oder bei Brille, Zahnersatz natürlich dann auch gab. Irgendwann war auch klar, dass unsere Branche davon betroffen ist" *(Interviewausschnitt Henri Hirsch).*

Im Zuge der weltweiten Finanzkrise im Jahr 2008 wächst der Druck auf die Unternehmen in der Werbe- und IT-Branche nochmals an, welche wiederum mit verringerter Auftragslage, Einschnitten in der Gesetzeslage und Abbaudruck zu kämpfen haben.

6.2.3 Regionale markt-, zeit- und branchenspezifische Bedingungen

Die nächste Komponente, welche in den Interviews meist nur am Rande thematisiert wird, umfasst die regionalen markt-, zeit- und branchenspezifischen Bedingungen, die bei einer Existenzgründung berücksichtigt werden müssen. Gerade in der betriebswirtschaftlichen Gründungsforschung wird die Analyse des unmittelbaren regionalen betrieblichen Umfelds und der Markt- und Branchencharakteristika als erfolgsbeeinflussende Faktoren empfohlen, wobei diese in einigen Studien unter den umfeldbezogenen Erfolgsfaktoren *(vgl. Brüderl/Preisendörfer/Ziegler 2009, S. 204ff)* subsumiert, in anderen Untersuchungen hingegen den unternehmensbezogenen Faktoren zugeordnet werden *(vgl. Klandt 2006, S. 38f.; Etter 2003, S. 111ff.; Pott/Pott 2012, S. 78ff.).* In der vorliegenden Arbeit wird die Unterteilung aus den Interviews hergeleitet, sodass sich geringe Abweichungen zu anderen Studien in der Gründungsforschung ergeben. Ein Hauptaugenmerk in den aufgeführten Studien gilt dem Wirtschaftszweig, der Gründungsbranche und der dortigen Marktsituation. In den Interviews werden diese Determinanten erzählerisch meist eingebettet in die Phase der Existenzgründung oder im Leitfadeninterview kurz thematisch angerissen. Es wird implizit deutlich, dass die Interviewten umfassende und teilweise sehr konkrete Branchen- und Marktkenntnisse entweder aus ihrer Mitarbeit im Familienunternehmen oder aus ihren Angestelltenverhältnissen bzw. freiberuflichen Tätigkeiten mitbringen.

Claudia Fliege arbeitet nach ihrer langjährigen Tätigkeit im Arbeitsamt bei einem regionalen Bildungsträger als Prokuristin. Als der Bildungsträger verkauft wird, entschließt sie sich, die Geschäftsanteile eines kleinen Weiterbildungsunternehmens zu kaufen und sich selbständig zu machen: „Was ich gut wusste und mitbrachte, war die Beratung von Arbeitsuchenden, die ganze Geschichte Berufswegplanung, Lebenswegplanung von Arbeitslosen, die ganze Frage, arbeitsmarktliche Zweckmäßigkeit von Bildungsmaßnahmen, das konnte ich ja nun aus dem Ärmel schütteln, aber die andere Seite, wie läuft das bei Bildungsträgern eigentlich wirtschaftlich ab, das war etwas, was ich in diesen zehn Jahren gut gelernt habe. Der Bildungsträger ist im Jahr zweitausend verkauft worden, ich war zu dem Zeitpunkt vierundfünfzig Jahre alt, und man hat mich also zu dem Zeitpunkt nicht mehr gebraucht. Und da stand ich dann und dachte zweitausendeins, was mache ich jetzt? Gehe ich jetzt zum nächsten großen Unternehmen oder mache ich was anderes? Und ich wusste, in der Branche, man kennt sich ja. Und ich wusste halt, dass Herr Löwe, der Hauptgesellschafter der Firma XX seine Anteile verkaufen wollte. Und da war so der Gedanke, Mensch, ich mach das. Ich schau mal, ob ich aus dieser kleinen Firma XX noch mal ein durchaus mittelständisches Unternehmen hinbekomme" *(Interviewausschnitt Claudia Fliege).*

Bis auf einen Biographieträger arbeiten alle Interviewten des Samples zuvor einen längeren Zeitraum – von zwei bis zwanzig Jahre lang – in der späteren Gründungsbranche und sammeln Erfahrungen bzgl. der regionalen Branchen- und Marktbedingungen. So kennen sie bereits einen Großteil der Konkurrenz- und Mitbewerberunternehmen, die Lieferanten- und Kundenkreise sowie die Bedarfslage der Bevölkerung und die Bevölkerungsdichte am Standort. Kenntnisse müssen jedoch über den konkreten Standort des Unternehmens sowie dessen Erreichbarkeit, Kosten etc. erworben werden. Die zeitspezifischen Bedingungen sowie regionale Gelegenheitsstrukturen kommen hinzu. Die Werbebranche sowie die IT-Branche erfahren in den 1990er Jahren in Deutschland einen enormen Zuwachs. Dieser spiegelt sich auch im Sample wieder.

Janka Einhorn arbeitet ca. sieben Jahre in der Werbebranche, bevor sie selbständig wird: „Ich habe immer viel gearbeitet. Da war ich in der nächsten Werbeagentur in M-Stadt tätig, habe wieder viel gearbeitet. Das war ja auch die Zeit, in der das Werbegeschäft boomte. Und dann hat mir jemand dort gesagt, Mensch Du kannst doch super akquirieren, wieso machst Du das eigentlich nich. Und dann hab ich gesagt, ja wann? Da war ich im Marketingclub und zu der Messe und zu der Veranstaltung, und hab gesagt, ja blöd, zwölf Stunden am Tach arbeiten haste eigentlich auch keine Lust mehr. Ich kannte ja die Branche nu und wusste, was wie läuft. Und dann hab ich mich neunzehnhundertsechsunneunzig selbständig gemacht, hab beim V-Amt son ne Präsentation gemacht, hab da sehr viel Fördergeld bekommen, weil die das alles sehr stimmig fanden" *(Interviewausschnitt Janka Einhorn).*

6.2.4 Die sozialen Umfelddeterminanten

Bei den umfeldbezogenen Faktoren finden sich in der Gründungsforschung unterschiedliche Unterteilungen. In vielen Studien werden hier alle Einflüsse aus dem Umfeld des Unternehmens, wie lokale, branchen- und marktspezifische Einflussgrößen u. a. subsumiert *(vgl. Brüderl/Preisendörfer/Ziegler 2009, S. 204ff.; Klandt 2006, S. 80f.; Etter 2003, S. 116ff.),* während in anderen Untersuchungen darunter die Akteure des Unternehmensumfeldes und das Sozialkapital der Gründer/innen, wie Familie, Freunde, Kapitalgeber/innen, Kunden und Kundinnen, Lieferanten und Lieferantinnen sowie Mitarbeiter/innen verstanden werden *(vgl. Pott/Pott 2012, S. 17ff.)*. In Anlehnung an die letztgenannte Position wird in der vorliegenden Studie unter den umfeldbezogenen Determinanten das gesamte soziale Umfeld des Unternehmens einschließlich der sozialen Netzwerke der Gründerperson verstanden. In den Interviews wird das soziale Umfeld in unterschiedlichen Ausprägungen thematisiert. Einige Interviewte erwähnen in der autobiographisch-narrativen Haupterzählung die Hilfestellungen der Partner/innen und Freunde, meist wenn diese von den Biographieträgern und -trägerinnen als für die Umsetzung der Gründung relevant eingeschätzt werden. Häufig werden jedoch erst im Leitfadeninterview die Reaktionen und Förderungen des sozialen Umfeldes thematisiert, nachdem explizite Nachfragen diesbzgl. gestellt werden.

In mehreren Interviews wird der Prozess der Entscheidungsfindung zur Existenzgründung zum Thema gemacht, wobei einerseits der innere Prozess geschildert und andererseits die Gespräche mit Partnern oder Partnerinnen sowie Freunden dargestellt wird. Überwiegend wird deutlich, dass die positiven und zustimmenden Gespräche entscheidend zur späteren Umsetzung einer Existenzgründung beitragen.

Dieter Fuchs schildert den Entscheidungsprozess zur Gründung sehr ausführlich im Leitfadeninterview. Er gibt die Gespräche mit Freunden und Bekannten wie folgt wieder: „Und hab dann als ich überlegt hab, was könnt ich denn machen, hab ich genug Geld und so, und .. und dann haben einige gesagt, nee das kannste doch nicht machen, heutzutage nen Job einfach so sein lassen, und und andere haben gesagt, natürlich wenn dir das stinkt, dann mach es, du wirst schon irgend irgendwas Neues finden oder schaffen. Ich hab dann einfach selber irgendwann nur noch die gefragt, die mich motiviert haben, und nicht die, die gebremst haben. .. Also es gab beides" *(Interviewausschnitt Dieter Fuchs)*.

In den Interviews zeigt sich weiter, dass die Unterstützung von anderen Gründern und Gründerinnen sowie von Arbeits- und Studienkollegen eine große Bedeutung einnimmt und sich förderlich auf den Gründungsprozess und die erste schwierige Phase der Selbständigkeit auswirkt.

Anka Bär erzählt über ihre positiven Erfahrungen mit anderen Gründern vor und während des Gründungsprozesses: „Die haben einen Raum frei gehabt, da war noch einer, der machte Designmanagement, das heißt, er hat Kontakte gemacht zwischen Designern und Firmen, und der war auch der Hauptmieter von diesem Büro und hatte ein großes Interesse da dran, er fand das ganz toll, also den Werdegang, den ich hatte, .. also über die verschiedenen Hochschulen und Länder, in denen ich studiert hab, und was ich da einfach auch an Wissen und Knowhow und Geist so mitgebracht hab. Und da hat er gesagt, das ist super, das macht gar nichts, wenn du keinen Kunden hast, du zahlst am Anfang nur die halbe Miete, und ich komme dir ein bisschen entgegen, und wenn dann Jobs reinkommen, dann zahlst du dann normal. Ja, und das war, irgendwie hab ich mich eigentlich immer unterstützt gefühlt. Also es waren lauter nette Kerle, mit denen ich mir da das Büro geteilt hab" *(Interviewausschnitt Anka Bär)*.

Einige Gründer und Gründerinnen erfahren Förderungen und Hilfestellungen von Lieferanten bzw. Lieferantinnen und Kooperationspartnern bzw. -partnerinnen, die ihnen einerseits bei der Bezahlung und andererseits bei Lieferzeiten und weiteren Vertragsvereinbarungen entgegenkommen. Das bedeutet, dass die bisherigen einschlägigen sozialen Kontakte innerhalb der Branche sich als sehr nützlich für die Gründung erweisen.

Dora Schwan erzählt im Leitfadeninterview über den Beginn ihrer Selbständigkeit. Nachdem sie gegen den Willen ihres Vaters aus dem elterlichen Schuhhandelsunternehmen ausgeschieden ist, gründet sie gemeinsam mit ihrem Ehemann einen eigenen Schuhhandelsdiscount. Nachfolgend erinnert sie sich an die Unterstützungsleistungen des sozialen Umfeldes: „Förderlich war, dass die Firma von meinem Mann uns damals sehr unterstützt ham. Und das uns viele Firmen unterstützt ham aus dem Raum F-Stadt. Also einfach man hatte ja da von Familien her schon Kontakte und die ham klar gesagt, also okay, wenn ihr nicht euren Eltern Konkurrenz macht sondern in ein anderes Gebiet geht und so weiter, dann habt ihr unsere Unterstützung. Und das war sehr förderlich. Am Anfang war es mit den Krediten nicht allzu leicht und all so Dinge, aber also wir ham sehr viel Unterstützung von Firmen so gekriegt. Also so mit Warenkrediten und Valuten und solchen Dingen, die uns also geholfen ham. Also da hatten wir Glück" *(Interviewausschnitt Dora Schwan)*.

Im Sample wird deutlich, dass die meisten Gründer/innen positive Unterstützung aus dem sozialen Umfeld erhalten. Ein sehr geringer Teil hat mit den Ängsten der Eltern hinsichtlich einer Existenzgründung zu kämpfen, wobei hier starke Abgrenzungstendenzen der Interviewten erkennbar sind. Die Biographieträger/innen ziehen es in der Vor- und Gründungsphase vor, sich auf die sozialen Kontakte zu fokussieren, welche ihr Vorhaben unterstützen.

6.2.5 Unternehmensbezogene Faktoren

Unter den unternehmensbezogenen Faktoren werden in der Gründungsforschung vor allem die Form und Art der Gründung verstanden, sowie die Kapitalausstattung der Unternehmensgründung *(vgl. Pott/Pott 2012, S. 63ff.; Klandt 2006, S. 33ff.; Etter 2003, S. 107ff.)*. Es gibt die unterschiedlichsten Gründungsformen, wie die Unternehmensnachfolge, die Neugründungen als Einzelperson, mit einem Partner oder im Team, die Übernahme oder Beteiligung an einer existierenden Unternehmung, die Franchisegründung, wo wesentliche Unternehmensstrukturen von einem Franchisegeber vordefiniert sind, oder auch Gründungen in freien Berufen. Die genannten sind die am häufigsten vorkommenden Formen *(vgl. Klandt 2006, S. 33ff.)*, welche sich auch zu einem großen Teil im Sample wiederfinden. Die Arten der Gründung zeigen die Erwerbsform an, es können entweder Nebenerwerbs- oder Vollzeiterwerbsgründungen vorkommen *(Brüderl/ Preisendörfer/Ziegler 2009, S. 194ff.)*. Diese betriebsbezogenen Determinanten werden in den autobiographisch-narrativen Interviews weitestgehend thematisiert und je nach Relevanz ausführlicher dargestellt. Die am häufigsten auftretende Gründungsform ist im vorliegenden Sample die Neugründung als Einzelperson, welche achtmal vorkommt. Fünf Gründerpersonen vollziehen eine Neugründung mit einem Partner oder einer Partnerin und vier Biographieträger/innen sind Unternehmensnachfolger/innen. Eine Interviewte gründet ein neues Unternehmen im Team, zwei andere übernehmen eine bereits bestehende Firma. Ein Biographieträger beteiligt sich als ehemaliger Freiberufler an einem bestehenden Unternehmen.

Henri Hirsch erzählt von seinem Einstieg in eine bestehende Firma: „Und dann bin ich zum ersten ersten siebenundneunzich mit eingestiegen. Da war dann so der Cut, wo wir gesagt haben, ach, das ergänzt sich super, ja, wir haben jetzt über ein Jahr das ausprobiert, und dann bin ich wirklich als Gesellschafter mit eingestiegen, und irgendwann, ein Jahr später oder zwei, ist der Herr Kater dann komplett raus. Den haben wir dann ausbezahlt, und dann waren wir mit fünfzich fünfzich quasi Partnerschaft. So war die Entstehung, warum wir dann jetzt fünfzich fünfzich haben" *(Interviewausschnitt Henri Hirsch).*

Die Existenzgründungen finden mit einer Ausnahme alle im Vollerwerbsmodus statt. Im Sample zeigt sich eine Nebenerwerbsgründung, welche bereits zu Beginn der 1970er Jahre stattfindet. Die Biographieträgerin übernimmt neben dem Studium einen Buchladen, den sie zunächst mit ihrem Partner führt.

Eine wichtige unternehmensbezogene Determinante ist die jeweilige Kapitalausstattung eines Unternehmens. Das Startkapital setzt sich aus dem Eigenkapital und dem Fremdkapital zusammen *(Brüderl/Preisendörfer/Ziegler 2009, S. 168f)* und reicht im Sample von Null bis zu einem Betrag von mehreren 100.000 Euro oder vor dem Jahr 2001 Deutschen Mark, wobei die genauen Beträge in den Interviews nicht genannt werden. Die Interviewten beschreiben meist allgemein, wie sich die Startfinanzierung ihres Unternehmens zusammensetzt, ausgenommen die Unternehmensnachfolger/innen, die diese ökonomischen Faktoren kaum angeben. Die Aufnahme von Krediten wird teilweise erwähnt. Wenn eine Gründungsfinanzierung durch staatliche Förderungsmöglichkeiten erfolgt, wird diese in mehreren Fällen kurz genannt. Einige Interviewpartner/innen thematisieren eine geldliche Förderung durch das Arbeitsamt. Im Allgemeinen wird das Thema Kapital und Finanzierung von den Informanten und Informantinnen kaum ausgeführt, was womöglich am Erzählstimulus liegt, der den Fokus eher auf die biographischen Lernprozesse lenkt und weniger auf ökonomische Entwicklungen und Rahmenbedingungen.

7 Zentrale familienbiographische und milieuspezifische Dispositionen der Gründer/innen

Die biographischen Determinanten von Gründerpersonen bleiben in der bisherigen Gründungsforschung weitestgehend unbeachtet. In einigen erziehungswissenschaftlichen Studien werden meist nur die biographischen Erfahrungs- und Lernprozesse von Selbständigen innerhalb des Gründungsprozesses untersucht *(Fritzsche/Nohl/Schondelmayer 2006, Panick 1999)*. Die umfassende biographische Verankerung der Selbständigkeit wird bisher, bis auf Einzelstudien in anderen Forschungskontexten *(Nittel 2003, Schütze 1991)*, kaum analysiert. In der vorliegenden Arbeit stehen die biographischen Determinanten nun im Fokus und werden innerhalb des Analyseteils in diesem und den folgenden Kapiteln detailliert und dezidiert dargestellt. Sie bestehen aus den familienbiographischen Dispositionen und Prägungen des Herkunftsmilieus, d. h. der Primärsozialisation[46] (Kapitel 7), den biographischen Dispositionen, den dominanten Prozessstrukturen des Lebensablaufs, den biographischen Lern- und Bildungsprozessen (Kapitel 8) sowie den biographischen oder familienbiographischen Problemlagen und deren Bearbeitung (Kapitel 9).

In diesem siebten Kapitel werden nun die familienbiographischen Dispositionen und milieuspezifischen Prägungen in den Blick genommen und deren Einflussnahme sowie Relevanz für die spätere berufliche Selbständigkeit und die Formation einer unternehmerischen Identität herausgearbeitet. Die familienbiographischen Einflüsse und Dispositionen erweisen sich im vorliegenden Sample als nicht homogen – sie unterscheiden sich erheblich bei den untersuchten Gründer/innen. Ein Teil des Samples setzt sich aus Gründer/innen zusammen, die aus einem Haushalt stammen, in dem bereits die Eltern unternehmerischen Tätigkei-

---

[46]   Unter Primärsozialisation wird innerhalb der Sozialisationsforschung die Sozialisation in der Familie verstanden *(vgl. Hurrelmann 2002, S. 127f.)*. Hurrelmann bezeichnet Sozialisation als „den Prozess, in dessen Verlauf sich der mit einer biologischen Ausstattung versehene menschliche Organismus zu einer sozial handlungsfähigen Persönlichkeit bildet, die sich über den Lebenslauf hinweg in Auseinandersetzung mit den Lebensbedingungen weiterentwickelt. Sozialisation ist die lebenslange Aneignung von und Auseinandersetzung mit den natürlichen Anlagen, insbesondere den körperlichen und psychischen Grundlagen, die für den Menschen die 'innere' Realität bilden, und der sozialen und physikalischen Umwelt, die für den Menschen die 'äußere' Realität bilden" *(ebd., S. 13)*. In den einzelnen Sozialisationsphasen (primär, sekundär, tertiär; wobei die sekundäre Sozialisation in der Schule und die tertiäre im Beruf stattfinden) verarbeitet das Individuum also seine Realität produktiv und nicht normativ.

ten nachgehen und den Biographieträger/innen in der Phase ihrer Primärsozialisation eine berufliche Selbständigkeit vorleben. Der andere Teil der Gründer/innen stammt aus Familien, in denen keine Selbständigkeit oder Freiberuflichkeit vorkommt, sodass die Informanten und Informantinnen in ihrer Primärsozialisation kaum mit unternehmerischen Aktivitäten konfrontiert werden. Diese zwei differenten familienbiographischen Konstellationen werden in den folgenden beiden Unterkapiteln getrennt dargestellt, da der berufliche Status der Eltern sowie das Vorleben von beruflicher Selbständigkeit oder Angestelltentätigkeit unterschiedliche konstitutive Voraussetzungen für die Ausprägung der beruflichen Identität der Biographieträger/innen darstellen.

7.1 Familienbiographische Verankerung der Selbständigkeit

7.1.1 Familiäres Herkunftsmilieu

Die Biographieträger/innen dieser Kategorie entstammen einem meist bürgerlichen Herkunftsmilieu, welches durch die selbständige berufliche Tätigkeit eines Elternteils oder beider Eltern entscheidend geprägt ist. Eine starke Bindung an bürgerliche Lebensformen findet zunächst Ausdruck in den traditionellen intakten Familienstrukturen und konventionellen Rollenmodellen. Kennzeichnend ist dabei, dass der Vater der Gründer/innen ein Unternehmen leitet oder freiberuflich tätig ist und die Mutter entweder ausschließlich ihre Hausfrauen- und Mutterrolle ausfüllt oder häufig im Unternehmen des Ehemannes mitarbeitet. Eher selten verfügen die Eltern über ein akademisches Bildungsniveau, meist werden Ausbildungen in einem handwerklichen oder kaufmännischen Beruf absolviert. Die Mütter erlernen zwar zunächst einen Beruf, geben diesen jedoch häufig zugunsten ihrer Mutterschaft auf. In manchen Biographien zeigt sich die Einschränkung der beruflichen Ausbildungsmöglichkeiten der Mütter durch eine frühe Schwangerschaft, was auf die damaligen gesellschaftlichen Normen und Erwartungen verweist.

Anka Bär skizziert in der autobiographisch-narrativen Haupterzählung die beruflichen Wege ihrer Eltern nur kurz, wobei sie zunächst auf die akademischen Ausbildungen verweist und dann die weiteren beruflichen Wege nennt, um schließlich die berufliche Alltagssituation ihrer Eltern während ihrer Kindheit und Jugend zu thematisieren: „Also, mein Vater ist studierter Architekt, und meine Mutter hat Modegrafik studiert (…) und musste dann aber leider das Studium abbrechen, aufgrund der Schwangerschaft mit meiner Schwester, weil man halt in den fünfziger Jahren nicht schwanger weiter studiert hat, und dann noch Kinder hatte und so. … Und mein Vater war zuerst angestellt bei der Stadt als Architekt und hat sich dann selbständig gemacht, und von Anfang an hat meine Mutter eigentlich dann mit meinem Vater zusammen das Büro gemacht. Also, mein Vater hat immer die Architektur gemacht, und meine Mutter hat immer die ganzen Kundenkontakte, Handwerkerkontakte, und sagen wir mal, die komplette Innenarchitektur gemacht" *(Interviewausschnitt Anka Bär).*

In den ersten Jahren nach der Geburt der Kinder widmen sich die Mütter vornehmlich der Kinderbetreuung. Sobald die Biographieträger/innen jedoch heranwachsen und die schulische Reife erreichen, können die Mütter mehr und mehr nebenbei im Unternehmen mit arbeiten. Selten kommt es im Sample vor, dass die mütterliche Bezugsperson ebenso eigenständig freiberuflich tätig ist oder sogar ein eigenes Einzelhandelsgeschäft führt. Dieser Tatbestand kann bei weiblichen Gründerinnen zu einem identitätsstiftenden Selbstverständnis als eigenständige Unternehmerin beitragen, welches die damals erlebte geringe Akzeptanz der Berufstätigkeit der eigenen Mutter überformt.

Nicole Iltis erzählt in der autobiographisch-narrativen Haupterzählung von der Berufstätigkeit ihrer Eltern: „Meine Eltern waren beide selbständig, .. und zwar im Einzelhandel, ehm also jeder hat ein Geschäft, was damals vielleicht auch schon n bisschen ungewöhnlich war, dass eben auch ne Mutter damals ganztags arbeitete, und eh das war für sie sicher auch nicht so leicht und da gab es auch ein paar Anfeindungen. Und mein Vater hat ne Buchhandlung gehabt" *(Interviewausschnitt Nicole Iltis).*

Jedoch fungiert bei einem Großteil der Biographieträger/innen der Vater als primäre Bezugsperson hinsichtlich der beruflichen Orientierung. Dieser wird in den Interviews meist durch die beruflichen Attribuierungen eingeführt, sodass der väterliche Beruf sowie dessen Weg in die Selbständigkeit ein identitätsstiftendes Merkmal ausmacht. Die primäre Sozialisation dieser Gründer/innen ist weitestgehend darauf ausgerichtet, den bürgerlichen Status als selbständige Unternehmer/in oder Freiberufler/in zu erhalten und fortzuführen.

Der Steuerberater Hermann Qualle fasst seine primäre Sozialisationsphase in einem Satz zusammen: „Bei uns war das Leben eigentlich immer so- oder bei meinen Eltern darauf fixiert, der wird mal Steuerberater, meine Mutter hat sich da weitestgehend raus zu halten und mein Vater hat mich immer wieder darauf hinzustupsen, dass es irgendwann aufgeht das Spielchen. So in der Richtung" *(Interviewausschnitt Hermann Qualle).*

Die Biographieträger/innen erleben in ihrer Primärsozialisation intakte Familienstrukturen, welche als Voraussetzung für die Vereinbarkeit von Familie und Beruf gelten können. Da die Mütter meist auch im elterlichen Unternehmen mitarbeiten, haben die weiblichen Gründerinnen familienbiographisch bereits die Möglichkeit sich mit der Rolle der arbeitenden, teilweise auch emanzipierten Frau zu identifizieren, was im Gegensatz zur klassischen geschlechtlichen Arbeitsteilung steht. In der Regel verläuft die Sozialisation der Informanten und Informantinnen linear und sie wachsen mit einem oder mehreren Geschwistern auf, zu denen weitestgehend harmonische, wenn auch nicht sehr enge Beziehungsstrukturen bestehen.

Bei einigen Biographieträger/innen zeigt sich früh eine kulturelle Affinität zur Selbständigkeit, wie bei Informantinnen mit jüdischen Wurzeln[47]. Die Zugehörigkeit zur jüdischen Bevölkerungsgruppe wird von diesen explizit erwähnt, während die anderen Biographieträger/innen ihre religiöse oder kulturelle Zugehörigkeit nicht erwähnen. Diese Gründerinnen setzen ihre unternehmerischen Aktivitäten im Handel und in der Werbung um.

7.1.2 Marginale Bedeutung von Bildungskapital

Trotz der bürgerlichen Wertevorstellungen der elterlichen Generation wird bei den Gründer/innen, welche ein Unternehmen weiterführen sollen, kaum Wert auf eine akademische Ausbildung und Laufbahn gelegt. So erfährt Bildung in diesen Familien eine fokussierte Bedeutungszuschreibung. Von den Eltern wird entweder eine Ausbildung bzw. ein Studium im eigenen Berufsfeld forciert oder eine Ausbildung mit einem erhöhten Möglichkeitsspielraum zur selbständigen Tätigkeit anvisiert.

Dora Schwan gibt ihre lebensgeschichtliche Erfahrung hinsichtlich eventueller Bildungsambitionen wie folgt wieder: „Mein Vater fand, dass Mädchen heiraten sollen und arbeiten sollen, und nicht auf die Schule gehen, ich dürfte also nicht. Ich bin nach der Hauptschule auf die Berufsschule und hab Einzelhandelskauffrau lernen müssen" *(Interviewausschnitt Dora Schwan).*

Selbständige und freiberufliche Eltern, denen es nicht primär um eine Übernahme ihrer unternehmerischen Tätigkeit geht, zeigen eher eine Affinität zur Bildung. Daher unterstützen sie die Biographieträger/innen in ihren Ambitionen zu studieren und helfen bei der Realisierung ihrer Studienabsichten.

Einige Familien legen jedoch großen Wert auf Bildung und einen akademischen Abschluss der Gründer/innen, da diese vermehrt sozial-berufliche Aufstiegsziele an ihre Kinder weitergeben. Diese von den Eltern stark reglementierten Bildungsanforderungen werden von den Gründern und Gründerinnen jedoch nicht unbedingt erfüllt, wenn auch die hohen Erwartungen der Eltern an schulische Leistungen zunächst noch akzeptiert wurden. Sport-, leistungs- und kunstorientierte Freizeitbeschäftigungen sollen die Befähigungen der Gründer/innen in Richtung Karriereorientierung unterstützen, wobei diese durchaus zur Ausprä-

---

[47]   Im Mittelalter war den Juden in Nord- und Mitteleuropa die Ausübung eines zunftmäßigen Gewerbes sowie die Arbeit im Ackerbau verboten, daher arbeiteten sie vornehmlich im Handel, im Pfandleih-, Wechsel- und Zinsgeschäft *(vgl. Fromm 1999, S. 99f.).*

gung eines höheren Wirksamkeitspotenzials bei den Gründer/innen führen kann. Die dazu maßgeblichen Bedingungskonstellationen werden im Kapitel 8.2. ausführlicher dargestellt.

7.1.3 Familienbiographische Erfahrungen mit der Selbständigkeit

Das Unternehmertum der Eltern wird von den Informanten und Informantinnen bereits zu Hause erlebt und erlernt, da sie mit oder teilweise in der elterlichen Firma aufwachsen. Das Relevanzsystem Unternehmen und Arbeit hat in diesen Familien eine hohe Priorität, welches die Gründer/innen bereits früh internalisieren. Dabei existiert oftmals keine genaue Trennschärfe zwischen dem Arbeits- und Berufsleben, vielmehr wird häufig eine Einheit von Berufs- und Familienwelt deutlich. So ist etwa das elterliche Büro oder die Firma mit im Wohnhaus untergebracht oder die Informanten und Informantinnen verbringen einen Teil ihrer Freizeit im elterlichen Unternehmen.

Susanne Schimmel erzählt, dass sie einen Großteil ihrer Kindheit in der elterlichen Glasherstellungsfirma verbringt, da ihre Eltern häufig auch am Wochenende arbeiten. Sie resümiert: „Das ist Teil meines Lebens. Ich bin hier großgeworden, schon als Kind zwischen den Glaskisten habe ich gespielt" *(Interviewausschnitt Susanne Schimmel).*

Auch erleben die Biographieträger/innen in ihrem Alltag das hohe Arbeitspensum der Eltern, den Umgang mit Angestellten und Kunden sowie die wenige freie Zeit und werden so sehr früh mit den Rahmenbedingungen einer Selbständigkeit konfrontiert. Meist übernehmen sie bereits im Kindes- oder Jugendalter kleine Botengänge, oder Telefon-, Sortier- und Aufräumtätigkeiten, in den Ferienzeiten werden kurze Praktika oder längerfristige Jobs im elterlichen Unternehmen absolviert. In diesem Rahmen werden bereits erste Arbeitsprozesse und betriebliche Anforderungsstrukturen von den späteren Gründer/innen internalisiert. In einigen Fällen wird die Mitarbeit der Kinder an den Wochenenden von den Eltern mehr oder weniger eingefordert.

Dora Schwan beschreibt ihre Erfahrungen wie folgt: „Da ich aus ner Schuhfamilie stamme, habe also das als Kind schon mitgekriegt, also mm .. wir wurden auch als Kinder sehr in die Verantwortung genommen, also wir haben so ab zehn als wir langsam mit Zahlen umgehen konnten, mussten wir unseren Beitrag hier im Familienbetrieb leisten. Vor allen Dingen in Sonntags- und Feiertagsarbeit, wo wo halt andere Leute zu Hause bleiben wollten und bei ihrer Familie sein wollten" *(Interviewausschnitt Dora Schwan).*

Im Datensample wird deutlich, dass die Gründer/innen die Unternehmens- und Mitarbeiterführung sowie die eigenständigen Arbeitsregelungen vielfältig im beruflichen Alltag ihrer Eltern miterleben. Es zeigt sich außerdem eine implizite Wertevermittlung durch die Arbeit im elterlichen Unternehmen.

Ein weiteres zentrales Entwicklungsmotiv der Eltern ist, die Biographieträger/innen frühzeitig zur Eigenständigkeit und zur Verantwortungsübernahme zu erziehen. Gründe für diesen Erziehungsansatz können sowohl in den geringen Zeitressourcen der Unternehmer/innen infolge ihres hohen Arbeitspensums liegen, als auch in der Haltung, dass die frühe Erziehung zur Mitarbeit und Hilfe zur Entwicklung einer höheren Leistungs- und Arbeitsorientierung führt.

Anka Bär schildert im Nachfrageteil beispielhaft, wie sie und ihre Geschwister zur Selbständigkeit erzogen werden. Als die Kinder sich Ponys wünschen, erfüllen die Eltern diesen Wunsch. Frau Bär meint dazu: „Aber meine Eltern haben wahrscheinlich gedacht, ha ja, wenn wir denen die Ponys kaufen, dann haben wir wieder mehr Zeit zum Arbeiten, weil, dann sind die ja schon wieder ein paar Stunden am Tag beschäftigt, die Kinder. Weil die Voraussetzung Ponys haben zu dürfen, war damit begleitet, dass meine Eltern gesagt haben, ihr kriegt die Ponys und wir bezahlen die Ponys, aber wir kümmern uns um nichts, also wir zahlen nur Rechnungen, das heißt, wenns Heu braucht, müsst ihrs Heu bestellen, und wenn der Schmied kommen muss, dann müsst ihr den Schmied bestellen, und wenn der Hafer kommt, dann müsst ihr den bestellen, und wenn nicht, dann verhungern die. Also ihr seid verantwortlich" *(Interviewausschnitt Anka Bär)*.

Wenige Unternehmer/innen verfolgen das Ziel eines größeren Möglichkeitsspielraums, der kreatives Potenzial bei ihren Kindern freisetzen könnte, daher lassen sie dem Nachwuchs mehr zeitliche und räumliche Freiheiten.

7.2 Keine familienbiographische Verankerung der Selbständigkeit

7.2.1 Familiäres Herkunftsmilieu

Die hier verorteten Informanten und Informantinnen stammen aus dem bürgerlichen und kleinbürgerlichen Milieu oder in wenigen Fällen aus dem Arbeitermilieu. Insbesondere im bürgerlichen und kleinbürgerlichen Milieu zeigt sich eine starke Affinität zu traditionsgebundenen Familienstrukturen und zur konventionellen familiären Arbeitsteilung. So übernimmt der Vater die Versorgung und Ernährung der Familie, während die Mutter nach der Geburt der Kinder meist die Hausfrauen- und Mutterrolle ausfüllt. Die väterliche Bezugsperson absolviert zunächst eine Ausbildung oder ein Studium und geht dann einer Angestelltentätigkeit nach, wobei diese nicht unbedingt eine leitende Tätigkeit beinhaltet. In der Hälfte der dieser Kategorie zuzuordnenden Fälle haben die Väter mit beruflichen Schwierigkeiten und Einschränkungen zu kämpfen, wobei die Gründe hierfür vielfältig sind. So kann eine Kriegsverletzung zur Berufsunfähigkeit im erlernten Handwerksberuf führen, eine Migration oder Ausreise die berufliche Anschlussfähigkeit im Einwanderungsland einschränken, dienstliche Sachzwänge ein berufliches Scheitern verursachen oder zu hohe Karrierewünsche den Vater zu ständigen Veränderungsaktivitäten zwingen, die die gesamte Familie zu tragen hat. Die mütterlichen Bezugspersonen hingegen übernehmen meist die Betreuung der Kinder. Spätestens wenn diese das Jugendalter erreichen, beginnen die Mütter wieder in die Berufstätigkeit innerhalb ihrer Ausbildungsberufe zurückzukehren.

Henri Hirsch berichtet im Nachfrageteil, dass seine Mutter lange als Speditionskauffrau arbeitet, jedoch für die Erziehung der Söhne ihre Tätigkeit aufgibt. Später nimmt sie diese Angestelltentätigkeit wieder auf. „Wir waren drei Söhne, das heißt, meine Mutter war dann ne ganze Zeit lang zuhause. Damals gabs ja noch keine Krippenplätze oder so was, das heißt, bis ich dann sag ich mal im Kindergarten- nee, als ich dann in der weiterführenden Schule war, also mit zehn, da ist meine Mama auch erst wieder ins Berufsleben eingestiegen, und dann wieder erstmal halbtags, und hat dann sich hauptsächlich halt auch um die Familie, um uns drei gekümmert" *(Interviewausschnitt Henri Hirsch).*

Einige engagieren sich bereits neben ihrer Hausfrauen- und Mutterrolle in einer ehrenamtlichen Tätigkeit und können ihre beruflichen Wünsche hier verwirklichen ohne jemals wieder entgeltlich in ihrem Ausbildungsberuf zu arbeiten. Dabei werden sie von ihren Ehemännern bei der Kinderbetreuung unterstützt, sodass eine fast gleichberechtigte Arbeitsteilung innerhalb der Familie vorherrscht. Die Emanzipationsbewegung in den 1970er Jahren könnte hier erste Auswirkungen zeigen. Gerade die weiblichen Gründerinnen lernen in diesem Kontext ein emanzipatorisches Familienbild kennen, das sowohl als Voraussetzung zur Vereinbarkeit von Familie und Beruf gelten kann, als auch ein identitätsstiftendes Merkmal darstellt.

Ein geringer Teil der Gründer/innen des Samples stammt aus dem Arbeitermilieu, in dem aufgrund von finanziellen Sachzwängen vorwiegend beide Elternteile arbeiten müssen. Diese Eltern erlernen in der Regel einen Handwerks- oder Ausbildungsberuf im Industriebereich. Da beide Eltern in einem Arbeits- oder Angestelltenverhältnis tätig sind, werden die Kinder frühzeitig zur Eigenständigkeit und zur Übernahme von sozialer Verantwortung für ihre jüngeren Geschwister erzogen oder wachsen zeitweilig sogar bei einer Pflegefamilie auf. Diese Verpflichtungen und Erfahrungen führen bei den Biographieträger/innen zur Entwicklung eines hohen Verantwortungspotenzials sowie eines Autonomiebestrebens.

Ähnlich wie bei den Gründer/innen, bei denen eine familienbiographische Verankerung der Selbständigkeit vorliegt, wachsen auch diese Biographieträger/innen in intakten Familienstrukturen mit meist einem oder mehreren Geschwistern auf. In Ausnahmefällen fungiert eine Pflegefamilie für einige Jahre als Ersatz der Herkunftsfamilie, wobei diese konstitutive Veränderung des familiären Beziehungsgefüges nur gelingt, wenn die Biographieträger/innen in den Pflegefamilien gut integriert sind.

Steffi Maus berichtet von ihrer Migrationserfahrung: „Ich bin im Alter von vier Jahren nach Deutschland gekommen. Habe vorher bei einer Pflegefamilie in U-Land gelebt, weil meine Eltern beide berufstätig waren. Meine Schwester war bei meiner Großmutter untergebracht und ich wurde in eine Pflegefamilie gegeben. Bin dann ja ehm mit- im Alter von kurz bevor ich fünf wurde aus U-Land- bin dann nach Deutschland geholt wurden von meinen Eltern, was für mich damals schlimm war, weil ich wollte in U-Land bleiben, ich habe meine Pflegefamilie sehr sehr gern gehabt. Das war für mich meine Familie. Natürlich wusste ich immer, dass meine Eltern meine Eltern sind" *(Interviewausschnitt Steffi Maus).*

In den Interviews zeigt sich in mehreren Fällen eine deutliche Geschwisterrivalität, die sich über den gesamten Lebensablauf hinziehen kann und in der primären Sozialisationsphase zu familiärem Verlaufskurvenpotenzial führt. Dieses wird erst durch das Verlassen des Elternhauses von den Gründer/innen latent bearbeitet und zeigt Auswirkungen in der Ausprägung eines Kämpferhabitus, eines Unabhängigkeitsstrebens sowie der Bereitschaft zur räumlichen Mobilität und/oder einer Leistungsorientierung in Konkurrenzsituationen.

Dieter Fuchs berichtet im Nachfrageteil von den Schwierigkeiten mit seinem jüngeren Bruder „dann gabs natürlich auch ein Konkurrenzverhältnis zu meinem Bruder weil der wär- war der war dreizehn Monate nach mir ge- waren nicht vierzehn Monate nach mir geboren halt und das ist echt- ich fühlte mich dann vom Thron gestoßen halt *als Erstgeborener*(halb lachend) mein Bruder sagt immer ich bin immer der ewige Zweite also da haben wir @beide unsere Geschichte mit" *(Interviewausschnitt Dieter Fuchs).*

7.2.2   Relevanzsystem Bildung

In den Familien, die aus dem (klein-)bürgerlichen Milieu stammen, besitzt Bildung eine hohe Bedeutung, wobei ein Teil der Väter auch über einen akademischen Abschluss verfügt. In Relation dazu zeigt sich bei den Gründer/innen ebenfalls eine hohe Bildungsaffinität. Die Erwartungshaltung der Eltern hält sich zwar gegenüber schulischer Leistungen in Grenzen, jedoch wird ein guter bis sehr guter Abschluss als Bedingung für höhere Bildungsabschlüsse angesehen. Die Biographieträger/innen werden von den Eltern besonders in milieuspezifischen Freizeitaktivitäten, wie in Sport, Musik und Kunst, unterstützt, sodass sie ihnen auch außerhalb der Schule eine Fülle an Lernanlässen bieten. Außerdem werden sie in ihren Studienambitionen von den Eltern gefördert, ohne dass eine extrinsische Lenkung bei den Studienrichtungen erfolgt.

Im Arbeitermilieu zeigt sich dagegen bei den Eltern der Informanten und Informantinnen ein geringes Bildungsniveau. Die Gründer/innen entwickeln komplementär dazu eine hohe Bildungsaffinität. Auslöser für einen höheren Bildungsweg können signifikante Andere, wie Lehrer, Sozialpädagogen, ein Freund der Familie oder ein entfernteres Familienmitglied sein. Nur wenige Biographieträger/innen absolvieren aus diesem Milieu einen geradlinigen Weg, indem sie zum Beispiel nach dem Abitur ein naturwissenschaftliches Studium absolvieren. Eher zeigen sich bei diesen Gründer/innen die Auswirkungen der sozialdemokratischen Bildungsreformbemühungen der frühen 1970er Jahre. Nach einer ersten Ausbildung werden versäumte Schulabschlüsse, wie die mittlere Reife und die Hochschulreife, nachgeholt und ein Studium begonnen, ohne jedoch eine Nähe zur Welt der Akademiker herauszubilden. Im Anschluss führen berufsbiographische Suchbewegungen zu den familienmilieuspezifischen Wurzeln zurück und die Eltern helfen erfolgreich bei weiterer beruflichen Entscheidungen und Ausbildungswegen. Die höhere Bildungsaffinität der Gründer/innen führt nach einer erneuten Ausbildung zu diversen Weiterqualifizierungen, welche eine der Voraussetzungen für eine erfolgreiche Existenzgründung bildet.

Nachdem Klaus Bock seine Erfahrungen zur Erstausbildung zum Schwimmmeistergehilfen bei der Stadt geschildert hat, kommt er auf einen signifikanten Anderen zu sprechen, der ihm eine neue Welt eröffnet. „Zwischenzeitlich hatte sich auch im Stadtteil was geändert, speziell durch Sozialarbeiter, damals wurde das X-Projekt gegründet. Und eh .. da kam dann ein Sozialarbeiter in den Stadtteil, der mal so ganz anders war als die Leute die dort lebten. Der hatte ein ganzes Zimmer voller Bücher, wo es bei uns zu Haus nur drei gab. Und eh .. ja der trank auch kein Kaffee, sondern Tee aus nem Netz. Und da gab es dann im Jugendhaus plötzlich so Veranstaltungen, also so wie man eigentlich weiter machen kann. Und eh nach der Ausbildung hab ich noch ein Jahr bei der Stadt gearbeitet und bin dann unter großem Protest der Eltern, ich war ja bei der Stadt und @da musste mal an die Rente denken und an die Pension und so,@ und bin da wieder ausgestiegen über nen Auflösungsvertrag und hab Berufsaufbauschule gemacht. Das war dann Mittlere Reife, hab die dann erlangt. Man war dann auch mit so Leuten zusammen Sozialarbeiter, Wohngemeinschaften dann und die studierten alle irgendwas und das war natürlich alles sehr spannend, und unterhielten sich über den Herrn Habermas und sonstwas, wo wo kein Mensch eh oder ich zumindest nichts davon verstand, aber es war spannend" *(Interviewausschnitt Klaus Bock).*

Einzige Ausnahmen bilden Migranten und Migrantinnen aus dem Arbeitermilieu, die eine Berufsausbildung absolvieren und nach einigen Jahren als Angestellte sich erfolgreich in einem wenig bildungsaffinen Bereich, wie dem Gastronomiegewerbe, selbständig machen.

7.2.3 Familienbiographische Auswirkungen der beruflichen Relevanzen der Eltern

Im bürgerlichen und kleinbürgerlichen Milieu dienen häufig die berufstätigen Väter den Informanten und Informantinnen als berufliche Orientierungsfigur, nur selten fungiert auch die mütterliche Bezugsperson als solche. Diese zeichnen sich einheitlich durch ein hohes Pflichtbewusstsein, sowie Fleiß und Disziplin aus. Die Sekundärtugenden vermitteln sie ebenfalls ihren Kindern.

Henri Hirsch beschreibt die Arbeitsmoral seiner Eltern folgendermaßen: „Also das heißt, mein Papa ist Bankkaufmann gewesen und meine Mutter Speditionskauffrau, und sie hatten beide auch immer- also waren auch beide dann in Führungspositionen irgendwann später, und hatten beide auch immer den Anspruch, ihre Arbeit zu hundertzwanzig Prozent zu machen. Das heißt, Krankheit oder auch Fehlzeiten und so gabs bei meinen Eltern eigentlich nicht. Also wenn, das war wirklich mal höchst selten, dass einer von den beiden nicht arbeiten gegangen ist. Das haben sie uns eigentlich auch so vermittelt *(Interviewausschnitt Henri Hirsch).*

In einigen Fällen kommt es vor, dass die väterliche Bezugsperson über eine hohe berufliche Leistungs- und Karriereorientierung verfügt. Dabei bestimmen die beruflichen Organisations- und Karrierezwänge das familiäre Leben dahingehend, dass häufige Wohnortswechsel von allen Familienmitgliedern mit getragen werden. Die räumliche Versetzung des Vaters zieht den Verlust des gesamten sozialen Umfelds nach sich und stellt die Biographieträger/innen vor die Aufgabe, sich am neuen Ort einzuleben, sich ein neues Umfeld aufzubauen und manchmal eine neue Sprache zu lernen. Diese wiederkehrenden Verlusterfahrungen können zu einer Aufschichtung von Verlaufskurvenpotenzial führen und sich selten auch in einer Verlaufskurve verstetigen, die sich beispielsweise in einer Schulverweigerung und/oder in einer Essstörung manifestiert. Die Bearbeitung der Verlaufskurve erfolgt mithilfe von handlungsschematischen Kontroll- und Bearbeitungsaktivitäten, welche die fremdbestimmte Erleidenssituation sukzessive beenden. Die Gründer/innen können diese lebensgeschichtliche Erfahrung meist für sich nutzen und gehen sogar gestärkt daraus hervor. So entfalten sie ein hohes Selbstwirksamkeitspotenzial und strategische Vorgehensweisen.

Klara Gazelle erlebt in ihrer Kindheit häufige Wohnortswechsel aufgrund der Karrierezwänge ihres Vaters. Als sie ca. 12 Jahre alt ist, zieht die Familie erneut um. Diesen Wohnortswechsel hält sie nicht mehr aus, sodass sie eine Verlaufskurve des Erleidens erlebt. Sie beschreibt die Ereignisse so: „aber es hat sich dann so entwickelt, dass ich da eigentlich nicht sein wollte. Das hat sich dann auch wirklich so geäußert, dass ich dann nicht mehr- die Schule verweigert habe, teilweise und dann auch ehm Essstörung bekommen hab. Und ehm so- ehm- das ging dann so zwei drei Jahre, das wurde dann immer so verheimlicht, und dann wars dann irgendwann auch mal offen und das war irgendwie klar, es gab so kein Entkommen aus dieser Situation. Es hat sich richtig .. mh so ja ehm verfahren gehabt" *(Interviewausschnitt Klara Gazelle)*. Die Biographieträgerin kann nach einer längeren Phase des Erleidens mithilfe professioneller Beratung ein biographisches Kontrollhandlungsschema entwickeln und sich aus der Verlaufskurve befreien. Sie zieht im Alter von 16 Jahren aus dem Elternhaus aus und geht auf ein Internat. Dort kann sie die Schule erfolgreich beenden.

Andere Biographieträger/innen können das aufgeschichtete Verlaufskurvenpotenzial schneller bearbeiten, da sie den Verlust des sozialen Umfeldes nicht allein, sondern gemeinsam mit ihren Geschwistern erleben und verarbeiten. Im günstigen Fall entwickeln die Gründer/innen mithilfe dieser tiefgreifenden lebensgeschichtlichen Erfahrungen eine hohe Anpassungsfähigkeit und Mobilitätsbereitschaft.

Auch Gründer/innen aus dem Arbeitermilieu werden mit Wohnortswechseln oder auch mit Migrationserfahrungen aufgrund beruflicher und existenzieller Entscheidungen der Eltern konfrontiert. Diese Verlusterfahrungen können weitestgehend problemlos verarbeitet werden, wenn die Einsozialisierung im neuen sozialen Umfeld gut verläuft und dieses über einen langen Zeitraum stabil bleibt. Die Biographieträger/innen bilden mithilfe ihrer familienbiographischen Erfahrungen eine hohe Anpassungsfähigkeit und Flexibilität aus.

8 Typologie der Gründer/innen – Darstellung lernbiographischer Prozesse

In diesem Kapitel werden die lebensgeschichtlichen Lernprozesse der Existenzgründer/innen umfassend dargestellt, wobei sowohl den biographieanalytischen als auch den lerntheoretischen Ergebnissen Raum gegeben wird. Auf der Grundlage des analysierten Datenmaterials wurde eine Gründer-Typologie[48] von Realtypen entwickelt, welche in Abgrenzung von theoretisch-konzeptionell gebildeten Idealtypen verstanden werden *(vgl. Fallgatter 2002, S. 188f.)*. In der wirtschaftswissenschaftlichen Gründungsforschung wurden seit den 1960er Jahren in Abgrenzung zu den Idealtypen der funktionalen Unternehmertheorie beispielsweise von *Schumpeter (1928)* (vgl. Kapitel 2.5) aufgrund empirischer Studien zu Persönlichkeitsmerkmalen mehrere Unternehmenstypen erarbeitet. *Smiths (1967)* unterteilte die Unternehmer/innen in zwei Typen, dem „Craftsman-Entrepreneur" und dem „Opportunistic-Entrepreneur". Diese Unterscheidung bezieht sich auf die unternehmensbezogene Anpassungs- und Entwicklungsfähigkeit der Unternehmer/innen. Dabei verfügt der Typus des „Craftsman-Entrepreneur" über eine ausschließlich fachbezogene Ausbildung, er geht mit Umweltveränderungen relativ unsicher um und seine unternehmerische Orientierung ist zeitlich begrenzt, sodass er als rigider Unternehmertypus eingeschätzt wird. Der Typus des „Opportunistic-Entrepreneur" zeichnet sich hingegen durch ein adaptives Verhalten aus, er besitzt eine breitere Ausbildung und behält die Optimierung des gesamten Unternehmens im Auge *(vgl. Fallgatter 2002, S. 280)*. *Filley/House/Kerr (1976)* entwickelten in Anlehnung zu dieser Typologie einen weiteren Unternehmenstypus, den „Professional", der besonders auf ein Unternehmenswachstum ausgerichtet ist und sich an die Markt- und Umweltveränderungen ständig anpasst *(vgl. Filley/House/Kerr 1976, S. 528ff.)*.

In Abgrenzung zu den eben skizzierten Typen wird in der vorliegenden Studie eine Typologie dargestellt, welche auf erziehungswissenschaftlichen Erkenntnissen basiert. Es werden vier konstitutive Typen von Gründer/innen erarbeitet, die aufgrund ihrer biographischen Erfahrungsprozesse jeweils sehr unterschiedliche biographische und berufsbiographische Entwicklungsverläufe aufweisen und daher auch differente Motivlagen und Wege in die Existenzgründung

---

[48] Der Begriff „Typus" fungiert als begriffliche Ordnungskategorie für unterschiedliche Gegenstände und Erfahrungsobjekte *(vgl. Fallgatter 2002, S. 186)*.

aufzeigen. Die Gemeinsamkeit ist die Gründung eines Unternehmens, welches sich mindestens über drei Jahre auf dem Markt hält und dass die Gründer/innen mit dem unternehmerischen Einkommen ihre Existenz sichern. Bis auf zwei Ausnahmen beschäftigen die Informanten und Informantinnen ein oder mehrere Mitarbeiter/innen.

Prozess der Typenentwicklung

Grundlage der Typenbildung war zunächst die unterschiedliche Dominanz in den Prozessstrukturen des Lebensablaufs, wobei auf der Basis keine eindeutige Zuordnung der Gründer/innen gelang. Im Forschungsprozess zeichnete sich jedoch alsbald eine charakteristische Unterscheidung der Fälle innerhalb der Kategorie der familienbiographischen Verankerung der Selbständigkeit ab. So wurde die erste Differenzierung aufgrund dieser Kategorie vorgenommen. Danach wurden die Lernprozesse der Gründerpersonen genau analysiert, die eine weitere Trennung in vier klar definierte und voneinander abgrenzbare Typen innerhalb des Samples ermöglichten. Die folgende Abbildung veranschaulicht den Erkenntnisprozess.

Abbildung 2:   Gründer/innentypologie

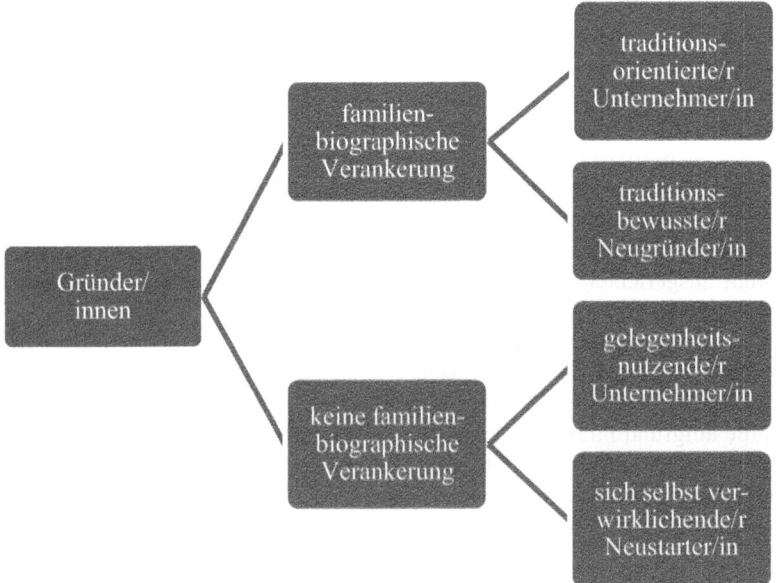

Die Benennung der Typen basiert sowohl auf der Kategorie der familienbiographischen Verankerung der Selbständigkeit als auch auf der persönlichen Motivation zur Existenzgründung. Die Namen sind so einfach wie möglich gewählt, um das Verständnis des jeweiligen Typus auf den ersten Blick zu ermöglichen.

Inhaltliche Vorgehensweise

Mit Hilfe der biographieanalytischen Methode werden zuerst die biographischen Dispositionen und die dominanten Prozessstrukturen eruiert. Die Prozessstrukturen des Lebensablaufs implizieren nicht nur die subjektiven Haltungen der Biographieträger/innen zu den eigenen lebensgeschichtlichen Erfahrungen, „vielmehr inkorporieren sie, wie verdeckt auch immer, Artefakte der gesellschaftlichen Teilsysteme sowie kulturelle Objektivationen" *(Nittel 2013b, S. 143).* Das bedeutet, dass hier die äußeren und inneren Erfahrungen der Interviewpartner/innen in Hinblick auf ihre Existenzgründung, ihr Unternehmertum und ihre gesamte Biographie betrachtet werden. Die Lagerung der Selbständigkeit im Lebensablauf wird dann fokussiert herausgearbeitet und dargestellt.

In den jeweiligen biographischen Lernportfolios *(vgl. Nittel 2013a, S. 143 ff.)* wird die Verschränkung der Biographieanalyse und der im ersten Teil dieser Arbeit erläuterten Lerntheorie vorgenommen und die lernkonzeptionellen Implikationen aus den Biographien der Gründer/innen detailliert dargestellt. Hier wird der erziehungswissenschaftliche Fokus auf die Lern- und Bildungsprozesse der Biographieträger/innen deutlich. Die Lerntheorie nimmt also die unterschiedlichen Lernimplikationen, die aus dem Lebensablauf der Biographieträger/innen empirisch erarbeitet werden, in den Blick. Sie umfassen die prozessualen und strukturellen Lerndimensionen sowie die Lernmodi und Lernkontexte *(vgl. ebd., S. 109ff.).*

Bei den prozessualen Lerndimensionen, welche die konditionellen Relevanzsetzungen hinsichtlich des Lernens innerhalb der biographischen Prozessstrukturen genau erläutern, kann in den Biographien der jeweiligen Typen die Dominanz von ein bis zwei prozessualen Lerndimensionen herausgearbeitet werden, die durch eine weitere flankiert wird. Flankierend meint hier, dass die dominante Lerndimension von dieser konsolidiert wird und unterstützend wirkt.

In dem lerntheoretischen Konzept von *Nittel/Seltrecht* wird davon ausgegangen, dass leidgeprüftes Lernen im Zuge der Bewältigung einer Verlaufskurve stattfindet *(vgl. Nittel 2013b, S. 157ff.).* In der vorliegenden Studie jedoch, finden sich Phänomene leidgeprüften Lernens auch, ohne dass die Lebensgeschichten manifeste Verlaufskurven aufzeigen. Die Lerndimension zeigt sich hier bereits im Zuge der Bearbeitung und Bewältigung von aufgeschichtetem Verlaufskurvenpotenzial.

Die strukturellen Lerndimensionen umfassen die Aneignung von Wissen, der Veränderung des beruflichen Alltagsverhaltens und den Umbau der Identitätsformation. Diese Lerndimensionen können anhand des autobiographisch-narrativen Interviewmaterials kaum erarbeitet werden, da sie wenig Erwähnung finden. Erst mit Hilfe der Auswertung der Leitfadeninterviews ist es möglich, die strukturellen Lerndimensionen im größeren Umfang zu eruieren. Hier zeigt sich in den erarbeiteten Typen keine Dominanz, sondern der Fokus liegt eher auf deren Zusammenwirken im Zuge der Existenzgründung.

Auch bei den Lernmodi, welche das Neulernen, Umlernen, Verlernen und Nichtlernen implizieren, ist nicht immer eine klare Dominanz zu ermitteln, sondern es zeigt sich häufig ein heterogenes Auftreten. Die Lernkontexte, welche die formalen, nonformalen und informellen Lernorte beinhalten, werden als Letztes identifiziert und erläutert, wobei auch hier selten eine Dominanz erkennbar ist.

Die Lernimplikationen werden von der Verfasserin nachfolgend in einer Abbildung zu einem allgemeinen Lernportfolio zusammengefasst.

Abbildung 3:   Allgemeines Lernportfolio

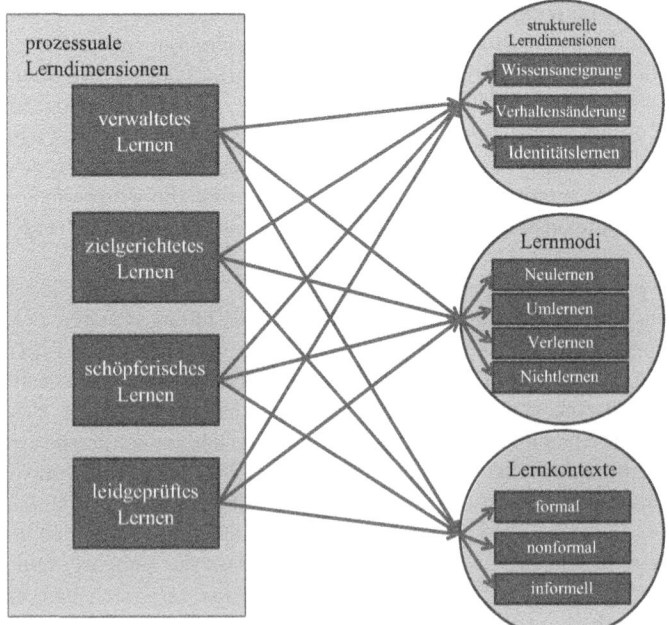

Hier zeigt sich, dass der Ausgangspunkt des Lernportfolios die prozessualen Lerndimensionen darstellt und diese die strukturellen Lerndimensionen, die Lernmodi und Lernkontexte beeinflussen. Diese Abbildung des Lernportfolios wird in den Unterabschnitten des achten Kapitels für jeden Typ, gesondert mit den jeweiligen Eigenheiten und spezifischen Merkmalen, dargestellt.

Nachfolgend werden die erarbeiteten vier Typen von Existenzgründern und -gründerinnen einzeln vorgestellt und detailliert beschrieben.

8.1 Der Typ A – Der/die traditionsorientierte Unternehmensnachfolger/in

Zum Typus der traditionsorientierten Unternehmensnachfolger/innen gehören Gründer/innen, die dem Bild der „alten" Generation von Unternehmern und Unternehmerinnen entsprechen. Diese Gründergeneration zeichnet sich im Nachkriegsdeutschland durch diverse Tugenden, wie Schaffenskraft, Disziplin und Leistungsorientierung aus. Die Unternehmen funktionieren nach dem Modell der Betriebsfamilie und Betriebsgemeinschaft *(vgl. Bude 2000, S. 13)*[49], was bedeutet, dass die Unternehmer/innen versuchen sowohl feste Bindungen einer Stammbelegschaft an die Firma zu schaffen als auch eine persönliche Identifikation mit der Firma hervorzurufen *(vgl. Kaschuba 1990, S. 96)*.

Die Biographieträger/innen, die im vorliegenden Sample diesem Typus entsprechen, werden in den 1950er Jahren im bürgerlichen Herkunftsmilieu geboren und lernen das Unternehmertum bereits in der Kindheit durch ihre Eltern kennen, die ein kleines oder mittelständiges Unternehmen erfolgreich führen. Das Unternehmen wird meist im Sinne eines Familienbetriebs geführt mit der elterlichen Prämisse, dass die Kinder zunächst im Unternehmen, teilweise bereits in ihrer Kindheit und Jugend, mitarbeiten und dieses später übernehmen und weiterleiten. Die Existenzgründung bzw. die Unternehmensnachfolge stellt daher weniger eine Selbstwahl der Biographieträger/innen als vielmehr eine Fremdwahl durch die Familie dar.

Die Gründer/innen werden von ihren Familien in Richtung Selbständigkeit prozessiert, wobei es wenig von Belang ist, ob diese Prozessierung von den Eltern intentional intendiert ist oder nicht. Die gesamte Sozialisation dieser Bio-

---

[49]   *Kocka* hat in seiner Studie über erfolgreiche deutsche (männliche) Unternehmer in der Zeit der industriellen Revolution des 19. Jahrhunderts drei Säulen der Betriebsorganisation erörtert: Familie, Militär und Bürokratie *(Kocka 1975)*. Auf dieser Grundlage bildete sich in Deutschland „das Modell der Betriebsfamilie, der Betriebsgemeinschaft oder der Betriebsgefolgschaft" *(Bude 2000, S. 13)* heraus, welches als Fundament in vielen erfolgreichen deutschen Unternehmen des 20. Jahrhunderts gilt und die gegenseitige Loyalität zwischen Unternehmer/in und Mitarbeiter/innen impliziert *(vgl. ebd.)*.

graphieträger/innen ist auf eine Unternehmensnachfolge ausgerichtet, die jedoch für diese häufig mit Erleidensprozessen verbunden sind. Die Informanten und Informantinnen des Typs A werden strukturell durch ihre Familien stark geprägt und unterwerfen sich den familiären Konventionen und der möglichen Fremdbestimmung. Sie nehmen die Rolle des Unternehmensnachfolgers bzw. der Unternehmensnachfolgerin als gegeben an und stellen diese kaum in Frage. Nachdem sie im elterlichen Unternehmen angestellt sind oder dieses bereits übernommen haben, folgt zunächst eine Zeit des Erleidens, die durch die Unterordnung unter die familiären Führungsleitlinien ausgelöst werden kann. Diese Erleidensprozesse erweisen sich jedoch überwiegend als funktional für die erfolgreiche Führung des Unternehmens und fungieren als Bewährungssituationen. Auf der Basis dieser sozialisatorischen Entwicklung wurde der Name des Typus des/der traditionsorientierten Unternehmensnachfolgers bzw. -nachfolgerin gewählt.

Nachfolgend werden nun die einzelnen biographieanalytischen und lerntheoretischen Kategorien des Typs A detailliert und nacheinander vorgestellt.

8.1.1 Naturwüchsige Sozialisation in Richtung Unternehmertum

In den vorliegenden Fallporträts kennzeichnet den Typ des/der traditionsorientierten Unternehmensnachfolgers bzw.-nachfolgerin eine naturwüchsige Sozialisation in die Richtung des Unternehmertums. Dabei kann vor allem die Mächtigkeit der familienbiographischen Dispositionen rekonstruiert werden, welche die biographischen Dispositionen der Informanten und Informantinnen im Wesentlichen konstituieren. Außerdem zeigen sich bei diesem Typ die Dominanz der institutionalisierten Ablauf- und Erwartungsmuster des Lebensablaufs und eine außengeleitete Motivation zur Existenzgründung, die häufig ursächlich von der Familie ausgeht. Die nachfolgende Abbildung stellt die empirisch rekonstruierten biographieanalytischen Kategorien des Typs der traditionsorientierten Unternehmensnachfolger/innen dar, welche danach einzeln und ausführlich dargestellt werden.

Abbildung 4:   Biographieanalytische Kategorien der traditionsorientierten
Unternehmensnachfolger/innen

*Konstituierung der biographischen Dispositionen durch die Mächtigkeit der
familienbiographischen Dispositionen*

Die Biographieträger/innen stammen aus Familien, die sich ein mittelständiges
Unternehmen aufgebaut haben und dieses mit viel Tatkraft und Zeitaufwand
erfolgreich leiten. Das Familienleben ist durch die Selbständigkeit eines oder
beider Elternteile stark geprägt, da die unternehmerische Arbeit in den Familien
das wichtigste identitätsstiftende Merkmal darstellt. Dabei wird der familiäre
Alltag von der selbständigen Tätigkeit häufig überformt. Die Biographieträ-
ger/innen kommen früh mit beruflichen Handlungs- und Entscheidungsweisen
sowohl im Wohnhaus als auch in der elterlichen Firma in Kontakt. Ihnen wird
auf diese Weise implizit berufliche Disziplin, Durchhaltevermögen und Leistungsorientierung vermittelt, die für eine unternehmerische Tätigkeit konstitutiv
ist. Der familiäre Alltag ist auf eine antizipatorische Sozialisation (vgl. Fußnote
33, S. 76) ausgerichtet, die auf die Übernahme familiärer und unternehmerischer
Wert- und Normvorstellungen abzielt. Der unternehmerische Habitus wird den
tradierten Personen demzufolge bereits in der Primärsozialisation vermittelt.

In den Familien, in denen beide Eltern vorrangig mit ihrer unternehmerischen Tätigkeit beschäftigt sind, verleben die Biographieträger/innen bereits
einen Großteil ihres kindlichen Alltags in der elterlichen Firma. Die Kindheit
und die lebensgeschichtlichen Erfahrungen dieser Zeit sind meist stark von den
beruflichen Tätigkeiten der Eltern geprägt, was bei den Gründer/innen eine Ambivalenz gegenüber deren Relevanzsystem hervorrufen kann. Diese Entwicklung
zeigt sich implizit im folgenden Datenbeispiel.

Dora Schwan wächst in einer Schuhhändlerfamilie auf und äußert kurz: „Ich sag immer ich bin im Schuhkarton groß geworden, im Schuhlager haben wir gespielt, wenn Kinder ja nichts anderes erleben ist das ja enorm" *(Interviewausschnitt Dora Schwan)*. In dieser Eigentheorie zeigt die Biographieträgerin ihre frühen Erfahrungen mit dem Unternehmertum der Eltern, welches ihre Kindheit stark überformt und prägt.

In Ausnahmen sehen die selbständigen Eltern ihre zeit- und arbeitsintensive unternehmerische Tätigkeit als eine einengende berufliche Perspektive für ihre Kinder an und wünschen sich eine akademische Ausbildung sowie eine damit verbundene berufliche Perspektivenerweiterung. Diese ist jedoch nicht zielführend, da die naturwüchsige Sozialisation zum/zur Unternehmensnachfolger/in bei den Biographieträger/innen einen alternativen beruflichen Weg ausschließt. So entwickeln sie frühzeitig einen zentralen biographischen Entwurf zum Unternehmertum, der sich identitätsstiftend auf ihre gesamte biographische Entwicklung auswirkt, wie das nächste Datenbeispiel verdeutlicht.

Uwe Nashorn erzählt: „Ich bin in einen Unternehmerhaushalt reingeboren mehr oder weniger, neuzehnhundertsechzig als ich auf die Welt kam. Drei Jahre später hat sich der Vater selbständig gemacht, das Unternehmen ge:gründet. ... Ganz normale Schulausbildung dann durchlaufen in Bezug auf eh die Übernahme des Unternehmens, sehr zum Leidwesen des Vaters, der wollte dann das ich die das Gymnasium fertig mache, ich sollte was studieren was Rechtes was Ordentliches lernen nicht seinen Beruf. Das war damals schon richti- heut noch ein Knüppeljob eigentlich. Ich wollte aber nichts anderes machen" *(Interviewausschnitt Uwe Nashorn)*.

Aufgrund der einerseits latenten, andererseits deutlichen familiären Prozessierungsaktivitäten in Richtung einer Unternehmensübernahme werden die biographischen Dispositionen bei diesen Informanten und Informantinnen von den mächtigen familienbiographischen Dispositionen bestimmt. Das unterscheidet den Typus deutlich von den anderen drei Typen. Die Unternehmensnachfolger/innen entwickeln nur selten biographische Dispositionen, wie einen Freiheits- und Individualitätsdrang oder ein deutliches Autonomiebestreben, wie sie für die anderen Existenzgründer/innen meist konstitutiv sind.
    Die weiblichen Biographieträgerinnen zeichnen sich bezüglich ihrer biographischen Dispositionen sowohl durch eine hohe Leidensfähigkeit und Duldsamkeit, als auch durch eine große Eigenverantwortung aus, wobei hier die traditionelle weibliche Sozialisation erkennbar ist. Die Unternehmensnachfolgerinnen des Samples übernehmen die elterlichen Firmen nicht eigenständig, sondern zunächst jeweils mit ihrem Ehepartner. Erst nach der Scheidung oder dem Tod des Ehepartners können sie ihre Kompetenzen umfassend anwenden, ihre Führungskompetenz unter Beweis stellen und das Unternehmen eigenständig weiterleiten.

Die männlichen Gründer entwickeln eher eine selbstbestimmte Haltung in Bezug auf das elterliche Unternehmen, vor allem wenn die fremdbestimmte Berufswahl mit den eigenen Interessenslagen übereinstimmen. Sie entfalten sehr viel früher als die weiblichen Gründerinnen einen beruflichen Ehrgeiz und ein Erfolgsstreben. Bereits nach kurzer Zeit übernehmen sie im familiären Unternehmen diverse Leitungsfunktionen. Ein rebellisches Verhalten ist von diesen Informanten und Informantinnen selten zu erwarten. Eher fügen sie sich in ihren vorgezeichneten Lebensablauf problemlos ein.

Dominanz der institutionalisierten Ablauf- und Erwartungsmuster

Die dominante Prozessstruktur in den Lebensabläufen der traditionsorientierten Unternehmensnachfolger/innen ist das institutionalisierte Ablauf- und Erwartungsmuster. In allen Biographien kommt es außerdem mehrfach zur Aufschichtung von Verlaufskurvenpotenzial, welches meist aus der familiären Fremdbestimmtheit resultiert.

Die Biographieträger/innen durchlaufen das institutionalisierte Ablauf- und Erwartungsmuster der Schulausbildung ohne Probleme und Auffälligkeiten, um dann eine Berufsausbildung oder ein Studium zu absolvieren, welches mit dem Familienunternehmen oder der väterlichen Selbständigkeit kompatibel ist. So kann das eine kaufmännische oder fachähnliche Ausbildung passend zum Unternehmen sein oder beispielsweise ein Studium der Fachrichtung des väterlichen Berufs. Nicht in jedem Falle ist die gewählte Berufsausbildung mit dem eigenen Berufswunsch identisch, sodass es durch die fremdbestimmte Berufswahl zunächst zur Aufschichtung von Verlaufskurvenpotenzial kommen, welches sich jedoch als funktional darstellt und später durch die erfolgreiche unternehmerische Tätigkeit bearbeitet werden kann.

Nach der Ausbildung bzw. dem Studium folgt in der Regel das institutionalisierte Ablauf- und Erwartungsmuster der Tradierung des Familienunternehmens, wobei zunächst der nahtlose berufliche Einstieg der Gründer/innen in das elterliche Unternehmen erfolgt, der einen längeren Zeitraum des angestellten Arbeitens nach sich zieht. In manchen Fällen sammeln die Biographieträger/innen zunächst in anderen mittelständigen Unternehmen berufliche Erfahrungen.

Das lebenszyklische Ablauf- und Erwartungsmuster der Eheschließung führt gerade bei den weiblichen Gründer/innen schnell zum lebenszyklischen Ablauf- und Erwartungsmuster der Familiengründung, wenngleich das Mutterdasein für sie bedeutet, entweder ihre beruflichen Tätigkeiten für eine geraume Zeit zu unterbrechen, was wiederum zu finanziellen Schwierigkeiten führen kann, oder eine sehr begrenzte Stundenanzahl zu arbeiten. An diesem Punkt endet für die Frauen eine berufliche Karriere außerhalb der elterlichen Firma, was häufig zur Aufschichtung von Verlaufskurvenpotenzial führt. Wenn sie nach der beendeten externen Karriere als Mütter in das Familienunternehmen einsteigen, sind sie strukturell zur stundenweisen oder tageweisen Mitarbeit im familiären Unternehmen gezwungen.

Susanne Schimmel berichtet in ihrer lebensgeschichtlichen Erzählung von ihrem Einstieg in den Betrieb der Eltern. Sie arbeitet bis zu ihrer Schwangerschaft in einer Traktorenfirma und muss ihre Tätigkeit dort zu Beginn des Mutterschutzes beenden, da sie auf Grund der Betreuung ihres Kindes vorerst nicht wieder arbeiten kann. So erläutert sie: „und bin praktisch in der elterlichen Firma seit meine Tochter geboren ist, ja also seit neunzehnhundertvierundachzig, hab dann erst stundenweise gearbeitet, dann en halben Tag gearbeitet, irgendwann den ganzen Tag gearbeitet. Und bin dann da praktisch hineingewachsen in das Ganze" *(Interviewausschnitt Susanne Schimmel).*

Die männlichen Unternehmensnachfolger dagegen konzentrieren sich mehr auf ihre berufliche Tätigkeit im elterlichen Unternehmen. Einer Tätigkeit außerhalb der väterlichen Firma wird nur in einem kurzen Zeitrahmen von einigen Jahren nachgegangen. Dann folgen die Gründer/innen dem Ruf der Familie und fügen sich dem institutionalisierten Ablauf- und Erwartungsmuster der Tradierung des Familienbetriebs. Es folgt eine längere Zeit der Angestelltentätigkeit im elterlichen Unternehmen.

Hermann Qualle zählt im Nachfrageteil stichwortartig seine Schul- und Ausbildungsstationen sowie seine erste berufliche Tätigkeit auf. Am Ende seiner Schilderung wird implizit deutlich, dass sein Weg in das elterliche Unternehmen vorgezeichnet ist: „war dann- ich weiß nich ein Jahr oder anderthalb Jahre noch bei nem EDV-Unternehmen als kaufmännischer Leiter um einfach mal rauszukommen, mal was anderes zu sehen, war auch sehr interessant. Und hab dann im Steuerbüro meines Vaters gearbeitet *(Interviewausschnitt Hermann Qualle).*

Das lebenszyklische Ablauf- und Erwartungsmuster der Familiengründung nimmt in den Biographien der männlichen Gründer einen weniger dominanten Platz ein. In den untersuchten Interviews haben die Unternehmensnachfolger für einen langen Zeitraum nur kurze feste partnerschaftliche Bindungen, da sie sehr von ihrer unternehmerischen Tätigkeit absorbiert sind. Eine Familie gründen sie erst nach dem 40. Lebensjahr oder es kommt sogar zu einem Verzicht auf eigene Kinder, da die Partnerinnen bereits Kinder aus vergangenen Beziehungen mitbringen. Jedoch kann dieser lebensgeschichtliche Umstand für die Unternehmensnachfolger nicht generalisiert werden.

Außengeleitete Motivation zur Existenzgründung

Die Lagerung der Selbständigkeit im Lebensablauf der traditionsorientierten Unternehmensnachfolger/innen zeichnet sich durch das institutionalisierte Ablauf- und Erwartungsmuster der Tradierung des Familienunternehmens aus und wird häufig vom sozialen Umfeld bestimmt. Die Übernahme der Leitungs- oder Geschäftsführerfunktion ist von außen, das heißt meist von der Familie, motiviert. Dabei werden unterschiedliche Wege in die eigene Selbständigkeit erkennbar. Meist übernehmen die männlichen Gründer nach einigen Jahren der Angestelltentätigkeit ein Teil der Leitung des Unternehmens, wobei hier nur eine latente außengeleitete Motivation im Sinne der naturwüchsigen Sozialisation zum Unternehmensnachfolger deutlich wird, wie das folgende Datenbeispiel zeigt.

Uwe Nashorn zählt in seiner lebensgeschichtlichen Erzählung die Stationen seiner beruflichen Einstiegsphase und den Beginn seiner Selbständigkeit wie in einem Lebenslauf auf: „Ich hab nach der zehnten Klasse das Gymnasium gecancelt. Hab nach einem Lehrvertrag geguckt, hab spezifisch eine KFZ-Schlosserlehre gemacht, dass ich da auch ein bisschen ne Ahnung hab. Bin dann auf die Fahrlehrerschule, hab die mit Erfolg gemeistert, und bin dann in den elterlichen Betrieb als Angestellter eingestiegen. Lehrjahre .. ja. Drei Jahre später bin ich dann mit .. als Selbständiger. Oder war ich dann selbständig, zwar im elterlichen Betrieb aber wir haben uns einfach getrennt ein bisschen, sodass jeder von uns selbständig arbeiten kann. Dann kam dann mein Bruder ein paar Jahre später dazu, und dann haben wir angefangen, sukzessive das Unternehmen auszubauen" *(Interviewausschnitt Uwe Nashorn).*

Ein anderer Weg in die Selbständigkeit ergibt sich durch die offensichtliche Gelegenheitsstruktur des Todes des Vaters oder der Mutter, wenn der/die Gründer/in durch diesen Todesfall gezwungen wird, die Firma alleine weiterzuführen. Durch eine mehrjährige Angestelltentätigkeit wird der/die Gründer/in auf die Übernahme vorbereitet. Die langjährige signifikante Motivation der Eltern zielt demzufolge auf die spätere Unternehmensnachfolge ab.

Hermann Qualle berichtet kurz und knapp von der Übernahme des Unternehmens nach dem Tod seines Vaters: „Neunzehnhundertachtundachtzig ist mein Vater gestorben, .. und da hab ich dann das Büro übernommen, .. und innerhalb von zwei Jahren war eigentlich der ganze Personalstamm ausgewechselt" *(Interviewausschnitt Hermann Qualle).* Es wird deutlich, dass es sich um einen vorgezeichneten Weg handelte. Die Gründe für den Tod des Vaters werden an dieser Stelle nicht thematisiert. Zu einem späteren Zeitpunkt im Interview findet der Krankheitsverlauf Erwähnung.

Die weiblichen Gründer/innen zeigen meist einen differenten Weg in die Selbständigkeit. Auch sie sind zunächst für einen längeren Zeitraum als Angestellte des elterlichen Unternehmens tätig. Eher selten übernehmen die Frauen selbständig die Führung der Firma, was vermutlich auch in der gesellschafts-historischen Zeit begründet liegt. In den 1970er und 1980er Jahren leiten Frauen in Deutschland sehr selten ein Unternehmen ohne einen männlichen Partner. Vielmehr arbeitet der Ehemann nach der Hochzeit in der elterlichen Firma mit und das Paar leitet entweder gemeinsam das Unternehmen oder zusammen mit dem Vater. Diese Leitungstriade kann zu Spannungen und Konkurrenzkämpfen führen. In der Folge ist die Aufschichtung von Verlaufskurvenpotenzial möglich, was jedoch funktional in Hinsicht auf die Leitung des Unternehmens wirken kann, da als Folge über die Geschäftsführung neu entschieden wird. In der Konsequenz kann sich entweder der Vater als Unternehmer aus der Firma zurückziehen und dem Gründerpaar die Leitung überlassen oder die Gründerin übernimmt eigenständig den Part der Geschäftsführung. In den hier erhobenen Daten kommt es schlussendlich zu einer gütlichen Einigung.

Susanne Schimmel thematisiert die schwierige Situation als Ehepaar in der Firma des Vater zu arbeiten „und dann ist auch mein Mann, mein früherer Mann mit in die Firma gegangen. Wir haben also beide hier gearbeitet, mit meinem Vater, was sehr schwierig war. .. Es gab sehr viele Konkurrenzkämpfe und Auseinandersetzungen" *(Interviewausschnitt Susanne Schimmel).* Zunächst arbeiten beide gemeinsam für den Vater, dann übernimmt ihr Ehemann die Geschäftsführung. Nach diversen schwierigen Phasen tritt sie die Leitungsposition an, was zu einer besseren Geschäftslage führt.

Im vorliegenden Interviewsample wird ein weiteres Modell des Weges in die Existenzgründung innerhalb dieses Typs A manifest: Wenn die traditionsorientierten Unternehmensnachfolger/innen wenig Hoffnung auf die baldige Übernahme des Unternehmens haben, kommt das institutionalisierte Ablauf- und Erwartungsmuster der eigenen Existenzgründung mit dem/der Ehepartner/in in der Branche des elterlichen Unternehmens zum Tragen. Die Gründer/innen duplizieren in diesem Fall erfolgreich das elterliche Erfolgsmodell. Auch hier ist die Gründungsmotivation eine außengeleitete, da die Gründer/innen ihr Leben lang in die Selbständigkeit prozessiert werden. Hinzukommen kann, dass der/die Ehepartner/in der Biographieträger/innen die Gründungsmotivation durch eigene Pläne noch verstärkt. Diese Entwicklung zeigt sich in dem anschließenden Datenbeispiel.

Dora Schwan erzählt: „Mein Vater hatte sechs Kinder, er hatte ne Vorstellung die n bisschen von gestern ist, dass dann die Kinder alle in seinem Betrieb arbeiten mehr oder weniger eh .. für ein bescheidenes Entgelt. Und so haben mein Mann und ich, wie ich sechsundzwanzig Jahre alt war uns beschlossen selbständig zu machen. .. Und mein Mann war damals dreißig und er hat gesagt jetzt bin ich dreißig, also wenn ich jetzt nich anfange das Geld zu verdienen und ne Zukunft zu haben und nur warten muss bis irgendwann mal das Erbe kommt, und da ham wir uns selbständig gemacht. Das war dann- .. ja einfach auf dem Wissen und dem Können meiner Familie und mein Mann kam aus der Fabrikation, und das man dann da einfach mit diesem Wissen, natürlich nicht in der Gegend der Eltern, sondern wir sind dann in den Großraum M-Stadt, wo es solche Schuhdiscounter noch nich gab aber viele Menschen wohnten, und haben uns da einfach- .. kopiert quasi die Geschichte der Eltern und sind dadurch groß geworden" *(Interviewausschnitt Dora Schwan)*. Die Erzählerin zeichnet einen Einblick in das institutionalisierte Ablauf- und Erwartungsmuster des Arbeitens im väterlichen Unternehmen, welches von einem weiteren institutionalisierten Ablauf- und Erwartungsmuster der Existenzgründung mit dem Ehemann abgelöst wird. Die Gründung eines eigenen Schuhdiscounts wird durch den Ehemann initiiert, was an der Darstellung der Gründe des Mannes deutlich wird. Frau Schwan zählt keine eigenständigen Motive zur Existenzgründung auf, sondern nur die weiteren objektiven Hintergründe zur Schuhdiscountgründung in einem anderen örtlichen Bereich. Diese Beschreibung impliziert die außengeleitete Gründungsmotivation der Biographieträgerin.

8.1.2 Das Lernportfolio – Gründung im Modus des verwalteten Lernens

Das Lernportfolio soll nun detailliert Einblick in die spezifischen lebensgeschichtlichen Lernerfahrungen des traditionsorientierten Unternehmensnachfolgers bzw. der -nachfolgerin gewähren. Dabei wird deutlich, dass das Lernportfolio durch den Modus des verwalteten Lernens stark geprägt wird. Das verwaltete Lernen bedeutet in diesem Kontext, dass es sich hier vor allem um eine verwaltete Lebenspraxis der Gründer/innen in Richtung der Unternehmensnachfolge handelt. Der Typus A wird, wie bereits oben angedeutet, durch seine Familie mehrheitlich fremdbestimmt. Dennoch kann hier ein selbstbestimmtes Lernen konstatiert werden, welches im hohen Maße funktional für die spätere Unternehmensführung ist.

In der nachfolgenden Abbildung wird das Lernportfolio des traditionsorientierten Unternehmensnachfolgers bzw. der -nachfolgerin in einer Übersicht dargestellt. Die Dominanz des verwalteten Lernens ist durch die (dunkel) rote Einfärbung gekennzeichnet. Die flankierende prozessuale Lerndimension – das leidgeprüfte Lernen – ist (hell) grün markiert. Weitere Dominanzen sind durch die roten Markierungen und die Verbindungen durch die farbigen Pfeile sichtbar. Da der Einfluss nicht immer eindeutig sein muss, kommt es zu Varianzen. Diese Abbildung wird in den nächsten Unterpunkten plausibilisiert.

Abbildung 5:   Lernportfolio der traditionsorientierten
                   Unternehmensnachfolger/innen

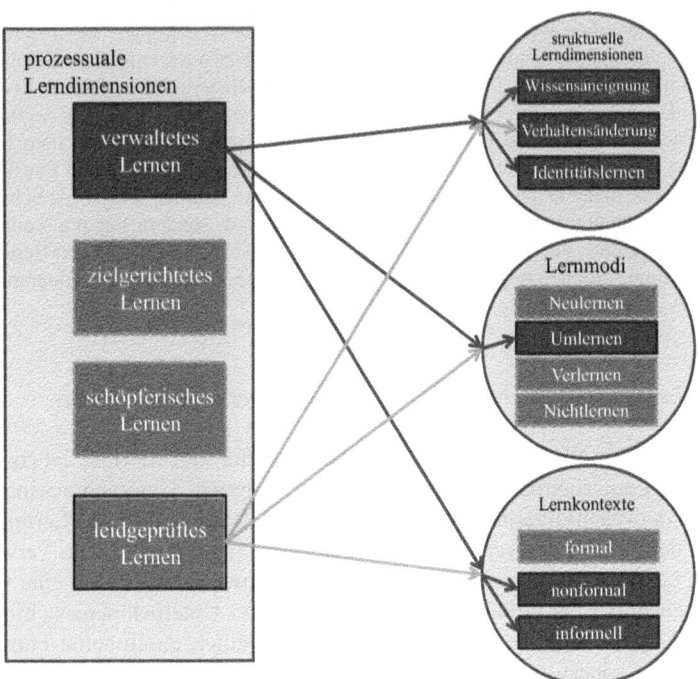

Verwaltetes Lernen als zentrale prozessuale Lerndimension

Wie gestalten sich nun die biographischen Lernprozesse der traditionsorientierten Unternehmensnachfolger/innen und wann finden sie in der Lebensgeschichte
statt? Aus dem Datensample kann für diese Gründer/innen eindeutig das verwaltete Lernen als dominante prozessuale Lerndimension eruiert werden, während
das leidgeprüfte Lernen die flankierende Lerndimension darstellt. Verwaltetes
Lernen findet in der Regel innerhalb der „gesamtgesellschaftliche[n] und kultur-
spezifische[n] Institutionalisierungsmuster des Lebensablaufs" *(Nittel 2013b, S.
145)* statt, welche beispielsweise Schul- und Ausbildungs- sowie Berufskarrieren
implizieren. Meist ist das verwaltete Lernen an staatliche oder private Bildungsinstitutionen oder wirtschaftliche Großorganisationen geknüpft, in denen organisierte Bildungs- und Lernprozesse vonstatten gehen. In den vorliegenden Lebensgeschichten der Unternehmensnachfolger/innen findet das institutionalisierte
Lernen der Gründer/innen zunächst in den staatlichen Bildungseinrichtungen
statt, wie Schulen, Ausbildungsstätten und Universitäten. Jedoch wird das ver-

waltete Lernen ebenso in den Familien und deren Unternehmen manifest, dabei handelt es sich nicht ausschließlich um das institutionalisierte Lernen, sondern um implizite Lernprozesse, die im Sinne einer naturwüchsigen Sozialisation mit einer stark teleologischen Ausrichtung im Hinblick auf das familiäre Relevanz-system des eigenen Unternehmens stattfinden und das Ziel der Ausbildung einer Unternehmeridentität verfolgen. Diese Lerndimension verdeutlicht die mehr oder weniger organisierten Vermittlungssequenzen der Familie und das damit ver-bundene obligatorische Lernen der Gründer/innen *(vgl. ebd., S. 149)*[50], wie sich auch im folgenden Interviewausschnitt zeigt.

Wie bereits im siebten Kapitel erwähnt, gibt Hermann Qualle in seiner lebensgeschichtli-chen Erzählung an, dass ihm sein Vater in seiner gesamten Kindheit deutlich vermittelt hat, dass er den Beruf des Steuerberaters ergreift und den Familienbetrieb übernimmt: „Bei uns war das Leben eigentlich immer so- oder bei meinen Eltern darauf fixiert, der wird mal <u>Steuerberater</u>" *(Interviewausschnitt Hermann Qualle)*. Die Wortwahl des Erzäh-lers, die Pronomen und die unpersönliche Redeweise am Satzende verdeutlichen die Prozessierung zum Beruf des Steuerberaters und zum Unternehmensnachfolger. Das gesamte Leben des Biographieträgers wird implizit auf diese Berufswahl ausgerichtet und die Lernmöglichkeiten dahingehend von der Familie fokussiert.

Erste verwaltete Lernprozesse vollziehen die Biographieträger/innen im Rahmen ihrer Kindheit in der Familie wie auch im elterlichen Unternehmen. So werden sie beständig mit der Signifikanz der beruflichen und unternehmerischen Tätig-keiten der Eltern sowohl in ihrem zu Hause wie auch in der elterlichen Firma konfrontiert und internalisieren Stück für Stück deren maßgebliche Bedeutsam-keit für die Familie. Es findet eine permanente Wertevermittlung der Eltern durch die Arbeit im eigenen Unternehmen statt, sodass beispielsweise arbeits-ethische Grundsätze einer Unternehmerperson frühzeitig erlernt werden.

Die Biographieträger/innen müssen manchmal kleine Hilfsarbeiten in der Firma erledigen, bei denen sie Handlungsabläufe des Unternehmens kennenler-nen. Sie erleben frühzeitig strategische Verhandlungen zwischen verschiedenen Unternehmern und Unternehmerinnen und inkorporieren erste Perspektiven des elterlichen Unternehmens.

Da die Unternehmensnachfolger/innen aus weniger bildungsorientierten Familien stammen, absolvieren sie verwaltete Lernprozesse innerhalb einer Aus-bildung, die zum Bereich des elterlichen Unternehmens passt. In wenigen Fällen

---

[50] *Nittel* geht in seiner Darstellung der prozessualen Lerndimensionen davon aus, dass das ver-waltete Lernen meist an „organisierte und lizenzierte Vermittlungssequenzen" *(ebd.)* gebunden ist und jeweils obligatorische Lernphänomene hervorbringt. In der vorliegenden Analysearbeit zeigt sich jedoch, dass verwaltete Lernprozesse nicht ausschließlich durch lizenzierte Vermitt-lung geschehen, sondern ebenso durch absichtsvolle Tradierung ausgelöst werden können.

ist ein Studienabschluss für die Führungsaufgabe des Familienunternehmens notwendig, sodass das verwaltete Lernen im Rahmen eines Studiums stattfindet. Auch der Einstieg in das elterliche Unternehmen findet im Modus des verwalteten Lernens statt, da dieser meist gleitend passiert und die überwiegend informelle Vermittlung von Betriebswissen an die tradierten Wissensstrukturen anschließt, ohne das wesentlich neues Wissen hinzukommt.

Leidgeprüftes Lernen als flankierende prozessuale Lerndimension

Die flankierende Lerndimension des leidgeprüften Lernens wird häufig durch die strukturelle Fremdbestimmung der Familie und des elterlichen Unternehmens ausgelöst. So werden leidgeprüfte Lernprozesse durchlaufen, wenn von den Eltern eine fremdbestimmte Berufswahl ohne Rücksicht auf die Interessen der Biographieträger/innen durchgesetzt wird. Weitere Auslöser für diese prozessuale Lerndimension können im Laufe der Angestelltentätigkeit im elterlichen Unternehmen kontroverse Positionen, Interessenskonflikte oder differente unternehmerische Standpunkte sein. Da es sich meist nicht um elementare Formen von Erleidensprozessen handelt, die einen völligen Zusammenbruch der Handlungs- und Identitätsorientierung zur Folge haben, übernimmt das leidgeprüfte Lernen eine Art von Bewährungscharakter, um den unternehmerischen Nachwuchs sowohl auf die Spur des Unternehmens zu bringen, als auch wichtige Kompetenzen, wie Belastbarkeit, Beharrlichkeit und Widerstandsfähigkeit auszubilden. Das leidgeprüfte Lernen kann häufig zur Übernahme der unternehmerischen Pflichten und zum erfolgreichen Unternehmertum führen.

Im Zuge der gemeinsamen Führungsaufgaben mit Ehepartnern und den Eltern oder einem Elternteil kann es zu leidgeprüftem Lernen kommen. Kontroverse Standpunkte und Unstimmigkeiten müssen kommuniziert werden, sodass es nicht selten vorkommt, dass eine Person, wie der/die Ehepartner/in der Gründerperson, aus dem gemeinsamen Unternehmen ausscheidet. Diese Entwicklung kann auch zu Trennungen führen, was erneutes leidgeprüftes Lernen nach sich zieht. Gelegentlich kann auch das Ehepaar gemeinsam das elterliche Unternehmen verlassen, um die Neugründung eines eigenen Unternehmens in der gleichen Branche zu realisieren, wobei diese unter Umständen zu familiärer Zwietracht führen kann.

Dora Schwan berichtet im Nachfrageteil von den Schwierigkeiten, die durch ihr Ausscheiden aus dem elterlichen Unternehmen entstanden sind. So hat ihr Vater sie zunächst enterbt und sie hatten viele Jahre kaum Kontakt. In der Haupterzählung hat sie folgende Eigentheorie: „Man macht auch viel um dem Vater zu beweisen, dass mans trotzdem kann. *(Lachen)* Es war so damals als wir uns selbständig gemacht haben, kam so das, in zwei Jahren seid ihr pleite und dann stehst de wieder vor der Tür und kratzt und all diese

Dinge. Aber ich denke, heute weiß man, dass hat einem erst recht den Power und das Durchhaltevermögen gegeben, es weiter zu machen. *(Interviewausschnitt Dora Schwan)*.

Leidgeprüfte Lernprozesse werden auch durch die Einschränkung der Arbeitsmöglichkeiten durch die Betreuung und Erziehung der eigenen Kinder ausgelöst. So kommt es zunächst zum zwangläufigen Mitarbeiten im elterlichen Betrieb. Durch leidgeprüfte Lernprozesse wird unternehmerisches Handeln und Denken sukzessive internalisiert und die Aneignung des unternehmerischen Habitus gelingt, sodass ein selbstbestimmtes Arbeiten erlernt wird.

Susanne Schimmel: „Und das dass ich, dass ich diese Firma hier führ hat sich mehr er:geben als das ichs gewählt hätte. Also das war einfach ... ja, das hats .. das hat sich einfach so ergeben, ja. Also ich hab das jetzt nie eh das groß gewählt, sondern das war einfach immer, einer musste da sein, um sich um das alles zu machen und, und ich habs dann einfach gemacht ja. .. Ich hab mich viele Jahre auch hineingepresst gefühlt und war n bisschen unglücklich, aber in den letzten Jahren muss ich sagen macht es mir sehr viel Freude. Also sehe ich auch das große Tiefe da drin, und bin ich sehr gewachsen an all diesem was man lernt mit Mitarbeitern und und. Das ist ja wie wie ne Familie so ne kleine Firma" *(Interviewausschnitt Susanne Schimmel)*.

Die Biographieträgerin schildert ihren leidgeprüften Lernprozess in Richtung des eigenen Unternehmerdaseins. Die Unternehmensleitung ist nicht ihre eigene Wahl, sondern sie wird von der Familie in diese Richtung geschoben und übernimmt die Leitung selbstverständlich, ohne Rücksicht auf mögliche eigene berufliche Ziele und Wünsche. Die durchlaufenen Lernprozesse modifizieren und festigen ihr berufliches Selbstbild, sodass sie als Unternehmensnachfolgerin doch eine gewisse Zufriedenheit erlangt.

Enge Kopplung der strukturellen Lerndimensionen

Wie sehen nun die faktisch realisierten Lernphänomene in Bezug auf die Existenzgründung aus? Was gibt es für Veränderungen in sachlicher, räumlicher und sozialer Hinsicht auf der Ebene der Lerninhalte, die als gründungsrelevant anzusehen sind *(vgl. Nittel 2013a, S. 144)*?
     Mithilfe des verwalteten Lernens und der naturwüchsigen Sozialisation findet eine frühe Verzahnung von Wissensaneignung, Verhaltensänderung und Identitätskonstruktion statt, die sich über große Teile des Lebensablaufs von der Kindheit bis zum Unternehmertum und darüber hinaus vollzieht. Das bedeutet, dass die Sozialisation zum Unternehmertum und ebenso die Verzahnung der strukturellen Lerndimensionen langfristig erfolgt und diese bei den Biographieträger/innen im Modus des lebenslangen Lernens implementiert ist. So werden

die unternehmerischen Kompetenzen auf der Ebene des Alltagsverhaltens und der Identität durch die naturwüchsige Sozialisation in der Unternehmerfamilie erlernt, wobei diese auch durch ein hohes Maß an leidgeprüftem Lernen gekennzeichnet sind. Ein großes Leidens- und Durchhaltevermögen sowie eine Kompromissbereitschaft entwickeln sich infolge des frühen Arbeitens im elterlichen Unternehmen auch an Sonn- und Feiertagen. Nicht selten wird die Mitarbeit der Kinder von den Eltern eingefordert, wie nachfolgend in dem Interviewausschnitt ersichtlich ist.

Dora Schwan erzählt aus ihrer Kindheit, dass sie früh Verantwortung übernehmen und im elterlichen Schuhhandel arbeiten musste. Eigentheoretisch stellt sie fest: „aber man hat später eh unheimlich viel gelernt. Wissen Se so im- so wie en Kind n anderes Kind bei seiner Mutter backen ler:nt und und und kochen ler:nt und so hat man halt unheimlich viel als <u>Kind</u> schon einfach mitgekriegt, wo wo man dann später einfach drauf zugreifen konnte und das hat einem geholfen, seinen Weg zu gehen" *(Interviewausschnitt Dora Schwan).*

Mithilfe der engen Kopplung der drei Ebenen der strukturellen Lerndimensionen, d. h. der Kopplung zwischen Wissensaneignung, Verhaltensveränderung und Identitätskonstitution entsteht eine Art Kontinuität in der Biographie der Unternehmensnachfolger/innen. Dieser beständige Mechanismus wird durch fortlaufendes Mitarbeiten im Betrieb oder durch das konstante Anteilnehmen am Schicksal des Betriebes erzeugt, welcher sich als viel mächtiger als die Lerninhalte in Ausbildung und Studium erweist. Das Identitätslernen erfolgt also sukzessive und fast nebenbei. Die Sozialisation zum Unternehmertum passiert durch die familiäre Zugehörigkeit, wobei alltagsweltliche Plausibilitätsstrukturen durch unscheinbare Praktiken einsozialisiert werden, wie die Aneignung von unternehmerischem Wissen und Lernen des Unternehmerverhaltens durch das Arbeiten als Angestellte im elterlichen Unternehmen. Diese Aneignung passiert sozusagen en passant sowie indirekt und es kommt zu einer frühen Initiation zum Unternehmertum.

Susanne Schimmel berichtet in dem folgenden Datenausschnitt über ihre Lernerfahrungen im elterlichen Unternehmen: „Also ich bin in die in die Firma praktisch einfach reingewachsen Stück für Stück, Jahr für Jahr hat sich einfach mein Aufgabenbereich geweitet. Und mit der Zeit kriegt man auch mehr Erfahrung und weiß wie es läuft und .. . Am Anfang hat mein Mann die Firma geführt, als Geschäftsführer, das hab dann später ich gemacht, weil sein Ding war es nicht so unbedingt in dem Fall" *(Interviewausschnitt Susanne Schimmel).*

In dem Datensample wird deutlich, dass familiäre und unternehmerische Belange bei den Unternehmensnachfolgern und -nachfolgerinnen immer Vorrang vor den individuellen Bedürfnissen haben und an erster Stelle kommen. So zeigt sich, dass es bei diesem Typ nicht um eine individuelle Identität, sondern um die Gewinnung einer kollektiven Identität als Unternehmerfamilie geht. Und diese Identität vollzieht sich im Zuge des lebenslangen Lernens, denn die Unternehmerperson gehört von Geburt an zu der Unternehmerfamilie. Die früh erlernten Verhaltensweisen werden in der eigenen unternehmerischen Tätigkeit wieder erfolgreich angewendet, sodass das leidgeprüfte Lernen eine funktionale Ebene sowie einen Bewährungscharakter hat. Es führt meistens zum erfolgreichen Unternehmertum.

In Dora Schwans Beschreibung der Firmenstruktur des elterlichen Unternehmens wird die früh habitualisierte kollektive Identitätskonstruktion der Familie in der Wortwahl sehr deutlich. Diese erlernte familiäre Firmenstruktur wendet sie bis heute in ihrem eigenen Unternehmen an: „unsere Familie war schon, oder unsere Firma war schon zu Hause ne Familie- geführte Familie. Und unsere Firma is sonne .. war auch zu Hause schon zwar ne patriarchisch, aber auch ne Familienform der Firma. Und eigentlich hab ich das versucht .. weil ich bewusst .. eh ne Firma führe, diese Familienform, also das jeder sofern es um Verantwortung geht, seine kleinen Aufgaben und Pflichten hat, aber trotzdem auch jeder weiß es geht ums Ganze, es geht um um uns alle um unser aller Firma. Dass es ne Familie is" *(Interviewausschnitt Dora Schwan)*.

Das Fachwissen wird sowohl innerhalb des verwalteten Lernens in der Ausbildung oder im Studium als auch im elterlichen Unternehmen erlernt. Dabei zeigt sich eine funktionale Indifferenz gegenüber akademischen Ausbildungen. Eine berufliche Autonomie als Unternehmer/in wird zwar früh erlernt, jedoch kommt es nicht zur Herausbildung einer umfassenden Autonomie gegenüber der Familie, da die Biographieträger/innen über eine kollektive Identitätskonstruktion verfügen.

Uwe Nashorn schildert in dem folgenden Ausschnitt die Herausbildung seiner Identität als Fahrlehrer, die vom Vater übernommen wird: „Mein Vater hat seine Arbeit immer als Hobby angesehen. Er hat die Prüfung als Fahrlehrer gemacht und wurde dort gleich als Dozent eingestellt. Fahrlehrer das ist sein Leben, das macht ihm wahnsinnig Spaß. Und so ist es bei mir und meinem Bruder auch, das haben wir irgendwie übernommen" *(Interviewausschnitt Uwe Nashorn)*.

Dominanz des Umlernens und des informellen Lernens im Zuge der Unternehmensnachfolge

Die Art und Weise des Lernens der Unternehmensnachfolger/innen im Zuge ihres Prozesses in die Selbständigkeit kann im Datensample nicht problemlos analysiert werden, da diese Lernphänomene im autobiographisch-narrativen Interview kaum thematisiert werden. Jedoch kann konstatiert werden, dass das verwaltete und leidgeprüfte Lernen in der Kindheit und innerhalb der Angestelltentätigkeit zur Übernahme von unternehmerischen Einstellungen, Denk- und Handlungsweisen im Sinne der elterlichen Vorbilder führt. Das könnte ein Hinweis sein, dass die Biographieträger/innen auf Vorrat lernen. Im Leitfadeninterview stellt sich heraus, dass im Zuge der Arbeit in der elterlichen Firma erworbenes Wissen bei deren Übernahme durch das Umlernen modifiziert und angewendet wird. Hier beginnt der/die Gründer/in eine Eigenverantwortung für das Unternehmen bzw. einen Unternehmensbereich zu entwickeln. Das Neulernen ist an dieser Stelle nur marginal, da das anzuwendende Wissen bereits vorhanden ist und in unterschiedlichen Varianten genutzt wird, was auf die Dominanz des Umlernens verweist.

Uwe Nashorn erzählt im Leitfadeninterview über den Beginn seiner Selbständigkeit in der elterlichen Fahrschule: „Die Selbständigkeit habe ich beantragt und beim Kraftfahrzeugamt hat man nur gesagt, ach das ist wieder ein Nashorn, da gibt es einfach den Stempel. Und es gab keine Hürden, ich kannte ja den Laden in- und auswendig. Ich habe dann einen weiteren Zweig aufgebaut und mich auf die Ausbildung von Körperbehinderten spezialisiert, das war was Neues" *(Interviewausschnitt Uwe Nashorn).*

Eine Bedingung für die Dominanz des Umlernens ist, dass die Biographieträger/innen die Firma in einer ruhigen, nicht krisenhaften, berechenbaren konjunkturellen Phase übernehmen und diese in der herkömmlichen Weise weiterführen. Bei schwierigen Marktsituationen, Mitarbeiterdifferenzen oder anderen unternehmerischen Turbulenzen können jedoch für die Gründer/innen kurzfristig die Modi des Verlernens und des Neulernens dominant sein. So ist es notwendig, sich an die Zeit anzupassen und gelegentlich traditionelle Führungsformen zu verlernen. In der Folge kommt es zum Umbau von patriarchalen Führungstechniken hin zu modernen Management- und Effektivitätstechniken, was zeigt, dass mehr auf Effektivität und Loyalität geachtet wird, als auf langjährige Firmenzugehörigkeit.

Hermann Qualle erzählt, dass es bereits vor seiner Büroübernahme Schwierigkeiten mit einigen Mitarbeitern und Mitarbeiterinnen gab, sein Vater sich jedoch nicht mehr damit auseinandersetzen wollte. So nimmt der Biographieträger nach der Übernahme Entlassungen und Neueinstellungen vor, wobei er diese Führungsaufgaben neu erlernt. Er schildert: „und innerhalb von zwei Jahren war eigentlich der ganze Personalstamm ausgewechselt, wobei ich grundsätzlich die Mentalität habe, wenns läuft läufts, dann is ja gut, wenns nich läuft dann muss ich halt den Mitarbeitern sagen, wie ichs mir vorstelle, wenns nicht zusammen kommt. Und wenn man da dann .. ja sich immer wieder verständlich macht und offen kommuniziert, dann bleibt eigentlich dem anderen nur übrig entweder irgendwann mitmachen oder auszusteigen. Aber das musste ich erst lernen" *(Interviewausschnitt Hermann Qualle).*

Der Modus des Verlernens zeigt sich weiterhin darin, dass die Biographieträger/innen ihre Rolle des Unternehmensnachfolgers und des Sohnes oder der Unternehmensnachfolgerin und der Tochter verlernen müssen. Sie übernehmen nun die Führungsfunktion und müssen eine Vorgesetztenmentalität entwickeln. Gründer/innen, die bereits angestellt waren, verlernen außerdem die Angestelltenrolle wieder, wobei diese die Gelegenheit der Perspektivenübernahme haben, da sie sowohl die Angestellten- wie auch die Unternehmerperspektive kennen.

Obwohl die zentrale prozessuale Lerndimension das verwaltete Lernen ist, stellt sich innerhalb der Lernkontexte bei den traditionsorientierten Unternehmensnachfolger/innen zunächst eine Dominanz des informellen Lernens dar, da alle wichtigen unternehmerischen und meist auch fachlichen Kompetenzen im Zuge der Arbeit im elterlichen Unternehmen informell erlernt werden. Früh formal erlerntes Wissen wird sukzessive durch informelle Lernprozesse im Unternehmen abgeändert und angewendet.

8.2 Typ B – Der/die traditionsbewusste Neugründer/in

Die traditionsbewussten Neugründer/innen stellen eine alternative Form der traditionellen Unternehmer/innen dar, die sich sowohl durch ihre frühe freigeistige Mentalitätsstruktur und ihre Risikobereitschaft auszeichnen, als auch durch die Anpassung an ihre familienbiographische Herkunft. So verfolgen sie in erster Linie eigene Interessenlagen und setzen diese unter Ausschöpfung ihres gesamten Möglichkeitsspielraums konsequent um. Diese Biographieträger/innen gründen eigenständig ein kleines Unternehmen in einer selbstgewählten Wirtschafts- oder Dienstleistungsbranche, wobei sich die familienbiographische Kontinuität der Selbständigkeit als konstitutiv erweist.

Im Unterschied zum Typus des/der traditionsorientierten Unternehmensnachfolgers bzw. -nachfolgerin bezieht sich die Tradierung bei diesem Typus auf die Selbständigkeit und nicht auf das elterliche Unternehmen. Die traditionsbewussten Neugründer/innen führen mit ihrer Existenzgründung die Tradition der Selbständigkeit weiter und versuchen vielleicht sogar eine eigene Tradition zu stiften. Diese Biographieträger/innen sind eher selbstbestimmt und weisen die Tendenz auf, eine stabile Individualität zu entwickeln, im Gegensatz zu den Unternehmensnachfolger/innen, die sich der kollektiven Identität der Unternehmerfamilie unterordnen. Die traditionsbewussten Neugründer/innen verkörpern den Individualisierungsprozess nach *Beck*[51], wobei sie eine starke Verankerung in der familiären Tradition besitzen, aber daraus eine neue Selbständigkeit entwickeln und sich somit von der Familie ablösen sowie eine autonome Handlungsfähigkeit aufbauen. Auf diese Weise entwickeln sie die Lebensform der Selbständigkeit.

Bei den weiblichen Neugründerinnen zeigt sich ein weitreichenderes Autonomiebestreben, welches neben den beruflichen Bestrebungen auch die Partnerbeziehungen umfasst. Auch wenn in der qualitativen Forschung keine Häufigkeitsverteilungen vorgenommen werden, wird in den Fällen des Typs B des vorliegenden Samples deutlich, dass die Biographieträgerinnen nach der Trennung vom Partner ihr Selbst- und Weltbild hinterfragen, ändern und umfassende unternehmerische Qualitäten entwickeln, die sie nach und nach erfolgreich umsetzen.

Auch bei diversen Hürden und Problemlagen, die bei der Realisierung der berufsbiographischen Handlungsschemata auftreten können, folgen die Neugründer/innen in der Regel ihren inneren berufsbiographischen Passionen und verwirklichen diese erfolgreich als Unternehmer/innen. So sind sie gut in der Lage, biographisch aufgeschichtetes Verlaufskurvenpotenzial zu bearbeiten und die resultierenden Lernerfahrungen für sich zu nutzen.

8.2.1 Zentrale Dispositionen und Prozessstrukturen auf dem Weg zum Unternehmertum

Wie konstituieren sich die biographischen Dispositionen bei den traditionsbewussten Neugründer/innen und welche zentralen Prozessstrukturen zeigen sich auf deren Weg zur eigenen, selbstbestimmten Existenzgründung? In der nachfolgenden Abbildung werden die vier zentralen biographieanalytisch rekonstruierten Kategorien dieses Typs dargestellt.

---

[51]   *Beck (1983)* postuliert in seinem Aufsatz „Jenseits von Stand und Klasse?", dass sich seit den 1960er Jahren in den prosperierenden westlichen Industrienationen „ein *gesellschaftlicher ‚Individualisierungsprozeß'* von bislang unerkannter Reichweite und Dynamik vollzogen hat und immer noch vollzieht. Genauer: ein historisch spezifischer ‚Individualisierungsschub', in dessen Verlauf auf dem Hintergrund eines relativ hohen materiellen Lebensstandards und weit vorangetriebener sozialer Sicherheiten durch die Erweiterung von Bildungschancen, durch Mobilitätsprozesse, Ausdehnung von Konkurrenzbeziehungen, Verrechtlichung der Arbeitsbeziehungen, Verkürzung der Erwerbsarbeitszeit und vielem anderen mehr die Menschen in einem historischen Kontinuitätsbruch aus traditionellen Bindungen und Versorgungsbezügen herausgelöst und auf sich selbst und ihr individuelles ‚(Arbeits-)Schicksal' mit allen Risiken, Chancen und Widersprüchen verwiesen wurden und werden" *(Beck 1983, S. 40f.).*

Abbildung 6:   Biographieanalytische Kategorien der traditionsbewussten
Neugründer/innen

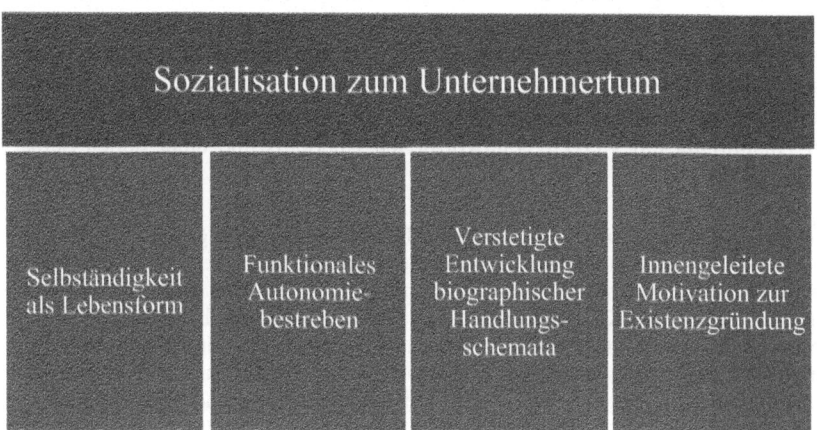

Selbständigkeit als Lebensform

Bei den traditionsbewussten Neugründer/innen ist der Weg in die Existenzgründung im Unterschied zu dem Typus A stark von den biographischen Dispositionen bestimmt. Die Wahl der Selbständigkeit wird bereits in der Kindheit sowohl
durch das Herkunftsmilieu als auch durch die biographischen Erfahrungen geprägt. Später wird sie von den Neugründern und -gründerinnen sogar als Lebensform adaptiert.

Diese Gründer/innen wachsen in intakten Familien auf, in der ein oder beide
Elternteile selbständig oder freiberuflich tätig sind, sodass bei dem Typ, wie
bereits bei Typ A, eine familiäre Affinität zur Existenzgründung besteht. Die
Biographieträger/innen sammeln schon in ihrer Primärsozialisation Erfahrungen
mit der Selbständigkeit der Eltern, jedoch werden sie von diesen nicht zur Übernahme des Geschäfts oder der Firma prozessiert. So werden die Informanten und
Informantinnen beispielsweise in ihrer Kindheit kaum dazu angehalten, im elterlichen Geschäft mitzuhelfen oder ihre Zeit dort zu verbringen. Trotzdem kann
die unternehmerische oder freiberufliche Tätigkeit den Alltag der Familie über-
formen. Die Biographieträger/innen werden etwa mit den künstlerischen Tätigkeiten der Eltern im häuslichen Atelier oder im Büro konfrontiert, welches
manchmal im Wohnhaus integriert ist. Wenn beide Elternteile arbeiten, sind die
Betreuungszeiten durch die Eltern sehr begrenzt. In der Hälfte der hier zuorden-

baren Fälle übernehmen die Mütter die Kinderbetreuung und arbeiten eher selten im elterlichen Geschäft mit, während die andere Hälfte entweder von einer bezahlten Betreuungsperson oder von älteren Geschwistern während der elterlichen Arbeitszeiten versorgt wird. Eine Erziehung zur Eigenständigkeit und Verantwortungsübernahme sowie eine frühe Ablösung vom Elternhaus sind die Folgen für die Gründer/innen, was von diesen als Normalität empfunden wird. Die frühe Konfrontation mit den Rahmenbedingungen der Selbständigkeit führt hier meist zur Ausbildung eines eigenverantwortlichen Handelns und einer hohen Selbstwirksamkeit.

Nicole Iltis erzählt in ihrer lebensgeschichtlichen Haupterzählung von ihrer Kindheit Folgendes: „Wir sind in den Kindergarten gegangen, und wir hatten- also meine Mutter war zu Hause bei jedem Kind bis es drei war. Also die hat zwischendurch gearbeitet. Und dann sind wir in den Kindergarten gegangen, und meine Eltern hatten wie gesagt ein Geschäft, wir haben mittags zusammen zu Hause gegessen, dann sind die wieder weggegangen und nachmittags hatten wir eine Haushälterin, also die dann aber nicht bis- eh meine Eltern warn dann ehm um achzehn Uhr wieder zu Hause und die Haushälterin ist dann aber auch irgendwie schon um fünf gegangen glaube ich, und bis dahin waren wir dann auch alleine. .. Also das waren dann auch andere Zeiten. Meine Eltern haben uns ehm .. relativ viel zugetraut, also ich weiß zum Beispiel auch als ich sieben war sind die dann auch mal drei Tage zur Messe gefahren und meine Schwester war zwölf und wir warn dann alleine. Wir fanden das aber <u>immer</u> toll" *(Interviewausschnitt Nicole Iltis)*. Die Biographieträgerin stellt ausführlich die familiären Routinen in ihrer Kindheit dar, die durch die selbständige Tätigkeit der Eltern bestimmt werden. Die Selbständigkeit der Kinder wird von den Eltern eingefordert und von diesen zugleich akzeptiert und adaptiert.

Einige dieser Gründerpersonen adaptieren in ihrer Adoleszenz zunächst die familienbiographische Grundkonstellation in Bezug auf die geschlechtliche Arbeitsteilung in der Familie und auf die Existenzgründung. Jedoch kommt es gerade bei den weiblichen Biographieträgerinnen dieses Typs schnell zur Transformation, da diese sich nach längeren Beziehungen wieder von ihren Partnern trennen und ihre Priorität zunehmend in der unternehmerischen Berufstätigkeit setzen, wobei einige alleinerziehend sind. Bei den männlichen Informanten zeigt sich eher eine Affinität zur traditionellen Arbeitsteilung in der Familie, sodass selbige die familienbiographische Konstellation ohne weiteres adaptieren.

     Im Zuge der Ausbildung oder erster Berufstätigkeiten inszenieren die Gründer/innen zu verschiedenen Zeitpunkten diverse Grenzsituationen, um eigene Interessen durchsetzen zu können. So kann sich dieser Sachverhalt im vorzeitigen Abschluss der Lehre und Umzug in eine große Stadt manifestieren, ebenso kann es in ersten Jobs zu Kompetenzüberschreitungen kommen. Manchmal zeigt sich auch eine Ausdauer in Bewerbungen als zielführend. In der Folge werden bisweilen eine erhöhte Risikobereitschaft sowie eine hohe Durchsetzungsfähigkeit ausgebildet.

Anka Bär erzählt im Nachfrageteil ausführlich von ihren Schwierigkeiten, ein Auslandsstipendium zu erhalten. So erhält sie während ihres Studiums zunächst die Zusage für ein Stipendium, kann dieses aber aufgrund einer falschen Angabe in der Ausschreibung nicht antreten und muss es zurückgeben. Als sie die Anforderungen endlich erfüllt, erhält sie auf ihre Bewerbung eine Absage. Eine dritte Bewerbung ist eigentlich rechtlich nicht möglich, sie gibt diese trotzdem ab und stößt auf Widerstand. Sie meint dazu: „Und dann hab ich mich einfach ein drittes Mal beim DAAD beworben, obwohl man sich nur zweimal bewerben darf, aber ich hab gedacht, das lasse ich mir nicht bieten" *(Interviewausschnitt Anka Bär)*. Nach einer schwierigen Verhandlungsphase erhält sie schließlich das Stipendium.

Das Zusammenspiel der biographischen Dispositionen bewirkt bei den Neugründer/innen die Herausbildung der Selbständigkeit als eine Lebensform. Sie entwickeln eine selbstbestimmte Haltung und einen starken Drang zur Individualität, die sie erst in der Freiberuflichkeit oder in der Selbständigkeit vollends entfalten können.

Funktionales Autonomiebestreben

In der Regel durchlaufen die traditionsorientierten Neugründer/innen einen mehr oder weniger erfolgreichen Ablöseprozess von der Ursprungsfamilie und zeigen starke Individualisierungstendenzen, nicht zuletzt indem sie ein neues Unternehmen oder Geschäft gründen. Sie verfügen jedoch eher über ein eingeschränktes, gerahmtes Autonomiebestreben[52], da sie innerhalb ihrer Sozialisation immer wieder mit Fremdbestimmung durch die Eltern und Familie, die Partner oder den Staat umgehen müssen und sich entweder aus dieser nicht durchgängig lösen können oder mit neuer Fremdbestimmung konfrontiert werden. Einige Biographieträger/innen fokussieren sich auf die Erreichung einer finanziellen ökonomischen Autonomie, während es anderen wichtig ist, eine Autonomie von der Familie, vom repressiven Staat oder von wirtschaftlichen Zwängen zu erreichen. Nur in Ausnahmen erreichen die Informanten und Informantinnen des Typus B eine umfassende Autonomie. In manchen Fällen kommt es zu einem fast aus-

---

[52] Während unter dem rechtlichen Begriff „Autonomie" die Unabhängigkeit eines Gemeinwesens und seiner Gesetzgebung verstanden wird *(vgl. Harenberg 1996, Bd. 1, S. 230,)* bedeutet „Autonomie" in dem Kontext dieser Arbeit ein Zustand der Selbstbestimmung, Unabhängigkeit und Entscheidungsfreiheit, wobei das grundlegende Recht auf soziale Gleichheit in unserer Gesellschaft als Voraussetzung gilt *(vgl. Pauer-Studer/Nagl-Docekal 2003, S. 7)*.
Kants Ethik sieht hingegen autonomes Handeln als frei von jeglicher Fremdbestimmung an. Das menschliche Handeln wird dabei nicht von seiner Natur bestimmt, sondern liegt in seiner reinen, praktischen Vernunft. Es ist selbstbestimmt und selbstgesetzgebend, wobei unsere Vernunft unabhängig von all unseren Neigungen und dem Vorteil kalkulierenden Verstand ist *(vgl. Nagl-Docekal 2003, S. 305ff.)*.

schließlichen Leben im Dienst des eigenen Unternehmens, sodass das Privatleben stark eingeschränkt ist. Hier kann die Identität als Unternehmer/in lebensbestimmend sein.

Die traditionsorientierten Neugründer/innen bilden bereits im Jugendalter einen Drang nach räumlicher, ökonomischer oder persönlicher Freiheit aus. Dieses Entwicklungsmotiv konstituiert sich aus dem Erleben diverser Einschränkungen, wie materieller Engpässe, räumlicher Enge, gering emanzipierter Haltungen in der Familie sowie staatlicher Repressalien. Eine Folge von familiärem Geldmangel kann die frühe Annahme von Schülerjobs sein und zu weitreichenden ökonomischen Autonomiebestrebungen vor der Adoleszenz führen, wie der Beteiligung an den elterlichen Miet- und Telefonkosten. Bei einer patriarchalen traditionellen Erziehung und Sozialisation äußern gerade weibliche Gründerinnen einen Mangel an persönlicher Freiheit. Die Konsequenz sind ein geringes Selbstvertrauen und eine gewisse Orientierungslosigkeit, welche durch diverse Bildungs-, Ablöse- und Unabhängigkeitsbestrebungen mühsam bearbeitet werden und meist erst zu einer späten Emanzipation und persönlichen Freiheit führen.

Konstanze Dachs' Schilderung der Zeit nach Abschluss des Abiturs zeigt ihre ambivalente Haltung bezüglich ihres weiteren Lebensweges: „wusste dann lange nicht was ich machen sollte .. Hab auch zu der Zeit- ehm .. fand ich mein Leben sehr schwierig, zu Hause war es schwierig mein Leben war schwierig, ehm ich hatte Angst mich zu entscheiden, was Falsches zu machen, ich hatte Angst von zu Hause wegzugehen, weil ich dachte ich muss vielleicht auch zu Hause bleiben. Da gab es Ansprüche und Problemlagen. Und das war ne ganz schwierige Situation. Ich hab dann angefangen zu studieren, hab abgebrochen ehm, hab die Stadt gewechselt hab das Fach gewechselt, hab noch mal das Fach gewechselt. Ehm und hab ich dann mit irgendwelchen also ehm dann n bisschen gejobbt. Eh aber auch mal gar nix gemacht und ... das war eher wie ne Art Lebenskampf sag ich jetzt mal" *(Interviewausschnitt Konstanze Dachs)*. Frau Dachs vermittelt in ihrer Erzählung einen Einblick in ihre damalige emotionale Verfassung, welche von starken Ambivalenzen und geringer Klarheit hinsichtlich ihrer Berufswahl gekennzeichnet ist. Hier sind die Erleidensprozesse und deren Bearbeitung dominant.

Durch die vom DDR-Staat eingeforderte systemkonforme politische Haltung werden sowohl die persönliche Freiheit der Existenzgründer/innen als auch die berufsbiographischen Entwicklungsmöglichkeiten eingeschränkt. Ein politisch und ethnisch motiviertes Berufsverbot wird durch Ausreise in die BRD bearbeitet.

Das Autonomiebestreben zeigt sich bei den Gründerpersonen des Öfteren bereits im Kindheits- oder Jugendalter, in dem sie eine kritische Haltung gegenüber institutionellen Regeln, z. B. in der Schule, in der Bundeswehr oder aber auch in einem autokratischen Staat ausbilden. Das konstituiert sich manchmal in der Form, dass die Gründer/innen sich als Angestellte nur bedingt und zeitlich begrenzt in Institutionen, wie großen Unternehmen und Organisationen anpassen können. Hier zeigt sich ein ausgeprägtes Autonomiebestreben. In einigen Fällen kann sich eine Abwehrhaltung gegenüber Institutionen mit Anpassungs- und Unterordnungszwang entwickeln, welche folgerichtig zur Existenzgründung führt, da hier eine weitestgehend selbstbestimmte Tätigkeit möglich ist.

Die frühe Forderung nach und Förderung von leistungssportlichen Aktivitäten durch die Eltern bildet eine Leistungsorientierung sowie Disziplin und Durchhaltevermögen bei einigen Gründerpersonen aus. Durch die elterliche Unterstützung der künstlerischen Aktivitäten entwickeln die Biographieträger/innen eine Leidenschaft, die zur Passion werden kann und eine berufsbiographische Voraussetzung für die erfolgreiche unternehmerische Tätigkeit in den Bereichen Werbung und Design darstellt, da die biographischen Dispositionen der Tatkraft, Ausdauer und des Durchhaltevermögens herausgebildet werden.

Verstetigte Entwicklung biographischer Handlungsschemata

Die soeben beschriebenen biographischen Dispositionen der traditionsorientierten Neugründer/innen verweisen bereits implizit auf die Dynamik der Prozessstrukturen des Lebensablaufs, die teilweise heteronom sind. Es zeigt sich jedoch eine Dominanz in der Entwicklung biographischer Handlungsschemata in Richtung der Existenzgründung. Hinzu kommt, dass es auch in diesen Lebensgeschichten vielfältige Formen der Aufschichtung von Verlaufskurvenpotenzial gibt, welche unterschiedliche Ursachen haben. Die Bearbeitung der Erleidensprozesse erweist sich bei den Akteuren und Akteurinnen durchaus als funktional, wie bereits das vorher beschriebene funktionale Autonomiebestreben. Deutlich wird in den Biographien, dass die traditionsorientierten Neugründer/innen nach Abschluss ihrer Schullaufbahn große Schwierigkeiten haben, sich unter den institutionalisierten Ablauf- und Erwartungsmustern zu verorten, was sich für die Existenzgründung in dem Maße als funktional erweist, als dass hier bereits freiberufliche oder autonome berufliche Tendenzen manifest werden. Die nachfolgenden Darstellungen sollen diese empirischen Ergebnisse näher erläutern.

Das institutionalisierte Ablauf- und Erwartungsmuster der Schullaufbahn absolvieren die Informanten und Informantinnen des Typus B in der Regel problemlos. Jedoch zeigt sich eine hohe Bedeutungszuschreibung von bildungs-, leistungs- oder kunstorientierten Beschäftigungen durch das Herkunftsmilieu, wodurch die Gründer/innen angehalten werden, gute schulische Leistungen zu erzielen und einen höheren, möglichst akademischen Abschluss zu erlangen. Diese Anforderungen können bei einigen Gründerpersonen eine Aufschichtung von Verlaufskurvenpotenzial auslösen, da bei einer fremdbestimmten Berufswahl die Erreichung des akademischen Abschlusses selten realisierbar ist. Diese

Informanten entwickeln neben dem institutionalisierten Ablauf- und Erwartungsmuster der Ausbildung oder des Studiums das biographische Handlungsschema des angestellten oder freiberuflichen Arbeitens in einem selbstgewählten Tätigkeitsbereich, der eine hohe Affinität zur eigenen Interessenlage impliziert und schnell zu einer erfolgreichen beruflichen Tätigkeit führt.

Dennoch gibt es unterschiedliche Lagerungen der Prozessstrukturen in Bezug auf den berufsbiographischen Beginn. Ein Teil der Biographieträger/innen entwickelt das biographische Handlungsschema der Ausbildung bzw. des Studiums in einem selbst gewählten Fach und schließt diese bzw. dieses erfolgreich ab. Bei anderen Gründer/innen kommt es aufgrund von fremdbestimmter oder uneigentlicher Berufswahl zu längeren biographischen Suchbewegungen, welche nicht selten zur Aufschichtung von Verlaufskurvenpotenzial führen. In der Folge kann ein biographisches Handlungsschema einer erneuten Ausbildung oder eines Studiums das Gelingen des berufsbiographischen Einstiegs ermöglichen. In einigen Biographien wird das institutionalisierte Ablauf- und Erwartungsmuster der erneuten Ausbildung zum Auslöser eines partiellen Wandlungsprozesses.

Konstanze Dachs schildert ihre Erfahrungen aus dem Studium der Sozialpädagogik: „Mir hat das Studium sehr viel Spaß gemacht, ich hab den Schwerpunkt Frauen gehabt, wir hatten da gute feministische Professorinnen gehabt. Das war gut .. , Frauenvorbilder, dass man als Frau was erreichen kann, was machen kann, meine Mutter war eher nicht so, die ist immer nur so mitgelaufen. Das fand ich glaub ich ganz wichtig, einfach tolle Frauen zu sehen, die da vorne standen, reden konnten, was ich mich nie getraut hätte, ich hab nie ein Referat gehalten *(lacht)*. Ganz furchtbar mich vor eine Gruppe zu stellen, mich angucken zu lassen, reden zu müssen. Also no way. Und .. was die- glaub ich eine der wichtigsten Veranstaltungen während des Studiums war, war dass wir mit einer Professorin Foucault gelesen haben. Da gab es abends sonne Lesegruppe ,Foucault für Sozialarbeiter' hieß das. Und ich hatte da nich wirklich Ahnung von, ich wusste nur Foucault is schwierig, da sollte man mal hingehen, Und der hat mein Leben verändert." *(Interviewausschnitt Konstanze Dachs)*. Im weiteren Interviewverlauf erzählt die Biographieträgerin ausführlich über Foucault und ihr anfängliches Unverständnis. Eines Tages hatte sie dann plötzlich eine bahnbrechende Erkenntnis: „Die Welt ist nicht wie sie ist, sie wird von jedem einzelnen erschaffen. Das war- der hängt auch in meinem Wohnzimmer, ein kleines Zeitungsfoto habe ich mir eingerahmt. Das war erkenntnistheoretisch die wichtigste .. ehm Etappe in meinem Leben, die mich dann auch nicht mehr losgelassen hat. Danach habe ich meine Diplomarbeit geschrieben, das hat mir auf einmal Spaß gemacht. Und und .. eh es lief dann auf einmal alles in meinem Leben, nachdem lange Zeit nix lief, liefs auf einmal" *(Interviewausschnitt Konstanze Dachs)*. Der Wandlungsprozess der Selbstidentität, den sie selbst nur in Ansätzen erkennt, zeigt sich hier deutlich.

Der berufsbiographische Einstieg kann weiterhin durch die Aufschichtung von Verlaufskurvenpotenzial, beispielsweise aufgrund einer vorzeitigen politisch motivierten Exmatrikulation und eines nachfolgenden Berufsverbots in der DDR, misslingen. Das biographische Verlaufskurvenpotenzial wird dann mithilfe des Bearbeitungs- und Kontrollhandlungsschemas der Ausreise aus diesem Land latent bearbeitet und ein erneuter berufsbiographischer Einstieg erfolgt nach dem Einleben in einer bundesdeutschen Gemeinde.

Was passiert dann nach der Ausbildungsphase? Die Neugründer/innen entwickeln verschiedene berufsbiographische Handlungsschemata in Richtung der späteren Existenzgründung, wie beispielsweise den Vollzug eines Aufbaustudiums oder einer Zusatzausbildung. Nicht alle Biographieträger/innen vollziehen zügig eine Existenzgründung, jedoch ist eine starke Fokussierung in die Richtung der Selbständigkeit zu beobachten. Einige beginnen eine mehrjährige Karriere als Angestellte/r oder Freiberufler/in in der Branche der späteren Existenzgründung und sammeln einschlägige Erfahrungen als Führungskraft oder als Außendienstler/in.

Nicole Iltis erzählt von ihrem beruflichen Einstieg: „Ich bin dann nach der Ausbildung nach J-Stadt gegangen und hab da in ner großen naturwissenschaftlichen Fachbuchhandlung gearbeitet, und hab da angefangen ehm auch vor allen Dingen im Vertrieb Kunden zu besuchen auch große Firmen, Firmenkontakte, Bibliotheken. .. Das war so meine erste Außendienst- oder Vertretererfahrung oder Handelsvertretererfahrung. Und dann bin ich noch mal gewechselt, bin in eine schiffstechnische Fachbuchhandlung gegangen, ehm da habe ich das Gleiche gemacht. Und danach eh habe ich gekündigt um an der Buchhändlerschule eh die Ausbildung damals noch Assistentin im Buchhandel zu machen, heißt heute Fachwirt. Ist eigentlich so die einzige Fortbildung, die man ohne Studium damals machen konnte, das war ein halbes Jahr im Internat und war eigentlich so ne Vorbereitung auf ehm .. ein selbständiges Leben als Buchhändlerin" *(Interviewausschnitt Nicole Ilits).*

Die lebenszyklischen Ablauf- und Erwartungsmuster der Paarbeziehung und der Familiengründung vollziehen die Neugründer/innen nur eingeschränkt. Die Ausfüllung der Mutterrolle versuchen die Informantinnen meist mit ihrer Berufstätigkeit zu vereinbaren, was zeitweise zur Aufschichtung von Verlaufskurvenpotenzial führen kann. Wenn die Kinder das Kindergartenalter erreichen, finden die Gründerinnen erfolgreiche Wege ihrer Berufstätigkeit wieder nachzugehen, indem sie eine Existenz gründen. In der Selbständigkeit kann die Vereinbarkeit von Beruf und Familie besser realisiert werden als in einem Angestelltenverhältnis, so konstatieren die traditionsorientierten Gründerinnen.

Innengeleitete Motivation zur Existenzgründung

Die traditionsorientierten Neugründer/innen entwickeln mehrheitlich bereits während ihrer Ausbildungszeit den biographischen Entwurf zur beruflichen Selbständigkeit. Dieser Entwurf basiert sowohl auf der familienbiographischen

Verankerung der Selbständigkeit als auch auf biographischen und berufsbiographischen Erfahrungen innerhalb unterschiedlicher Institutionen. Der Wunsch zur Unternehmensgründung ist tief verankert und der berufsbiographische Entwurf besitzt eine große Orientierungskraft im Leben der Gründer/innen, sodass hier eine innengeleitete Motivation zur Selbständigkeit deutlich wird.

Die Gründerin Konstanze Dachs stellt es in ihrer lebensgeschichtlichen Erzählung folgendermaßen dar: „Ich komme so- so aus so ner Familientradition, wo irgendwie alle selbständig sind. Nich akademisch sondern so die ham dann so Meister so. Die ham sich dann selbständig gemacht viele ehm .. und meine Eltern auch und ich bin so aufgewachsen damit, dass man irgendwie selbständig ist. Das wusst ich aber über all die Jahre, das wusst ich, selbständig sein möcht ich. Zwar nich wie und mit was und wo und überhaupt aber ehm da konnt ich mir auch wirklich nichts anderes vorstellen, als dass man zweifelsfrei einen eigenen Laden hat und das man das was man macht irgendwie weitestgehend selbst bestimmt" *(Interviewausschnitt Konstanze Dachs)*.

Die Existenzgründung wird von den meisten Gründerpersonen als biographisches Handlungsschema entwickelt, wobei ein Teil der Informanten und Informantinnen sich in ihrer Ausbildungsbranche selbständig macht. Nachdem diese ausreichend Erfahrungen als Angestellte oder Freiberufler/innen gesammelt haben, suchen sie Räumlichkeiten, melden ihr Gewerbe an und beginnen zügig mit ihrer selbständigen Tätigkeit. In der Regel gründen diese Biographieträger/innen allein eine Firma oder als Team. Erst nach der Marktetablierung beginnen sie Mitarbeiter/innen einzustellen.

Anka Bär erzählt von ihrer Existenzgründung: „Und ich hab dann einen Platz angeboten bekommen in ner Bürogemeinschaft, die hatten noch en Zimmer frei. Und hab mich dann wirklich einfach ohne Kunden selbständig gemacht. *(lacht)* Ich hab einfach mal gesagt, ich miete das, ich hatte so ein bisschen was gespart aus diesen zwei Jahren, und hab das halt dann, dieses Zimmer gemietet und einen Tisch gekauft, einen Computer gekauft, ein Regal gekauft und mich da eingerichtet. Und hab dann glaub ich noch zwei Monate da gesessen und gedacht, jetzt können die Kunden kommen, *(lacht)* und dann gings auch los. Also, seitdem bin ich selbständig und hab bisher noch nie akquiriert. Also, ich hab .. ja, es ging einfach immer, also, durch Hörensagen über Empfehlungen kam ein Job zum Nächsten" *(Interviewausschnitt Anka Bär)*.

Die Hälfte der Biographieträger/innen des vorliegenden Samples gründet ein Unternehmen außerhalb ihres beruflichen Ausbildungsbereichs. Diese sammeln vor der Existenzgründung jedoch ausreichend Erfahrungen in der Gründungsbranche mithilfe ihrer beruflichen Tätigkeit, sodass sie zum Zeitpunkt der Gründung über eine große Branchen- und Fachkompetenz verfügen.

  Ein Großteil der traditionsorientierten Neugründer/innen nehmen zunächst an Existenzgründungsförderungsprogrammen oder -seminaren teil, erstellen einen Businessplan und erhalten unter Umständen eine finanzielle Förderung zur Existenzgründung. Diese Biographieträger/innen können auf ihr fachliches Wissen aus ihren bisherigen beruflichen Tätigkeiten sowie aus den Ausbildungen zurückgreifen, sodass der Einstieg in die Selbständigkeit problemlos erscheint.

Konstanze Dachs schildert ihren Weg in die Existenzgründung: „Und dann hab ich gedacht, ich mach mich selbständig, wollt ich ja eh immer. Und dann habe ich gedacht, was kann man machen- und da gab es in der Zeit ein Bericht über eine Firma die sich- lauter Sozialpädagogen Pädagogen und Psychologen, die haben sich mit Mitarbeiterberatung selbständig gemacht. Ehm .. und dann habe ich darüber recherchiert. Und hab gedacht, das ist es doch, das mache ich auch, damit mache ich mich selbständig, ich kündige, ich guck ehm, dass ich das hinkriege mit dem Arbeitsamt, da wird man unterstützt, ehm dann schreib ich nen Businessplan und dann mach ich dis. Und dann hab ich das auch gemacht" (Interviewausschnitt Konstanze Dachs).

Es kommt vor, dass sich Neugründer/innen aufgrund eines Studiums oder der Kinderbetreuung zunächst nebenberuflich selbständig machen, wobei das ausschließlich nur im Team funktioniert. Die Aufgaben werden je nach Aufgabenbereich und Kompetenz auf die Teammitglieder verteilt und das Geschäft oder das Unternehmen wird gemeinsam geleitet. Für einige Aufgaben werden zügig Mitarbeiter/innen oder Freiberufler/innen eingestellt.

Nach der Existenzgründung treten in den kleinen Unternehmen der traditionsorientierten Neugründer/innen häufig Schwierigkeiten auf. Diese können einerseits mit der neuen Aufgabenbewältigung beispielsweise hinsichtlich der Kundenakquise, der Selbstorganisation und der Mitarbeiterführung zusammenhängen, andererseits aufgrund branchenspezifischer Verlaufskurven und wirtschaftlicher Krisen auftreten. Die Gründerpersonen sind jedoch durchgängig in der Lage, die krisenhaften Entwicklungen zu bewältigen.

8.2.2 Das Lernportfolio – Gründung im Modus des zielgerichteten Lernens

Wie sehen nunmehr die lebensgeschichtlichen Lernerfahrungen des traditionsbewussten Neugründers bzw. der Neugründerin aus? Die biographischen und familienbiographischen Voraussetzungen erweisen sich im Sinne der Prozessstrukturen des Lebensablaufs bei diesem Typus als heteronom. Trotz dieser breiten Varianz kann eine Engführung bei den prozessualen Lerndimensionen festgestellt werden, so wird eine Dominanz des zielgerichteten Lernens eruiert, welche durch das leidgeprüfte Lernen flankiert wird.

Im Gegensatz zum Typus des familienorientierten Unternehmensnachfolgers bzw. der -nachfolgerin zeigt sich für diesen Typus bei der Aufschichtung des Verlaufskurvenpotenzials ein breiter gefächertes Ursachenspektrum, sodass sich die leidgeprüften Lernprozesse anders konstituieren. Währenddessen die Typen A und B in Richtung des Unternehmertums beide traditionsorientiert sind, erscheinen die Lernkonzepte beider Typen jedoch sehr unterschiedlich, wie im Folgenden dargestellt wird.

Abbildung 7:　Lernportfolio der traditionsbewussten Neugründer/innen

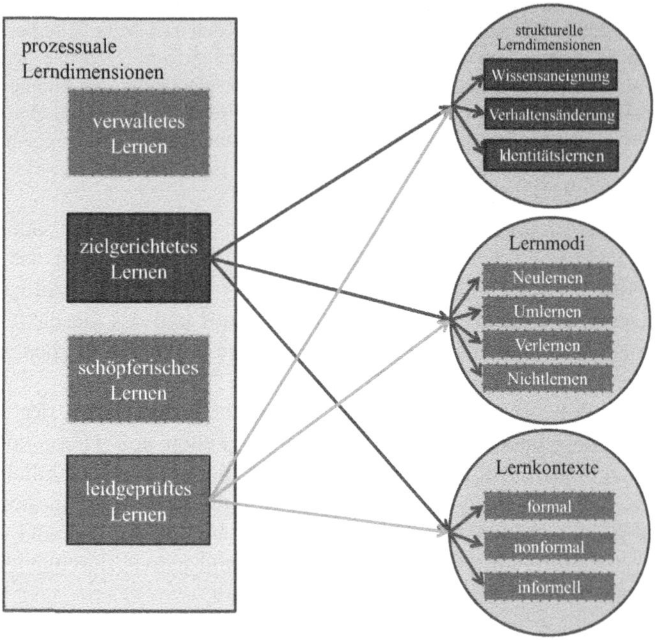

In der Abbildung des Lernportfolios der traditionsbewussten Neugründer/innen drücken sich die Individualisierungstendenzen dieses Typus' deutlich aus. So gibt es in den Lernphänomenen eine Vielfalt, aber kaum ein einheitliches Muster. Lediglich die dominante und flankierende prozessuale Lerndimension zeigt eine Prägnanz.

Zielgerichtetes Lernen innerhalb der Handlungsschemata von biographischer Relevanz

In den analysierten lebensgeschichtlichen Interviews zeigt sich für die traditionsbewussten Neugründer/innen des Datensamples die zentrale prozessuale

Lerndimension des zielgerichteten Lernens. Flankiert wird diese, wie bei den traditionsorientierten Unternehmensnachfolgern und -nachfolgerinnen, vom leidgeprüften Lernen. Diese Dominanz wird durch die biographieanalytisch eruierten Kategorien geprägt, wie der Selbständigkeit als Lebensform, dem funktionalen Autonomiebestreben, der verstetigten Entwicklung biographischer Handlungsschemata und der innengeleiteten Gründungsmotivation (vgl. Kap. 8.2.1.), welche bei den prozessualen Lerndimensionen konditionelle Relevanzen setzen.

Die Biographieträger/innen entwickeln ein spezifisches Handlungsschema von biographischer Relevanz, wie beispielsweise ein Aufbaustudium im Ausland, jedoch fehlen ihnen vorerst das bestimmte Wissen über Studienfinanzierung und -abschlussmöglichkeiten, oder notwendige Kompetenzen zur Realisierung des Handlungsschemas. Jenes Wissen oder die obligatorischen Kompetenzen eignen sich die Gründerpersonen durch zielgerichtete Lernprozesse an, um das biographische Handlungsschema verwirklichen zu können *(vgl. Nittel 2013a, S. 121f.)*.

In den Lebensgeschichten der traditionsorientierten Neugründer/innen zeichnen sich unterschiedliche zielgerichtete Lernprozesse ab. Im Zuge des biographischen Handlungsschemas des Haltens und des Betreuens eigener Haustiere und der elterlichen Prämisse, dass diese eigenverantwortlich von ihren Kindern versorgt werden, ist es grundlegend, dass eine frühe Eigenständigkeit bei der umfassenden Versorgung der Tiere erlernt wird.

In der Kindheit und Jugend entwickeln einige Gründer/innen den Handlungsentwurf, einen Schülerjob oder eine bezahlte Hilfstätigkeit außerhalb des elterlichen Geschäfts zu verrichten, um eigenes Geld zu verdienen und eine finanzielle Autonomie vom Elternhaus zu erreichen. Der Zugzwang des zielgerichteten Lernens hinsichtlich des Umgangs mit eigenen materiellen Ressourcen ist mit diesem Handlungsschema von biographischer Relevanz verbunden, vor allem wenn die Neugründer/innen eigene Wünsche finanzieren oder sich an den familiären Kosten beteiligen möchten.

Sascha Elch erzählt im Folgenden, wie er bereits als Jugendlicher eine finanzielle Unabhängigkeit von seinen Eltern erlangt: „Und ähm, ich hab sehr früh angefangen zu arbeiten, also schon mit vierzehn Zeitungen ausgetragen .. und ähm, hab mit sechzehn bereits n Job gehabt, ähm, das war Bücher austragen für die Fachbuchhandlung X in A-Stadt und der mich wirtschaftlich von meinen Eltern schon fast unabhängig gemacht hat. Ja also ich weiß ich hab mein letztes Taschengeld mit sechzehn gekriegt das waren zwanzig Mark, im Monat und da hab ich dann nachher drauf verzichtet und habe angefangen die Telefonrechnung zu übernehmen, weil ich angefangen hab, halt ähm, so ja Arbeiten <u>organisieren</u> und so weiter und so weiter und ähm, ja. War dann eigentlich relativ früh unabhängig und konnte auch <u>dann</u> relativ schnell schon Miete zahlen von <u>mir</u> aus, weil ich, auf gar keinen Fall hören wollte so lange die Füße unter meinen Tisch streckst. Das war ein ganz wesentliches Argument. Also das iss überhaupt- Selbständigkeit an der Stelle iss n ganz ganz wesentlicher Faktor. *(Interviewausschnitt Sascha Elch).*

Die selbstbestimmten Ausbildungsentscheidungen der Gründer/innen können mit zielgerichtetem Lernen einhergehen, wenn zunächst nur die Interessenlagen klar definiert sind, jedoch Kenntnisse über die Ausbildungs-, Studien- und Arbeitsmöglichkeiten fehlen. Hier werden Aktivitätsentwürfe hinsichtlich der Aneignung von konkretem Wissen manifest und erfahren ihre Realisierung. Ähnliche Lern- und Aneignungsprozesse können infolge von Studienplatzabsagen oder Ausbildungsablehnungen ausgelöst werden.

Im untersuchten Material sind bei den Gründerpersonen dieses Typus' weitere zielgerichtete Lernprozesse im Zuge ihrer selbstgewählten Angestellten- und Freiberuflertätigkeiten erkennbar, vor allem wenn eine spezielle Position oder ein Arbeitsbereich anvisiert wird, welcher spezifische Kompetenzen erfordert. So können die notwendigen Kompetenzen in unterschiedlicher Art des zielgerichteten Lernens, wie in Seminarbesuchen oder durch informelle Lernaktivitäten, erworben werden. Andere zielgerichtete Lernprozesse können durch die Wahl eines spezifischen beruflichen Einsatzgebietes ausgelöst werden.

Das biographische Handlungsschema der Belegung eines Austauschsemesters in einem fremden Kulturkreis erzeugt eine selbstgewählte Konfrontation mit Fremdheit und führt zu einem gesteigerten Prozess des zielgerichteten Aneignens fremdartiger Lebensformen, wobei hier die zeitweilige Veränderung des Alltagsverhaltens notwendig wird, die zu langfristigen Verhaltensänderungen führen kann.

Wenn die traditionsbewussten Neugründer/innen das biographische Handlungsschema der Existenzgründung ins Auge fassen, werden meist zielgerichtete Aneignungsprozesse in Form eines Existenzgründungsseminars oder einer -beratung durchlaufen, wobei hier eine intrinsische Motivation erkennbar ist. Die Gründe für den Besuch eines solchen pädagogischen Begleitprogramms können vielfältig sein, beispielsweise werden in diesem Rahmen die räumlichen und zeitlichen Bedingungskonstellationen eruiert und diskutiert oder es soll ein Antrag auf finanzielle Förderung gestellt und ein Businessplan erstellt werden. Nach dem Durchlaufen der pädagogisch intendierten Gründungsseminare steht einer erfolgreichen Gründung kaum mehr etwas im Weg.

Wiederkehrende Erfahrungsmuster können sich bei den Gründer/innen nach der wiederholten Umsetzung von biographischen Handlungsschemata manifestieren. So kann es vorkommen, dass eine Aufschichtung von Verlaufskurvenpotenzial und begleitend ein leidgeprüfter Lernprozess ausgelöst werden, welche der emotionalen Vorbereitung auf eine unternehmerische selbstbestimmte Tätigkeit dienen.

Janka Einhorn entwickelt nach einer enttäuschenden Erfahrung das biographische Handlungsschema des Umzugs: „Was machste jetzt? Und da hab ich nen Finger genommen, bin auf die Landkarte gegangen mit Augen zu und hab gedacht wohin gehste jetzt, zack und das war G-Stadt. Bin ich nach G-Stadt gegangen, war da acht Jahre, hab sofort Arbeit bekommen in ner großen Agentur, als als jene die Ossi eh .. eh die Exotin wollt ich sagen. Und da haben die ganz schnell gemerkt, dass die Leute aus dem Osten ziemlich gut sein können, weil sie eben einfach durchziehen, weil sie diszipliniert sind, strategisch gut sind auch die Frauen schnell auf den Punkt kommen. Also dass Frauen wirklich kompetent sind und ganz schnell auch in Führungspositionen aufsteigen und nach zwo Jahren war ich also ganz oben als Führungskraft, hatte aber große Probleme wegen meinem Dialekt und weil Ossi. Und ich hatte dann fünfzehn Leute unter mir, und dann hieß es immer die aus dem Osten, die is zu dominant und zu straight" *(Interviewausschnitt Janka Einhorn).* In der Schilderung der Biographieträgerin zeigt sich deutlich ihr funktionales Autonomiebestreben, welches zur örtlichen Veränderung und neuen biographischen Lernerfahrungen führt.

Die flankierende Lerndimension des leidgeprüften Lernens zeichnet sich jedoch nicht nur im Zuge der beruflichen Tätigkeiten der Neugründer/innen ab, sondern taucht bereits in der primärsozialisatorischen Phase auf. Durch fremdbestimmte familiäre oder staatliche Entscheidungen kommt es, wie bereits oben beschrieben, im Lebensablauf der Biographieträger/innen wiederkehrend zur Aufschichtung von Verlaufskurvenpotenzial. Beispielsweise können bei der Initiierung von leistungssportlichen Forderungen Ausdauer, Disziplin und Durchhaltevermögen leidgeprüft erlernt werden. Diese leidgeprüften Lernprozesse erweisen sich auch beim Gründertypus B als sehr funktional, da hier die Bewältigung von Krisensituationen erlernt, Bewährungsproben positiv absolviert werden und damit eine Stärkung der Frustrationstoleranz sowie der Identität einher geht.

Patriarchale Haltungen und Erziehungsmethoden können bei den weiblichen Gründer/innen eine Aufschichtung von Verlaufskurvenpotenzial auslösen, welches erst im Zuge von leidgeprüften Lernprozessen innerhalb der Ausbildung, im Studium und im Existenzgründungsprozess in Form der Veränderung des Selbst- und Weltbildes sukzessive bearbeitet werden kann.

Konstanze Dachs berichtet in ihrer lebensgeschichtlichen Erzählung von ihrer Existenzgründung und den damit verbundenen Schwierigkeiten, die sie als patriarchal erzogene Frau hatte: „Und dann hat mich auch die Erziehung zu Hause geprägt, dass Mädchen .. nich so sind .. gell, das Mädchen- also ich hab nicht gelernt selbstbewusst nach vorne zu gehen, um es mal ganz deutlich zu sagen und ich hab nich gelernt, meine Körpergröße jemals als Vorteil einzusetzen ne, ich hab mich auch komplett unterschätzt. Das habe ich halt mittlerweile mühsam gelernt. Und dann ging Entwicklung eh persönliche Entwicklung erstmal tierisch weiter, also das war ne sehr aufregende Zeit" *(Interviewausschnitt Konstanze Dachs).*

Aufgrund der Schwierigkeiten bei der Unterordnung unter die institutionalisierten Ablauf- und Erwartungsmuster können sogar mächtige Ereigniskaskaden, wie die Exmatrikulation und ein darauffolgendes Berufsverbot in der DDR, die Gründerperson überwältigen. Ein leidgeprüfter Lernprozess ermöglicht die Entwicklung eines Bearbeitungs- und Kontrollhandlungsschemas der Ausreise und die Gewinnung eines latenten Gleichgewichts.

Die Aufschichtung von Verlaufskurvenpotenzial durch eine fremdbestimmte oder uneigentliche Berufswahl kann sowohl zu einem Nichtlernen als auch zu biographischen Suchbewegungen führen. Diese können im Laufe von leidgeprüften Lernprozessen eine Reflexion der eigenen Interessenlagen und die Verwirklichung eigener beruflicher Impulse bewirken, gelegentlich führen sie auch zu kurzfristigen schöpferischen Lernaktivitäten.

Der Modus des leidgeprüften Lernens kann weiterhin im Zuge der Angestelltentätigkeit ausgelöst werden. Erhebliche Kompetenzüberschreitungen seitens der Biographieträger/innen führen zunächst zu Kompetenzentzug oder sogar zur Kündigung, sodass es abrupt zur Veränderung der Arbeitsrolle kommen kann. Daraus resultierende leidgeprüfte Lernprozesse führen zu einer Qualifizierung für höherwertige Arbeiten und zur langfristigen Bewährung in berufsbiographischen Krisensituationen.

Innerhalb des lebenszyklischen Ablauf- und Erwartungsmusters der Familiengründung kann es für die berufstätigen Mütter kurzfristig zur Aufschichtung von Verlaufskurvenpotenzial kommen, da die Erfüllung der Mutterrolle zunächst eine Unterbrechung der Berufstätigkeit hervorruft und später zu großen Bemühungen und Schwierigkeiten bei der Vereinbarkeit von Familie und Beruf führt. Leidgeprüft erlernen diese Gründerinnen sowohl die Kindererziehung zu organisieren, als auch ihre Zeit effektiv einzuteilen, sodass eine Balance zwischen Familienleben und Berufstätigkeit entstehen kann. Manchmal kommt es wegen der geringen Zeitressourcen der Neugründerin zu einer Vernachlässigung des Geschäfts, folglich kann sich berufsbiographisches Verlaufskurvenpotenzial aufschichten.

Simone Lachs berichtet im Interview von ihren knappen Zeitressourcen nach Abschluss ihres Kunststudiums. Sie bringt kurz nacheinander zwei Kinder zur Welt, arbeitet als Malerin sowie in ihrem Buchladen: „War von der Zeit an dann dreigeteilt, also ich hab dann immer zwei Tage in dem Geschäft gearbeitet, zwei Tage hat ich ein Atelier im Stadtteil V und hab gemalt und die restlichen drei Tage hab ich meinen Kindern gewidmet. Und wir hatten ein größeres Atelier im Stadtteil V, wo wir zu mehreren eh praktisch unseren Arbeitsplatz hatten und die Buchhandlung lief halt dann auch immer noch so mit. Und als die Kinder dann .. älter wurden und ich dann mehr Zeit hatte für die .. Buchhandlung, und die Buchhandlung eben auch .., weil ich dann auch nich so oft da war, auch nicht so gut gelaufen ist, hab ich eh .. den .. mein Vorgänger, also meinen ersten Freund da entlassen und hab dann die Buchhandlung alleine gemacht am Anfang, später habe ich dann noch jemand eingestellt, jemand anders eh und hab das dann mit anderen Leuten gemacht und dann eh lief eh lief die Buchhandlung auch viel besser" *(Interviewausschnitt Simone Lachs)*.

Wie der Interviewausschnitt zeigt, sind die Neugründer/innen jedoch durch neue Strategien in der Lage, die unternehmerische Krisensituation so zeitnah wie möglich zu bewältigen.

Früher Aufbau einer individuellen Unternehmeridentität

Welche strukturellen Lerndimensionen wirken sich auf die Existenzgründung der traditionsbewussten Neugründer/innen aus? Auch diese Gründerpersonen erfahren, wie die traditionsorientierten Unternehmensnachfolger/innen, eine frühe Initiation zur Selbständigkeit, da sie in einer Familie aufwachsen, in der die Eltern oder ein Elternteil freiberuflich oder selbständig tätig sind. Die Aneignung von unternehmerischem Wissen, Verhalten und einer Unternehmeridentität beginnt somit bereits in der Primärsozialisation der Familie. Durch die naturwüchsige Sozialisation in einem Unternehmerhaushalt erlernen die Neugründerinnen die berufliche Autonomie als Selbständige/r oder Freiberufler/in per se kennen und schätzen, wobei auch der Überlebenskampf und die Arbeitsintensität erfahren werden. Jedoch überwiegen in der eigenen berufsbiographischen Orientierung die positiven Aspekte der unternehmerischen Tätigkeit, wie beispielsweise die autonome Haltung des Unternehmertums, wenn auch nicht immer eine singuläre Unternehmerschaft das Ziel ist, wie der folgende Interviewausschnitt zeigt.

Anka Bär leitet die Schilderung ihrer Existenzgründung mit der folgenden Aussage ein: „Also ich wusste schon immer, dass ich mich selbständig machen wollte, das war mir schon immer klar. Und ich wusste auch schon immer, ich will nicht alleine selbständig sein. Also mir war schon immer klar, ich möchte gern mal ein Büro haben, das soll nie mehr als maximal zehn Leute haben, und ich hätte aber gerne n Partner oder ne Partnerin, mit dem man das zusammen macht. Also ich wollte nie alleine irgendwie tätig sein" *(Interviewausschnitt Anka Bär)*.

Der berufsbiographische Entwurf zur Selbständigkeit besitzt eine große Orientierungskraft im Leben der traditionsbewussten Neugründer/innen, was für die Identitätsformation von zentraler Bedeutung ist. Jedoch entwickeln diese Biographieträger/innen, im Gegensatz zu den traditionsorientierten Unternehmensnachfolger/innen, eine individuelle Identität als Unternehmer/in, da sie über eine innengeleitete Motivation zur Existenzgründung verfügen. Zwar findet auch hier die langfristige Verzahnung zwischen unternehmerischer Wissens- und Verhaltensaneignung sowie Identitätskonstruktion statt, aber die Motivation zur Gründung eines eigenen Unternehmens in einer Branche eigener Wahl kommt von der

Gründerperson selbst, sodass es zur Entwicklung einer eigenen Unternehmer-identität kommt, die zur unternehmerischen Identität der Eltern meist different ist.

Das berufliche Identitätslernen beginnt dann im Zuge der ersten beruflichen Tätigkeiten im Existenzgründungsbereich. Das berufliche Selbstbild der Neu-gründer/innen verändert sich schnell durch erfolgreiche Tätigkeiten und den einhergehenden Kompetenzaufbau, sodass die Rolle des Unternehmers bzw. der Unternehmerin nach der Existenzgründung zügig habitualisiert wird.

Während bei den traditionsorientierten Unternehmensnachfolger/innen die Aneignung des Fachwissens gleichfalls überwiegend im elterlichen Unterneh-men erfolgt, erlernen die traditionsbewussten Neugründer/innen das Fachwissen innerhalb zielgerichteter Lernprozesse in ihrer Ausbildung oder im Studium sowie auf Wanderschaft, z. B. im Ausland. Ebenso eignen sie sich fachliche Kenntnisse und Kompetenzen in ihrer beruflichen Angestelltentätigkeit oder während der Freiberuflichkeit innerhalb der Existenzgründungsbranche an, wo-bei in diesem Zusammenhang auch Organisations- und Managementwissen, sowie strategisches Wissen erlernt wird. Zusätzliches unternehmerisches Wissen lernen diese Biographieträger/innen in einem Existenzgründungsseminar, wobei hier das Erfahrungswissen aus dem elterlichen Geschäft integriert wird.

Erste Kompetenzen für den beruflichen Unternehmeralltag werden inner-halb der Lernprozesse in der familiären Sozialisation entwickelt, sowohl durch die ständige Präsenz von Kunden und Kundinnen sowie Mitarbeitern und Mitar-beiterinnen, als auch durch das Erleben der wenig geregelten Arbeitszeiten und Urlaube der Eltern sowie deren Umgang mit Unsicherheiten bei Arbeitsausfall und Krankheit.

Als Nicole Iltis im Interview über ihre Kindheit erzählt, erwähnt sie kurz die Einstellung ihrer Eltern zu ihrer unternehmerischen Tätigkeit und berichtet dazu: „Meine Eltern sind auch kaum krank gewesen, wenn mein Vater doch mal deswegen zu Hause bleiben muss-te, dann höchstens mal einen Tag" *(Interviewausschnitt Nicole Iltis).*

Ein weiterer Kompetenzaufbau findet nach der Existenzgründung bei der Bewäl-tigung von Krisen des Unternehmens statt, in dem beispielsweise Marketingstra-tegien und Mitarbeiterführung etc. erlernt werden.

Ausgewogene Verschränkung der Lernmodi und Lernkontexte im Zuge der Existenzgründung

Die Frage, wie die traditionsbewussten Neugründer/innen lernen, ist nicht ein-fach zu beantworten, da die Untersuchung eine große Varianz der Lernmodi zeigt. Es ist möglich, dass sich hier die weitgehende Heterogenität der Prozessstrukturen reproduziert, sodass keine eindeutige Dominanz in den Lernmodi zu verzeichnen ist. Vielmehr stellt sich im Zuge der Existenzgründung ein ausgewogenes Verhältnis zwischen dem Neulernen, Umlernen und Verlernen dar. Mögliche Gründe sind sowohl die unterschiedlichen berufsbiographischen Voraussetzungen der traditionsbewussten Neugründer/innen, als auch die notwendige Flexibilität, die der Aufbau eines neuen Unternehmens bedingt. Bei der Analyse der Lernmodi finden primär die unterschiedlichen bisherigen Karrieren der Biographieträger/innen Beachtung. So zeigt sich, dass bei diesem Typus ein ausgewogenes, heterogenes Lernen vorzufinden ist. Einerseits bringt ein Teil der Neugründer/innen aus dem Sample ein grundlegendes Fachwissen aus deren Ausbildung, aus dem Studium sowie den Angestellten- und freiberuflichen Tätigkeiten mit, sodass im Zuge der Gründungsaktivität eine Dominanz des Umlernens zum Vorschein kommt und das Neulernen bei diesen Akteuren eher marginal ist.

Anka Bär resümiert ihre berufliche Angestelltentätigkeit: „Also so, dass man denkt, so nach dem Studium, mir hätt's gut getan, aber das war mir nicht bewusst, wenn ich nach dem Studium nicht zwei Jahre in einem kleinen, feinen Designbüro gearbeitet hätte, sondern in einem richtig großen, super guten Designbüro. Weil was man da lernt an Abläufen und an Zusammenkommen mit Menschen, das ist halt doch noch mal ein viel größeres Knowhow als in diesen kleinen Bürochen, ja? Also, aber von dem kleinen Bürochen hab ich gelernt, dass man gut koordinieren kann, und dann halt auch nicht immer lang viel machen muss" *(Interviewausschnitt Anka Bär)*.

Andererseits gibt es Neugründer/innen, die über wenig Fachwissen verfügen, da sie fachfremd, d. h. in einer zur Ausbildung differenten Branche gründen und dadurch ihr bisheriges Fachwissen zunächst verlernen müssen, um dann das branchenspezifische Wissen neu zu lernen. In diesem Falle dominieren das Verlernen und Neulernen. Hier zeigt sich manchmal, dass einem vorherigen Nichtlernen innerhalb des Ausbildungsberufes eine konstitutive Bedeutung hinsichtlich der neuen beruflichen Aufgabe zukommt.

In Existenzgründungsseminaren und -beratungen findet die Aneignung von neuem unternehmerischem Wissen statt. Manchmal muss das in der Primärsozialisation erlernte Wissen aus dem elterlichen Unternehmen von den Biographieträger/innen modifiziert werden, sodass wiederum ein Umlernen stattfindet. Im Allgemeinen ist es notwendig, dass die Neugründer/innen die Angestelltenrolle verlernen und stattdessen eine Unternehmeridentität entwickeln.

Hinsichtlich der Lernkontexte kann ein ähnliches Phänomen beobachtet werden. Hier zeigt sich gleichfalls ein ausgewogenes Verhältnis von formalem, nonformalem und informellem Lernen. Das bedeutet, dass in den Lernkontexten keine Dominanz vorhanden ist. Häufig ist das formale Lernen in der Ausbildung und im Studium für die Existenzgründung konstitutiv. Informell lernen die Neugründer/innen des Samples unternehmerisches Wissen innerhalb der Familie kennen. Fach- und Führungswissen wird auch in den Angestellten- und freiberuflichen Tätigkeiten informell erlernt. Ein Teil der Neugründer/innen eignet sich in einem Existenzgründungsseminar nonformal neues unternehmerisches Wissen an.

8.3 Typ C – Der/die gelegenheitsnutzende Unternehmer/in

Der Unternehmertyp des/der gelegenheitsnutzenden Gründers bzw. Gründerin ist beruflich in einer Wirtschaftsbranche tätig, die durch einen hohen Anteil von freiberuflichen und selbständigen Personen gekennzeichnet ist. Ihre Ausbildungs- oder Studienentscheidungen sind intrinsisch motiviert. Diese Gründerpersonen zeichnen sich durch eine pragmatische Handlungsorientierung und ein hohes Anpassungsvermögen an institutionelle Gegebenheiten aus. In der Regel können diese Biographieträger/innen von langfristigen Erfahrungen aus einem Angestelltenverhältnis berichten und auf eine kleine bis mittlere Karriere hin zur Führungskraft zurückblicken. Über einen langen Zeitraum sind die pragmatischen Unternehmer/innen in ihrem Beschäftigungsverhältnis und mit ihrem beruflichen Werdegang zufrieden. Unterschiedliche, meist negative Ursachen führen die gelegenheitsnutzende Unternehmerperson zur Beendigung ihres langen Angestelltenverhältnisses und zu einem berufsbiographischen Neubeginn.

Da der Beruf und die Arbeitsbranche für den/die gelegenheitsnutzende/n Unternehmer/in sinnstiftende Merkmale sind, ist eine längere Beschäftigungspause für sie keine Option. Diese Biographieträger/innen legen gesteigerten Wert auf die schnelle berufsbiographische Anschlussfähigkeit und Kontinuität, die in einem neuen Angestelltenverhältnis kaum realisierbar ist. Dabei ermöglicht und fördert die jeweilige Wirtschafts- oder Dienstleistungsbranche die Selbständigkeit in hohem Maße, sodass die pragmatischen Unternehmer/innen durch die zeit- oder branchenspezifischen Gelegenheitsstrukturen in eine späte Existenzgründung gelenkt werden. Auffällig ist die außengeleitete Motivation zum Gründen, die sowohl in den Umständen des nicht immer freiwilligen Beschäftigungsendes des Angestelltenverhältnisses liegt, als auch in den wirtschaftlichen und branchenspezifischen Gelegenheitsstrukturen der bisherigen und zukünftigen Tätigkeitsbranche und letztendlich auch in den biographischen Voraussetzungen dieser Unternehmer/innen.

8.3.1 Biographischer Weg zur Gelegenheitsstruktur der Existenzgründung

In diesem Unterkapitel werden die sozialisatorischen Voraussetzungen und die Lagerung der Existenzgründung im Zuge der dominanten Prozessstrukturen des Lebensablaufs dieser sachbezogenen und ergebnisorientierten Gründer/innen erläutert.

Abbildung 8: Biographieanalytische Kategorien der gelegenheitsnutzenden Unternehmer/innen

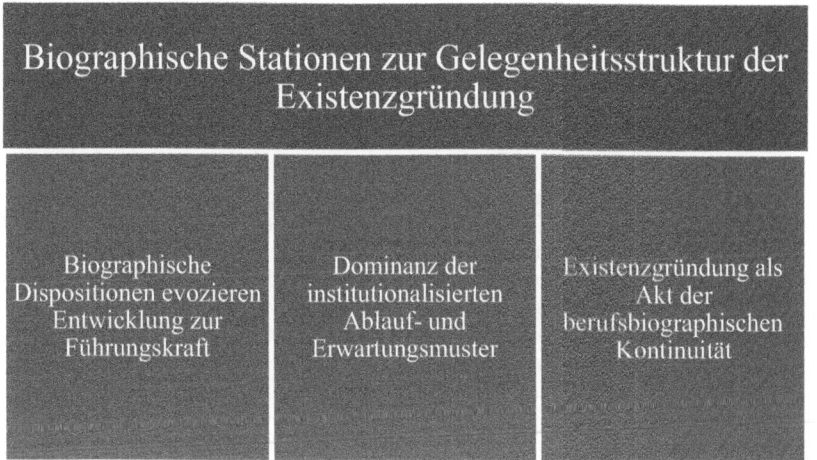

Biographische Dispositionen evozieren Entwicklung zur Führungskraft

Die gelegenheitsnutzenden Unternehmer/innen wachsen im kleinbürgerlichen oder im Arbeitermilieu in einfachen Verhältnissen auf. Das Heranwachsen in einer dörflichen oder kleinstädtischen Gemeinde ist für die Gründer/innen des Samples meist von Harmonie und Geborgenheit geprägt. In größeren Familien unterstützen sich die Mitglieder/innen und übernehmen gegenseitige Verantwortung. Es gibt eine starke Bindung an bürgerliche Werte und traditionelle Familienstrukturen. Die Gründer/innen aus dem Arbeitermilieu sind durch die Berufstätigkeit beider Elternteile gezwungen, im Haushalt mitzuhelfen und kleine Aufgaben zu erledigen. Dieser Umstand fördert bei ihnen die Ausprägung einer frühen Eigenständigkeit.

Die häuslich begrenzten räumlichen und finanziellen Verhältnisse führen vor allem in Familien mit mehreren Kindern zur frühen Ausbildung von sozialen Kompetenzen, die die Gründer/innen in ihrer späteren Berufs- und Unternehmertätigkeit gut nutzen können, wie beispielsweise Konflikt- und Kompromissfähigkeit sowie kooperatives Handeln. Im Gegensatz zu den traditionsbewussten Neugründer/innen können sich die Biographieträger/innen dieses Typus' mit den vorhandenen Lebensumständen arrangieren und passen sich gut an.

Die gelegenheitsnutzenden Unternehmer/innen aus dem vorliegenden Sample erfahren eine stärkere Prägung durch diverse andere Sozialisationsinstanzen außerhalb der Familie, so beispielsweise durch das lokale Umfeld, die peers sowie die pädagogischen Betreuungs- und Bildungsinstitutionen wie Kindergarten, Schule und wissenschaftliche Ausbildungsstätten. Grund dafür ist die geringe berufliche Vorbildwirkung der elterlichen Bezugspersonen, die entweder in den begrenzten beruflichen Erfolgen, in einer allgemeinen beruflichen Unzufriedenheit oder in der traditionellen weiblichen Rollenausübung Ausdruck findet.

Paul Laus erzählt im Nachfrageteil über seine Eltern Folgendes: „Mein Vater war gelernter Schreiner, hat ehm .. im Krieg im Russlandfeldzug ein Bein gelassen, ehm .. ja was ihn sicherlich sehr geprägt hat und eh was ihm dann auch die Ausübung des Schreinerberufs ehm unmöglich gemacht hat nach dem Krieg. Und ehm er ist dann Beamter geworden, ehm ein kleiner Beamter auf der Gemeindeverwaltung, hat diesen Job glaub ich nie wirklich geliebt, aber er hat die Existenz gesichert und ehm es war .. für ihn glaub ich ... ja er hats gemacht. Er hat es auch sehr gewissenhaft gemacht, mein Vater war ein sehr gewissenhafter Mensch, war dann für mich schon der Inbegriff des Beamten. Meine Mutter hat nicht gearbeitet, war Hausfrau und Mutter" *(Interviewausschnitt Paul Laus).*

Deutlich wird, dass die gelegenheitsnutzenden Unternehmer/innen in Abgrenzung zu ihren Eltern eine höhere Bildung anstreben, gelegentlich wird ihr Unterfangen von den Eltern unterstützt. Einige erleben jedoch ein Unverständnis hinsichtlich ihrer persönlichen beruflichen Vorstellungen. Diese Gründer/innen entwickeln recht früh eine Zielstrebigkeit sowie eine Leistungsorientierung, die sie in ihrer Ausbildungsphase vorantreiben. Manchmal erhalten die Biographieträger/innen durch ihre Lehrer/innen oder signifikante Andere eine Förderung, sodass sie das Abitur und eine höhere Bildung, wie ein Studium, problemlos absolvieren können. Ebendiese Entwicklung erleichtert den berufsbiographischen Einstieg und gewährleistet erste berufliche Erfolge in einem Angestelltenverhältnis, branchenspezifisch kann es auch zu einer kurzfristigen freiberuflichen Tätigkeit kommen. Die künftigen Gründer/innen dieses Typus' arbeiten in der Regel lange für ein Unternehmen und realisieren dort den Aufstieg bis zu einer mittleren Führungskraft, wobei sie die erworbenen Kompetenzen in ihrer späteren Selbständigkeit gut umsetzen können. Die Ausbildung sowie der Beruf und die einhergehende berufliche Tätigkeit stellt in diesen Biographien ein sinnstiftendes Merkmal dar.

In Ausnahmefällen kann der Studienabschluss den gelegenheitsnutzenden Unternehmer/innen verwehrt bleiben, da lebenzyklische Ablauf- und Erwartungsmuster ihre berufsbiographischen Ziele verunmöglichen. Dieser schwierige Sachverhalt tritt vornehmlich in weiblichen Biographien auf.

Claudia Fliege berichtet eher rational, die einzelnen biographischen Stationen aufzählend, von ihrer schwierigen berufsbiographischen Einstiegsphase: „Ich habe nach dem Abitur ein Studium begonnen, Pädagogik, hab das abgebrochen, neunundsechzig Geburt der ersten Tochter, war dann aber einundsiebzig bereits alleinerziehend, und musste also sehen, wie ich mich und das Kind durchbringe, und habe dann als Aushilfsangestellte, Studium konnte ich mir natürlich nicht mehr leisten, logisch, ne, habe dann als Aushilfsangestellte im Arbeitsamt angefangen" *(Interviewausschnitt Claudia Fliege).*

Die biographischen Bewährungssituationen lassen die Biographieträgerinnen eine enorme Willenskraft, eine gesteigerte Entscheidungs- und Umsetzungsfähigkeit, sowie ein starkes Durchhaltevermögen entwickeln, welche sie letztendlich auf ihrem beruflichen Weg vorantreiben. Die gelegenheitsnutzenden Unternehmerinnen zeichnen sich durch eine hohe Selbstwirksamkeit aus, die sie einen höheren Abschluss später nachholen lässt und eine Karriere als Führungskraft in Gang setzt, die zu einem viel späteren Zeitpunkt in eine Existenzgründung mündet.

Institutionalisierte Ablauf- und Erwartungsmuster als dominante Prozessstruktur

Die oben dargestellten biographischen Dispositionen verweisen deutlich auf die Dominanz der institutionalisierten Ablauf- und Erwartungsmuster in den Biographien der gelegenheitsnutzenden Unternehmer/innen. Teilweise kommt es auch in den Biographien dieser Gründer/innen zur Aufschichtung von Verlaufskurvenpotenzial. Weiterhin ist der Ansatz von partiellen Wandlungsprozessen in den Lebensgeschichten zu finden.

Die institutionalisierten Ablauf- und Erwartungsmuster der Schulausbildung sowie der Ausbildung und des Studiums verlaufen bei den gelegenheitsnutzenden Unternehmer/innen problemlos. Das Studienfach wird von den Gründerpersonen meist selbst bestimmt, manchmal kann eine Studienabsage zur Modifizierung des Fachs und/oder zu einem Studienortwechsel führen, wobei die Ausbildung eine Affinität zur späteren Existenzgründungsbranche aufweist. Die Studienzeit birgt bei einigen dieser Gründer/innen eine hohe biographische Relevanz hinsichtlich der Entwicklung von Innovationskraft und Kreativität, sodass es sogar zu einem partiellen Wandlungsprozess kommen kann. Zwischendurch absolvieren die männlichen Biographieträger das institutionalisierte Ablauf- und

Erwartungsmuster des Bundeswehrdienstes, wobei pragmatische Entscheidungen zu einer Verlängerung des regulären Wehrdienstes führen können.

Alexander Biene schildert in seiner lebensgeschichtlichen Erzählung seine Entscheidung zur längeren Wehrdienstzeit: „Danach bin ich zur Bundeswehr gegangen für zwei Jahre, wobei Standard war achtzehn Monate von daher war das ein halbes Jahr länger, und es war letztlich für- nich aus besonderer Überzeugung oder irgendwas, sondern einfach das ausrechnen, achtzehn Monate normaler Wehrdienst plus n halbes Jahr arbeiten bis Studienbeginn, weil das hat sich halt auch genauso ergeben, das heißt ich hätte ein halbes Jahr bis Studienbeginn gehabt, in der Zeit hätt ich jobben müssen, was verdienste in der Zeit, gegen zwei Jahre freiwillig, und was verdient man da, kam mehr bei raus. Und da meine Eltern Arbeiter waren und das Geld dadurch auch nich so dick saß, war halt das wirtschaftliche Interesse dann einfach notwendig" *(Interviewausschnitt Alexander Biene).*

Bei den weiblichen Gründerinnen kann es infolge der lebenszyklischen Ablauf- und Erwartungsmuster der Mutterschaft und der Familiengründung zum Abbruch eines Studiums kommen, was die Aufschichtung von Verlaufskurvenpotenzial zur Folge hat. Der gewählte berufsbiographische Weg wird in dem Falle zunächst nicht weiter verfolgt. Eine zusätzliche Aufschichtung von Verlaufskurvenpotenzial durch Scheidung und Alleinerziehung führt zu dem Bearbeitungs- und Kontrollhandlungsschema der Angestelltentätigkeit ohne Berufsabschluss; dabei scheint die Anschlussmöglichkeit an die einstige berufsbiographische Orientierung vorerst ausgeschlossen. Erst im Laufe der Angestelltentätigkeit werden neue Karrierewege erschlossen, ein Studienabschluss nachgeholt und die ursprüngliche berufsbiographische Orientierung gewinnt schnell wieder an Bedeutung.

Claudia Fliege erzählt von ihrem beruflichen Wiedereinstieg in den öffentlichen Dienst und ihrer dortigen Karriere: „Ich habe dann bei der Bundesanstalt für Arbeit einen Studienabschluss nachgeholt, hab mich qualifiziert, und und und, also all das, was man so machen kann, sodass ich also sagen kann, ich hab von der Pieke auf immer im Erwachsenenbereich gearbeitet, nur eben halt auf der anderen Seite. Was aber auch damals schon dazu geführt hat, dass ich schon recht früh begonnen habe, so neue Gesichtspunkte in der Erwachsenenbildung zu überlegen und die auch einzufordern bei Bildungsträgern. Dann hab ich ganz viele Jahre als Beraterin für Berufsrückkehrerinnen gearbeitet. Also, neben meiner hauptberuflichen Tätigkeit im Arbeitsamt, sodass ich immer sage, ich war Fachhochschulbeauftragte und Frauenbeauftrage, also Tod und Teufel, sag ich mal" *(Interviewausschnitt Claudia Fliege).*

Der berufsbiographische Einstieg beginnt mit dem institutionalisierten Ablauf- und Erwartungsmuster der Angestelltentätigkeit, welches zu einer kontinuierlichen Aufstiegskarriere in die untere oder mittlere Führungsebene führt. In manchen gründungsaffinen Branchen können die Gründer/innen zunächst einer freiberuflichen Tätigkeit nachgehen, die jedoch im Zuge der lebenszyklischen Ablauf- und Erwartungsmuster der Familiengründung aufgegeben wird und zugunsten einer zuverlässigen Existenzsicherung in eine Angestelltentätigkeit mündet. Die gelegenheitsnutzenden Unternehmer/innen des vorliegenden Samples werden innerhalb ihrer Angestelltentätigkeit alle zu Führungskräften befördert, womit ein großer Kompetenzzuwachs verbunden ist.

Der Auslöser für einen beruflichen Veränderungsprozess kann u. a. das Erleben des kollektiven Veränderungsprozesses in den neuen Bundesländern ab dem Jahr 1990 sein. So ist es möglich, dass die Informanten und Informantinnen im Rahmen des Aufbaus der ostdeutschen Bundesländer von ihren Firmen dorthin delegiert werden und durch die Aufbautätigkeit, den großen Möglichkeitsspielraum und die damit verbundene Freisetzung einer enormen Innovationskraft berufsbiographisch einen partiellen Wandlungsprozess erfahren. Dieser führt zu einer Reflexion und einer berufsbiographischen Orientierungsphase, die neue Möglichkeiten unter Ausnutzung der vorhandenen Kompetenzen und des branchenspezifischen Wissens auslotet und eine berufliche Veränderung sowie zu einem späteren Zeitpunkt Überlegungen selbst zu gründen hervorruft.

Einen großen berufsbiographischen Einschnitt stellt für die gelegenheitsnutzenden Unternehmer/innen die Aufschichtung von Verlaufskurvenpotenzial in ihrem Angestelltenverhältnis dar. Firmeninterne Führungswechsel, eine Firmenübernahme oder der Unternehmensverkauf bzw. die geringen Aufstiegschancen in der bisherigen Tätigkeit führen zur Entlassung oder zur Kündigung.

Alexander Biene berichtet von seinem beruflichen Werdegang wie folgt: „Wir haben dann Netze für Reisebüros hochgezogen, Netzanwendungsentwicklung und so weiter. Und ja gut ich hab dann da in der Firma, wurde ich zunächst irgendwann Gruppenleiter, Abteilungsleiter und hab dann die gesamte Anwendungsabteilung geleitet. Und wie das dann so ist, kam Internationalisierung, die Firma wurde letztlich von Firma Z übernommen .. und dann gibts halt im Konzern mehr Konkurrenz, es gibt seltsame Entscheidungen ehm .. das ist halt, wenn ne Firma wächst ehm .. andere Entscheidungskriterien reinkommen, die man noch nicht so blickt unbedingt, dann wirds halt n bisschen schwieriger und dann kam irgendwann die Situation, wo es nicht mehr gepasst hat so richtig. Bin halt ausgeschieden und hab den eigenen Laden gegründet. ... Das war dann nachdem ich exakt zwanzig Jahre bei der Firma war" (Interviewausschnitt Alexander Biene).

In den vorliegenden Biographien dieses Typus' zeigt sich, dass eine frühere berufsbiographische Entscheidung in Richtung Veränderung und Selbständigkeit die Aufschichtung von Verlaufskurvenpotenzial limitieren kann. Beispielsweise reagieren einige Biographieträger/innen hinsichtlich der fehlenden Aufstiegschancen sehr schnell mit einer Kündigung und entschließen sich, zu einer Neuorientierung und Bewerbungsphase, welche jedoch nicht den erwünschten Erfolg zeigen. Je später und je fremdbestimmter die berufsbiographischen Entscheidun-

gen, wie z. B. eine Entlassung, stattfinden, desto größer ist die Wahrscheinlich-
keit von starken Erleidensprozessen. Die zügige Entwicklung von Bearbeitungs-
und Kontrollhandlungsschemata in Richtung Selbständigkeit führt zu einer tem-
porären Limitierung des aufgeschichteten Verlaufskurvenpotenzials.

Gründungsverhalten als Akt der berufsbiographischen Kontinuität

Die gelegenheitsnutzenden Unternehmer/innen werden infolge des berufsbiographisch aufgeschichteten Verlaufskurvenpotenzials durch Kündigung oder Entlassung gezwungen, Bearbeitungs- und Kontrollhandlungsschemata zu entwerfen,
die eine Anschlussfähigkeit an ihre bisherige berufliche Position garantieren.
Wenn diese innerhalb eines Angestelltenverhältnisses nicht möglich ist, konstituiert sich in kurzer Zeit die Gelegenheitsstruktur zu einer Existenzgründung in
dem bisherigen Arbeitsbereich, wobei in jedem Fall die Branche die Gründungs-
ambitionen begünstigt. Die Motivation der gelegenheitsnutzenden, pragmatischen Unternehmer/innen zur Existenzgründung ist außengeleitet, da die Umstände die Biographieträger/innen zu der berufsbiographischen Veränderung
nötigen und der Impuls zur Gründung von der Gelegenheitsstruktur, d. h. vom
Markt bzw. dem Beschäftigungssystem kommt. Diese Unternehmer/innen nutzen
quasi die Zeichen der Zeit und der Gründungsbranche aus, um das berufsbiographisch aufgeschichtete Verlaufskurvenpotenzial zu bearbeiten und eine berufsbiographische Kontinuität zu gewährleisten.

Paul Laus, der erst einige Jahre freiberuflich tätig ist, kann sich in einer mehrjährigen
Angestelltentätigkeit viel Fach-, Unternehmer- und Führungswissen aneignen. Dann stellt
er fest, dass es keine weiteren Aufstiegsmöglichkeiten in dem kleinen Unternehmen gibt
und seine berufliche Unzufriedenheit wächst. Nach einiger Zeit kündigt er, seine folgenden Bewerbungen bleiben erfolglos, sodass der Gedanke an eine Existenzgründung
wächst. Auslöser sind sowohl die hervorragenden Gründungsmöglichkeiten in der Grafik-
branche Anfang der 1990er Jahre, als auch signifikante Andere aus seinem beruflichen
Alltag. Hier schildert er seine Überlegungen zur Gelegenheitsstruktur der Existenzgründung: „Ich kann das eigentlich auch auf eigene Rechnung machen, das war so die Ur-
sprungsidee. Und ehm als Verstärker kam dann hinzu, dass dann ein Designerkollege, das
ich den getroffen hab durch Vermittlung eines Dritten, dass ich mich ehm .. mit dem
zusammengesetzt habe und habe gesagt naja ich denke dran mich selbständig zu machen
und irgendwie hätt ich da schon Interesse dran und er hat gesagt, ja ich möchte mich auch
selbständig machen und dann ham wir gesagt, ja ich find dich sympathisch, lass es uns
doch zusammen machen. So und das war so das was mich bestärkt hat, dass ich da jemand
hatte, der in der gleichen Situation war wie ich. Wir wollten nicht zusammen ne Firma
machen, sondern wir ham dann gesacht wir machen das als Bürogemeinschaft, jeder ist
für seinen Part zuständig, aber wir haben die Infrastruktur zusammen, wir machen die

Erfahrungen zusammen. Das war so das, was es mir leichter gemacht hat, was es verstärkt hat" *(Interviewausschnitt Paul Laus)*.

Durch ihre sehr guten Branchenerfahrungen, ihr Führungswissen, ihre fachlichen und partiellen unternehmerischen Kompetenzen erscheint für die gelegenheitsnutzenden Unternehmer/innen der Schritt in die Selbständigkeit verhältnismäßig leichter als bei den traditionsbewussten Neugründern und Neugründerinnen, wohingegen sie auf keine Erfahrungen aus familiärem Unternehmertum zurückgreifen können. Diese Biographieträger/innen sind weitestgehend an die Voraussetzungen und Arbeitsbedingungen in einer Angestelltentätigkeit angepasst und müssen sich die konkreten unternehmerischen Kompetenzen erst aneignen und eine Adaption der neuen Arbeitsbedingungen der Selbständigkeit vollziehen. Die Existenzgründung stellt jedoch ein institutionalisiertes Ablauf- und Erwartungsmuster in ihrer Berufsbiographie dar, welches in den hier empirisch untersuchten Fällen zur erfolgreichen unternehmerischen Tätigkeit und zur partiellen Bearbeitung der durch volks- und weltwirtschaftliche Krisen ausgelösten kritischen Unternehmenssituation führt. Dabei ist die Selbständigkeit für die gelegenheitsnutzenden Existenzgründer/innen im Gegensatz zu den traditionsbewussten Neugründer/innen eine rein berufliche Existenzform.

8.3.2 Das Lernportfolio – Gründung in den Dimensionen des verwalteten und leidgeprüften Lernens

An dieser Stelle werden die biographischen Lernimplikationen der gelegenheitsnutzenden, pragmatischen Unternehmer/innen in den Blick genommen und genauer differenziert. Die dominante Prozessstruktur in den vorliegenden Biographien ist das institutionalisierte Ablauf- und Erwartungsmuster. Im Hinblick auf die prozessualen Lerndimensionen zeigt sich jedoch eine Diskrepanz zur biographieanalytischen Auswertung. In den Lernbiographien wird eine Verschränkung der Dimensionen des verwalteten und leidgeprüften Lernens deutlich, welche nachfolgend erklärt wird.

Deutlich wurde bisher, dass diese Biographieträger/innen eine außengeleitete Motivation zum Gründen haben. Das scheint ein Grund dafür zu sein, dass diese keine Existenzgründungsseminare oder -beratungen besuchen und sich das nötige Wissen, welches noch nicht im Studium erlernt wurde, nur in informellen Lernkontexten aneignen. Die folgende Abbildung gibt einen Überblick über das Lernportfolio der gelegenheitsnutzenden Unternehmer/innen, in der die (dunkel) rot unterlegten dominanten prozessualen Lerndimensionen, das verwaltete und das leidgeprüfte Lernen verdeutlicht werden, während die flankierende Lerndimension des schöpferischen Lernens (hell) grün markiert ist. Für das

Lernportfolio ist die späte Aktivierung der strukturellen Lerndimensionen signifikant, die weiter unten im Text erläutert wird. Andere Dominanzen sind lediglich bei den Lernmodi sichtbar und die Interdependenzen durch die unterschiedlich farbigen Pfeile verdeutlicht. Die Vielfalt der Lernphänomene wird bei diesem Typus ebenfalls unmittelbar evident.

Abbildung 9:   Lernportfolio der gelegenheitsnutzenden Unternehmer/innen

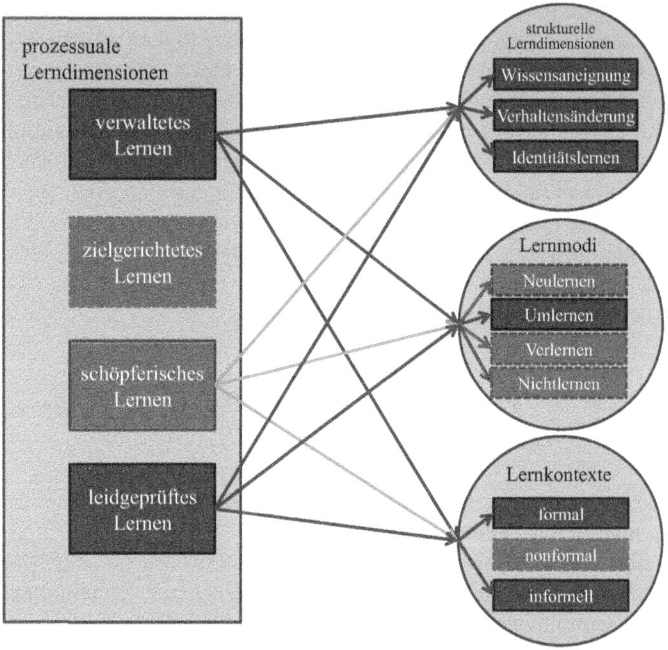

Koinzidenz von verwaltetem und leidgeprüftem Lernen

Das Datensample der gelegenheitsnutzenden Unternehmer/innen zeigt in den Biographien zunächst eine Dominanz des verwalteten Lernens, in Hinblick auf die Existenzgründung tritt das leidgeprüfte Lernen jedoch äquivalent auf, sodass die Kategorie „Koinzidenz des leidgeprüften und verwalteten Lernens" naheliegt. Die flankierende prozessuale Lerndimension stellt das schöpferische Lernen dar.

Das verwaltete Lernen findet in den Lebensgeschichten der pragmatischen Unternehmer/innen zunächst in den formalen Bildungseinrichtungen innerhalb der institutionalisierten Ablauf- und Erwartungsmuster, wie der Schule, der Ausbildung und des Studiums statt. Diese pädagogisch intendierten Lern- und Bildungsprozesse bewältigen die Biographieträger/innen des Samples fast mühelos. Die Aneignung des Fachwissens für das zukünftige berufliche Betätigungsfeld gestaltet sich einfach, unter anderem da die Ausbildung oder das Studium auf der Basis des selbstbestimmten Interessengebietes gewählt wurde.

Im Rahmen der ersten Angestelltentätigkeit oder freiberuflichen Tätigkeit finden bei diesen Unternehmerpersonen auf informeller Basis weitere verwaltete Lernprozesse statt, innerhalb derer berufliches Wissen und wichtige Kompetenzen erlernt werden. Das institutionalisierte Ablauf- und Erwartungsmuster der Angestelltentätigkeit mündet bei den gelegenheitsnutzenden Gründerpersonen – wie bereits angedeutet – in eine Karriere als Führungskraft, in deren Zuge neue verwaltete Wissens- und Aneignungsprozesse erfolgreich durchlaufen werden. Hier werden vor allem Führungsaufgaben sowie Management- und Organisationswissen erlernt.

Die berufsbiographische Aufschichtung von Verlaufskurvenpotenzial infolge der Kündigung oder Entlassung löst bei den pragmatischen Unternehmerpersonen häufig einen leidgeprüften Lernprozess aus, da ihre intentionale Handlungsausrichtung destabilisiert oder zeitweise außer Kraft gesetzt wird. Im Zuge des leidgeprüften Lernens erfahren die Biographieträger/innen, dass es für ihre berufsbiographische Kontinuität notwendig ist, konkrete Bearbeitungs- und Kontrollhandlungsschemata zu entwickeln, die eine berufliche Anschlussfähigkeit ermöglichen und begünstigen. So sind die pragmatischen Unternehmer/innen schnell in der Lage, Gelegenheitsstrukturen der Branche und des Marktes zu erkennen sowie für sich zu nutzen und eine Existenzgründung in Betracht zu ziehen. Dabei führt die temporäre Limitierung des Erleidensprozesses zur zügigen Existenzgründung unter Ausnutzung der zeit- und branchenspezifischen Gelegenheiten.

Nach der Gründung folgt eine Phase der Konsolidierung des Unternehmens. Erst im Zuge der Bearbeitung von aufgeschichtetem Verlaufskurvenpotenzial durch markt-, weltwirtschaftliche und unternehmerische Krisen kommt es abermals zu leidgeprüften Lernprozessen, die zu einem erneuten Kompetenzerwerb bei den gelegenheitsnutzenden Unternehmer/innen führen.

Paul Laus reflektiert seine unternehmerischen Lernprozesse infolge der weltwirtschaftlichen Krisensituation im Jahr 2000/2001: „Im Laufe des Berufslebens, da ist es dann so, dass die Lernphasen dann sind, wenn die Existenz bedroht ist, wenn der Druck da ist, wenn ich merke, so geht's nicht weiter, ja, dann muss ich was dazu lernen" *(Interviewausschnitt Paul Laus)*. Der Biographieträger nimmt hier eine Relevanzsetzung hinsichtlich des Lernens vor, in dem er feststellt, dass die für ihn wichtigen Lernprozesse meist durch Belastungssituationen und Leiden ausgelöst werden. Auch kann es sein, dass er andere Lern- und Erfahrungsprozesse persönlich nicht als so gravierend ansieht und den leidgeprüften Lernprozessen eine essentielle Bedeutung beimisst.

Die flankierende prozessuale Lerndimension des schöpferischen Lernens zeigt sich bei den pragmatischen Unternehmer/innen zunächst in Ansätzen in der Studienzeit. Mithilfe alternativer Lebens- und Studierformen entdecken diese Biographieträger/innen verborgene Kreativitätspotenziale, sodass sich ein solides und kreatives Basiswissen für den Beruf entwickelt. Pädagogisch intendierte und nicht pädagogisch intendierte Vermittlungspraktiken greifen in diesen Studien- und Ausbildungsphasen ineinander, der besondere soziale Rahmen fördert die hohe Lernaktivität und -intensität der gelegenheitsnutzenden Unternehmer/innen, sodass ein tiefgreifender Umbau der Identitätsformation einsetzt.

Die Erfahrung des kollektiven Veränderungsprozesses in Ostdeutschland nach dem Zusammenbruch des DDR-Regimes führt bei den pragmatischen Unternehmer/innen, die beim Aufbau der Wirtschaft in den neuen Bundesländern mithelfen, zu schöpferischen Lernprozessen. Mithilfe tiefgreifender Umbauprozesse der Identitätsformation sind die Biographieträger/innen in der Lage, neue biographische Handlungsschemata zu entwickeln, wie die Kündigung einer langfristigen Anstellung, welche zur Freisetzung von kreativem Potenzial und einer neuen berufsbiographischen Ausrichtung im Berufsfeld führt.

Claudia Fliege berichtet im Nachfrageteil nochmals ausgiebig von dieser Umbruchsphase und deren Auswirkungen auf ihre berufsbiographischen Entscheidungen: „genau, ich war von März neunzehnhundertneunzig bis zu dem Zeitpunkt meines Ausscheiden, war ich als Konsulentin in O-Stadt, Aufbau des Arbeitsamtes O-Stadt. Und in der Phase ist so dieser Entschluss gereift, noch was anderes zu machen. Weil, diese Phase, die wir damals hatten, verändern, neu aufbauen, das war eine enorme Aufbruchsstimmung. Und in dieser Aufbruchsstimmung war eben auch so dieses selber erfahren, man kann noch was anderes, man kann nicht nur am Schreibtisch sitzen und im Öffentlichen Dienst seine Aufgabe wahrnehmen, sondern da ging es ja auch dann darum, dass wir, um auch die Erwachsenenbildung in Gang zu bringen, Träger hergeholt haben, dass wir geguckt haben, wo kann man hier Kooperationen schließen mit ansässigen Trägern, dass man an solchen Verhandlungen teilgenommen hat. Wir haben Räumlichkeiten besucht, unterstützt, geholfen. (…) das ist eigentlich eine verdammt abwechslungsreiche Aufgabenstellung. Das kannst du auch. Und Sie können sich sicherlich vorstellen, wenn eine Abschnittsleiterin ein Arbeitsamt verlässt, die bringt ja so viel an Kontakten mit, dass natürlich jeder Träger durchaus interessiert ist, so jemanden einzukaufen, von daher war der Wechsel kein Problem" *(Interviewausschnitt Claudia Fliege)*. Die Erzählerin schildert hier sehr deutlich und detailreich von den Gelegenheiten zur beruflichen und persönlichen Veränderung. Die Aufbruchsstimmung in den neuen Bundesländern verändert die subjektiven (beruflichen) Haltungen der Biographieträgerin enorm. Sie erfährt die Erweiterung ihrer beruflichen Möglichkeiten, ihrer Handlungsspielräume, ihrer Ideen und Motivlagen sowie letztendlich ihrer Kompetenzen. Und sie beginnt, Neues auszuprobieren, sodass sich ihre berufliche Identität Zug um Zug verändert.

Kontingenz der strukturellen Lerndimensionen bis zum Zeitpunkt der Gründung

Innerhalb der strukturellen Lerndimensionen zeigt sich bei den gelegenheitsnutzenden, pragmatischen Unternehmer/innen eine völlige Kontingenz bei der Verzahnung von Wissensebene, Verhaltensänderung und Identitätsentwicklung in Richtung des Unternehmerdaseins. Es wird bis zu der Phase, wo der Impuls zur Existenzgründung von außen in Form von aufgeschichtetem Verlaufskurvenpotenzial und branchen- und/oder zeitspezifischer Ermöglichung kommt, kein Lernmuster oder keine Lernstruktur in Richtung eines Unternehmerdaseins sichtbar.

Die Aneignung von Fachwissen erfolgt innerhalb der verwalteten Lernprozesse im Studium und in der Angestelltentätigkeit, sodass die berufliche Kompetenzentwicklung auf der beruflichen Alltagsebene beginnt. Weiteres Fachwissen sowie das unternehmerische Wissen erlernen diese Biographieträger/innen im Zuge ihrer Karriere als Führungskraft innerhalb des Angestelltenverhältnisses, wobei sie sich sowohl Führungs-, Methoden- und Managementwissen aneignen, als auch Organisationswissen, was sich für die Existenzgründung als außerordentlich funktional erweist. Jedoch ist für diese Informanten und Informantinnen zunächst nicht klar, dass das erworbene Wissen später in einem anderen Kontext, wie der Existenzgründung, sehr nützlich sein wird.

Paul Laus schildert, wie er wichtige berufliche Erfahrungen in einer längeren Angestelltentätigkeit sammelt: „Ich bin eingestiegen in ne kleine Grafikabteilung, die die hatten. Die ham da Werbung und Druck von Prospekten und so weiter alles was die veröffentlicht haben, wurde intern in der Abteilung Design und Produktion da eh entwickelt und auch umgesetzt. Und das war für mich ehm auch eine sehr wichtige Zeit, eh weil ich da schon sehr viel gelernt hab, was ich da vorher aus diesem freiberuflichen eh aus dieser freiberuflichen Mitarbeit nicht so wirklich erfassen konnte, ehm wie die Aufträge so wirklich von A bis Z abgewickelt werden mit Druckereien mit Lithoanstalten, ja ehm wie das ist, wenn Anzeigen geschaltet werden, da hab ich sehr viel Erfahrungen gewinnen können, ehm .. ja was ich hinterher für meine Selbständigkeit dann ehm- ich hab immer gesacht, ohne diese sieben Jahre ehm .. wär ich da nicht hingekommen wo ich heute bin. Ja, weil es einfach den Horizont erweitert hat. Sowohl vom Wissen her als auch eh vom Umgang mit Kunden mit Lieferanten vor allem, mit Kunden hatt ich da nicht soviel zu tun, das waren interne Kunden, aber ehm der Umgang mit Lieferanten was ich in der Zeit gut gelernt hab. Ich dürfte dann auch gegen Ende meiner sieben Jahre ehm war ich dann Leiter dieser Grafikabteilung, ehm wobei das waren drei Leute die ich geleitet hab, ja das war nich die riesen Abteilung aber immerhin. Das war dann schon mal das Thema mal zu gucken, andere zu führen" *(Interviewausschnitt Paul Laus).* Dieser Gründer verdeutlicht in seiner Erzählung den enormen Wissens- und Kompetenzzuwachs in seiner Angestelltentätigkeit. Ihm ist reflexiv bewusst, dass dieses berufliche Wissen, Können und Verhalten für seine erfolgreiche Existenzgründung evident ist.

Die pragmatischen Unternehmer/innen verfügen bereits vor der Gründungsphase über das notwendige Fachwissen sowie die Kompetenzen für eine erfolgreiche Selbständigkeit, wie das vorherige Datenbeispiel deutlich zeigt. Sie müssen sich zu diesem späten Zeitpunkt nur noch die Unternehmeridentität aneignen, wobei sie einen Identitätsentwicklungsprozess von der Angestelltenposition zur Unternehmerpersönlichkeit durchlaufen. Das zeigt, dass die berufsbiographisch erworbene Wissens- und Kompetenzbasis der gelegenheitsnutzenden Unternehmer/innen eine entscheidende Rolle für deren erfolgreichen Weg in das Unternehmerdasein spielt. Wenn die Biographieträger/innen dieses Typus' nicht das Fachwissen sowie die notwendigen Kompetenzen bereits mitbringen, kann es sein, dass der verspätete Weg in das Unternehmerdasein nicht funktioniert. Grund dafür kann dabei die langjährig erworbene Identität als Angestellte/r sein, die die Entwicklung einer Unternehmeridentiät erschwert, vor allen wenn die Gründerpersonen zunächst mit der zeitintensiven Aneignung von Kompetenzen und Wissen beschäftigt sind.

Diese Unternehmer/innen nutzen die Zeichen der Zeit und der Branche mithilfe ihrer pragmatischen Handlungsorientierung effektiv aus, es entsteht wie eine Art Sog in Richtung der Selbständigkeit, sodass alle Gelegenheitsstrukturen zur Existenzgründung wahrgenommen werden. Bei Auftreten des äußeren Impulses zur Gründung wird das im Studium oder in den Angestelltentätigkeiten erlernte Wissen für die Biographieträger/innen auf einmal bedeutsam. Die späte Aktivierung der strukturellen Lerndimensionen in Richtung der Existenzgründung ist für den Typus des/der gelegenheitsnutzenden Unternehmers bzw. Unternehmerin konstitutiv sowie charakteristisch und symptomatisch für deren Lernportfolio. Hier zeigt sich der wesentliche Unterschied zu den Lernportfolios der traditionsorientierten Unternehmensnachfolger/innen und traditionsbewussten Neugründer/innen: Die strukturellen Lerndimensionen werden spät in Richtung der Existenzgründung aktiviert und deren Kopplung tritt zu einem wesentlich späteren Zeitpunkt in der Berufsbiographie auf als bei den beiden ersten Typen, die bereits ab ihrer Kindheit eine Initiation zur Selbständigkeit erfahren. Erst im Zuge der Gründung werden die Wissensbestände über das Unternehmertum aus dem Studium wieder reaktiviert und relevant. Wie bereits oben erwähnt, ist das unternehmerische Wissen und Verhalten bereits aus den Erfahrungen als Führungskraft vorhanden, jedoch müssen die pragmatischen Unternehmer/innen nun eine Unternehmeridentität entwickeln.

Während bei den ersten beiden Typen die Unternehmeridentität in der Familiengeschichte verankert ist, zeigt sich bei den gelegenheitsnutzenden Unternehmer/innen die Verankerung zur Selbständigkeit in der Berufsbiographie, innerhalb ihrer Karriere als Führungskraft.

Auf der Verhaltensebene kann man bei diesen Biographieträger/innen ein Lernen am Negativmodell erkennen. Während die Väter der gelegenheitsnutzenden Unternehmer/innen berufsbiographisch mit einem Abstieg oder dem beruflichen Scheitern zu kämpfen haben, können die Biographieträger/innen durch Studium, Angestelltenkarriere und Selbständigkeit einen erfolgreichen berufsbiographischen Aufstieg aus dem kleinbürgerlichen oder Arbeitermilieu absolvieren. Die pragmatischen Gründer/innen eignen sich so schon früh einen erfolgsorientierten Habitus an.

Dominanz des Umlernens sowie des formalen und informellen Lernens im Zuge der Gründung

Wie gestaltet sich nun die Art und Weise des Lernens der gelegenheitsnutzenden Unternehmer/innen? Der dominante Lernmodus bei der Existenzgründung ist deutlich das Umlernen. Da diese Biographieträger/innen das berufliche Fachwissen und ein Teil des unternehmerischen Wissens aus ihrem Studium und ihrer Angestelltentätigkeit als Führungskraft mitbringen, müssen sie ihre Erfahrungen für die folgende berufsbiographische Herausforderung neu strukturieren und justieren. Das betriebswirtschaftliche und das unternehmerspezifische Wissen, wie Führungsfähigkeiten und soziale Kompetenz, ist weitestgehend vorhanden, jedoch muss das Wissen, die Fähig- und Fertigkeiten auf den neuen Aktivitätsbereich der eigenen Unternehmung übertragen werden.

Claudia Fliege erzählt im Nachfrageteil kurz von ihrem Übergang in die Selbständigkeit: „Jo und die Firma gab es schon, als GmbH gab es die schon. Hauptgesellschafter war der Herr Löwe, und Herr Löwe hat mir wie gesagt im Oktober 2001 seine Gesellschaftsanteile verkauft, und ich bin dann als Geschäftsführerin eingestiegen. Das komplette Knowhow für diese Aufgabe hatte ich ja bereits aus meiner Tätigkeit als Prokuristin" *(Interviewausschnitt Claudia Fliege).*

Lediglich in Bezug auf das Identitätslernen kann ein Neulernen konstatiert werden, da die gelegenheitsnutzenden Unternehmer/innen ihre Angestelltenidentität zunächst verlernen müssen, um dann eine Unternehmeridentität herauszubilden. Hier können sie ihre Identität als Führungskraft nutzen, jedoch sind sie nicht mehr nur Führungskraft, sondern die Geschäftsführer/innen des gesamten Unternehmens. In dem Lernportfolio der gelegenheitsnutzenden Unternehmer/innen ist der Modus des Neulernens nur marginal, da das meiste Potenzial zum Unternehmertum bereits aus der Angestelltentätigkeit als Führungskraft vorhanden ist.

Innerhalb der Lernkontexte kann bei den pragmatischen Unternehmer/innen keine Dominanz konstatiert werden, sondern es wird ein Gleichklang von formalem und informellem Lernen eruiert. Das bedeutet, es zeigt sich eine Verzahnung des formalen Lernens, welches vor allem im Studium absolviert wird, und informeller Lernprozesse, die innerhalb der Angestelltenverhältnisse vollzogen werden. Bei einer Gleichzeitigkeit der Angestelltentätigkeit und freiberuflicher Tätigkeiten kommt es nebenbei zur informellen Aneignung von Unternehmerwissen.

8.4 Typ D – Der/die sich selbst verwirklichende Neustarter/in

Die Neustarter/innen können als der neue Unternehmertypus beschrieben werden, der dem Bild des klassischen Entrepreneurs bzw. der Entrepreneurin am ehesten entspricht. Über ein Drittel des vorliegenden Samples entspricht diesem Typus, sodass er am häufigsten vorkommt und möglicherweise in unserer Gesellschaft immer mehr an Bedeutung gewinnt. Die Gründerpersonen dieses Typus' verfügen über eine individualistische Grundeinstellung, die durch ein hohes Autonomiebestreben gekennzeichnet ist. Sie kommen aus Familien, die kaum bzw. keine unternehmerischen Ambitionen verfolgt haben. Meist sind die Eltern als Arbeiter/innen oder Angestellte in Institutionen oder Unternehmen tätig.

In den Selbstverwirklichungsbiographien der Neustarter/innen spiegelt sich der gesellschaftliche Prozess der Individualisierung[53] *(Beck 1983)* und der sozialen Freisetzung[54] *(Beck 1986)* deutlich wider. Diese korrespondieren mit der hier erarbeiteten zentralen biographieanalytischen Kategorie des erweiterten Autonomiemodells (vgl. Kapitel 8.4.1.). So geht es diesen Gründerpersonen zunächst um eine Befreiung vom Herkunftsmilieu, um ihre Unabhängigkeit sowohl im ökonomischen Sinne als auch darüber hinaus im Sinne einer umfassenden biographischen Entscheidungsautonomie. Ein wesentliches Merkmal hierfür ist die stetige Entwicklung biographischer Handlungsschemata. Die Neustarter/innen erlernen selbstbestimmt einen Beruf und sammeln zunächst berufliche Erfahrungen und Kompetenzen in angestellten oder freiberuflichen Tätigkeiten, bis sich eine innengeleitete Motivation zum Gründen zeigt und die Biographieträger/innen mithilfe zielgerichteter und schöpferischer Lernprozesse eine Existenzgründung vollziehen.

---

[53] Vgl. Kapitel 8.2., Fußnote 51, S. 170.

[54] *Beck* beschreibt den Prozess der Individualisierung als widersprüchlich und zählt mehrere Dimensionen dieses Prozesses auf. Eine Dimension beinhaltet die „Herausbildung aus historisch vorgegebenen Sozialformen und -bindungen im Sinne traditionaler Herrschafts- und Versorgungszusammenhänge (,Freisetzungsdimension')" *(Beck 1986, S. 206)*. Diese Dimension kann in den vorliegenden Biographien der sich selbst verwirklichenden Neustarter/innen deutlich beobachtet werden. Etliche Biographieträger/innen aus dem kleinbürgerlichen oder Arbeitermilieu können über einen höheren Bildungsweg einen sozialen Aufstieg erreichen, der in der individuellen Existenzgründung gipfelt. Anderen Neustarter/innen gelingt es, sich erfolgreich von den Eltern zu emanzipieren und ihren eigenen beruflichen Weg zu finden, um dann wieder eine Verbindung zum Herkunftsmilieu zu knüpfen.

Eine weitere Besonderheit dieses Unternehmertypus ist, dass die Biographieträger/innen bereits in ihrer Kindheit interkulturelle Erfahrungen sammeln und hier eine hohe Flexibilität gegenüber Fremdheit erlernen. Unter diesen Gründer/innen finden sich häufiger Migranten und Migrantinnen, welche sich auch im empirischen Sample dieser Studie wiederfinden.

8.4.1 Existenzgründung als Selbstverwirklichung

Welche biographischen Dispositionen zeigen sich bei den Neustarter/innen, welche Prozessstrukturen sind in ihren Biographien dominant und wie konstituiert sich bei diesem Typus der Prozess der Existenzgründung? Die nachfolgende Abbildung fasst die empirisch entwickelten biographieanalytischen Kategorien des Typs der sich selbst verwirklichenden Neustarter/innen übersichtlich zusammen. Diese Gründerpersonen repräsentieren ein erweitertes Autonomiemodell, sie bewältigen immer wieder Bewährungs- und Grenzsituationen, entwickeln immer wieder biographische Handlungsschemata, durchlaufen (partielle) biographische Wandlungsprozesse und nutzen die Existenzgründung als berufsbiographischen Neuanfang. Die genannten Kategorien werden in diesem Unterkapitel ausführlich erklärt.

Abbildung 10: Biographieanalytische Kategorien der sich selbst verwirklichenden Neustarter/innen

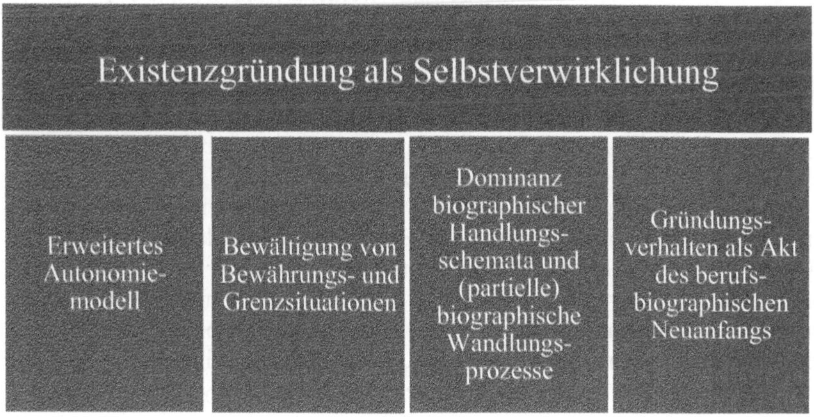

Erweitertes Autonomiemodell

Die sich selbst verwirklichenden Neustarter/innen zeichnen sich durch umfassende Autonomiebestrebungen aus, die bereits in der Primärsozialisation induziert werden. Diese Bemühungen um Autonomie können sehr unterschiedlich ausgelöst werden. Manche Neustarter/innen werden aufgrund der beruflichen Schwierigkeiten und Zwänge ihrer Väter mit häufigen Ortswechseln konfrontiert, die zu diversen Problemlagen, wie dem stetigen Verlust von Freundschaften und sozialen Beziehungen, führen. In der Folge entwickeln sie jedoch die biographischen Dispositionen der räumlichen Mobilität und Flexibilität sowie den Umgang mit Fremdheit und eine hohe Lernbereitschaft. Andere Biographieträger/innen des vorliegenden Samples entwickeln diese Affinität zur räumlichen Mobilität aufgrund familiärer Schwierigkeiten, wie etwa Geschwisterrivalitäten oder des Aufwachsens in einer Pflegefamilie. Das familiäre Beziehungsgefüge kann ein Nährboden für einen Wettstreit zwischen den Geschwistern sein, der die Unabhängigkeitsbestrebungen der Neustarter/innen maßgeblich herausbildet und fördert. Diese führen in der Adoleszenz häufig zu einem frühen Auszug und zur zeitigen Ablösung vom Elternhaus.

Das erweiterte Autonomiemodell zeigt sich in diesen Biographien außerdem bereits beizeiten im Sinne einer Präferenz zum selbstbestimmten Handeln und zu einer hohen Selbstwirksamkeit. Meist fördert zunächst die elterliche Erziehung in der Kindheit und Jugend die Ausprägung von Eigenständigkeit und Eigeninitiative, indem gewisse Freiräume gewährt werden. Während manche Neustarter/innen in ihrer Kindheit ihre Kreativität in der Natur, beispielsweise beim Malen entdecken, entfalten andere ihre besonderen Begabungen im Rahmen schulischer oder sportlicher Aktivitäten. Im untersuchten Sample finden sich Biographieträger/innen, die sich in ihrer Kindheit und Jugend zu Klassen- oder Schulsprechern und -sprecherinnen, zu kreativen Künstlern bzw. Künstlerinnen, zu Leistungssportlern und -sportlerinnen entwickeln.

Die Biographieträger/innen dieses Typus' entfalten bereits in ihrer Adoleszenz das Bedürfnis, ihre individuellen Begabungen, Fähigkeiten und Talente, seien sie nun naturwissenschaftlicher, sportlicher, technischer oder künstlerischer Natur, mehr oder weniger erfolgreich umzusetzen. So beginnen sie eine Sportkarriere oder widmen sich dem Programmieren von Computern, der Malerei, dem Klettern oder dem Singen. Dabei sind einige Neustarter/innen effektiver und dynamischer als andere, die diese Fähigkeiten in ihrem Hobby verwirklichen.

Cem Ediz Wiesel erzählt von seiner ersten Erfahrung mit einem PC und dem beginnenden Interesse am Programmieren: „Es hat angefangen dass ich halt mit meinem Vater drüber gesprochen hab hab gesagt du das interessier mich ich würd' das gerne machen, und dann hat er auch gesagt ja das unterstützt er und wir waren damals im Massamarkt und haben halt einen Computer gekauft ohne Wissen ohne irgendwas ich wusste nur von meinem

Freund, der hat so was in die Richtung so was hätt ich auch gerne und da war halt kein Betriebssystem dabei gar nichts. Man hat das laienhaft gekauft, und dann kam ich nach Hause und wollte das Spiel starten und das sah ganz- also das ging nich. Und dann hab ich erstmal rausgefunden man muss das Betriebssystem installieren und dann waren wir wieder dort und haben gesagt, da fehlt was, haben die gesagt ja das kostet extra und man muss auch die, die Installation bezahlen, und dann ham wir gedacht das iss so viel Geld ich probiers mal selber, hab das Buch genommen habs gewälzt und somit war das Interesse da und das Spielen, komplett zweitrangig hinten dran, so hat das angefangen *(Interviewausschnitt Cem Ediz Wiesel)*.

Frühe Affinitäten zu einem beruflichen Handlungsbereich werden schnell zu einer berufsbiographischen Sinnquelle, sodass die Berufswahl der sich selbst verwirklichenden Neustarter/innen meist selbstbestimmt verläuft. Nur wenige Biographieträger/innen lassen sich bei ihrer Berufsausbildung zunächst von pragmatischen Überlegungen leiten. Diese eigenständige Berufswahl führt zu einer beruflichen Erstausbildung, die meist im Feld der Existenzgründung anschlussfähig ist.

Klara Gazelle schildert in der autobiographisch-narrativen Haupterzählung ihre Berufswahl sehr kurz und prägnant: „Und ich musste meine Mappe vorbereiten, ich wusste also schon im in der Schule, dass ich mich als Grafikdesignerin bewer- also dass ich Kommunikationsdesign studieren wollte. Ich habe also im Internat auch viel gemalt, hab eigentlich immer viel gemalt und das blieb wa- also das Interesse war da sehr groß" *(Interviewausschnitt Klara Gazelle)*.

Transformation von Bewährungs- und Grenzsituationen

Im Sample wird deutlich, dass die sich selbst verwirklichenden Neustarter/innen im Laufe ihrer Biographie vielfältige Grenz- und Bewährungssituationen erleben, suchen oder sogar selbst inszenieren. Diese Bewährungssituationen werden selten passiv bearbeitet, vielmehr suchen die Biographieträger/innen eine aktive Lösung und Bewältigung der biographischen Krisensituationen. Sie bewältigen einen schwierigen Schüler-, Nebenjob oder das freiwillige soziale Jahr, aber auch leistungssportliche Anforderungen sowie mehrfache Umzüge und Wechsel des sozialen Umfelds während ihrer Primärsozialisation. In oder nach der Adoleszenz sind die Neustarter/innen meist in der Lage, die Bewährungssituationen in Lernsituationen zu transformieren und für sich konstruktiv zu nutzen, um Kompetenzen zu entwickeln und eigene Interessen durchsetzen zu können.

Die biographischen Krisen in der Primärsozialisation, ausgelöst durch die ständigen Verluste des sozialen Umfelds, prägen die Betroffenen ein Leben lang. Diese finden erst in ihrem Erwachsenenleben für sich Bewältigungsmechanismen, indem sie sich früh eine eigene Familie aufbauen und ein festes soziales

Umfeld schaffen oder indem sie nach einem biographischen Wandlungsprozess diese Erfahrungen zum Aufbau für vielfältige berufsbiographische Kompetenzen nutzen.

Im Nachfrageteil des autobiographisch-narrativen Interviews versucht Dieter Fuchs seine Erfahrungen in der Kindheit zu beschreiben: „Al:so ... ähm hab das ist schon wie gesagt was die Sache geprägt durch diese Umzüge also dauernd neue Freunde finden und Beziehungen- also a Beziehungsabbrüche, mit allen alten Freunden&und dann wenn sie nach A-Land ziehen dann haben sie das- ist total .. , dann ham natürlich kein Kontakt mehr ne, durch plötzliche- Beziehungsabbrüche sozusagen, und .. dann sich wieder neu einleben müssen aber auch wissen es is ja sowieso nur drei Jahre jetzt zum Beispiel L-Stadt, ne? .. Und dann auch nicht wissen kommen we eigentlich zurück nach X-Stadt oder gehts- dann gings halt zurück nach S-Stadt und ich- ich weiß gar nich was ich damals gedacht hatte ob ich- vielleicht hab ich mir die Illusion gemacht wir gehen wieder zurück nach X-Stadt aber es ging jetzt halt nach S-Stadt also, ist ja auch Unklarheit wo- wo es eigentlich weitergeht ne. Das war schon echt- .. prägend" *(Interviewausschnitt Dieter Fuchs)*. Bereits die Wortwahl und der konfuse Satzbau zeigen das Leid und teilweise die Ambivalenz des Biographieträgers zu diesen primären Sozialisationserfahrungen. Herr Fuchs kann in seiner Kindheit wenig Vertrauen in den langfristigen Aufbau sozialer Beziehungen entwickeln, was vermutlich große Auswirkungen auf seine spätere Beziehungsfähigkeit hat.

Krisensituationen nutzen diese Biographieträger/innen oft als Lernanlässe. Die Neustarter/innen lernen vorwiegend am Negativmodell, beispielsweise einem Elternteil, einer vorgesetzten Person oder anhand sportlicher Misserfolge. Sie entwickeln ein hohes Sensibilisierungspotenzial, eine Kompromissbereitschaft sowie ein Einfühlungs- und Durchsetzungsvermögen. Diese biographischen Ressourcen, die den Kompetenzen im Allgemeinen vorgelagert sind, werden meist aus der Primärsozialisation mitgebracht. Lernressourcen formen sich im Sinne der biographischen Ressourcen, wie der Sensibilisierung durch das elterliche Familienarbeitsmodell heraus, und bilden die Voraussetzung für biographische Kompetenzen, beispielsweise widersprüchliche Erwartungen ausbalancieren und unterschiedliche Anforderungen in einem Unternehmen bedienen zu können. So entwickeln die Neustarter/innen die Fähigkeit bipolare Fertigkeiten anzuwenden, wie die Vereinbarkeit von Kooperationsbereitschaft und Durchsetzungsvermögen und entdecken die Fähigkeit, sich in schwierigen Organisationen zurechtfinden zu können, ohne sich an diese fest zu binden.

Cem Ediz Wiesel schildert von seinem ersten Job als Techniker, den er während seines Studiums erledigt: „da hab ich das irgendwann gemacht, und das war halt, n bisschen was was wir heute auch machen, also wir haben zwei Sparten einmal Softwareentwicklung und einmal dieses IT-Betreuung, im lokalen Umfeld, ja und das war ne anspruchsvollere Aufgabe als halt hinten Endkundenrechner nur zusammenzuschrauben und zu installieren und vorzubereiten das war dann, bisschen anspruchsvoller weil es halt in Richtung Firmenbetreuung ging, und ähm, das war ne <u>kleine</u> Firma und man wurde dort ins kalte Wasser geworfen, und hatte anspruchsvolle Aufgaben und man musste halt an ihnen wachsen. Und man hat- manchmal hab ich Sachen dann gemeinsam mit den Technikern gemacht manchmal alleine, dadurch dass der Geschäftsführer nich so viel Disziplin hatte, ähm war halt ne große Eigenständigkeit notwendig um die Aufgaben irgendwie zu lösen, ich muss sagen ich bin daran gewachsen, seine Partner die Mitarbeiter da war ne hohe Fluktuation, an Mitarbeitern und irgendwann nach anderthalb zwei Jahren war ich so der, Techniker der eigentlich, ähm .. schon fast am meisten etwas konnte dadurch dass die anderen halt hin und her gewechselt sind" *(Interviewausschnitt Cem Ediz Wiesel)*.

Die Neustarter/innen entwickeln bereits in ihrer Kindheit und Schulzeit eine sehr funktionale Anpassungsstrategie, welche jedoch weit entfernt von einer unkritischen und permanent konformen Haltung ist, ihnen aber ein erfolgreiches Handeln ermöglicht. Meist entfalten die Biographieträger/innen eine frühe Abwehrhaltung gegenüber Autoritäten, welche überzogene Forderungen haben oder wenig nachvollziehbare Einstellungen und Haltungen vertreten. Daraus kann eine kritische Haltung gegenüber institutionellen Regeln bis hin zu einer distanzierten Einstellung gegenüber Institutionen resultieren. Eine frühe Distanz zur Schule, beispielsweise forciert durch die beruflichen Differenzerfahrungen der Eltern mit Bildungsinstitutionen, kann zu fehlendem Respekt gegenüber Lehrern sowie Lehrerinnen und einem damit verbundenen eigensinnigen Handlungsmodus des Sichbehauptens führen.

Dominanz der biographischen Handlungsschemata und/oder (partielle) biographische Wandlungsprozesse

Innerhalb der Prozessstrukturen des Lebensablaufs zeichnet sich zunächst ein heterogenes Bild ab. Während in einem Großteil der untersuchten Biographien dieses Typus' die durchgängige Entwicklung von Handlungsschemata mit biographischer Relevanz manifest wird, gibt es in anderen Fällen anfangs die Dominanz der institutionalisierten Ablauf- und Erwartungsmuster, bis diese Gründerpersonen einen partiellen oder vollständigen biographischen Wandlungsprozess durchlaufen, der anschließend die Dominanz der biographischen Handlungsschemata nach sich zieht. Ein weiterer Teil der Neustarter/innen erfährt in ihrer frühen Adoleszenz diverse biographische Suchbewegungen, welche in einem partiellen Wandlungsprozess gipfeln können. Auch hier dominiert im Anschluss die Entwicklung von biographischen Handlungsschemata.

Außerdem zeigen sich in den Biographien vielfältige Ausprägungen der Aufschichtung von Verlaufskurvenpotenzial, welche auch in einer manifesten Verlaufskurve resultieren können. Nach der Bearbeitung des Verlaufskurvenpotenzials bzw. der Verlaufskurve sind die Neustarter/innen viel stärker in der

Lage, lösungsorientiert ihre Probleme zu meistern und Handlungsschemata mit biographischer Relevanz zu entwickeln.

In den Biographien der sich selbst verwirklichenden Neustarter/innen kommt es im Kindheits- und Jugendalter zunächst zur Aufschichtung von Verlaufskurvenpotenzial, ausgelöst sowohl von familienbiographischen Ursachen und Entwicklungen als auch familiären Beziehungsproblemen. Mehrfache Wohnortwechsel aufgrund der sich ändernden beruflichen Einsatzorte des Vaters oder dessen berufliche Unzufriedenheit, die Migration oder Ausreise der Eltern und deren Auswirkungen oder große Geschwisterrivalitäten sind Auslöser für die vielfältige Aufschichtung von Verlaufskurvenpotenzial. Die Bearbeitung des Verlaufskurvenpotenzials gelingt den Gründerpersonen erst während oder nach der Adoleszenz mithilfe unterschiedlicher Bearbeitungs- und Kontrollhandlungsschemata, wobei deutlich wird, dass sie die Besinnung auf ihre eigenen Interessen positiv zur Bearbeitung nutzen können und eine selbstbestimmte Relevanzsetzung vornehmen. So kann der Weggang und Auszug aus dem Elternhaus eine Lösung implizieren oder die Hinwendung zu sinnstiftenden Tätigkeiten und Hobbys, wie der Leistungssport, das Singen im Chor oder andere kreative Aktivitäten.

Im schlimmsten Fall kann sich aus dem aufgeschichteten Verlaufskurvenpotenzial innerhalb der Adoleszenz eine manifeste Verlaufskurve entwickeln. So bildet sich bei einer Biographieträgerin des Samples eine Verlaufskurve in Richtung Schulverweigerung und Essstörung heraus, die ihre Ursache in der beruflichen Mobilität und den Karrierezwängen des Vaters hat. Ausgelöst wird die Verlaufskurve durch den erneuten Umzug der Familie und den Verlust des bisherigen sozialen Umfelds in der beginnenden pubertären Phase der Informantin. Der folgende Interviewausschnitt verdeutlicht den Verlauf.

Klara Gazelle erzählt: „Meine Eltern haben sich dann ein Haus gekauft in W-Stadt. Wir sind dann dorthin gezogen, da war ich glaube ich so zwölf, und ehm und ja .. und denn sollte das sozusagen jetzt endlich mal alles aufhören und alles gut werden *(lacht)*, und dann gings mir aber dort nicht gut. Also bin dann ja auf eine Schule im dörflichen Umfeld gekommen und ich war halt sehr städtisch groß geworden und sehr eigenständig. Und ehm ich konnte da nicht mehr Fuß fassen. Also irgendwie, das hatte sicherlich auch mit der Pubertät zu tun, aber es hat sich dann so entwickelt, dass ich da eigentlich nicht sein wollte. Das hat sich dann auch wirklich so geäußert, dass ich dann nicht mehr- die Schule verweigert habe, teilweise und dann auch ehm Essstörung bekommen hab. Und ehm so ehm- das ging dann so zwei drei Jahre, das wurde dann immer so verheimlicht, und dann wars dann irgendwann auch mal offen und das war irgendwie klar, es gab so kein Entkommen aus dieser Situation. Es hat sich richtig .. mh so ja ehm verfahren gehabt" *(Interviewausschnitt Klara Gazelle)*. Die Interviewte wird hier von den mächtigen Ereignisketten nach dem Umzug in das neue Umfeld überwältigt und verliert zunehmend ihre intentionale Handlungsorganisation, wenn sie kaum noch zur Schule geht und nach und nach eine Essstörung erleidet. Ihre bisherigen Kontrollhandlungsstrategien scheinen in dieser

Krisensituation nicht mehr zu greifen, sodass sie mit psychischen und körperlichen Störungen reagieren muss. Mit professioneller Hilfe eines Therapeuten kann sie jedoch das Bearbeitungs- und Kontrollhandlungsschema des Auszugs aus dem Elternhaus entwickeln und in einem Internat ihre Schullaufbahn erfolgreich mit dem Abitur abschließen.

Der Großteil der Biographieträger/innen absolviert hingegen das institutionalisierte Ablauf- und Erwartungsmuster der Schullaufbahn problemlos. Bereits im späten Jugendalter entwickeln die Neustarter/innen erste Handlungsschemata mit biographischer Relevanz, wie beispielsweise das Geldverdienen mithilfe eines Schülerjobs, das informelle Erlernen von Computerwissen oder das Verfolgen einer Leistungssportkarriere. Meistens ist auch die berufliche Ausbildung oder das Studium handlungsschematisch konnotiert. So wählen diese Informanten und Informantinnen selbstbestimmt und intrinsisch motiviert die Ausbildung oder Studienrichtung, welche eine wichtige berufsbiographische Weichenstellung darstellt und nicht immer konform mit den elterlichen Vorstellungen geht. Jedoch sind die gewählten Ausbildungsberufe nicht unbedingt ausschlaggebend für die spätere Existenzgründung. Nur die Hälfte der Neustarter/innen baut hinterher in der Branche des erlernten Berufs ein Unternehmen auf.

Der berufsbiographische Einstieg in das Arbeitsleben gestaltet sich bei diesen Gründerpersonen meist reibungslos. Die Biographieträger/innen entwickeln entweder das biographische Handlungsschema der ersten Anstellung im Ausbildungsbereich oder der freiberuflichen Tätigkeit, wodurch erste praktische Erfahrungen gesammelt werden können. Sie besitzen innerhalb ihrer beruflichen Tätigkeiten die Fähigkeit, jegliche sich bietende Gelegenheitsstrukturen für sich zu nutzen. Ein Drittel der Neustarter/innen des vorliegenden Samples arbeitet, erneut handlungsschematisch motiviert, nebenher freiberuflich oder gründet bereits – manchmal sogar schon während des Studiums – eine kleine Firma, um Geld sparen zu können oder sich finanziell abzusichern.

Henri Hirsch führt im Interview Folgendes aus: „Zu dem Zeitpunkt war ich schon selbständig, das heißt, ich hab während des Studiums alle möglichen Dinge verkauft. Ich hab .. es fing eigentlich damit an, dass ich eine Anatomietafel brauchte, so wie sie jetzt auch dahinten an der Wand hängen, und die braucht jeder Student zum Lernen, ja? Einfach, da braucht man irgendwelche Anatomiegeschichten. Und dann hat mich das geärgert, dass das Ding, hat glaub ich vierzig D-Mark gekostet, eine. Und man braucht es für die Muskeln, man braucht es für die Nerven, man brauchte das für die Knochen, ja? Und da hab ich gesagt, Scheiße, jetzt gibst du hundertzwanzig D-Mark, damals aus, für diese ganzen Tafeln, das muss man auch irgendwie günstiger kriegen. Und dann hab ich für alle so eine Sammelbestellung gemacht, das heißt, ich hab in meinem Semester rumgefragt, hier sag mal, wollen wir das zusammen einkaufen, dann kriegen wir es günstiger. Und dann hab ich einen Sammeleinkauf gemacht. Den ersten hab ich damals bei Buchhandlung G gemacht, ist ja vollkommen wurscht, wo, und da haben wir sie dann für vierzig für fünfunddreißig D-Mark bekommen, eine Tafel. War schon mal für einen Student schon mal viel

Geld, fünf D-Mark damals. Und dann hab ich gedacht, nee, das kann ich ja auch mal bei dem Hersteller anfragen. Und ich hab dann eine Marketing- und Managementfirma gegründet, und unter dem Label hab ich dann die Sachen eingekauft und hab dann die Tafeln, ich glaube für siebzehn D-Mark eingekauft direkt beim Hersteller dieser Tafel, und hab sie dann für dreißig Euro an die Studenten weiterverkauft. Also ich hatte fast einhundert Prozent Gewinnspanne dran, und die Studenten haben zehn Euro gespart, wenn sie irgendwo bei Buchhandlung G das gekauft hätten. Und dann hab ich angefangen, alles Mögliche, also Massageliegen, Dessous, Kosmetik, was weiß ich, alles, was so kam, hab ich angefangen zu verkaufen und hab mir darüber mein Studium finanziert, ja? Also ich war schon immer son bisschen- ja selbständig orientiert, auch schon während des Studiums, ja?" *(Interviewausschnitt Henri Hirsch).* Der Erzähler veranschaulicht in einer detaillierten Schilderung, wie sich seine Motivation zum selbstbestimmten Handeln entwickelt und er mithilfe seiner Erfahrungen eine Firma gründet, die ihm die Finanzierung des Studium und die damit verbundene Eigenständigkeit sichert.

Einige wenige Biographieträger/innen dieses Typus' durchlaufen demgegenüber die Ausbildung und/oder das Studium als institutionalisiertes Ablauf- und Erwartungsmuster, da sie ihren eigenen beruflichen Weg noch nicht gefunden haben. Hier kommt es entweder zu diversen biographischen Suchbewegungen oder zum häufigen Arbeitsplatzwechsel. Die Suchbewegungen treten eher bei Gründerpersonen aus dem Arbeitermilieu auf und führen diese schrittweise zum biographischen Handlungsschema des Nachholens von formalen Bildungsabschlüssen und münden in eine erneute Ausbildung in einem milieuaffinen Beruf, beispielsweise im Handwerksbereich. Danach folgt das institutionalisierte Ablauf- und Erwartungsmuster der Wanderjahre, was das biographische Handlungsschema des Arbeitens im Ausland mit einschließen kann. In diesem Rahmen kommt es zu einem partiellen biographischen Wandlungsprozess, der den partiellen Umbau des Selbst- und Weltbezugs infolge der biographischen Suchbewegungen auslöst. Der veränderte Blick auf die Welt und auf sich selbst führt zum biographischen Handlungsschema der Weiterqualifizierung, beispielsweise zum Handwerksmeister oder Ähnlichem.

Ein (partieller) biographischer Wandlungsprozess kann auch nach der Aufschichtung von Verlaufskurvenpotenzial infolge beruflicher Unzufriedenheit, mangelnder sozialer Verwurzelung oder durch die ungeplante Geburt und Erziehung eines Kindes und dessen mögliche Beeinflussung für berufliche Karrierepläne ausgelöst werden. Hier können Bearbeitungs- und Kontrollhandlungsschemata sowie Gelegenheitsstrukturen zur persönlichen Weiterbildung oder zum freiberuflichen Arbeiten in einem interessenaffinen Bereich und einhergehende informelle Lernerfahrungen zu den erwähnten Wandlungsprozessen führen. Im Anschluss an den Wandlungsprozess werden neue Entscheidungsmöglichkeiten eruiert und bei einigen Biographieträger/innen nehmen zu diesem Zeitpunkt tiefgreifende berufsbiographische Veränderungsprozesse ihren Anfang. So beginnt mit dem biographischen Wandlungsprozess die Entwicklung von Handlungsschemata mit biographischer Relevanz, was bedeutet, dass diese spätestens jetzt im Lebensablauf der Neustarter/innen dominant werden. Es kommt zur Kündigung, zum Studienabbruch oder zur Beendigung der bisherigen Tätigkeiten und zum berufsbiographischen Neuanfang. Häufig liegt hier auch der Ursprung des Entschlusses zur Existenzgründung.

Existenzgründung als Akt des berufsbiographischen Neuanfangs

Die sich selbst verwirklichenden Neustarter/innen entwickeln entweder bereits während und kurz nach ihrer Ausbildung den Entschluss zur Existenzgründung oder nach einem (partiellen) biographischen Wandlungsprozess. Die Gründung basiert bei diesen Biographieträger/innen immer auf einer eigenständigen und innengeleiteten Motivation.

Wie bereits im vorangegangenen Abschnitt beschrieben, arbeiten die Neustarter/innen zunächst in einem Angestelltenverhältnis oder freiberuflich in der Gründungsbranche, manchmal neben ihrer Ausbildung oder dem Studium. So sind sie in der Lage, vielfältige praxisbezogene Erfahrungen zu sammeln und diese optimal innerhalb von Gelegenheitsstrukturen zu nutzen. Sie können inmitten ihrer beruflichen Tätigkeit die Erfahrung der Erwählung zur Führungskraft oder zur Teilhaberschaft an einem kleinen Unternehmen kennenlernen, wobei hier die Selbst- und Fremdwahl zeitgleich zusammen kommen und den Karrieremechanismus auslösen. Diese Biographieträger/innen bewähren sich in ihrer neuen Position und durchlaufen im Zuge dessen einen enormen Kompetenzaufbau, der zu einer Weiterentwicklung ihrer beruflichen Identität führt. Zu diesem Zeitpunkt beginnt erstmals eine Gründungsmotivation in den hier fokussierten Personen zu reifen.

Eine weitere biographische Ereigniskette lebenszyklischer Art kann die Motivation zur Selbständigkeit verstärken. Gerade bei den weiblichen Gründerinnen kann eine langjährige Partnerschaft eine Fremdbezogenheit implizieren, die sie vom selbstbestimmten Weg abweichen lassen und zur Aufschichtung von Verlaufskurvenpotenzial führt. Das Bearbeitungs- und Kontrollhandlungsschema der Partnertrennung zieht eine Neuorientierung nach sich, die einen umfassenden Emanzipationsprozess und eine Zentrierung auf einen privaten wie beruflichen Neuanfang bewirkt.

Inga Wolf reflektiert im autobiographisch-narrativen Interview kurz ihre damalige Trennung vom Partner: „und ich hätte wahrscheinlich, wenn ich in der Beziehung geblieben wäre mich <u>nicht</u> selbständig gemacht. Also das war eher so entstanden aus dem ich bin wieder völlig frei auch so in meinen <u>Entscheidungen</u>, in meinem Machen und Tun .. ähm bin auch wieder <u>sehr sehr</u> viel selbstbewusster geworden, also da hab ich mich in der durch die Beziehung auch sehr zurück genommen, und und <u>ihm</u> die Führung viel überlassen, und ähm . da hat mir die Trennung eher sehr gut getan, .. *(leiser)* "ähm" ... wieder mehr zu gucken, was will ich eigentlich" *(Interviewausschnitt Inga Wolf)*. Die Biographieträgerin deutet hier einen inneren sowie äußeren Befreiungsprozess an, der zu einem partiellen Wandlungsprozess führt. Infolgedessen ist sie in der Lage, für sich neue biographische Handlungsschemata zu entwickeln, welche die Existenzgründung implizieren.

Indem die Gründungsmotivation weiter reift und zu einem Handlungsschema von biographischer Relevanz wird, suchen sich die sich selbst verwirklichenden Neustarter/innen vielfache Unterstützung und Impulse in einer Existenzgründungsberatung und/oder nehmen an Existenzgründungsseminaren teil. Hier erlernen sie unternehmerische und andere gründungsrelevante Kenntnisse, welche ihnen den möglichen Start in die Selbständigkeit erleichtern können.

Klara Gazelle erzählt, dass sie im Vorfeld ihrer Existenzgründung zwei Beratungsinstitutionen in Anspruch genommen hat: „ich bin dann auch mal so zu ner Beratung gegangen, unabhängig- ich wollte einfach das so nen bisschen professioneller aufbereiten, ich war glaub ich bei der IHK bei irgendner Veranstaltung und dann war ich hier mal bei der Z-Beratungsfirma bei ner Veranstaltung zur Selbständigkeit und ich wollte einfach mit ein bisschen mehr wirtschaftlichem Background und einfach meinen Horizont erweitern, bevor ich das mache und ehm .. ja" *(Interviewausschnitt Klara Gazelle)*.

Die Hälfte der im Sample eruierten Neustarter/innen besucht eine Existenzgründungsinstitution und ein Teil nimmt sogar eine finanzielle Förderung der Gründung in Anspruch. Das bedeutet, dass diese intrinsisch motivierten Gründerpersonen eine größere Affinität zu den pädagogischen Beratungseinrichtungen haben, als die traditionsorientierten Unternehmensnachfolger/innen (Typ A) und die gelegenheitsnutzenden Unternehmer/innen (Typ C) mit der außengeleiteten Gründungsmotivation.

   Der eigentliche Akt der Existenzgründung wird also zunächst vorbereitet, um dann den richtigen Zeitpunkt und diverse Gelegenheiten zu nutzen, wie gute Räumlichkeiten oder kompetente Gründungspartner/innen, und die Gründung zu realisieren. Die Neustarter/innen können meist auf ihren bisherigen beruflichen Erfahrungen und Kenntnissen aufbauen und eine kleine Firma, ein Restaurant oder ein Geschäft aufbauen, welches überwiegend mit einer oder mehreren Partnern und Partnerinnen geführt wird. Nach einer kurzfristigen Konsolidierungsphase kommt es zur Einstellung von angestellten und/oder freiberuflichen Mitarbeitern und Mitarbeiterinnen. Lediglich der Bereich Beratung und Coaching stellen Ausnahmen dar, da diese Gründerpersonen zunächst allein oder in einem Beratungsverbund arbeiten.

   Auch die Neustarter/innen haben in ihrem Unternehmen mit wirtschaftlichen Krisenzeiten zu kämpfen, wobei hier beobachtbar ist, dass die unternehmerischen Herausforderungen von diesen zügig bearbeitet werden. Die sich selbst verwirklichenden Neustarter/innen sind mehrheitlich bereit, mithilfe von vielfältigen beruflichen Weiterbildungen Krisen zu bewältigen.

8.4.2 Lernportfolio – Gründung im Modus der Individualisierung

Wie setzt sich nun das biographische Lernportfolio der sich selbst verwirklichenden Neustarter/innen zusammen? Im Gegensatz zu den traditionsorientierten Unternehmensnachfolgern bzw. -nachfolgerinnen und den traditionsbewussten Neugründern bzw. -gründerinnen wird die Entscheidung zur Existenzgründung von diesen Personen erst während oder nach der Ausbildungs- oder Studienzeit getroffen, was sich auf das Lernportfolio auswirkt. Dieses erweist sich als sehr heterogen. Die Neustarter/innen verfügen über eine innengeleitete Gründungsmotivation, welche durch die biographischen Dispositionen und die zielgerichteten und schöpferischen Lernprozesse entsteht.

Die Lernphänomene sind bei diesem Typus sehr vielfältig, wie in der folgenden Abbildung erkennbar ist.

Abbildung 11: Lernportfolio der sich selbst verwirklichenden Neustarter/innen

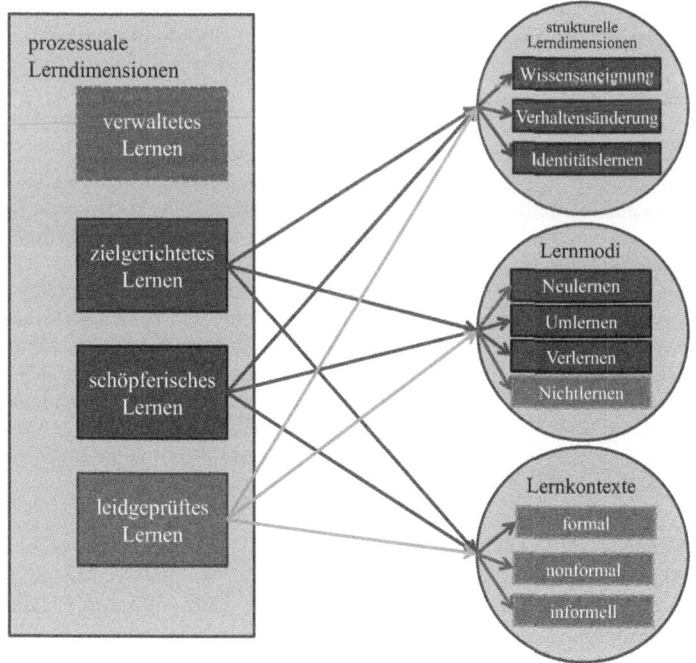

Nachfolgend werden die Lernphänomene des hier dargestellten Lernportfolios dezidiert dargestellt.

Dominanz des zielgerichteten Lernens korreliert mit dem schöpferischen Lernen

Aufbauend auf den biographieanalytischen Ausarbeitungen werden nun die dominanten prozessualen Lerndimensionen in den Lebensgeschichten der sich selbst verwirklichenden Neustarter/innen des analysierten Datensamples eruiert. Im Zuge der Existenzgründung wird hier eine Koinzidenz des zielgerichteten und des schöpferischen Lernens deutlich. Bei Betrachtung der Gesamtbiographien ist jedoch das zielgerichtete Lernen stärker ausgeprägt. Flankiert werden die genannten Lerndimensionen vom leidgeprüften Lernen.

Ersten zielgerichteten Lernprozessen unterziehen sich die Neustarter/innen bereits innerhalb ihrer Wahl interessengeleiteter Freizeitaktivitäten im Schulalter. So können der Wunsch des Computerspielens zur Anschaffung eines PC und die notwendige Geräteinstallation zum Zugzwang des zielgerichteten Erlernens der Installation eines Betriebssystems führen. Ein anderer zielgerichteter Lernprozess kann durch das Interesse am Bergklettern ausgelöst werden, sodass der Biographieträger bzw. die Biographieträgerin notwendige Kenntnisse zum Klettern und Sichern erwirbt und nach Gelegenheiten zur Ermöglichung dieses Hobbys sucht.

Simon Robbe erzählt im Interview, wie er im Jugendalter zum Klettern findet und wie diese Aktivität für ihn immer mehr an Relevanz gewinnt: „Und die zweite Geschichte war ehm ich hab angefangen zu klettern. Es gibt da son kleines Felswändchen im U-Gebiet, wo man son bisschen klettern kann, und ich hab das für mich entdeckt, ich hatte früher auch schon mal son bisschen rumgeklettert, allerdings wurde das dann so ernsthaft und professionell- ich bin dann in den Alpenverein eingetreten, hab da viel gelernt. Ich hab dann auch sehr guten Kontakt gekriegt zu Menschen, die mich heut noch begleiten. Ich bin aufgrund von körperlicher Konzentration für diesen Sport sehr begabt gewesen, ich hab wenig gewogen und war sehr gut trainiert. Das wurde dann so wichtig, das ich meine Freizeit neben dem Malen ausschließlich damit verbracht habe. Ich bin dann auf dem Bau jobben gegangen um das Geld für die Kletterausrüstung zusammenzusparen, ich habe die Schule vernachlässigt ehm mein damaliger Seilpartner ist mein heutiger Schwager *(lacht)*. Der hatte einen uralten Käfer und wir sind so am Wochenende überall in die Berge gefahren" *(Interviewausschnitt Simon Robbe)*.

In der Adoleszenz entwickeln die Neustarter/innen unterschiedliche weitere Handlungsschemata mit biographischer Relevanz, wie beispielsweise den Auszug aus dem Elternhaus, ausgelöst durch ein Streben nach Autonomie. Hiermit geht der zielgerichtete Lernprozess einher, sich Wissen über einen neuen Ort, dortige Wohnmöglichkeiten, das neue soziale Umfeld, Finanzierungsbedingungen anzueignen und sich diesbezüglich mit den Eltern auseinanderzusetzen. So kann dieser Lernprozess zum biographischen Handlungsschema der Suche nach einem Chor in einer neuen Umgebung sowie der Nebentätigkeit in der Gastronomie oder in der Ausbildungsbranche führen und eine Einsozialisierung im neuen Umfeld begünstigen.

Bei den männlichen Gründerpersonen ist das biographische Handlungsschema der Wehrdienstverweigerung und der Ableistung des Zivildienstes beobachtbar. Mithilfe des zielgerichteten Lernens erwerben sie die notwendigen Kenntnisse über die Möglichkeiten des Zivildienstes und suchen sich anschließend im Sozialbereich eine Zivildienststelle, die mit dem Kennenlernen sozialer Arbeit und einem persönlichen Reifeprozess verbunden ist.

Die vorwiegend selbstbestimmten Ausbildungs- oder Studienentscheidungen gehen bei den Neustarter/innen ebenfalls mit zielgerichteten Lernprozessen einher, wie der Wissenserwerb über Studienfachrichtungen, Ausbildungsmöglichkeiten und -voraussetzungen, Arbeitschancen sowie örtliche und branchenspezifische Gegebenheiten.

In ersten Angestelltentätigkeiten oder freiberuflichen Beschäftigungen, die als biographische Handlungsschemata realisiert werden, erlernen diese Gründerpersonen zunächst praktisches Berufswissen sowie Elemente von Führungs- und Organisationsmanagement. Jene Kenntnisse werden häufig auch durch ein Negativbeispiel in Form eines bzw. einer Vorgesetzten erlernt.

Cem Ediz Wiesel berichtet von seinen Erfahrungen innerhalb seiner freiberuflichen Tätigkeit in einem IT-Unternehmen und mit dessen Geschäftsführer: „nach ungefähr .. zweieinhalb Jahren, hat er mir ne Teilhaberschaft angeboten, (…) und ähm je mehr man da reinwuchs, desto mehr Zeit hat man investiert und, immer mehr krumme Sachen sind einem aufgefallen die halt, nicht gesund für ein Unternehmen waren, die dieser undisziplinierte Geschäftsführer da- also der war sehr nett und er war sehr lustig es hat Spaß gemacht aber es hat halt die Disziplin gefehlt. Und ich hab meinen jetzigen Partner, den kannte ich von der Schule, das iss n Überflieger er hat ne ähm, Klasse übersprungen und hatte überall immer seine Einsen, ähm, iss n ganz anderer Typ als ich, und den hab ich an der Uni dann wieder getroffen in M-Stadt, und wir sind immer gemeinsam gefahren und haben gemeinsam gelernt, und ähm ja dann hab ich mitbekommen, da- dass er auch in sonem Bereich arbeitet oder, immer so als Freiberufler, und es gab 'n paar Projekte, in denen man ihn hätte gebrauchen können und ich hab ihn mit ins Boot genommen, und auch ihm hat er dann ne Teilhaberschaft angeboten nach einer Zeit und wir haben das halt gemacht, und nach .. nem Jahr wieder oder anderthalb ich weiß gar nicht mehr so genau, ähm, haben sich die Punkte gesammelt bei denen wir gesagt haben, so geht das eigentlich nicht weiter weil das sind halt, Sachen wir arbeiten uns hier kaputt und, das Geld fließt woandershin und, ja so funktioniert ein Unternehmen nicht und haben uns dann beschlossen selbständig zu machen" *(Interviewausschnitt Cem Ediz Wiesel)*. In dem Ausschnitt wird deutlich, dass der Biographieträger durch die fehlenden Fähigkeiten seines Vorgesetzten lernt, wie man ein Unternehmen nicht führen sollte. So lernt er am Negativbeispiel die Wichtigkeit von beruflicher Disziplin kennen.

Bei einigen Neustarter/innen lösen der berufsbiographische Einstieg und die uneigentliche berufsbiographische Entscheidung zunächst unterschiedliche biographische Suchbewegungen aus, die sowohl zu schöpferischen als auch zu zielgerichteten Lernprozessen führen können. Auf das biographische Handlungsschema des Nachholens von formalen Schulabschlüssen können diverse Suchbewegungen einen zielgerichteten Lernprozess hervorrufen, in dem die Gründerperson zu den eigenen Ressourcen zurückfindet und einen familienmilieuaffinen Beruf z. B. in der Handwerksbranche erlernt. Das anschließende biographische Handlungsschema der Absolvierung der geforderten Praxisjahre im Ausland setzt schöpferische Lernprozesse in Gang, die zu einer Veränderung des Selbstbezugs und zu einer Bildungs- und/oder Führungskraftkarriere in der gewählten Branche und schlussendlich zur Existenzgründung führen.

Der (partielle) biographische Wandlungsprozess kann bei den Neustarter/innen jedoch auch auf andere Weise ausgelöst werden. So können leidgeprüfte Lernprozesse im Beruf, beispielsweise durch fremdbestimmte und unbefriedigende Arbeitsroutinen, zum Beginn eines Reflexionsprozesses führen. Oder eine Weiterbildung löst die Introspektion hinsichtlich der eigenen Familien- und Sozialisationsgeschichte aus, die zu einem höheren Maß an Eigenverantwortung für das eigene Leben und zu einem (partiellen) biographischen Wandlungsprozess führt, an dessen Ende das biographische Handlungsschema der Existenzgründung steht. Ursache für die Entwicklung ist vor allem die Veränderung des Selbstbildes der Gründerperson.

Dieter Fuchs reflektiert im Nachfrageteil des autobiographisch-narrativen Interviews seinen eigenen Veränderungsprozess infolge seines beruflichen Neustarts in Form der Existenzgründung: „Ja was vielleicht noch wich- was in den letzten fünf Jahren auch so passiert ist *(leiser)* (...) sicherlich auch son Prozess, ... also dass ich ... jetzt so qua- gezwungen bin mehr Verantwortung also für mich selbst zu übernehmen&ich muss halt selber dauernd entscheiden will ich den Kunden anrufen oder nicht&will ich jetzt aquirieren oder nicht&oder mach ich das oder jenes, und das war ja in der Firma früher überhaupt nicht so da hat man viel mehr Vorgaben gehabt und das hab ich mich so ge:fühlt .. und das hat mir dann auch nie soviel Spaß gemacht- und in diesen letzten vier Jahren hab ich halt gemerkt (4 sek.) ja ich würd sagen& das Maß an Eigenverantwortung ist doch deutlich gestiegen, und (4 sek.) ja&mir ist doch auch irgendwie mehr klar geworden ich habs halt selber in der Hand wie sichs alles entwickelt, *(leiser)* war mir vorher noch nicht so klar, *(lachen)* u:nd ... ja diese diese Entscheidung zu wechseln hat zu pos-&hatte einerseits so das war&einerseits ein Anteil eine Entscheidung zu treffen&ich will hier raus und ich ich mach was anderes und das schaff ich schon irgendwie, nur hat es *(lachend)* @halt auch et- etwas Blauäugiges@ im Nachhinein, ... äh:m .. andererseits wars nun auch son bisschen, .. ja Flucht ist auch zuviel gesagt aber es war auch son bisschen einfach raus aus dem <u>Alten</u> und erst mal gucken was will ich eigentlich wirklich, so beides" *(Interviewausschnitt Dieter Fuchs).* Der Gründer zeigt hier deutlich seine veränderte Selbstwahrnehmung und seine wachsende Kompetenz, Verantwortung für sein Leben zu übernehmen.

Flankierend zeigt sich die prozessuale Lerndimension des leidgeprüften Lernens als berufsbiographisch relevant. Infolge der Aufschichtung von Verlaufskurvenpotenzial durch die Beendigung einer Leistungssportkarriere oder das Erleben einer fremdbestimmten Partnerschaft kommt es zu einem leidgeprüften Lernprozess. Dieser kann durch die Besinnung auf die eigentlichen Interessen und beruflichen Relevanzen sowohl zur Bearbeitung des aufgeschichteten Verlaufskurvenpotenzials als auch zum selbständigen Arbeiten in einem selbstgewählten interessenaffinen Bereich führen.

In seltenen Fällen durchleiden die Neustarter/innen in der Adoleszenz eine manifeste Verlaufskurve, die sich beispielsweise in einer Schulverweigerung äußern kann. Das Erleiden nimmt stark zu, „sodass die natürliche Einstellung der Lebenswelt (Alfred Schütz) nach und nach durch die Haltung des Zweifels an sich selbst und der Welt substituiert wird" *(vgl. Nittel 2013a, S. 125).* Erst ein leidgeprüfter Lernprozess führt mithilfe eines signifikanten Anderen, wie einem Therapeuten oder einer Therapeutin, zu einem sukzessiven Bewusstwerdungsprozess, das eigene Leben wieder in die Hand nehmen zu wollen und schließlich zur Bearbeitung der Verlaufskurve, wie der nachfolgende Interviewausschnitt deutlich zeigt.

Klara Gazelle schildert die Bearbeitung der Verlaufskurve ihrer Schulverweigerung und Essstörung folgendermaßen: „Und ehm irgendwann kam mir dann die Idee, ich könnte ja- also ich so das Gefühl hatte ich müsste mein Leben mal wieder in die <u>Hand</u> nehmen, und mich nich einfach nur so <u>hängen</u> lassen, das hatt ich nämlich zu dem Zeitpunkt schon getan, ich hatte mich so meinem <u>Leid</u> hingegeben, ja und dann kam halt so irgendwie die Lebens<u>lust</u> wieder hoch, und dann hab ich gedacht ich muss eigentlich hier <u>weg</u>. Und dann hab ich meinen Eltern mit fünfzehn vorgeschlagen, dass ich ausziehe. .. Und dann waren die natürlich nicht sehr begeistert *(lacht),* aber in Zusammenarbeit mit nem Psychologen, ehm der dann auch meine Eltern letztlich auch <u>beraten</u> hat, hat man schon gesacht, ehm um meiner Gesundheit willen, ehm dass es sehr gut funktionieren könnte, wenn ich einfach mal aus diesem häuslichen Kontext und auch aus diesem <u>Schul</u>kontext komplett rausgenommen werde. Und dann haben wir angefangen, ein Internat zu suchen, und dann bin ich mit sechzehn ehm bin ich dann in U-Stadt auf ein Internat gegangen. Und da gings mir wieder gut *(lacht).* Erstaunlicherweise hat das ganz toll funktioniert. Diese diese Zeit davor hat mich aber sehr geprägt, also würd ich sagen, das ist eigentlich so das prägende Moment vielleicht auch in meinem Leben, ja? Und aber ich hab mich da auch <u>selber</u> herausgewurschtelt und auch aus eigener Kraft letztlich. Und das hat mich ehm natürlich <u>auch</u> geprägt, das aus eigener Kraft da wieder herauszukommen, das war sehr wichtig" *(Interviewausschnitt Klara Gazelle).* Frau Gazelle schätzt die Bearbeitung der Verlaufskurve als ein biographisch äußerst relevantes Ereignis ein, welches vermutlich die biographischen Dispositionen des Autonomiestrebens, des Durchhalte- und Durchsetzungsvermögens freisetzt. In der Folge ist die Biographieträgerin in der Lage, die vielfältigsten Bewährungssituationen, auch im Zuge der Existenzgründung zu meistern.

Nach der Entwicklung des biographischen Handlungsschemas der Existenzgründung durchlaufen die sich selbst verwirklichenden Neustarter/innen erneut zielgerichtete Lernprozesse. Diese implizieren die Teilnahme an einer Existenzgründungsberatung oder einem -seminar, das Erkennen und Abwägen der jeweiligen Risiken, eine differenzierte vielfältige Marktforschung und mehr. Die Gründer/innen entschließen sich auf Basis der erfahrenen Lern- und Entwicklungsprozesse zu einer alleinigen oder partnerschaftlichen Existenzgründung oder wählen den Einstieg in ein vorhandenes Unternehmen.

Auch nach dem Aufbau des Unternehmens zeigen sich in den Biographien der Neustarter/innen vielfältige zielgerichtete Lernprozesse, z. B. wenn Gesetzesänderungen zu Umstrukturierungen oder wechselnden Prämissen des Unternehmens führen. Es wird deutlich, dass gerade die Neustarter/innen in der Lage sind, die markt- und branchenspezifischen Veränderungen als Chancen zu nutzen.

Verdichtung der strukturellen Lerndimensionen im Zuge der Existenzgründung

In diesem Abschnitt werden die empirisch ermittelten strukturellen Lerndimensionen dargestellt, welche sich bei den Neustarter/innen im Zeitraum ihrer Existenzgründung manifestieren. Charakteristisch ist zunächst, dass die Verzahnung von Wissensaneignung, Verhaltensänderung und Identitätslernen in Richtung des Unternehmertums erst im Zuge der Berufsbiographie passiert, wobei die Aneignung von unternehmerischem Wissen für einen Großteil der Neustarter/innen bereits im Laufe der Ausbildung oder des Studiums beginnt. Zu einer sehr starken Verdichtung der strukturellen Lerndimensionen kommt es erst während der Vorbereitung und Durchführung des biographischen Handlungsschemas der Existenzgründung.

Für zwei Drittel der im vorliegenden Sample eruierten Neustarter/innen beginnt die Entwicklung zum/zur Unternehmer/in während oder kurz nach der Ausbildung bzw. dem Studium sowie einer kurzen Angestelltentätigkeit oder Freiberuflichkeit. Diese strukturelle Entwicklung dauert in der Regel bis zu fünf Jahren. Hier zeigen sich folgende Merkmalsausprägungen:

- Die Gründerpersonen eignen sich in ihrer Ausbildung in der späteren Unternehmerbranche das notwendige Fachwissen an. Nach Abschluss der Ausbildung bzw. des Studiums in einer selbständigkeitsaffinen Branche gehen sie einer freiberuflichen Tätigkeit nach, innerhalb derer sie sich unternehmerisches Verhalten aneignen und schrittweise eine unternehmerische Identität entwickeln. Zusätzlich werden unternehmerische Kenntnisse in Gründungsseminaren und -beratungen erworben.

- Bei diesen Neustarter/innen findet die Verzahnung von Wissensaneignung, Verhaltens- und Identitätslernen in Richtung Unternehmertum sofort nach der Ausbildung infolge einer freiberuflichen Tätigkeit statt.

- Eine frühe Entwicklung zum/zur Unternehmer/in nach oder bereits während der Ausbildung wird vor allem bei Migranten und Migrantinnen beobachtet, wobei bei diesen Personen milieuspezifisch eine Affinität zur Selbständigkeit vermutet wird.

Bei dem verbleibenden Drittel der sich selbst verwirklichenden Neustarter/innen zeigt sich nach der Ausbildung oder dem Studium zunächst eine Kontingenz der strukturellen Lerndimensionen in Richtung Unternehmertum. Nach diversen biographischen Suchbewegungen, einschließlich Aus- und Weiterbildungen sowie Angestelltentätigkeiten, erfahren die Gründerpersonen, wie im vorhergehenden Abschnitt beschrieben, einen (partiellen) biographischen Wandlungsprozess in der Altersspanne zwischen 25 und 40 Jahren. In der Folge wird von ihnen das Handlungsschema der Existenzgründung entwickelt. Die Teilnahme an einer Weiterbildung oder einer Existenzgründungsberatung und/oder einem -seminar führt in diesem Falle zur Verzahnung der Wissensaneignung, der Verhaltensänderung und dem Identitätslernen in Richtung des Unternehmertums. Diese Entwicklung kann entweder schleichend mithilfe eines langsamen Entscheidungsprozesses gen Gründung oder nach einem umfassenden biographischen Wandlungsprozess ad hoc passieren. Das zielgerichtete Lernen trägt in der Phase der Entscheidungsprozesse auch zu einer Kopplung der drei strukturellen Lerndimensionen bei, was bedeutet, dass die Neustarter/innen hoch fokussiert auf die Gründung hinarbeiten und nur das selektive Wissen aufnehmen, welches für ihr Unternehmerdasein relevant ist.

Wie bereits oben erwähnt, gibt es kleinräumige biographische Handlungsschemata oder aber auch institutionalisierte Ablauf- und Erwartungsmuster, welche die strukturellen Lerndimensionen in Richtung Existenzgründung miteinander verbinden. Gemeint sind Weiterbildungen zum Betriebswirt oder Existenzgründungsseminare, die ein verdichtetes Phänomen der Verzahnung von Wissens- und Verhaltensaneignung sowie Identitätslernen in einer biographisch hoch aufgeladenen Zeit darstellen. Bei diesem Typus gibt es ebendiese wesentliche Entscheidungssituation hinsichtlich der Gründung, während bei den traditionsorientierten Typen A und B diese Entscheidungsphase sehr breit über die Lebenszeit verteilt und in das lebenslange Lernen eingebettet ist.

Die Entscheidungssituation kann sich bei den Neustarter/innen auch über einen etwas längeren jedoch überschaubaren Zeitraum ausweiten, der innerhalb einer Anstellung oder einer freiberuflichen Tätigkeit stattfindet.

Simon Robbe arbeitet neben seinem Kunststudium freiberuflich im IT-Bereich und erzählt im folgenden Ausschnitt, wie es zu der Entscheidung kam, ein Unternehmen zu gründen: „Ich habe mich dann mit dem Internet beschäftigt, und hab mit nem Freund mich nächtelang damit beschäftigt Linux-Server zu bauen und so weiter, das war unsere Welt. Wir haben das dann auch zum Teil an Kunden verkauft, aber das war schwierig, man konnte damit nicht wirklich Geld verdienen, aber man konnte mit dem Internet Geld verdienen. Dann haben wir freiberuflich mit Internethosting angefangen. Ich wollte mir aber bald mehr leisten können und dann haben wir n bisschen größere Aufträge gekriegt und ich hab Schiss gekriegt. Und dann haben wir Anfang zweitausend Angebote abgegeben für einen Börsenmakler, also für Finanzdienstleister, für den Webauftritt und hab- unsere Präsentation war wahnsinnig überzeugend als Start up-Unternehmen. Und die meinten, wir seien die Richtigen. Und ich hab dann noch nen großen Auftrag gekriegt und hatte dann auf einmal Angst vor der Haftung, denn wenn da was passiert, machen die dich so platt, ja? Dann hab ich mich mit meinem Freund lange beraten und wir haben uns entschieden ne Firma zu gründen. Wir haben dann noch nen anderen befreundeten Designer angesprochen, da ich nich das Geld hatte die GmbH alleine zu gründen. So hatten wir erstmal viele Teilhaber, und ich hatte aber vierzig Prozent an der Firma. Ja und dann gings los bis zum Marktabsturz zweitausendeins. Mein Studium habe ich dann völlig vernachlässigt" *(Interviewausschnitt Simon Robbe).*

Das Fachwissen eignen sich die Neustarter/innen sowohl innerhalb verwalteter oder zielgerichteter Lernprozesse in der Ausbildung, im Studium oder in Weiterbildungen als auch innerhalb ihrer Angestelltentätigkeiten oder freiberuflichen Tätigkeiten an, wobei hier auch teilweise unternehmerische Kenntnisse erlernt werden.

Weiteres unternehmerisches Wissen und Verhalten erfahren die Biographieträger/innen häufig in pädagogisch intendierten Gründungsseminaren. Diese speziell ausgerichteten Settings pädagogischer Vermittlung schulen sowohl unternehmerisches Wissen und Verhalten als auch eine unternehmerische Identität, d. h. dass diese Weiterbildungen zur Existenzgründung alle drei strukturellen Lerndimensionen bedienen.

In den schöpferischen Lernphasen der Neustarter/innen passiert die Aneignung von Wissen, Verhalten und Kompetenzen gleichzeitig. Man kann sogar vermuten, dass das schöpferische Lernen das Zusammenkommen der strukturellen Lerndimensionen bedingt, sodass eine Synthese stattfindet, an die das Identitätslernen anknüpft.

In manchen Biographien der Neustarter/innen zeigt sich eine antizipatorische Wissensaneignung sowie Verhaltensänderung. Ausgelöst wird dieser Aneignungsprozess von einem/r signifikanten Anderen, welche/r erfolgreich freiberuflich oder selbständig tätig ist oder einer Weiterbildung, die zur Reflexion über das eigene Berufsleben und zu schöpferischen Lernprozessen führt.

Das Identitätslernen kann in Form von negativem und positivem Modelllernen stattfinden, wobei hier als Modell nicht die Familienmitglieder gelten, sondern Vorgesetzte oder Personen aus dem beruflichen Kontext. Bei weiblichen Gründerinnen kann ein Identitätslernen in Richtung Selbständigkeit durch die Trennung vom Partner in Gang gesetzt werden.

Es gibt bestimmte biographische Prozesse, die nichts mit der Identität als Unternehmer/in zu tun haben, wie beispielsweise die Verfolgung einer Leistungssportkarriere, jedoch mit der Aneignung von Wissen, Verhalten und Identität zusammenhängen und die sich nachträglich als äußerst relevant erweisen. D. h. die Kompetenzen und beruflichen Verhaltensweisen werden einerseits innerhalb der angestellten und freiberuflichen Tätigkeiten erlernt oder andererseits im Sport und in der Freizeit, wobei sich die Relevanz erst nachträglich offenbart.

Henri Hirsch reflektiert seine Leistungssportkarriere wie folgt: „Und dann ist man automatisch in den Leistungssport gerutscht, ja? Und ich war dann auch im DLV-Kader, also in dem Leistungskader, und ich glaube, mit einunzwanzig etwa habe ich dann mit der Leichtathletik aufgehört. Das war dann, wo es gesundheitlich einfach der Arzt zu mir gesagt hat, ganz klar, nee, ich würde den Leistungssport nicht weiter empfehlen. Das war erstmal ne harte Zeit, weil man natürlich seine ganze Jugend und so seine ganzen Träume, ja, auf Olympia und was man halt so als Kind dann immer und Jugendlicher so sich hinarbeitet, ja, aber dann war es auch im Nachhinein nicht verkehrt, weil man dann auch das andere Leben kennengelernt hat, ja, weil man ein Stück weit seine Jugend schon verschenkt. Also für mich gabs halt mit fünfzehn sechzehn nicht abends in die Disko gehen, ja? Das gabs halt dann einfach nicht, sondern für mich gabs dann nach der Schule halt erstmal das Trainieren, und manchmal auch zweimal am Tag trainieren, aber das war jetzt hat mich auch viel, denk ich, auch viel geprägt, dieses, ambitioniert ein Ziel zu verfolgen. Also (dann gabs halt nicht?) irgendwie, dann, sag ich mal, Freundschaften oder oder- ja, Disko gehen, sonstiges Feiern gehen, das gabs halt dann für mich nur begrenzt, ja? Wenn dann in den Leichtathletikkreisen, aber da hatten alle dasselbe Ziel, also da hatten alle dasselbe Ziel, zu trainieren und besser zu werden. Das heißt, man hat halt dann nicht bis nachts irgendwo sich die Birne weggehauen, ja? Das gabs halt dann nicht, es war halt dann das Trainieren am nächsten Tag wichtiger, ja, als dann sich abends zu betrinken. Und aber ich sag mal, während des Studiums hatte man dann genug Zeit, um das auch nachzuholen, was man dann in früherer Zeit vielleicht nicht gemacht hat" *(Interviewausschnitt Henri Hirsch).*

Verzahnung der Lernmodi und Lernkontexte im Zuge der Existenzgründung

Wie konstituieren sich die Lernmodi in den Biographien der sich selbst verwirklichenden Neustarter/innen? Ein dominanter Modus kann hier nicht eruiert werden, stattdessen stellt sich in der lebensgeschichtlichen Ereigniskette der Existenzgründung dieser Personen ein mehr oder weniger ausgewogenes Verhältnis zwischen dem Neulernen, dem Umlernen und Verlernen dar. Diese Pluralität der Lernmodi ermöglicht die situative Anpassung der Biographien an Gründungsprämissen, d. h. die Neustarter/innen sind in der Lage, flexibler auf mögliche Rahmenbedingungen im Zusammenhang ihrer Existenzgründung reagieren zu können als andere Gründer/innen.

Da die Neustarter/innen einen Großteil des Fachwissens bereits aus ihrer Ausbildung, dem Studium und ihren beruflichen Anstellungsverhältnissen sowie freiberuflichen Tätigkeiten mitbringen, können sie im Zuge der Existenzgründung auf dieses Wissen zurückgreifen und es im Modus des Umlernens jeweils modifizieren. Unternehmerisches Wissen erlernen sie in Existenzgründungsseminaren und unterschiedlichen Weiterbildungen oder wenden ihr bisheriges informell erlerntes Berufswissen an.

In der Gründungsphase kommt es für die Neustarter/innen häufig zu einer Verdichtung von unterschiedlichen Lernmodi. So müssen sie zunächst die Angestelltenrolle verlernen, ihr bisheriges Fach- und unternehmerisches Wissen mithilfe des Umlernens auf den neuen Anwendungsbereich abstimmen sowie Kenntnisse unternehmerischer Art neu erlernen, wie betriebswirtschaftliches Wissen, Führungskompetenzen und zusätzliches Branchenwissen.

Einige Neustarter/innen machen sich in einer neuen, ihnen fachfremden Branche selbständig. Diese Gründungen werden nicht im Bereich der eigenen Ausbildung oder dem bisherigen Haupttätigkeitsfeld der Neustarter/innen vollzogen, sondern entweder durch einen biographischen Wandlungsprozess ausgelöst oder aufgrund einer nebenberuflichen Tätigkeit, die sich zur Haupterwerbsquelle entwickelt. Jene Gründerpersonen sehen sich gezwungen, vorwiegend neu zu lernen, in dem sie sich Branchen-, Fach- und unternehmerisches Wissen meist auf informellen und/oder nonformalen Wegen aneignen müssen.

Steffi Maus erzählt von ihrer Existenzgründungsphase Folgendes: „Die Spedition musste dann Insolvenz anmelden und ich hab meinen Job verloren. Was gut war, weil ich wollte was Eigenes machen. Und was mein Glück war, ich hab ne richtig hohe Abfindung da bekommen und dann hatt ich die Möglichkeit mich selbständig zu machen. Hab mich mit zwei Frauen, die ich aus dem L-Restaurant kannte und mit denen ich da viel gearbeitet hatte, wir haben uns da zusammen getan und wir haben den Laden hier gefunden und wollten den haben. Der damalige Besitzer hat sich dann auch für uns entschieden und dann haben wir angefangen. Es war bis dahin reibungslos verlaufen. Dann fing aber die Arbeit für mich an. Ich musste Bestellungen lernen, wir haben die Karte verändert und unterschiedliche Köche gehabt, das Personal war zu beaufsichtigen und und und. Also es war sehr viel Arbeit" *(Interviewausschnitt Steffi Maus).* Da die Biographieträgerin sich in einem fachfremden Bereich selbständig macht, muss sie ganz neue Fertigkeiten und Kompetenzen erwerben, um als Unternehmerin bestehen zu können.

Auch in den Lernkontexten ist in den Biographien der Neustarter/innen keine Dominanz erkennbar. So lernen diese ihr Wissen in formalen Bildungsinstitutionen, wie Ausbildung und Studium, erwerben zusätzliche unternehmerische Kenntnisse in nonformalen Kontexten, wie Gründungsberatungen und -seminare, und eignen sich einen Großteil ihres Wissens informell in ihrer Berufspraxis an.

8.5 Übergreifende lernkonzeptionelle Ergebnisse der Typologie

Die hier dargestellte Typologie von Unternehmertypen beschreibt alle im Sample vorkommenden lebensgeschichtlichen Merkmalsausprägungen des Lernens der untersuchten Gründerpersonen. Dabei zeigt sich jeweils eine klare Dominanz in den prozessualen Lerndimensionen. Während bei den traditionsorientierten Unternehmensnachfolgern und -nachfolgerinnen (Typ A) das verwaltete Lernen dominant ist, herrscht bei den traditionsorientierten Neugründern und Neugründerinnen (Typ B) das zielgerichtete Lernen vor. Bei den gelegenheitsnutzenden Unternehmer/innen (Typ C) kommt es im Zuge der Existenzgründung zu einer Koinzidenz des verwalteten und des leidgeprüften Lernens, während bei den sich selbst verwirklichenden Neustarter/innen (Typ D) das zielgerichtete und das schöpferische Lernen zeitgleich zusammentreffen. Auffällig ist, dass bei drei Typen (A, B, D) das leidgeprüfte Lernen die flankierende prozessuale Lerndimension darstellt. Das kann ein Hinweis dafür sein, dass die Leidensprozesse und deren Bearbeitung eine starke Triebkraft in Richtung Unternehmertum darstellen und zu einem enormen Kompetenzaufbau (wie Durchhaltevermögen, Ausdauer, Leistungsorientierung und beruflicher Disziplin) führen (vgl. Kapitel 9). In der Folge werden krisenhafte Markt- und Unternehmensentwicklungen gut bearbeitet und führen nicht zur Unternehmensaufgabe.

Aus der Herausarbeitung der strukturellen Lerndimensionen zeigt sich, dass es keine dominante strukturelle Lerndimension gibt. Vielmehr ist von herausragender Bedeutung, wie sich diese Lerndimensionen im Zuge der Existenzgründung verschränken und welche Konsequenzen sich daraus ergeben. Bei den traditionsorientierten Unternehmertypen A und B sind die Wissensaneignung, die Verhaltensänderung und das Identitätslernen in Richtung des Unternehmertums in das lebenslange Lernen implementiert. Anders verhält es sich bei den Typen C und D, wo die strukturellen Lerndimensionen sich erst im Laufe deren Berufsbiographie auf die Selbständigkeit fokussieren, wobei die gelegenheitsnutzenden Unternehmer/innen spät zum Unternehmertum finden, während die sich selbst verwirklichenden Neustarter/innen sich bereits zu Beginn ihrer Berufsbiographie stetig in Richtung Existenzgründung entwickeln.

Bei Betrachtung der Lernmodi in Richtung des Unternehmertums fällt auf, dass der zentrale Lernmodus das Umlernen ist, während bei den Lernkontexten keine Dominanz zu eruieren ist. Die Zentralität des Umlernens bedeutet, dass die Unternehmerpersonen ihr Wissen und ihre Kompetenzen bereits zum Großteil mitbringen, wenn sie eine Existenz gründen. Das Neulernen ist bei der Gründung eher marginal, die Unternehmer/innen fokussieren sich vielmehr auf die Anwendung und Modifikation des vorhandenen Wissens und Könnens. Das hat vermutlich große Konsequenzen für die pädagogisch intendierten Existenzgründungsseminare, welche meist auf das Neulernen rekurrieren.

Aus den bisherigen Ergebnissen wird deutlich, dass die biographische Prägung für eine erfolgreiche Existenzgründung enorm wichtig ist. Die ersten zwei Typen A und B sind durch ihre Sozialisation bei den Lernmodi sehr stark entlastet, während bei den Typen C und D die Gründungsphase sehr verdichtet abläuft und relativ kurz im Lebenslauf ist. Hier kommt es darauf an, dass die Lernmodi gut ineinandergreifen, dass ein Oszillieren der Lernmodi stattfindet, sodass je nach Situation das Richtige gelernt und der richtige Lernmodus gefunden wird.

Die vielfach angebotenen Existenzgründungberatungen und die -seminare sollten auf die strukturellen Lerndimensionen und die Lernmodi rekurrieren und auf vorhandenes Wissen und bestehende Kompetenzen aufbauen sowie fehlende Kenntnisse und Fähigkeiten vermitteln. In der vorliegenden Typologie wird sichtbar, dass nur die Gründer/innen mit einer innengeleiteten Motivation (Typ B und D) diese Existenzgründungsberatungen und -seminare für sich nutzen. Die außengeleiteten, mehr fremdbestimmten Gründerpersonen machen bisher keinen Gebrauch von diesbezüglichen Beratungen und/oder Seminaren. Allerdings wäre es sinnvoll, wenn gerade die gelegenheitsnutzenden Unternehmer/innen die pädagogischen Angebote für sich wahrnehmen würden.

9 Existenzgründung als Bearbeitung eines biographischen Problems

Im Zuge der konkreten Fallbearbeitungen der Studie und der Erarbeitung der Unternehmertypologie wird ein Phänomen immer wiederkehrend deutlich. In den Biographien zeigen sich vielfach Leidensprozesse sowie die Aufschichtung von Verlaufskurvenpotenzial. Bei näherer Erörterung dieser Phänomene wird ersichtlich, dass die Unternehmer/innen durch die Bewältigung der Leidensprozesse multiple Kompetenzen aufbauen, die sie bei der Gründung eines Unternehmens für sich nutzen können. Auch die empirisch ermittelte prozessuale Lerndimension des leidgeprüften Lernens, die bei jedem Unternehmertypus zu finden ist, verdeutlicht diese Annahme (vgl. Kapitel 8). So entwickelte sich eine Grundthese dieser Dissertation: Der Weg in die Existenzgründung ist die Bearbeitung einer biographischen oder familienbiographischen Problemlage. Oder prägnanter ausgedrückt: Die Krise wird zum Katalysator der beruflichen Selbständigkeit.

Offensichtlich entsprechen die vorliegenden Biographien der Existenzgründer/innen nicht den konventionellen Vorstellungen von Gründerpersonen, welche bereits früh über die wichtigen Eigenschaften und Merkmale einer erfolgreichen Unternehmerpersönlichkeit verfügen, sondern es handelt sich hier um gebrochene, selten stringente Biographien. Diese Lebensgeschichten sind durch diverse Leidensprozesse und durch Misserfolgserlebnisse gekennzeichnet, an denen die Unternehmer/innen wachsen und die sie für sich nutzen können. Die durchlaufenden Erleidensprozesse können vielleicht nicht immer unter der Kategorie „besonders schwerwiegend" subsumiert werden, erweisen sich jedoch im Lebenszusammenhang der interviewten Personen als biographisch durchaus relevant. Die o. a. These impliziert, dass die Biographieträger/innen einen Großteil ihrer (unternehmerischen) Kompetenzen erst in der Bewältigung von lebensgeschichtlichen Krisen erlernen. Das bedeutet, dass sich die Konstruktion der Kompetenzen erst durch die berufsbiographische Bearbeitung von Problemlagen, beispielsweise in Form von Bewährungssituationen, vollends entwickelt.

Im Folgenden werden zur Verdeutlichung der soeben genannten These diverse Phänomene von Leidensprozessen aus den Biographien der im Rahmen dieser Studie interviewten Gründerpersonen beschrieben. Dabei werden zunächst die familienbiographischen Leidensprozesse (vgl. Kapitel 9.1.) deskriptiv dargestellt, danach folgen nach einer zeitlichen Systematik die nicht berufsbezogenen biographischen Leidensprozesse aus der Kindheit und ab der Adoleszenz (vgl. Kapitel 9.2.) und zum Schluss die berufsbiographischen einschließlich der unternehmerischen Leidens- und Krisenprozesse (vgl. Kapitel 9.3.). Am Ende des Kapitels folgt die Erläuterung, wie sich die Transformation der biographischen Problemlagen darstellt (vgl. Kapitel 9.4).

9.1 Familienbiographische Leidensprozesse

Wie in den vorherigen Kapiteln 7 und 8 bereits erläutert, gibt es in den untersuchten Biographien vielfältige familienbiographische Leidensprozesse, welche von einem oder beiden Elternteilen verursacht und an die Gründer/innen übermittelt werden.

Ein Phänomen ist der berufsbiographische Abstieg der Eltern oder des Vaters der Gründerpersonen, der zu einer latenten oder manifesten berufsbiographischen Unzufriedenheit dieses Elternteils führt, welche sich negativ auf das gesamte Familienleben auswirkt. So kann diese Frustration einerseits zu einer allgemeinen Unzufriedenheit mit dem beruflichen Leben oder andererseits zu immer neuen beruflichen Bearbeitungsversuchen und Karrierezwängen führen. Der Vater einer Informantin kann beispielsweise aufgrund einer Kriegsverletzung nicht in seinem erlernten und wertgeschätzten Handwerksberuf arbeiten und wird notgedrungen Beamter. Diese Tätigkeit stellt für ihn lediglich ein berufsbiographischer Kompromiss dar, der zu einer latenten Unzufriedenheit des Vaters führt. In einem anderen Fall kann ein Vater aufgrund von Krankheit seinen Beruf nicht mehr ausüben und baut sich eine bescheidene Karriere in einem alternativen Beruf auf, der jedoch nicht an die Karrierechancen des Ausbildungsberufs anschließen kann und eine unzufriedene Grundhaltung nach sich zieht.

Der Vater eines weiteren Informanten ist Arbeiter im Bereich des Schuhhandwerks, der mit seinen dortigen geringen Aufstiegs- und Verdienstmöglichkeiten unzufrieden ist, sodass er den Versuch der Existenzgründung unternimmt, mit diesem aber scheitert. Seine weitere Unzufriedenheit und die ökonomischen Einschränkungen belasten zunehmend den familiären Alltag und behindern die weiterführenden Bildungsvorhaben der Kinder erheblich.

Berufsbiographische Abstiege des Vaters lassen sich auch in anderen Biographien von Existenzgründerpersonen finden, wobei es unterschiedliche Gründe gibt, wie ein berufsbiographischer Neuanfang in einem anderen Land oder die Kündigung eines Anstellungsverhältnisses. Die Folge kann eine starke Unzufriedenheit und die berufliche Mobilität des Vaters sein, welche zur kompletten Unterwerfung der Familie unter die Karrierezwänge des Vaters führen. Diese können einen ansteigenden Leidensdruck und eine Verlaufskurve hervorrufen, die die Familienmitglieder überwältigt und den familiären Alltag bedroht.

Die Biographieträgerin Klara Gazelle berichtet von den beruflichen Ambitionen ihres Vaters und den familiären Auswirkungen Folgendes: „Mein Vater war aber sehr unzufrieden mit seinem Job und hat eigentlich von dem Moment an, wo wir aus O-Land kamen permanent wieder nen neuen Job gesucht, der da anknüpft, wo er aufgehört hat, hat gemerkt dass er die Firma wechseln muss, um da weiterzukommen. Aber das hat sich nie mehr so richtig ergeben. Er ist dann nochmal einmal nach P-Land gegangen mit einer neuen Firma, das war sogar noch vor meiner Gymnasialzeit, und wir sind dann auch nachgezogen, aber nur kurz. Also wir waren dann vielleicht ein dreiviertel Jahr nochma in P-Land. Dann bin ich zurück in die alte Klasse, das ging dann noch. Aber im Prinzip war so ne Grundunzufriedenheit, die nicht aufgehört hat, bei meiner Mutter die sich da nicht in Q-Stadt wohlgefühlt hat, bei meinem Vater der so beruflich nich eh .. die Ziele so erreicht hat, die er sich so gesteckt hat ja. Und dann hat er tatsächlich noch mal ne neue Stelle angenommen und das war hier in der Nähe in W-Stadt. Und ist dann auch fast ein Jahr lang hat er dort gewohnt, bis wir nachgezogen sind. Also er hat eigentlich .. so viele Jahre zwischen O-Land und dieser Zeit in W-Stadt eh .. eigentlich gar nich bei uns gewohnt. Er ist dann oft nur jedes zweite Wochenende gekommen, oder nur in den Ferien gekommen und so hab ich also in der Zeit sehr viel nur mit meiner Mutter gemacht. Und meine Mutter war auch ziemlich belastet dadurch, also es ging ihr eigentlich nicht so gut damit. Meine Eltern haben sich dann ein Haus gekauft in W-Stadt. Wir sind dann dorthin gezogen, da war ich glaube ich so zwölf, und ehm und ja .. und denn sollte das sozusagen jetzt endlich mal aufhören und alles gut werden *(lacht)*, und dann gings mir aber dort nicht gut" *(Interviewausschnitt Klara Gazelle).* In diesem Abschnitt wird deutlich, dass die gesamte Familie unter dem fehlenden Karriereerfolg und den daraus resultierenden Bemühungen des Vaters zu leiden hat. So müssen Mutter und Tochter die berufliche Mobilität mittragen unter der Einschränkung des eigenen Lebensglücks.

9.2 Nicht berufsbezogene biographische Leidensprozesse

Nicht berufsbezogene biographische Leidensprozesse zeigen sich in den empirisch untersuchten Biographien des Samples sowohl in der Kindheit als auch im Alter der Adoleszenz und darüber hinaus. Ein Großteil davon findet bereits im achten Kapitel Erwähnung. So können ständige Wohnortwechsel in der Kindheit aufgrund wechselnder beruflicher Einsatzorte des Vaters für den Biographieträger den immer wiederkehrenden Verlust des gesamten sozialen Umfelds nach sich ziehen. Auch wenn die Eltern aus einem europäischen Land nach Deutschland auswandern und in der Folge die Informantin im Herkunftsland für einige Jahre in einer Pflegefamilie untergebracht wird, kommt es zu starken Verlusterfahrungen in der Primärsozialisation. Ein anderer Biographieträger berichtet von seinem Leidensprozess in der Schule in der damaligen DDR infolge des Ausreiseantrages seiner Eltern.

Simon Robbe erzählt von seinen leidvollen schulischen Erfahrungen in der DDR: „Die Situation änderte sich schlagartig, als meine Eltern einen Ausreiseantrag stellten. Die

Lehrer waren dann auf einmal feindselig. Es war dann auch- hieß dann auch vor der Klasse halt ganz klare Darstellung, hier das ist der Klassenfeind der weg will, ja. Das war sehr sehr erniedrigend, ehm ... also die Isolation ging auch weiter unter den Schülern, ich war auf einmal nich mehr ein beliebtes integriertes Kind, sondern es gab Druck von allen Seiten. Also in der Zeit ham mir auch meine Eltern gesagt, ich müsste ein extrem guter Schüler werden, damit ich nicht angreifbar bin. Und so weiter, und ich hab mich dann von der dritten bis zur fünften Klasse auf Leistungsniveau hochgehangelt, wo ich eh etwas in Ruhe gelassen wurde, weil meine objektiven Leistungen gut waren. Diese Sachen sind dann aber immer weiter eskaliert, beim Appell war ich den Angriffen der Lehrer ausgesetzt. Das ging dann soweit, dass die Lehrer aktiv die Schüler aufgehetzt haben, und ich Prügel auf dem Schulhof bekommen habe, und irgendwann war es soweit, dass sie mir zu fünfzehnt das Nasenbein eingetreten haben. Und das war der Punkt, wo die Lehrer drum rum standen und nicht eingegriffen haben. Und da waren meine Eltern dann entsetzt, die hatten die ansteigende Gewalt nicht so bemerkt oder dem nicht so die Bedeutung beigemessen. Dann hat man mich auf ne andere Schule abgeschoben" *(Interviewausschnitt Simon Robbe)*. Die Ausführungen verdeutlichen die schmerzvollen Erfahrungen des Informanten, wie Ausgrenzung, physische und psychische Gewalt.

Eine Informantin erzählt von ihren Integrationsschwierigkeiten in den staatlichen Institutionen infolge ihrer sehr freien Erziehung in der Künstlerwelt der Eltern. So ist sie kaum in der Lage, sich den Ritualen der Institutionen anzupassen, da die Eltern und deren Freunde dieses immer wieder wissentlich und unwissentlich verhindern. Eine andere Biographieträgerin berichtet im Gegenteil dazu von einer sehr einengenden häuslichen Erziehung und vielen familiären Konflikten, die sie als Mädchen und spätere Frau in große Selbstzweifel und Identitätsprobleme stürzen.

   In einem weiteren Fall berichtet ein Informant über einen Leidensdruck, der durch den Zwang zur Ausübung eines Leistungssports durch den Vater ausgelöst wird. Die hohen Leistungsanforderungen sind für ihn als Jugendlicher kaum zu erreichen und er muss unter den geforderten höchsten körperlichen Anstrengungen sehr leiden.

   Auch in der Adoleszenz und im Erwachsenenalter können in den empirisch untersuchten Biographien diverse Leidensprozesse eruiert werden. Ein enormer Leidensdruck wird bei einer Informantin aufgrund politischer Schwierigkeiten in der DDR ausgelöst, welche zur Exmatrikulation und zum Berufsverbot und zur späteren Ausreise führen. In dem neuen sozialen Umfeld in der BRD kommt es zu Anpassungsproblemen aufgrund von Fremdheit, Unverständnis und Heimatlosigkeit. Ein anderer Interviewter hat große Schwierigkeiten sich in der Institution der Bundeswehr innerhalb der Absolvierung seiner Wehrpflicht unterzuordnen und leidet unter dem Anpassungszwang.

   Eine weitere Biographieträgerin wird während ihres Pädagogikstudiums schwanger und ist nach der Geburt ihrer Tochter gezwungen ihr Studium abzubrechen. Dadurch beginnt ein längerer Leidensprozess, der durch die Trennung vom Ehemann noch erhöht wird. Eine andere Gründerin erlebt leidvoll den Tod ihres Ehemanns und Geschäftspartners und ist nun gezwungen, ihr Leben alleine zu organisieren und das gemeinsame Unternehmen selbständig zu führen. Zwei Gründerpersonen aus dem Sample werden in ihren Partnerschaftsbeziehungen mit zunehmender Fremdbestimmung konfrontiert, die einen leidvollen und längerfristigen Emanzipationsprozess in Gang setzen. Eine Biographieträgerin erlebt das ausschließliche Hausfrau- und Mutterdasein nach einer Außendienstkarriere als leidvoll.

Nicole Iltis erzählt von ihren Erfahrungen, nachdem sie ein Kind geboren hat: „Zweitausend habe ich mein erstes Kind bekommen, und das war für mich auch ne ziemlich merkwürdige Situation, weil ich auch durch diese Außendiensttätigkeit ehm, naja Freunde hatte, die eigentlich auch alle berufstätig waren, und ich hatte in meinem ganzen- obwohl ich auch schon älter war, ich hatte wirklich im ganzen Bekanntenkreis keine einzige Freundin die ein Baby hatte. Überhaupt nicht, ich war die Erste. Und es war tatsächlich ein unglaublicher Fremdkörper und eine große Überraschung, was das nun tatsächlich bedeutete. Ehm das ging auch damit einher, dass ich eben gar keine Struktur hatte. Ich war also wirklich alleine. Zwar mit meinem Mann, aber er hat natürlich gearbeitet .. und ehm, und ich war dann plötz:lich zu Hause und ich muss sagen ich konnte mich mit der- ich war zwar auch glücklich über mein Kind, aber es hat mir doch sehr zu schaffen gemacht, weil ich immer das Gefühl hatte, o Gott jetzt ist alles zu Ende, und ehm ich habe überhaupt eh .. mich mit der neuen Rolle muss ich sagen, gar nicht identifizieren können. Also ich war sehr bedrückt gewesen, weil mir dann schlagartig klar wurde, dass diese Verantwortung eine ganz andere ist. Und das hat mich auch lange sehr bedrückt. Und ich war dann fast panisch und habe dann irgendwann eine Tagesmutter gesucht, weil ich habe gesagt, ich bleibe nur ein Jahr zu Hause" *(Interviewausschnitt Nicole Iltis)*. Die Informantin erlebt das Mutterdasein als eine große Herausforderung, da sie ihre bisherige Identität als Karrierefrau loslassen und ihre Selbstidentität vollständig verändern muss.

Einen nicht berufsbezogenen Leidensprozess muss ein Biographieträger infolge der Diagnose einer körperlichen Schädigung erfahren, da diese zur Beendigung seiner Leistungssportkarriere als Leichtathlet führt und zur Aufgabe der sportlichen Ziele.

9.3 Berufsbiographische Leidensprozesse

Wie bereits zu einem Teil im achten Kapitel thematisiert wurde, durchläuft die Mehrheit der untersuchten Existenzgründer/innen verschiedene berufsbiographische Leidensprozesse. Einige Biographieträger/innen absolvieren eine fremdbestimmte Ausbildung, meist von den Eltern forciert, sodass der eigentliche Berufswunsch nicht realisiert werden kann. Es kommt zu leidvollen Erfahrungen, da die Selbstbestimmung stark eingeschränkt wird. Eine vermeintlich falsche

Berufswahl kann biographische Suchbewegungen und Studienabbrüche zur Folge haben und einen längeren Weg der beruflichen Identitätssuche nach sich ziehen.

In einer Biographie zeigt sich ein Leidensprozess, der sowohl durch das zielgerichtete Erlernen von beruflichem Fachwissen als auch durch das Überschreiten der eigenen beruflichen Kompetenzen ausgelöst wird und zur Entlassung des Informanten führt. Jedoch durchläuft der Biographieträger einen Kompetenzaufbau in Richtung einer hohen Problemlöseorientierung, Antriebsstärke und Selbstwirksamkeit. Eine Informantin leidet in ihrer Funktion als Führungskraft unter den erlebten Vorurteilen und dem Mobbing in der Arbeit.

In der Berufsbiographie einer anderen Gründerin zeigt sich das Phänomen des Leidens, als diese wegen fehlender finanzieller Mittel gezwungen ist, ihr Malatelier und ihren künstlerischen Beruf als Malerin aufzugeben. Etliche Biographieträger/innen erleben leidvoll eine starke berufliche und/oder persönliche Unzufriedenheit, sodass es in der Folge zur Kündigung des Angestelltenverhältnisses kommt.

Nicole Iltis schildert ihren beruflichen Alltag in einem Verlag, in dem sie als Angestellte kurzzeitig arbeitet: „Der Verleger war sehr dominant und ich war glaube ich zu alt, den zu bewundern, und das hat den gewurmt. Er hatte mir viele Rechte gegeben, ich hab den Außendienst völlig anders geführt als bisher. Das hat ihn dann gewurmt, und er hat mich dann völlig im Regen stehen lassen. Und eh .. er hat so getan, als wollte er das nicht. Er hat dann Vorgehensweisen gehabt, die er nich abgesprochen hat und hat eben nich jemand gesucht, mit dem er sich austauschen kann. Er hat mich dann als Front gesehen und das ging dann auch nich mehr. Das waren dreizehn Monate, die mir wirklich sehr ans Ego gegangen sind, weil ich auch nich sicher war, ob ich die Leistung wirklich bringe, die ich bringen sollte. Und ich hab sicherlich auch nich auf meinem echten Niveau da gearbeitet. Und ein Element war sicherlich, ich hab da Vollzeit gearbeitet, aber ich hab ne Arbeitszeit gehabt, die war von acht bis fünfzehn Uhr, ich hab viel von zu Hause gearbeitet und bin immer als Erste gegangen. Und das kam sehr negativ an. Und bei bestimmten Sachen war ich halt ausgeschlossen, was dann später kommuniziert wurde. Ich war halt die Einzige mit Kind, das hat halt nicht funktioniert dann. Also das hat eben nicht geklappt und ich war vom Selbstbewusstsein ziemlich zerstört dann" (*Interviewausschnitt Nicole Iltis*). Die Erzählerin versucht reflexiv zu erörtern, wie sie innerhalb dieser Arbeitsstelle leidet und welche Gründe dazu führen.

Nach der Schwangerschaft führt die Kindererziehung und -betreuung bei einer anderen Informantin zur starken Einschränkung ihrer Arbeitsmöglichkeiten und zu einem zwangsläufigen Mitarbeiten im elterlichen Betrieb, welches leidvolle Erfahrungen in der Auseinandersetzung mit dem Vater impliziert. Hier werden jedoch von der Gründerin Kompetenzen wie Anpassungsfähigkeit, Belastbarkeit und Durchsetzungsfähigkeit erlernt und gefördert. Im Zuge des Unternehmertums erfährt diese Biographieträgerin eheliche Schwierigkeiten wegen der gemeinsamen Unternehmensführung mit dem Ehemann und dem Vater. Die Folge sind mächtige Konkurrenzkämpfe, welche erst durch eine leidvolle Trennung vom Ehemann beendet werden.

Nach der erfolgreichen Etablierung des eigenen Unternehmens erlebt ein Teil der Biographieträger/innen psychische und physische Stressmomente. Diese können durch gesamtwirtschaftliche oder branchenspezifische Krisen oder durch ein zu hohes Arbeitspensum ausgelöst werden. Die Folge sind Anzeichen von Überarbeitung und sogar Symptome von Burnout.

Uwe Nashorn erzählt im Nachfrageteil, welche leidvollen Auswirkungen der Stress im Unternehmen auf ihn hat: „Ich hab mich jetzt umgestellt. Ich hab mir früher den Stress im Unternehmen ein bisschen zu stark zu Herzen genommen. Und bin denn einmal im Krankenhaus aufgewacht, da musst ich das Auto stehen lassen, da ging es mir nich so gut, wir fahren mit dem Taxi, und wach dann irgendwann im Krankenhaus auf. Lass mich da reinschieben, fünfundzwanzig Leute um mich drum herum und Alarm- .. Und das zweite Mal das war vielleicht ein Jahr später, da bin ich dann beim Notarzt aufgewacht und da bin ich zu Hause zusammen geklappt und war weg. Und dann haben die Ärzte gesagt in nem Jahr ham se nen Schlaganfall, oder ein Herzanfall- da hab ich es auch übertrieben, da hab ich zu viel gearbeitet und zu viel in mich reingefressen, die ganzen Probleme aus der Firma, und das hat mich sehr fertig gemacht. Ich musste mich dann umstellen" *(Interviewausschnitt Uwe Nashorn)*. In diesem Ausschnitt wird deutlich, dass der Informant zu einem Lernprozess hinsichtlich des Umgangs mit Stress gezwungen wird und er in der Folge die Kompetenz der Entspannung und des konstruktiven Umgangs mit Stress entwickelt.

Diese aus dem empirischen Material zusammengetragenen Phänomene des Leidens zeigen, dass die Biographieträger/innen gezwungen werden unterschiedliche Bearbeitungs- und Kontrollstrategien zu entwickeln und mithilfe diverser Lernprozesse das Leiden zu beenden und zu überwinden. Im Folgenden wird dargestellt, wie es den Gründerpersonen gelingt, die biographischen Problemlagen zu transformieren.

9.4 Transformation der biographischen Problemlagen

Die Analyse der Biographien des vorliegenden Samples zeigt, dass alle Gründer/innen ihre Existenzgründung nutzen, um ihre biographische und/oder familienbiographische Problemlage zu bearbeiten und weitestgehend zu lösen, wobei die Gründungsform – Neugründung oder Firmenübernahme – nebensächlich ist. In den meisten Lebensgeschichten beginnt die Bearbeitung der Problemlage nicht sofort mit der Gründung, sondern diese entwickelt sich in den Berufsbiographien sukzessive.

Obwohl die Bearbeitung einer biographischen Problemlage in allen Interviews des Samples zu finden ist, können in den folgenden Ausführungen nicht alle Fälle ausführlich dargestellt werden. Daher wurden empirische Kategorien gebildet, unter denen alle Gründer/innen und deren Problemlagenbearbeitung subsumiert werden. Diese vier Kategorien werden nun erläuternd dargestellt.

Transgenerationale Weitergabe und Bearbeitung berufsbiographischer Problemlagen

Eine vielfach zu findende familienbiographische Problemlage ist der oben beschriebene berufsbiographische Abstieg oder der nicht realisierte Aufstieg der Eltern bzw. eines Elternteils. Die Biographieträger/innen werden früh mit der beruflichen Unzufriedenheit der Eltern und deren Auswirkungen konfrontiert. In der Folge entwickeln die Eltern große berufliche Erwartungen gegenüber ihren Kindern, in einigen Fällen können die Eltern aufgrund ihrer Karrierewünsche und -zwänge ihre Schutzfunktion gegenüber den Kindern nicht erfüllen.

Durch die Selbständigkeit bearbeiten die Gründerpersonen die familienbiographische Problemlage dergestalt, dass diese den biographischen Aufstieg mithilfe ihres Studiums und ihrer erfolgreichen Existenzgründung in einer selbstgewählten Branche realisieren und den väterlichen berufsbiographischen Abstieg so reparieren. Ein Biographieträger kann beispielsweise mithilfe der Verwirklichung seiner Passion zur Kunst und zum Design den väterlichen Abstieg reparieren und den elterlichen Status transformieren. Ein anderer Informant kann die gleiche Problemlage bearbeiten, indem er seine künstlerische Berufung mit der Informationstechnologie verbindet und ein erfolgreiches Software-Unternehmen aufbaut. Die Gründerin, welche unter der fehlenden Schutzfunktion des Vaters leiden musste, bearbeitet das Problem der beruflichen Mobilität des Vaters, indem sie sich einen festen beruflichen Rahmen in Form eines eigenen Unternehmens zusammen mit einer Partnerin schafft.

Bearbeitung des nicht realisierten Studienabschlusses

In einem Drittel der untersuchten Biographien der Gründerpersonen wird die biographische Problemlage des fehlenden Studienabschlusses bzw. des nicht absolvierten ursprünglichen Studienwunsches eruiert. Dabei können unterschiedliche Gründe eine Rolle spielen, wie fremdbestimmte oder falsche Studienfachwahl, fehlendes Selbstvertrauen zur Realisierung des Studienwunsches, Studienabbruch wegen Schwangerschaft oder politisch motivierter Exmatrikulation sowie alternative Prioritätensetzung bei der Studienwahl wegen Vorrang der Leistungssportkarriere.

Die Problembearbeitung bzw. -lösung liegt auch in diesen Lebensgeschichten langfristig in der Existenzgründung. So werden die fremdbestimmte Studienfachwahl und der Studienabbruch durch eine berufsbiographische Synthese gelöst. Hier werden das erwartete Erfolgsmodell der Eltern und die eigenen Erwartungen mithilfe der Passion für Informationstechnologie durch die Gründung eines IT-Unternehmens erfüllt. Auch in weiteren Fällen liegt die Lösung in der berufsbiographischen Synthese. Wenn eine Biographieträgerin ihr fehlendes Selbstvertrauen für ein Psychologiestudium durch ein Studium der Sozialpädagogik und mehrere Weiterbildungen ausgleicht, einen vielfältigen Selbstreflexionsprozess durchläuft und sich eine selbständige pädagogische Tätigkeit aufbaut, wird das Phänomen deutlich. In einem anderen Fall kann eine Biographieträgerin einen Studienabschluss in der staatlichen Verwaltung nachholen und schichtet in ihrer beruflichen Tätigkeit nach und nach immer mehr Bildungskapital auf. Erst in der eigenen Existenzgründung im Bildungsbereich kann sie die Diskrepanz zwischen ihren Kompetenzen, Fähig- und Fertigkeiten und der Angebotsstruktur der Bildungsinstitutionen bearbeiten und aufheben. Hier zeigt sich die Existenzgründung als klassischer Bildungsweg. Ein Sportwissenschaftler kann in der Gründung seine Affinität zur Medizin und zum Sport vereinbaren und das nicht realisierte Medizinstudium für sich bearbeiten. Ein anderer Gründer aus der Handwerksbranche behebt mit der Firmengründung seine familienmilieuspezifische Entwurzelung, welche durch die Bildungsbemühungen in den 1970er Jahren verursacht wurde, und schafft den sozialen Aufstieg.

Beruflicher Aufstieg vor dem Hintergrund einer auf Dauer gestellten destabilisierenden berufs- oder familienbiographischen Bedingung

Eine andere Problemlage liegt für einige Gründerpersonen in einer dauerhaft destabilisierenden berufs- oder familienbiographischen Bedingung, welche durch den eigenen beruflichen Aufstieg und die berufliche Verwirklichung bearbeitet wird und zur Realisierung des elterlich erwarteten Erfolgsmodells führt. Eine familienbiographische Problemlage entsteht beispielsweise infolge des Im-Heimatland-von-den-Eltern-zurückgelassen-werdens, wenn diese zunächst alleine nach Deutschland auswandern. Die Biographieträgerin kann diese Problemlage durch die Eröffnung eines Restaurants gemeinsam mit zwei Partnerinnen bearbeiten, da sie sich ein stabiles Umfeld schafft und ihre exzellente Kommunikationsfähigkeit und soziale Kompetenz auslebt. Eine ähnliche familienbiographische Schwierigkeit tritt durch ständige Wohnortwechsel in der Kindheit wegen unterschiedlicher beruflicher Einsatzorte des Vaters und der damit verbundenen Unmöglichkeit ein stabiles soziales Umfeld aufzubauen, auf. Der betroffene Existenzgründer nimmt mithilfe eines biographischen Wandlungsprozesses einen biographischen Spurwechsel vor und findet seine Berufung in der beratenden und therapeutischen Tätigkeit. So wird das in der Kindheit fehlende soziale Umfeld nun durch die Arbeit mit Menschen kompensiert und es erfolgt die Reparatur dieser Problemlage.

Auf Dauer gestellte destabilisierende berufsbiographische Bedingungen können künstlerische Tätigkeiten implizieren, welche keine oder nur ungenügende finanzielle Entlohnung finden. Die ökonomischen Zwänge können zur Aufgabe dieser beruflichen Passion führen. Diese Problemlage wird erst durch die Selbständigkeit bearbeitet, wenn kreative und künstlerische Impulse in der Arbeit umgesetzt und neue Ausdrucksformen gefunden und realisiert werden. Auch das dauerhafte Erleben negativer Führungsstile innerhalb der Angestelltentätigkeiten kann sich in eine Problemlage verwandeln, wenn diese wiederholt auftritt und immer wieder eine Kündigung nach sich zieht. Die Lösung liegt hier in der Führung eines eigenständigen Unternehmens, innerhalb dessen die negativen Führungserfahrungen kompensiert und verarbeitet werden.

Bearbeitung der Fremdbestimmung durch Aneignung der Selbständigkeit mit der Konsequenz der Reduktion berufsbiographischer Optionen

Die Kategorie Bearbeitung der Fremdbestimmung durch eine sukzessive Aneignung der Selbständigkeit impliziert zunächst die Problemlage der Fremdbestimmung, wobei diese sowohl die Kindheit als auch die spätere Berufs- sowie Partnerwahl betreffen kann, jedoch nicht zwingend alle drei Faktoren betroffen sein müssen. Indem die Biographieträger/innen meist früh auf eine Unternehmensnachfolge vorbereitet werden und eine fremdbestimmte Ausbildung durchlaufen, sind ihre berufsbiographischen Optionen reduziert. Das Arbeiten im elterlichen Unternehmen wird häufig als einzige berufliche Option eruiert und die Betroffenen leiden unter dieser Beschränkung. Eine Bearbeitung der Problemlage findet statt, wenn sich die Biographieträgerin beruflich vom Vater loslöst und mit dem Ehemann ein eigenes Geschäft eröffnet, welches das elterliche Geschäftsmodell zunächst nachahmt, aber auf eine Vergrößerung und den Einbezug neuer Erfolgskomponenten abzielt.

Wenn durch lebenszyklische Ereignisse eine komplette Loslösung vom elterlichen Unternehmen nicht gelingt, kann aber die alleinige Unternehmensführung die Entwicklung einer eigenen Unternehmenskultur zur Konsequenz haben, die eine Wandlung der Unternehmeridentität bewirkt.

Kompetenzentwicklung durch Problembearbeitung

Die soeben beschriebenen Phänomene der Problembearbeitung mithilfe der Existenzgründung implizieren Leidensprozesse, welche meist mit leidgeprüftem und an manchen Stellen auch schöpferischem Lernen verbunden sind (vgl. Kapitel 8). Innerhalb dieser Lernprozesse werden sowohl Bearbeitungs- und Kontrollhandlungsstrategien entwickelt als auch vielschichtige Reflexionsprozesse, welche eine hohe Kompetenzentwicklung der einzelnen Gründer/innen evozieren, die für ein erfolgreiches Unternehmertum obligatorisch ist. So werden vornehmlich Selbstwirksamkeit, Belastbarkeit, Ausdauer, Ambiguitätstoleranz, Autonomiestreben, Leistungsmotivation, Risikobereitschaft und meist auch Durchsetzungsbereitschaft ausgebildet und/oder weiterentwickelt. Zentral ist, dass die Leidensprozesse und deren Bearbeitung mit den biographischen Dispositionen der Gründerpersonen korrespondieren und zum Aufbau und zur Strukturierung der Selbstidentität beitragen, in beruflicher, unternehmerischer sowie allgemeiner Hinsicht.

10 Existenzgründungsberatung – ein Exkurs

Das Thema Existenzgründungsberatung wird an dieser Stelle kurz aufgegriffen, da zumindest ein Teil der Biographieträger/innen des Samples jenes pädagogische Setting für sich genutzt hat und die vorliegende Studie an den erziehungswissenschaftlichen Diskurs und andere Studien hoch anschlussfähig ist *(vgl. Maier-Gutheil 2009, Tödt 2001)*. Beratung stellt eine pädagogische Kernaktivität dar *(vgl. Nittel/Tippelt/Dellori/Siewert-Kölle 2013, S. 86ff.)*, welche dazu dient, dem Ratsuchenden bei der Bewältigung von Entscheidungsanforderungen, Krisen oder Problemen zu unterstützen.

Die Existenzgründungsberatung wird im erziehungswissenschaftlichen Kontext als ein Bestandteil der beruflichen Weiterbildung/Erwachsenenbildung betrachtet *(vgl. Maier-Gutheil 2009, S. 22f.)*, wobei es auch viele Vertreter/innen vorwiegend in der betriebswirtschaftlichen Disziplin gibt, welche diese als spezifische Form der Unternehmensberatung sehen *(vgl. Tödt 2001, S. 107ff., Schütte 1996, S. 163ff.)*. Innerhalb des erziehungswissenschaftlichen Diskurses zur Existenzgründungsforschung hat jene Beratungsform eine hohe Relevanz. In diesem Exkurs werden jedoch nur die empirischen Ergebnisse hinsichtlich der Lern- und Entwicklungsmöglichkeiten der potenziellen Gründer/innen thematisiert, welche einen Einfluss auf zukünftige Beratungsprozesse und Fördermaßnahmen haben können.

Im Gegensatz zu den Vorannahmen zu Beginn dieser empirischen Forschungsarbeit spielt die Existenzgründungsberatung im vorliegenden Sample keine herausragende Rolle. Etwas weniger als ein Drittel der interviewten Gründerpersonen haben diese Art von Beratungsangeboten für sich in Anspruch genommen und genutzt. Trotzdem gewinnt diese nicht-genuin pädagogische Dienstleistungsform *(vgl. Maier-Gutheil 2009, S. 36)* im Zuge der bereits in der Einleitung thematisierten gesellschaftlichen Veränderungsprozesse und wirtschaftlichen Globalisierungstendenzen immer mehr an Bedeutung (vgl. Kapitel 1.1). Der Weiterbildungs- und Beratungsmarkt zeigt, dass die Angebote an Förder- und Beratungsprogrammen zur Existenzgründung anwachsen, um die gesellschaftspolitischen Kalküle der Reduzierung der Arbeitslosigkeit sowie des Erhalts der internationalen Wettbewerbsfähigkeit der deutschen Wirtschaft umsetzen zu können. Die Zunahme von Beratungs- und Unterstützungsangeboten für potenzielle Gründerpersonen beinhaltet jedoch nicht automatisch eine proportionale Entwicklung erfolgreicher Existenzgründungen. Vielmehr müssen hier

sowohl die Beratungs- und Weiterbildungsprozesse bzw. deren interaktive Prob-
lemlösungsstrategien in den Blick genommen werden als auch die (berufs-)bio-
graphischen Voraussetzungen der möglichen Gründerpersonen und deren Lern-,
Bildungs- und Entwicklungsmöglichkeiten. Zu diesem letztgenannten Gegenstand möchte die vorliegende Studie einen Beitrag leisten.

Die Existenzgründungsberatung wird zunächst kurz begrifflich umrissen
und deren Zielsetzungen dargestellt. Daraufhin folgt eine Bezugnahme auf die
Studie von *Maier-Gutheil (2009)*, die einige Anknüpfungspunkte an die in der
vorliegenden Studie empirisch ermittelten (berufs-)biographischen Lernprozesse
der Gründer/innen bietet.

Begriffliches Verständnis von Existenzgründungsberatung

Die Existenzgründungsberatung ist ein interaktiver Beratungsprozess einer potenziellen Gründerperson mit einem oder einer professionellen Berater/in.
Der/die Gründer/in erhält Unterstützung bei der Entscheidungsfindung hinsichtlich einer Existenzgründung und etwaigen betriebswirtschaftlichen sowie spezifischen gründungsrelevanten Problemlagen, die im Rahmen der Gründung zu
bearbeiten sind *(vgl. Tödt 2001, S. 116)*, wobei es hier primär um die Wissens-
vermittlung sowie um die Anregung zur Selbstreflexion geht. Sobald die Entscheidung für eine Gründung getroffen wurde, ist ein bedeutendes Ziel der Existenzgründungsberatung die Schaffung von inhaltlichen und konzeptionellen
Grundlagen für ein stabiles Vorhaben und die anschließende Unterstützung bei
dessen Umsetzung. So fokussiert Existenzgründungsberatung in dieser Zielsetzung die Handlungsorganisation der Gründerperson und deren optimale Strukturierung *(vgl. ebd., S. 94)*. Im Fokus stehen dabei die persönlichkeitsbezogenen
sowie die betriebswirtschaftlichen und gründungsspezifischen Fragestellungen
bzgl. der Gründungsumsetzung. Für den Inhalt der vorliegenden Dissertation
sind die persönlichkeitsbezogenen Themen von besonderer Relevanz.

Aufgaben- und Handlungsstrukturen in Existenzgründungsberatungen

Maier-Gutheil eruiert in ihrer Studie, welchen unterschiedlichen Prozess- und
Anforderungsstrukturen sich die Gründerperson in Richtung ihrer Existenzgründung zu stellen hat *(vgl. Maier-Gutheil 2009, S. 171ff.)*. Zunächst arbeitet die
Autorin *Maier-Gutheil* vier Prozessstrukturen in Existenzgründungsberatungen
heraus, wobei hier der Fokus auf dem Aufgabenbereich der Beraterperson liegt:

a. Die potenzielle Gründerperson wird in ihrem berufsbiographischen Lernprozess zum/r Unternehmer/in begleitet, welcher den Wechsel von der Angestellten- hin zur Unternehmeridentität impliziert *(vgl. ebd., S. 172)*.

b. Die Gründerperson erfährt innerhalb der Beratung einen „fachspezifischen Qualifizierungsprozess" *(ebd.)*, welcher der Erweiterung ihrer spezifischen Fähigkeiten und Fertigkeiten dient *(vgl. ebd., S. 172f.)*.

c. Im Beratungsgespräch wird die familienbiographische Entwicklung der Gründerperson berücksichtigt und etwaige Einflüsse und mögliche Veränderungen hinsichtlich der Gründung thematisiert *(vgl. ebd., S. 174)*.

d. Als Richtlinie für die Existenzgründungsberatung wird jeweils das institutionalisierte Ablauf- und Erwartungsmuster des Gründungsfahrplans eingesetzt, welches alle relevanten Bestandteile des Ablaufs des Gründungsprozesses abfragt und einbezieht *(vgl. ebd., S. 174f.)*.

An mindestens drei dieser, von *Maier-Gutheil* analysierten Prozessstrukturen findet die vorliegende Studie Anschluss, indem sie auf die im achten Kapitel entwickelten Lernportfolios rekurriert. Innerhalb des ersten Entwicklungsprozesses geht es primär darum, den Umbau der (beruflichen) Identitätsformation der Gründerperson und die mit der Selbständigkeit verbundene Veränderung des beruflichen Alltagsverhaltens zu unterstützen. Diese zwei Lerninhalte gehören zu der Kategorie der strukturellen Lerndimensionen, welche den Gegenstandsbereich des Lernens näher konstatieren. Im Rahmen dieser Lernprozesse ist es wichtig, dass sowohl die (familien)biographischen Voraussetzungen als auch die Vorerfahrungen der potenziellen Gründerperson in der Gründungsbranche bei der Beratung eruiert und einbezogen werden. Wichtig ist dabei, ob die zu beratende Person eher neulernen oder umlernen muss. Kann eine innengeleitete Motivation zum Gründen ermittelt werden, fällt der beratenden Person die Aneignung der Unternehmeridentität vermutlich leichter.

Auch die zweite Prozessstruktur von *Maier-Gutheil* fällt in die Kategorie der strukturellen Lerndimensionen. Hier geht es um die Vermittlung von Wissen sowie spezifischen Fähig- und Fertigkeiten für die zukünftige unternehmerische Tätigkeit *(vgl. ebd., S. 172)*. *Maier-Gutheil* stellt exemplarisch dar, in welcher Form der „fachspezifische Qualifizierungsprozess" *(ebd.)* von den Beratern und Beraterinnen unterstützt und forciert wird. Hier ist die zusätzliche Feststellung der Lernmodi (Neulernen, Umlernen, Verlernen) sicherlich sinnvoll, um sowohl den bisherigen Wissensstand in den Lernprozess miteinzubeziehen und auf mögliche Defizite besser reagieren als auch die Art und Weise des Lernens und damit verbundene didaktische Formen und Möglichkeiten bestimmen zu können.

Die Erfassung „der familienbiographischen Entwicklung" *(ebd., S. 174)* der potenziellen Gründer/innen, welche *Maier-Gutheil* unter der dritten Prozessstruktur subsumiert, verweisen auf die biographischen Voraussetzungen, wie den

Familienstand und die zu versorgenden Personen und Kinder. Wie *Maier-Gutheil* bereits feststellt, zeigt sich hier erneut die Wichtigkeit, die biographischen Komponenten abzufragen und konsequent in den Beratungsprozess miteinzubeziehen.[55]

Des Weiteren identifiziert *Maier-Gutheil* in ihrer Studie drei objektive Anforderungsstrukturen an die potenzielle Gründerperson, welche folgende umfassen:

- Die „Aneignung spezifischer Fertigkeiten und speziellen Wissens" *(ebd., S. 176),*
- „den Erwerb des unternehmerischen Status und
- die Herausbildung bzw. Entwicklung eines unternehmerischen Habitus'" *(ebd., S. 175).*

Diese drei Anforderungsstrukturen an den/die Gründer/in innerhalb einer Existenzgründungsberatung schließen an die soeben dargestellten Prozessstrukturen von *Maier-Gutheil* an. Sie tangieren wiederum größtenteils die beschriebenen strukturellen Lerndimensionen und die Lernmodi. Unter der ersten Anforderungsstruktur ist vor allem die Aneignung von unternehmerischen Wissen zu verstehen, wobei hier wiederum der bisherige berufsbiographische Wissens- und Kenntnisstand von Bedeutung ist. Verfügt der/die Gründer/in bereits über Leitungs- und/oder Führungs- sowie Organisationserfahrung in diesem Bereich oder in einer anderen Berufsbranche? Diese und weitere Fragestellungen können die Lernerfahrungen genau eruieren und im Weiteren darauf aufbauen.

Die zweite Anforderungsstruktur geht mit der Annahme des formalen Unternehmerstatus' und der Realisierung der konkreten Gründungstätigkeiten einher *(vgl. ebd., S. 176).* Damit verbunden ist die dritte Anforderungsstruktur, welche die „Entwicklung eines unternehmerischen Habitus'" *(ebd., S. 177)* impliziert. Hier geht es darum, dass die Gründerperson sich die für das unternehmerische Handlungsfeld typischen Handlungsweisen, -formen sowie -inhalte aneignet und einen spezifischen unternehmerischen Habitus entwickelt *(vgl. ebd.).* Dieser gesteigerte Lernprozess beinhaltet vor allem die Veränderung des beruflichen Selbst- und Weltbildes, wobei diese mit einer Eigentheorieveränderung einhergeht, welche das allmähliche Abstreifen der Angestelltenidentität und den damit verbundenen Verhaltensweisen und Erwartungshaltungen einschließt. So verändert sich die eigene Perspektive auf die Berufswelt, da die Gründerperson nun die eigenen Einstellungen an die Position als Vorgesetzte/r und Firmeninhaber/in anpasst und die Identität als Unternehmer/in mit allen Konsequenzen habitualisiert.

---

[55] *Maier-Gutheil* verweist auf die Bedeutsamkeit einer genauen Rekonstruktion biographischer Hintergrundinformationen bereits an einer früheren Stelle *(vgl. ebd. S. 134).*

Diese soeben dargestellten Lernprozesse finden sehr wahrscheinlich in der prozessualen Lerndimension des zielgerichteten Lernens statt, da die potenziellen
Gründerpersonen zu einem Großteil eigeninitiativ an der Beratung teilnehmen.
Mögliche Existenzgründer/innen dagegen, welche von der Arbeitsagentur zu
einer Gutachterstelle mit den ausgearbeiteten Businessplänen entsendet werden,
eignen sich Kenntnisse und Wissen jedoch im Modus des verwalteten Lernens
an.

Abschließende Bemerkungen

Aus den Ausführungen wird zunächst deutlich, dass in der Existenzgründungsberatung ein Fokus auf der Förderung der strukturellen Lerndimensionen und
Lernmodi der zu beratenden Gründerpersonen liegen sollte. Was aus den vorhergehenden empirischen Betrachtungen jedoch vor allem ersichtlich ist, dass der
Großteil der Gründer/innen die meist formalen und nonformalen pädagogischen
Angebote gar nicht nutzt. Ferner wird hier eine Paradoxie auffällig. Aus der
vorliegenden Dissertation geht hervor, dass die Gründer/innen eine geringe Affinität zum formalen Lernen zeigen, während die Existenzgründungsberatung
jedoch formales und nonformales Lernen bedingt. Sinnvoll ist es für den Teilbereich der beruflichen Weiterbildung, dass alle potenziellen Gründer/innen einen
Zugang zur Existenzgründungsberatung finden. Möglichkeiten sind beispielsweise die stärkere Förderung von Formen informellen Lernens. Eventuell ist eine
komplette Umstrukturierung dieser Beratungsform erforderlich, um an das typische Lernverhalten von Gründern und Gründerinnen angepasst zu werden bzw.
Räume zu eröffnen, in denen die Lernprozesse angestoßen werden können, die
die Gründer/innen noch nicht durchlaufen haben, da sie in ihrem bisherigen
Lernverhalten nicht vorkamen.

11 Schlussbetrachtung

Die vorliegende qualitativ-rekonstruktive Untersuchung richtet ihren Fokus auf die Lern- und Bildungsprozesse von Existenzgründerpersonen unter der Berücksichtigung ihrer gesamten Biographie. Durch die Auswertung von 21 autobiographisch-narrativen Interviews und den dazugehörigen teilstrukturierten Experteninterviews mit erfolgreichen Gründern und Gründerinnen kann die lebensgeschichtliche Einbettung der Existenzgründung erforscht und die relevanten Lernkonzepte der Gründer/innen herausgearbeitet werden. Damit ist ein genuin erziehungswissenschaftlicher Zugang zur Existenzgründungsforschung gelungen.

Ein zentrales Ergebnis der Studie ist, dass die Lebensgeschichten der Unternehmer/innen nicht gradlinig verlaufen, sondern dass es sich weitestgehend um gebrochene Biographien handelt, welche mit unterschiedlichen Leidensprozessen durchsetzt sind. Den klassischen Weg der Existenzgründung, der sich durch die familienbiographische Tradierung der Selbständigkeit, z. B. durch die Übernahme des Familienbetriebs auszeichnet, findet man nur noch selten. Dieser klassische Rekrutierungsmechanismus funktioniert nicht mehr in dem Maße, in dem die Wirtschaft neue innovative Firmengründungen zum Bestehen im internationalen Wettbewerb benötigt, sodass es anderer Formen der Bereitstellung von Gründerpersönlichkeiten bedarf. An diesem Punkt setzt die vorliegende Studie an.

Existenzgründung drückt sich in den hier empirisch untersuchten Lebensgeschichten in einer Bearbeitung von tiefsitzenden familienbiographischen und biographischen Problemlagen aus. Die Gründerpersonen nutzen Leidensprozesse als Bewährungsproben, welche die zukünftigen Unternehmer/innen für sich instrumentalisieren und mithilfe zahlreicher Lernprozesse eine hohe Kompetenzentwicklung erfahren. Diese Kompetenzen, wie Belastbarkeit, Entschlusskraft, Selbstwirksamkeit und Autonomiestreben können den Weg zum erfolgreichen Unternehmertum ebnen. So finden sich in den untersuchten Biographien nicht die gradlinig geplanten Wege in die Selbständigkeit, sondern häufig zeigt sich ein Sog in diese berufliche Richtung, da es für den einzelnen keinen anderen berufsbiographischen Anschluss oder Ausweg gibt. In allen empirisch analysierten Lebensgeschichten des vorliegenden Samples lässt sich die „Krise" als der kleinste gemeinsame Nenner eruieren.

Ein weiteres zentrales Ergebnis der Studie ist die erarbeitete Typologie von Gründern und Gründerinnen, welche vier grundlegende Typen unterscheidet, wobei bei den ersten zwei Typen eine familienbiographische Verankerung der Selbständigkeit manifest ist, während jene bei den übrigen beiden Typen nicht zu finden ist. Beim ersten Typus handelt es sich um den/die traditionsorientierte/n Unternehmensnachfolger/in, welche/r vorwiegend und langfristig in das Unternehmertum durch die Familie einsozialisiert wird. Dieser Typus unterwirft sich den familiären Konventionen der Selbständigkeit, ohne jene reflexiv zu hinterfragen – das verdeutlicht die außengeleitete Motivation zum Gründen. Die empirisch analysierte prozessuale Lerndimension des verwalteten Lernens ist ein Hinweis auf die naturwüchsige Sozialisation in Richtung Unternehmensnachfolge. Das leidgeprüfte Lernen korrespondiert mit der strukturellen Fremdbestimmung durch die Familie und den Familienbetrieb und die daraus resultierende Bearbeitung dieser Mechanismen. Die frühe Verzahnung der strukturellen Lerndimensionen in Richtung Unternehmertum weist auf den dominanten Lernmodus des Umlernens während des eigentlichen Gründungs- bzw. Übernahmeprozesses hin. Die Unternehmensnachfolger/innen eignen sich zum einen das nötige Wissen und das Verhalten über die gesamte Spanne des Lebensablaufs an. Zum anderen findet bereits eine Transformation der Identität statt, sodass bei der Unternehmensnachfolge ein Umlernprozess in Kraft tritt.

Der zweite Gründertypus wird als traditionsbewusste/r Neugründer/in bezeichnet, welche/r die familienbiographische Kontinuität der Selbständigkeit inkorporiert. Die Neugründer/innen sind meist „Individualisten", die selbstbestimmt handeln und eine hohe berufliche Eigenmotivation entwickeln, wobei sie die familiäre Tradition der Selbständigkeit aus eigenem Antrieb fortsetzen. Sie entwickeln bereits im Jugendalter und darüber hinaus biographische Handlungsschemata und setzen ihre unternehmerischen Ambitionen mithilfe des zielgerichteten Lernens um. Leidensprozesse erleben sie entweder in ihrer Primärsozialisation oder während ihres berufsbiographischen Weges, wobei sie diese durch leidgeprüfte Lernprozesse bearbeiten und für sich nutzen können. Auch die traditionsbewussten Neugründer/innen eignen sich früh das unternehmerische Wissen und Verhalten an und es werden so gleichzeitig die Grundlagen für die Ausbildung einer Unternehmeridentität gelegt. Die Aneignungsprozesse innerhalb des Gründungsprozesses finden dann im Modus des Umlernens statt.

Der/die gelegenheitsnutzende Unternehmer/in – der dritte Gründertypus – verfügt über eine pragmatische Handlungsorientierung und eine vergleichsweise hohe Anpassungsfähigkeit gegenüber Umweltbedingungen. Diese Gründer/innen wählen ihren Beruf selbstbestimmt aus und verorten sich über einen längeren Zeitraum in einem Angestelltenverhältnis, in welchem sie eine Karriere als Führungskraft erleben. Die durch widrige Umstände verursachte Beendigung ihres Arbeitsverhältnisses ebnet den Weg zu einem berufsbiographischen Neubeginn. Die Gründer/innen können die branchenspezifischen Optionen in Richtung Selbständigkeit für sich nutzen und eine relativ späte Existenzgründung vornehmen, wobei sie in der Regel unter institutionalisierten Ablauf- und Erwartungsmustern zu verorten sind. Prozessiert durch die Modi des verwalteten und leidgeprüften Lernens finden die gelegenheitsnutzenden Unternehmer/innen ihren Weg in die Selbständigkeit und erst im Zuge dessen kommt es zu einer Verzahnung der strukturellen Lerndimensionen in Richtung Unternehmertum. Im Modus des Umlernens findet die spezifische Wissens- und Verhaltensaneignung zum Unternehmer bzw. zur Unternehmerin statt.

Der vierte Typus stellt die sich selbst verwirklichenden Neustarter/innen dar, wobei jene Existenzgründer/innen geradezu das klassische Bild des Innovators bzw. der Innovatorin verkörpern. Diese im vorliegenden Sample am häufigsten vorkommenden Gründerpersonen transformieren (berufs-)biographische Bewährungs- und Grenzsituationen und nutzen mithilfe ihrer innengeleiteten Motivation die Existenzgründung zur Selbstverwirklichung. Biographische Wandlungsprozesse oder biographische Handlungsschemata werden als Ausgangspunkt eines berufsbiographischen Neuanfangs verwendet, um selbständig zu werden und eine Gründung in einem selbstgewählten beruflichen Bereich zu realisieren. Dabei durchlaufen die Neustarter/innen zielgerichtete und schöpferische Lernprozesse und eignen sich das unternehmerische Wissen und Verhalten sowie die Unternehmeridentität im Zuge von Neu- und Umlernprozessen flexibel und situationsangemessen an, sodass es dann zu einer Verdichtung der strukturellen Lerndimensionen kommt.

Wie bereits bei den Ausführungen zu den vier Gründertypen dargestellt, werden in dieser Studie komplexe Lernkonzepte erstellt, welche für die weitere Gründungsforschung wie auch für die Existenzgründungsberatung von großer Bedeutung sein könnten. Die vier entwickelten Typen stellen eine Klassifizierung dar, unter denen alle Gründer/innen subsumiert werden können. Ferner offenbart sich, dass das Umlernen der zentrale Lernmodus innerhalb des Gründungsprozesses ist, während die potenziellen Gründer/innen nur marginal neulernen. Für die Existenzgründungsberatung kann die Fokussierung auf das Umlernen von hoher Relevanz sein.

In der Studie wird bereits im Theorieteil (vgl. Kapitel 2) deutlich, dass die in der Wirtschaftswissenschaft übliche Gleichsetzung der Begriffe des Entrepreneurs bzw. der Entrepreneurin und des Unternehmers bzw. der Unternehmerin zu hinterfragen ist. Aus der vorliegenden Untersuchung geht hervor, dass der/die Entrepreneur/in im Sinne eines Innovators oder einer Innovatorin eher einen Grenzfall darstellt. So fallen die Gründertypen A, d. h. die traditionsbewussten Unternehmensnachfolger/innen, B, die traditionsbewussten Neugründer/innen, und C, die gelegenheitsnutzenden Unternehmer/innen, nicht unter diese Begrifflichkeit.

Die Forschungsfragestellung nach den geschlechtsspezifischen Unterschieden in den Aneignungsprozessen zeigt in der vorliegenden Studie kaum Relevanz. Daher verlor dieser Fokus zunehmend seine Bedeutung. Allgemeine Unterschiede wurden kaum festgestellt, lediglich die Branchenzugehörigkeit der Geschlechter. So war im IT-Bereich keine weibliche Existenzgründerin für ein autobiographisch-narratives Interview zu finden. Bei den weiblichen Gründerinnen konnte ein höherer Bedarf nach work-life-balance konstatiert werden. So gaben mehrere Informantinnen an, dass eine Vereinbarkeit von Familie und Beruf für sie von großer Bedeutung sei und sie als Selbständige bessere Möglichkeiten zur Durchsetzung hätten als in einem Angestelltenverhältnis. Bei den männlichen Interviewpartnern spielte dieser Faktor keine Rolle.

Ein Forschungsdesiderat stellt die weiteren Anwendungsmöglichkeiten der erarbeiteten Lernkonzepte in der (erziehungswissenschaftlichen) Gründungsforschung sowie in der Existenzgründungsberatung dar. Hier könnten weiterführenden Studien sinnvolle Applikationen für die Praxis erstellen. Beispielsweise könnten Instrumente erarbeitet werden, mit deren Hilfe Mitarbeiter/innen von Banken, Experten und Expertinnen in der Arbeitsverwaltung und in der Beratung ihre Diagnose- und Prognosefähigkeiten optimieren könnten, um potenziell erfolgreiche von potenziell erfolglosen Existenzgründer/innen zu unterscheiden. So könnten auf der Basis weiterführender Forschung diverse Checklisten und Leitfäden für die eben genannten Mitarbeitergruppen entwickelt werden, die in eigens entwickelten Fortbildungsmaßnahmen fallbezogen vermittelt werden könnten. Auf diese Weise könnte ein verlässliches Instrumentarium zur Identifikation von ökonomisch durchsetzungsfähigen Existenzgründer/innen entwickelt werden, welches einen Beitrag leisten könnte, die immensen Folgekosten einer fehlgeleiteten Allokation von Existenzgründer/innen zu reduzieren.

Literaturverzeichnis

Albach, H./Pinkwart, A. (2002): Gründungs- und Überlebenschancen von Familienunternehmen. Wiesbaden. (ZfB-Ergänzungsheft 5/2002).

Alheit, P. (2006): Lebenslauf. In: Bohnsack, R./Marotzki, W./Meuser, M. (Hrsg.): Hauptbegriffe Qualitativer Sozialforschung. Opladen & Farmington Hills, S.109-110.

Alheit, P./Dausien, B. (2010): Bildungsprozesse über die Lebensspanne: Zur Politik und Theorie lebenslangen Lernens. In: Tippelt, R. (Hrsg.): Handbuch Bildungsforschung. Wiesbaden, S. 713-734.

Alheit, P./von Felden, H. (2009): Lebenslanges Lernen und erziehungswissenschaftliche Biographieforschung. Konzepte und Forschung im europäischen Diskurs. Wiesbaden.

Almus, M. (2002): Wachstumsdeterminanten junger Unternehmen: empirische Analysen für Ost- und Westdeutschland. Baden-Baden.

Apitzsch, U./Kontos, M./Kreide, R. (2001): End report TSER-Projekt: Self-employment activities of woman and minorities. Frankfurt am Main.

Arnold, J. (1999): Existenzgründung. Von der Idee zum Erfolg! Würzburg.

Arnold, R./Müller, H.-J. (1999): Kompetenzentwicklung durch Schlüsselqualifizierung. Hohengehren.

Arnold, R./Schüssler, I. (2001): Entwicklung des Kompetenzbegriffs und seine Bedeutung für die Berufsbildung und für die Berufsbildungsforschung. In: Franke, G. (Hrsg.): Komplexität und Kompetenz. Ausgewählte Fragen der Kompetenzforschung. Bielefeld, S. 52-74.

Assig, D./Echter D. (2012): Ambition. Wie große Karrieren gelingen. Frankfurt/New York.

Assig, D./Lammar, F. (1991): Evaluation und Konzeption von Maßnahmen für Existenzgründerinnen. Gutachten im Auftrag des Ministers für Wirtschaft und Verkehr. Mainz/Berlin.

Baldegger, R./Julien, P.-A. (2011): Regionales Unternehmertum. Ein interdisziplinärer Ansatz. Wiesbaden.

Barth, S. (1995): Existenzgründer in den neuen Bundesländern: psychologische Dimensionen und wirtschaftlicher Erfolg. Wiesbaden.

Barretto, H. (1989): The Entrepreneur in Microeconomic Theory. London.

Beck, U. (1986): Risikogesellschaft. Auf dem Weg in eine andere Moderne. Frankfurt am Main.

Beck, U. (1983): Jenseits von Klasse und Stand? Soziale Ungleichheit, gesellschaftliche Individualisierungsprozesse und die Entstehung neuer sozialer Formationen und Identitäten. In: Kreckel, R. (Hrsg.): Soziale Ungleichheiten. Göttingen, S. 35-74.

Beckmann, I. A. M. (2009): Entrepreneurship-Politik. Neue Standortpolitik im politischen Spannungsfeld zwischen Arbeitsmarkt und Interessengruppen. Wiesbaden.

Beck'sche Textausgaben (2010): Bürgerliches Gesetzbuch: BGB mit zugehörigen Gesetzen. München.

Bendl, R./Riedl, G. (2000): Unternehmerinnen und Erfolg. Eine geschlechterdifferenzierende Literaturanalyse. In: Bandhauer-Schöffmann, I./Bendl, R. (Hrsg.): Unternehmerinnen: Geschichte und Gegenwart. Frankfurt am Main, S. 239-273.

Berger, P./Luckmann, T. (1999): Die gesellschaftliche Konstruktion der Wirklichkeit. Frankfurt am Main.

Berufsverband Deutscher Psychologinnen und Psychologen e.V. (Hrsg.) (2010): Psychologische Expertise für erfolgreiches Unternehmertum in Deutschland. Berlin.

Blum, U./Leibbrand, F. (Hrsg.) (2001): Entrepreneurship und Unternehmertum. Denkstrukturen für eine neue Zeit. Wiesbaden.

BMBF – Bundesministerium für Bildung und Forschung/Dohmen, G. (2001): Das informelle Lernen. Die internationale Erschließung einer bisher vernachlässigten Grundform menschlichen Lernens für das lebenslange Lernen. Bonn.

Bögenhold, D. (1987): Der Gründerboom. Realität und Mythos der neuen Selbständigkeit. Frankfurt/New York.

Bögenhold, D. (1985): Die Selbständigen. Zur Soziologie dezentraler Produktion. Frankfurt/New York.

Bogner, A./Menz, W. (2005): Expertenwissen und Forschungspraxis: Die modernisierungstheoretische und die methodische Debatte um die Experten. In: Bogen, A./Littig, B./Menz, W.: (Hrsg.): Das Experteninterview. Wiesbaden, S. 7-30.

Bohnsack, R. (2003): Rekonstruktive Sozialforschung. Opladen.

Bohnsack, R./Nentwig-Gesemann, I./Nohl, A.-M. (Hrsg.) (2001): Die dokumentarische Methode und ihre Forschungspraxis. Grundlagen qualitativer Sozialforschung. Opladen.

Bourdieu, P. (1983): Ökonomisches Kapital, kulturelles Kapital, soziales Kapital. In: Kreckel, R. (Hrsg.): Soziale Ungleichheiten. Göttingen, S. 183-198.

Bourdieu, P. (1987): Die feinen Unterschiede. Kritik der gesellschaftlichen Urteilskraft. Frankfurt am Main.

Brandstätter, H. (1999): Unternehmensgründung und Unternehmenserfolg aus persönlichkeitspsychologischer Sicht. In: Moser, K./Batinic, B./Zempel, J. (Hrsg.): Unternehmerisch erfolgreiches Handeln. Göttingen, S. 155-172.

Braukmann, U. (2002): „Entrepreneurship Education" an Hochschulen – Der Wuppertaler Ansatz einer wirtschaftspädagogisch fundierten Förderung der Unternehmensgründung aus Hochschulen. In: Weber, B. (Hrsg.): Eine Kultur der Selbständigkeit in der Lehrerausbildung. Bergisch-Gladbach, S. 47-98.

Braun, B./Hengst, J./Petersohn, I. (2008): Existenzgründung in der Weiterbildung. Orientierung für den Brancheneinstieg. Bielefeld.

Brüderl, J./Preisendörfer, P./Ziegler, R. (2009): Der Erfolg neugegründeter Betriebe. Eine empirische Studie zu den Chancen und Risiken von Unternehmensgründungen. Berlin.

Brülhart, A. (2010): Opportunity Recognition. In: ZfKE 58. Jg., Heft 3, S. 259-265.

Bude, H. (2000): Neues Unternehmertum in Deutschland: Fälle aus Baden-Württemberg. Arbeitsbericht. Stuttgart.

Bude, H. (1997): Die Hoffnung auf den „unternehmerischen Unternehmer". In: Bude, H./Schleissing, St. (Hrsg.): Junge Eliten. Selbständigkeit als Beruf. Stuttgart, Berlin, Köln, S. 71-80.

Bührmann, A. D./Hansen, K. (2006): Ausgangspunkte zur Erforschung der Facetten des Unternehmerinnenbildes in Deutschland. In: Bührmann, A. D./Hansen, K./Schmeink, M./Schöttelndreier, A. (Hrsg.): Das Unternehmerinnenbild in Deutschland. Ein Beitrag zum gegenwärtigen Forschungsstand. Hamburg, S. 8-28.

Bührmann, A. D./Hansen, K./Schmeink, M./Schöttelndreier, A. (Hrsg.) (2006): Das Unternehmerinnenbild in Deutschland. Ein Beitrag zum gegenwärtigen Forschungsstand. Hamburg.

Bührmann, A. D./Pongratz, H. J. (Hrsg.) (2010): Prekäres Unternehmertum: Unsicherheiten von selbstständiger Erwerbstätigkeit und Unternehmensgründung. Wiesbaden.

Bundesgesetzblatt (2009): Gesetz zur Bekämpfung unerlaubter Telefonwerbung und zur Verbesserung des Verbraucherschutzes bei besonderen Vertriebsformen. Vom 29. Juli 2009. In: Bundesgesetzblatt, Jg. 2009, Teil I Nr. 49, ausgegeben zu Bonn am 3. August 2009, S. 2413-2415.

Bundesministerium für Wirtschaft und Technologie (2012): Gründerland Deutschland: Zahlen und Fakten. Unternehmensgründungen und Gründergeist in Deutschland. Berlin.

Burandt, M.-D./Kanzek, T. (2010): Unternehmertum – psychologische Aspekte eines volkswirtschaftlichen Themas. In: Berufsverband Deutscher Psychologinnen und Psychologen e.V. (Hrsg.): Psychologische Expertise für erfolgreiches Unternehmertum in Deutschland. Berlin, S. 20-33.

Caliendo, M./Fossen, F./Kritikos, A. (2011): Personality Characteristics and the Decision to Become and Stay Self-Employed. Bonn, Discussion Paper No. 5566.

Carland, J. W. u. a. (1984): Differentiating Entrepreneurs from Small Business Owners. A Conceptualization. In: AMR, 9. Jg. (1984) 2, S. 354-359.

Cholotta, K. (2010): Mythos Unternehmensgründung. Eine empiriebasierte Diskussion um Leitbild, Identifikation mit der Unternehmerrolle und Erfolg. Hamburg.

Commission of the European Communities (2000): A Memorandum on Lifelong Learning. Lissabon.

Corsten, H. (Hrsg.) (2002): Dimensionen der Unternehmensgründung: Erfolgsaspekte der Selbständigkeit. Berlin.

Costa, P. T./McCrae, R. R. (1994): Set like Plaster? Evidence for the Stability of Adult Personality. In: Heatherton, T. F./Weinberger, J. L. (eds.): Can Personality Change? Washington, D.C., S. 20-40.

Costa, P. T./McCrae, R. R. (1992): Four Ways Five Factors Are Basic. Personality and Individual Differences 13(6), S. 653-665.

Coupland, D. (1994): Generation X. Geschichte für eine immer schneller werdende Kultur. München.

De, D. A. (2005): Entrepreneurship. Gründung und Wachstum von kleinen und mittleren Unternehmen. München.

Dearlove, D. (2000): Die Bill Gates Methode. Die 10 Erfolgsgeheimnisse des reichsten Unternehmers der Welt. Wien.

Dearlove, D./Coomber, S. (2002): Die Gurus des E-Business. 50 Vordenker und Unternehmer, die jeder kennen muss. München.

Deutschmann, Ch. (2008): Der Typus des Unternehmers in wirtschaftssoziologischer Sicht. In: Maurer, A./Schimank U.: Die Gesellschaft der Unternehmen – Die Unternehmen der Gesellschaft. Gesellschaftstheoretische Zugänge zum Wirtschaftsgeschehen. Wiesbaden, S. 40-62.

Dewey, J. (1994): Erziehung durch und für Erfahrung. Stuttgart.

Diezinger, A. (2000): Arbeit im weiblichen Lebenszusammenhang: Geschlechtshierarchische Arbeitsteilung als Ursache von Geschlechterungleichheit. In: Bührmann, A./Diezinger, A./Metz-Göckel, S.: Arbeit, Sozialisation, Sexualität. Zentrale Felder der Frauen- und Geschlechterforschung. Opladen, S. 15-102.

Dilthey, W. (1974): Der Aufbau der geschichtlichen Welt in den Geisteswissenschaften. Frankfurt am Main.

Ellwein, T. (1989): Krisen und Reformen. Die Bundesrepublik seit den sechziger Jahren. München.

Elven, J. (2010): Entrepreneurial Diversity oder unternehmerische Ungleichheit? In: Der pädagogische Blick. 18. Jg. 2010, Heft 2, S. 95-105.

Engels, M. (2008): Das Geheimnis der erfolgreichen Unternehmerpersönlichkeit. 18 Eigenschaften für mehr Erfolg. Praxisbuch mit Arbeitshilfen und Checklisten. Bonn.

Erpenbeck, J./Heyse, V. (2007): Die Kompetenzbiographie. Wege der Kompetenzentwicklung. Münster.

Erpenbeck, J./Rosenstiehl, L. v./Grote, S. (Hrsg.) (2013): Kompetenzmodelle von Unternehmen. Mit praktischen Hinweisen für ein erfolgreiches Management von Kompetenzen. Stuttgart.

Etter, Ch. (2003): Nachgründungsdynamik neugegründeter Unternehmen in Berlin im interregionalen Vergleich. Interaktionseffekte zwischen Unternehmen, unternehmerischem Umfeld, Kooperationsbeziehungen und unternehmerischem Erfolg. Berlin.

Fallgatter, M. J. (2004): Das Handeln von Unternehmern: Einige Überlegungen zum Kern des Entrepreneurship. In: Achleitner, A.-K./Klandt, H./Koch, L. T./Voigt, K.-I. (Hrsg.): Jahrbuch Entrepreneurship – Gründungsforschung und Gründungsmanagement 2003/2004. Berlin, Heidelberg, S. 61-76.

Fallgatter, M. J. (2002): Theorie des Entrepreneurship. Perspektiven zur Erforschung der Entstehung und Entwicklung junger Unternehmungen. Wiesbaden.

Fallgatter, M. J. (2001): Unternehmer und ihre Besonderheiten in der wissenschaftlichen Diskussion. Erklärungsbeiträge funktionaler und positiver Unternehmertheorien. In: ZfB, 71. Jg. (2001) 10, S. 1217-1235.

Faulstich, P. (2006): Lebenserfahrungen als Lernvoraussetzungen. In: Lernen. Hessische Blätter für Volksbildung 4/2006, S. 296-306.

Filley, A. C./House, R. J./Kerr, S. (1976): Managerial Process and Organizational Behavior. Glenview, Ill. u. a..

Fischer, P. (1995): Die Selbständigen von morgen. Unternehmer oder Tagelöhner? Frankfurt/New York.

Flick, U. (2007): Qualitative Sozialforschung. Eine Einführung. Reinbek.

Frank, H./Korunka, C./Lueger, M. (2003): Kann man unternehmerisches Denken an Schulen fördern? Unternehmensorientierung und Gründungsneigung von Schülerinnen. In: Erziehung und Unterricht, 3/4, S. 305-316.

Frese, M. (Hrsg.) (1998): Erfolgreiche Unternehmensgründer: psychologische Analysen und praktische Anleitungen für Unternehmer in Ost- und Westdeutschland. Göttingen.

Frese, M. (1995): Entrepreneurship in East Europe: A general model and empirical findings. In: Cooper, C. L./Rousseau/D. M. (eds.): Trends in organizational behavoir. Chichester, S. 65-84.

Friebertshäuser, B./Prengel, A. (Hrsg.) (2003): Handbuch Qualitative Forschungsmethoden in der Erziehungswissenschaft. Weinheim; München.

Fritzsche, B. (2006): Frühe Selbständigkeit: Berufliche Orientierung junger Erwachsener. In: Fritzsche, B./Nohl, A.-M./Schondelmayer, A.-Ch. (2006): Biographische Chancen im Entrepreneurship. Duisburg, S. 21-94.

Fritzsche, B. (2005): Existenzgründung als berufsbiographische Wende und Chance zur Qualifizierung. Die Evaluation des Projektes „Enterprise Mecklenburg-Vorpommern". In: Deutsche Kinder- und Jugendstiftung (Hrsg.): Jung. Talentiert. Chancenreich? Beschäftigungsfähigkeit von Jugendlichen fördern. Opladen, S. 243-272.

Fritzsche, B./Nohl, A.-M./Schondelmayer, A.-Ch. (2006): Biographische Chancen im Entrepreneurship. Duisburg.

Fromm, E. (1999): Das jüdische Gesetz. Zur Soziologie des Diaspora-Judentums. Dissertation von 1922. In: Fromm, E.: Gesamtausgabe, hrsg. von Funk, R., 10 Bd., Stuttgart 1980-81, Schriften aus dem Nachlaß, 11. und 12. Bd., Weinheim 1989-92. Bd. 11, München.

Fromme, A. (2002): Existenzgründungsförderung und Gleichstellungspolitik: Die Förderung von Existenzgründerinnen in Berlin. Berlin.

Gabler Kompakt-Lexikon Wirtschaft (2010), Gabler Verlag, Wiesbaden.

Gall, L. (Hrsg.) (2002): Krupp im 20. Jahrhundert. Die Geschichte des Unternehmens vom Ersten Weltkrieg bis zur Gründung der Stiftung. Berlin.

Georgi, I. (2011): Kompetenzen und Qualifikationsstrukturen, welche den erfolgreichen Weg in die berufliche Selbständigkeit begünstigen. Eine Sekundäranalyse der psychologischen und soziologischen Existenzgründung. Unveröffentlichte Diplomarbeit. Frankfurt am Main.

Global Entrepreneurship Monitor (GEM) Report 2011: GEM Länderbericht Deutschland.

Giebel-Felten, E. (2002): Deutschlands wirtschaftliche Entwicklung im EU-Vergleich 1962 – 2001. Arbeitspapier herausgegeben von der Konrad-Adenauer-Stiftung, Nr. 78. Sankt Augustin.

Gieseke, W. (1996): Der Habitus von Erwachsenenbildnern. Pädagogische Professionalität oder plurale Beliebigkeit? In: Combe, A./Helsper, W. (Hrsg.): Pädagogische Professionalität. Untersuchungen zum Typus pädagogischen Handelns. Frankfurt/M., S. 678-713.

Glaser, B./Strauss, A. (1968): The discovery of grounded theory. Chicago.

Glaubitz, U./Hertwig, S. (2002): Jobs für Beratertypen. Machen Sie Ihr Talent zum Beruf. Frankfurt/Main.

Glebe, D. (2008): Börse verstehen: Die globale Finanzkrise. Alles über die Finanzkrisen dieser Welt. Norderstedt.

Goebel, P. (1991): Kreativität und kreative Persönlichkeiten – eine Untersuchung über erfolgreiche Unternehmensgründer. Zeitschrift für Psychosomatische Medizin, 37, S. 146-156.

Göhlich, M. (2007): Aus Erfahrung lernen. In: Göhlich, M./ Wulf, C./Zirfas, J. (Hrsg.): Pädagogische Theorien des Lernens. Beltz, Weinheim und Basel, S. 191-202.

Göhlich, M./Hopf, C./Sausele, I. (Hrsg.) (2005): Pädagogische Organisationsforschung. Wiesbaden.

Göhlich, M./Zirfas, J. (2007): Lernen. Ein pädagogischer Grundbegriff. Stuttgart.

Göhlich, M./Wulf, C./Zirfas, J. (Hrsg.) (2007): Pädagogische Theorien des Lernens. Beltz, Weinheim und Basel.

Görtemaker, M. (2002): Kleine Geschichte der Bundesrepublik Deutschland. Bonn.

Gordon, G. (1999): Eröffnung von Chancen und Neugierde: Eine Untersuchung zur neuen Selbständigkeit in Ostdeutschland. Münster; New York; München; Berlin.

Hartmann, H. (1968): Der deutsche Unternehmer: Autorität und Organisation. Frankfurt am Main.

Haunschild, L./Wolter, H.-J. (2010): Volkswirtschaftliche Bedeutung von Familien- und Frauenunternehmen. Institut für Mittelstandsforschung-Materialien Nr. 199, Bonn.

Heidbrink, L./Seele, P. (Hrsg.) (2010): Unternehmertum. Vom Nutzen und Nachteil einer riskanten Lebensform. Frankfurt/New York.

Heiss, Ch. (2006): Psychologische Erfolgsfaktoren der Existenzgründung. Grundlagen, Studie, Diskussion. Saarbrücken.

Herr, C. (2007): Nicht-lineare Wirkungsbeziehungen von Erfolgsfaktoren der Unternehmensgründung. Wiesbaden.

Herzberg, H. (2004): Biographie und Lernhabitus. Eine Studie im Rostocker Werftarbeitermilieu. Frankfurt/New York.

Hessler, A. (2004): Existenzgründer als Leitbild. Zum Umgang mit einem Erfolgsmodell der modernen Arbeitswelt. Münster.

Heyse, V./Erpenbeck, J. (Hrsg.) (2007): Kompetenzmanagement. Methoden, Vorgehen, KODE® und KODE®X im Praxistest. Münster.

Hildenbrand, B. (1998): Vorwort. In: Strauss, A.: Grundlagen qualitativer Sozialforschung. München.

Hinz, Th. (1998): Betriebsgründungen in Ostdeutschland. Berlin.

Hodenius, B. (1997): Weibliche Selbständigkeit. Gratwanderungen zwischen Programmatik und Pragmatik. In: Thomas, M. (Hrsg.): Selbständige, Gründer, Unternehmer. Passagen und Passformen im Umbruch. Berlin, S. 281-302.

Hof, Ch. (2009): Lebenslanges Lernen. Eine Einführung. Stuttgart.

Hohr, K. (2000): Lernen in und mit unternehmerischen Veränderungen. In: Dehnbostel, P./Dybowski, G. (Hrsg.): Lernen, Wissensmanagement und berufliche Bildung. Bonn, S. 156-170.

Hurrelmann, K. (2002): Einführung in die Sozialisationstheorie. Weinheim und Basel.

Husserl, E. (1977): Cartesianische Meditationen. Eine Einleitung in die Phänomenologie. Hrsg., eingeleitet und mit Registern versehen von E. Ströker. Hamburg.

Isaacson, W. (2011): Steve Jobs. Die autorisierte Biografie des Apple-Gründers. München.

Jungbauer-Gans, M./Preisendörfer, P. (1991): Verbessern eine gründliche Vorbereitung und sorgfältige Planung die Erfolgschancen neugegründeter Betriebe? In: Zeitschrift für betriebswirtschaftliche Forschung 43, S. 987-996.

Kade, J. (1997): Entgrenzung und Entstrukturierung. Zum Wandel der Erwachsenenbildung in der Moderne. In: Derichs-Kunstmann, D./Faulstich, P./Tippelt, R. (Hrsg.): Enttraditionalisierung der Erwachsenenbildung. Beiheft zum Report. Frankfurt am Main, S. 13-31.

Kade, J./Nolda, S. (2012): (Bildungs-)Biographie und (Bildungs-)Karriere. Zur Rekonstruktion des Wandels von Bildungsgestalten zwischen 1984 und 2009. In: Miethe, I./Müller, H.-R. (Hrsg.): Qualitative Bildungsforschung und Bildungstheorie. Opladen, Berlin, Toronto, S. 281-308.

Kallmeyer, W./Schütze, F. (1977): Zur Konstitution von Kommunikationsschemata der Sachverhaltsdarstellung. Exemplifizierung am Beispiel von Erzählungen und Beschreibungen. In: Wegner, D. (Hrsg.): Gesprächsanalysen, Bonn/Hamburg, S. 159-274 (Forschungsberichte des Instituts für Kommunikationsforschung und Phonetik der Universität Bonn; Band 65).

Kallmeyer, W./Schütze, F. (1976): Konversationsanalyse. In: Wunderlich, D. (Hrsg.): Studium Linguistik. Kronberg/Taunus 1976/1, S. 1-28.

Kanwischer, D. (2001): Experteninterviews – die Erhebung, Verwaltung und Dekodierung von Expertenwissen. Workshop „Qualitative Forschungsmethoden in der Geographiedidaktik" des Hochschulverbandes für Geographie und ihre Didaktik in Jena, 21.-23. Juni 2001.

Kaschuba, W. (1990): Lebenswelt und Kultur der unterbürgerlichen Schichten im 19. und 20. Jahrhundert. München.

Kirsch-Voll, U. (2001): Unternehmen: Unternehmer/in. Der zielorientierte Weg in die Selbständigkeit für Psychologinnen und Psychologen. Bonn.

Klandt, H. (2006): Gründungsmanagement: Der Integrierte Unternehmensplan. Business Plan als zentrales Instrument für die Gründungsplanung. München.

Klandt, H. (1996): Gründerpersönlichkeit und Unternehmenserfolg. In: BMWi (Hrsg.): Chancen und Risiken der Existenzgründung. Dokumentation Nr. 392.

Klandt, H. (1984): Aktivität und Erfolg des Unternehmensgründers. Bergisch-Gladbach.

Kocka, J. (1975): Unternehmer in der deutschen Industrialisierung. Göttingen.

Kohler, G. (2010): Händler, Unternehmer, Kapitalist und Manager – Zur Typologie des Wirtschaftsmenschen. In: Heidbrink, L./Seele, P. (Hrsg.): Unternehmertum. Vom Nutzen und Nachteil einer riskanten Lebensform. Frankfurt/New York, S. 27-42.

Kohli, M (1991): Lebenslauftheoretische Ansätze in der Sozialisationsforschung. In: Hurrelmann, K./Ulich, D.: Neues Handbuch der Sozialisationsforschung. Weinheim und Basel, S. 303-317.

Kontos, M. (2003): Erwerbswirtschaftliche Selbständigkeit von Migrantinnen. Motivation und Lernprozesse. In: Apitzsch, U./Jansen, M. M. (Hrsg.): Migration, Biographie und Geschlechterverhältnisse. Münster, S. 111-142.

Krappmann, L. (2000): Soziologische Dimensionen der Identität. Strukturelle Bedingungen für die Teilnahme an Interaktionsprozessen. Stuttgart.

Krüger, H.-H. (2006): Entwicklungslinien, Forschungsfelder und Perspektiven der erziehungswissenschaftlichen Biographieforschung. In: Krüger, H.-H./Marotzki, W. (Hrsg.): Handbuch erziehungswissenschaftliche Biographieforschung. Wiesbaden, S. 13-33.

Kuttenkeuler, D. (2007): Gründungsverhalten und Direktinvestitionen. Eine theoretische und empirische Analyse. Frankfurt am Main.

Lammar, F. (1995): Marktorientierte Frauenbetriebe als neues Praxisfeld sozialer Arbeit. Begründung, Entstehungsgeschichte, Leitlinien für ein Unterstützungsprogramm im Rahmen sozialer Arbeit – europäische Modelle und Erfahrungen. Münster.

Lange, U./Harney, K./Rahn, S./Stachowski, H. (Hrsg.) (1999): Studienbuch Berufliche Sozialisation. Theoretische Grundlagen und empirische Befunde zu Etappen der beruflichen Sozialisation. Bad Heilbrunn.

Lefrancois, G. R. (1986): Psychologie des Lernens. Übers. und bearbeitet von P. K. Peppmann, W. F. Angermeier, T. J. Thiekötter. Berlin/Heidelberg/New York/Tokyo.

Lenk, Ch. (2010): Freiberufler in der Weiterbildung. Empirische Studie am Beispiel Hessen. Bielefeld.

Löhr-Heinemann, B. (2005): Erfolg hat eine Mutter. Chancen und Grenzen der Erfolgsprognose bei selbstständigen Frauen mit den Mitteln des Genogramms. Heidelberg.

Lohmann, H./Luber, S. (2004): Trends in Self-Employment in Germany: Different Types, Different Developments? In: Arum, R./Müller, W.: The reemergence of self-employment: a comparative study of self-employement dynamics and social inequality. Princton and Oxford. S. 36-74.

Lüders, Ch./Kade, J./Hornstein, W. (2007): Entgrenzung des Pädagogischen. In: Krüger, H.-H./Helsper, W. (Hrsg.): Einführung in Grundbegriffe und Grundfragen der Erziehungswissenschaft. Opladen & Farmington Hills, S. 223-232.

Luhmann, N. (1964): Funktionen und Folgen formaler Organisation. Berlin.

Maier-Gutheil, C. (2009): Zwischen Beratung und Begutachtung. Pädagogische Professionalität in der Existenzgründungsberatung. Wiesbaden.

Mannheim, K. (1964): Das Problem der Generationen. In: Mannheim, K.: Wissenssoziologie. Auswahl aus dem Werk eingeleitet und herausgegeben von K. H. Wolff. Berlin/Neuwied, S. 509-565.

Markgraf, D. (2008): Einfluss von Persönlichkeit und Wissen auf den Gründungsprozess. Eine Untersuchung von kleinen Dienstleistungsunternehmen in Mitteldeutschland. Lohmar – Köln.

Marotzki, W. (2006): Biografieforschung. In: Bohnsack, R./Marotzki, W./ Meuser, M. (Hrsg.) (2006): Hauptbegriffe Qualitativer Sozialforschung. Opladen & Farmington Hills, S. 22-24.

Marx, K./Engels, F. (1995): Manifest der Kommunistischen Partei. In: Karl Marx-Friedrich Engels-Werke, Band 4, Berlin, S. 459-493.

Maurer, A./Schimank U. (2008): Die Gesellschaft der Unternehmen – Die Unternehmen der Gesellschaft. Gesellschaftstheoretische Zugänge zum Wirtschaftsgeschehen. Wiesbaden.

Maurer, F. (1991): Vom Geist der Gründer: die Unternehmer Johannes und Johannes Marquardt. Pfullingen.

McClelland, D. C. (1987): Characteristics of successful entrepreneurs. In: Journal of Creative Behavior, 3, S. 219-233.

McCrae, R. R./Costa, P. T. (1996): Toward a New Generation of Personality Theories: Theoretical Contexts for the Five-Factor Model. In: Wiggins, J.S. (eds.): The Five-Factor Model of Personality: Theoretical Perspectives, New York, S. 51-87.

McCrae, R. R./Costa, P. T. (1994): The Stability of Personality: Observations and Evaluations. Current Directions in Psychological Science 3(6), S. 173-175.

McKenzie, G. (2000): Psychologische Determinanten des Unternehmenserfolges. In: Müller, G. F.: Existenzgründung und unternehmerisches Handeln. Forschung und Förderung. Landau, S. 123-136.

Merk, R. (1997): PädagogInnen machen sich selbständig: Anregungen zur Existenzgründung. Neuwied, Kriftel, Berlin.

Merleau-Ponty, M. (1966): Phänomenologie der Wahrnehmung. Berlin.

Merton, R. K./Rossi, A. (1957): Contributions to the Theory of Reference Groups. In: Merton, R. K.: Social Theory and Social Structure. Glencoe, S. 225-368.

Meuser, M./Nagel, U. (1991): ExpertInneninterviews - vielfach erprobt, wenig bedacht. Ein Beitrag zur qualitativen *Methodendiskussion.* In: Garz, D./Kraimer, K. (Hrsg.): Qualitativ-empirische Sozialforschung. Konzepte, Methoden, Analysen. Opladen, S. 441-471.

Meuser, M./Nagel, U. (1997): Das ExpertInneninterview - Wissensoziologische Voraussetzungen und methodische Durchführung. In: Friebertshäuser, B./Prengel, A. (Hrsg.): Handbuch Qualitative Forschungsmethoden in der Erziehungswissenschaft. Weinheim und München, S. 481-491.

Meyer-Drawe, K. (2008): Diskurse des Lernens. München.

Miner, J. B. (2000): Testing a psychological typology of entrepreneurship using business founders. In: Journal of Applies Behavoir Science, 3, S. 43-69.

Minssen, H. (2008): Unternehmen. In: Maurer, A. (Hrsg.) (2008): Handbuch der Wirtschaftssoziologie. Wiesbaden, S. 247-267.

Möckel, C. (2005): Existenzgründungen als Weg aus der Beschäftigungskrise. Wiesbaden.

Moog, P. (2004): Humankapital des Gründers und Erfolg der Unternehmensgründung. Wiesbaden.

Moser, K./Batinic, B./Zempel, J. (Hrsg.) (1999): Unternehmerisch erfolgreiches Handeln. Göttingen.

Moser, K./Schuler, H. (1999): Die Heterogenität der Kriterien unternehmerischen Erfolgs. In: Moser, K./Batinic, B./Zempel, J. (Hrsg.): Unternehmerisch erfolgreiches Handeln. Göttingen, S. 31-42.

Mühlen, N. (1965): Die Krupps. Amerik. Orig. 1960. Reinbek.

Müller, A. (2005): Weiterbildungsberatung. Qualitative Analyse von Interaktions- und Prozessverläufen situativer und biographieorientierter Weiterbildungsberatungsgespräche. Berlin.

Müller, C. (2002): Existenzgründungshilfen als Instrument der Struktur- und Beschäftigungspolitik. Frankfurt am Main.

Müller, G. F. (2007): Berufliche Selbstständigkeit. In: Moser, K. (Hrsg.): Wirtschaftspsychologie. Heidelberg, S. 379-398.

Müller, G. F. (2004): Selbständig organisierte Erwerbsarbeit. In: Schuler, H. (Hrsg.): Enzyklopädie der Psychologie, D, III, Bd. 4: Organisationspsychologie – Gruppe und Organisation. Göttingen, S. 999-1045.

Müller, G. F. (2001): Fragebogen zur Diagnose unternehmerischer Potenziale (F-DUP). In: Sarges, W./Wottawa, H. (Hrsg.): Handbuch wirtschaftspsychologischer Testverfahren. Lengerich, S. 247-250.

Müller, G. F. (2000): Eigenschaftsmerkmale und unternehmerisches Handeln. In: Müller, G. F.: Existenzgründung und unternehmerisches Handeln. Forschung und Förderung. Landau, S. 105-121.

Müller, G. F./Gappisch, C. (2005): Personality Types of Entrepreneurs. In: Psychological Reports, 2005, 96, S. 737-746.

Müller, G. F./Gappisch, C. (2002): Existenzgründung – Persönlichkeit als Startkapital. In: Wirtschaftspsychologie. Heft 2/2002, S. 28-33.

Müller-Böling, D./Klandt, H. (1990): Bezugsrahmen für die Gründungsforschung mit einigen empirischen Ergebnissen. In: Szyperski, N./Roth, P. (Hrsg.): Entrepreneurship – Innovative Unternehmensgründung als Aufgabe. Stuttgart, S. 143-170.

Nagl-Docekal, H. (2003): Autonomie zwischen Selbstbestimmung und Selbstgesetzgebung oder warum es sich lohnen könnte, dem Verhältnis von Moral und Recht bei Kant erneut nachzugehen. In: Pauer-Studer, H./Nagl-Docekal, H.: Freiheit, Gleichheit und Autonomie. Wien, S. 296-326.

Nittel, D. (2013a): Prozessuale Lerndimensionen: Ein biographieanalytisches Instrument zur Beobachtung von Bildungsprozessen bei Menschen mit lebensbedrohlichen Erkrankungen und zur Begründung pädagogischer Interventionen. In: Herzberg, H./Seltrecht, A. (Hrsg.): Der soziale Körper. Interdisziplinäre Zugänge zur Leiblichkeit. Opladen, Berlin, Toronto, S. 107-153.

Nittel, D. (2013b): Prozessuale Lerndimensionen: Instrumente zur Erschließung von Lernprozessen bei Patienten mit lebensbedrohlichen Erkrankungen. In: Nittel, D./Seltrecht, A. (Hrsg.): Krankheit: Lernen im Ausnahmezustand? Brustkrebs und Herzinfarkt aus interdisziplinärer Perspektive. Mit Online-Material für Fachleute. Berlin, Heidelberg, S. 139-171.

Nittel, D. (2012): Die Konstruktion des Patienten als Lernprozess. Erziehungswissenschaftliche Notizen zu einem medizinischen Begriff. In: Gesund und Bildung. Hessische Blätter für Volksbildung. Heft 1/2012, S. 38-52.

Nittel, D. (2011): Die Aneignung von Krankheit: Bearbeitung lebensgeschichtlicher Krisen im Modus des Lernens. In: Der pädagogische Blick, 19. Jg. 2011, Heft 2, S. 80-90.

Nittel, D. (2010): Lernphänomene im Kontext lebensbedrohlicher Erkrankungen im Alter. Mechanismen der Erzeugung von biographischer Irrelevanz bei Brustkrebspatientinnen. In: Hof, Ch./Ludwig, J./Schäffer, B. (Hrsg.): Erwachsenenbildung im demographischen und sozialen Wandel. Dokumentation der Jahrestagung der Sektion Erwachsenenbildung der Deutschen Gesellschaft für Erziehungswissenschaft vom 24. bis 26. September 2009. Hohengehren, S. 94-104.

Nittel, D. (2008): Biographietheoretische Ansätze in der Erwachsenenbildung. In: Tippelt, R./Hippel, A.v. (Hrsg.): Handbuch Erwachsenenbildung. Wiesbaden, S. 103-115.

Nittel, D. (2003): Mechanismen der Bearbeitung berufsbiographischer Ungewissheit. Dargestellt am Beispiel eines freiberuflichen Erwachsenenbildners und einer Rechtsanwältin. In: Helsper, W./Hörster, R./Kade, J. (Hrsg.): Ungewissheit. Pädagogische Felder im Modernisierungsprozess. Weilerswist, S. 297–318.

Nittel, D. (2000): Freiberuflichkeit als Zukunftsmodell für Diplom-Pädagoginnen und Diplom-Pädagogen. In: Der pädagogische Blick. 8. Jg. 2000/ Heft 3, S. 137-148.

Nittel, D. (1997): Von der Kreissäge zur Weiterbildung eines Großkonzerns – das berufsbiographische Portrait eines (un)gewöhnlichen Erwachsenenbildners. In: Nittel, D./Marotzki, W. (Hrsg.): Berufslaufbahn und biographische Lernstrategien. Eine Fallstudie über Pädagogen in der Privatwirtschaft. Hohengehren, S. 12-35.

Nittel, D. (1994): Biographische Forschung – ihre historische Entwicklung und praktische Relevanz in der Sozialen Arbeit. In: Groddeck, N./Schumann, M. (Hrsg.): Modernisierung Sozialer Arbeit durch Methodenentwicklung und -reflexion. Freiburg i.Brg., S. 147-188.

Nittel, D./Seltrecht, A. (2013): Einleitung: Vom Wert einer vergleichenden Sicht auf Krankheiten. In: Nittel, D./Seltrecht, A. (Hrsg.): Krankheit: Lernen im Ausnahmezustand? Brustkrebs und Herzinfarkt aus interdisziplinärer Perspektive. Mit Online-Material für Fachleute. Berlin, Heidelberg, S. 3-12.

Nittel, D./Tippelt, R./Dellori, C./Siewert-Kölle, A. (2014): Pädagogische Technologien und Kernaktivitäten. In: Nittel, D./Schütz, J./Tippelt, R.: Pädagogische Arbeit im System des lebenslangen Lernens. Ergebnisse komparativer Berufsgruppenforschung. Weinheim und Basel, S. 74-98.

Nittel, D./Völzke, R. (2002): Jongleure der Wissensgesellschaft. Das Berufsfeld der Erwachsenenbildung. Neuwied, Kriftel.

Nohl, A.-M. (2005): Bildung und Entrepreneurship. In: Ecarius, J./Friebertshäuser, B. (Hrsg.): Literalität, Bildung und Biographie. Perspektiven erziehungswissenschaftlicher Biographieforschung. Opladen, S. 220-236.

Nohl, A.-M./Schondelmayer, A.-Ch. (2006): Existenzgründung als zweite Chance: Bildungs- und Lernprozesse in der Lebensmitte. In: Fritzsche, B./Nohl, A.-M./Schondelmayer, A.-Ch.: Biographische Chancen im Entrepreneurship. Duisburg, S. 95-243.

Nohl, A.-M./Schondelmayer, A.-Ch. (2005): Lernen und Bildung im Entrepreneurship. Evaluationsergebnisse des Micropolis-Existenzgründungsprogramms. In: Deutsche Kinder- und Jugendstiftung (Hrsg.): Jung. Talentiert. Chancenreich? Beschäftigungsfähigkeit von Jugendlichen fördern. Opladen, S. 273-297.

Panick, V. (1999): Der Beitrag von Erfahrungen an den Entwicklungsprozessen zur Selbständigkeit. Dargestellt am Beispiel von Existenzgründerinnen und Existenzgründern im Einzelhandel in den neuen Bundesländern. Berlin.

Pauer-Studer, H./Nagl-Docekal, H. (2003): Freiheit, Gleichheit und Autonomie. Wien.

Pfeiffer, F. (1999): Der Faktor Humankapital in der Volkswirtschaft: berufliche Spezialisierung und technologische Leistungsfähigkeit. Zentrum für Europäische Wirtschaftsforschung ZEW, Wirtschaftsanalysen Bd. 35. Baden-Baden.

Pott, O./Pott, A. (2012): Entrepreneurship. Unternehmensgründung, unternehmerisches Handeln und rechtliche Aspekte. Heidelberg.

Preisendörfer, P. (Hrsg.) (1996): Prozesse der Neugründung von Betrieben in Ostdeutschland. Rostock.

Rauch, A./Frese, M. (2000): Psychological approaches to entrepreneurial success: A generell model an overview of findings, in: Cooper, C./Robertson, I. T. (Hrsg.): International Review of Industrial and Organizational Psychology. Chicester, S. 101-141.

Rauch, A./Frese, M. (1998): Was wissen wir über die Psychologie erfolgreichen Unternehmertums? Ein Literaturüberblick. In: Frese, M.: Erfolgreiche Unternehmensgründer. Göttingen, S. 5-34.

Ripsas, S. (1997): Entrepreneurship als ökonomischer Prozeß. Perspektiven zur Förderung unternehmerischen Handelns. Wiesbaden.

Schließmann, Ch. Ph. (Hrsg.) (2004): Unternehmer aus Leidenschaft. Kann man Entrepreneurship lernen? Antworten aus Theorie und Praxis. Frankfurt am Main.

Schütze, F. (1991): Biographieanalyse eines Müllerlebens. In: Scholz, H.-D. (Hrsg.): Wasser- und Windmühlen in Kurhessen und Waldeck – Pyrmont. Kaufungen, S. 206-227.

Schütze, F. (1984): Kognitive Figuren des autobiographischen Stegreiferzählens. In: Kohli, M./Robert, G. (Hrsg.): Biographie und soziale Wirklichkeit. Stuttgart, S. 78-117.

Schütze, F. (1983): Biographieforschung und narratives Interview. In: Neue Praxis 1983. Heft 3, S. 283-293.

Schütze, F. (1981): Prozeßstrukturen des Lebenslaufs. In: Matthes, J./ Pfeiffenberg, A./ Stosberg, A. (Hrsg.): Biographie in handlungswissenschaftlicher Perspektive. Nürnberg, S. 67-156.

Schulze, T. (2006): Biographieforschung in der Erziehungswissenschaft. In: Krüger, H.-H./Marotzki, W.: Handbuch erziehungswissenschaftliche Biographieforschung. Wiesbaden, S. 35-57.

Schumpeter, J. A. (2006): Theorie der wirtschaftlichen Entwicklung. Nachdruck der 1. Auflage von 1912. Berlin.

Schumpeter, J. A. (1928): Artikel Unternehmer. In: Handwörterbuch der Sozialwissenschaften, 4. Aufl., Band 8, Jena, S. 476-487.

Sektion Wirtschaftspsychologie im Berufsverband Deutscher Psychologinnen und Psychologen (BDP) e.V. (Hrsg.) (2002): Schwerpunkt Nachfolge im Unternehmen [Themenheft]. Wirtschaftspsychologie aktuell, 2002 (4).

Seltrecht, A. (2013): Eine Familie – eine Geschichte? Argumentationsanalyse familial (un-)sichtbarer Leidens- und Lernprozesse. In: Herzberg, H./ Seltrecht, A. (Hrsg.): Der soziale Körper. Interdisziplinäre Zugänge zur Leiblichkeit. Opladen, Berlin, Toronto, S. 155-186.

Seltrecht, A. (2012a): Informelles Lernen. In: Schäffer, B./Dörner, O. (Hrsg.): Handbuch Qualitative Erwachsenen- und Weiterbildungsforschung. Opladen, Berlin, Toronto, S. 530-542.

Seltrecht. A. (2012b): Lehrmeister Krankheit: Was lehrt uns der Ausnahmefall für den Normalfall des Lernens? In: Hessische Blätter für Volksbildung. Heft 1/2012, S. 25-37.

Seltrecht, A. (2010): Lernprozesse im Spannungsverhältnis von kalendarischem, biologischem, sozialem und subjektivem Alter. In: Hof, Ch./Ludwig, J./ Schäffer, B (Hrsg.): Erwachsenenbildung im demographischen und sozialen Wandel. Dokumentation der Jahrestagung der Sektion Erwachsenenbildung der Deutschen Gesellschaft für Erziehungswissenschaft vom 24. bis 26. September 2009. Hohengehren, S. 82-93.

Seltrecht, A. (2006): Lehrmeister Krankheit? Eine biographieanalytische Studie über Lernprozesse von Frauen mit Brustkrebs. Opladen & Farmington Hills.

Siebert, H. (2011): Lernen und Bildung Erwachsener. Bielefeld.

Siefer, T. (1996): Du kommst später mal in die Firma: Psychosoziale Dynamik von Familienunternehmen. Wuppertal.

Siewert-Kölle, A. (2003): Chancen und Grenzen der berufsbiographischen Etablierung von Erwachsenenbildern in den neuen Bundesländern. Ein biographie- und professionstheoretischer Vergleich von Berufskarrieren in außerschulischen Handlungsfeldern. Unveröffentlichte Diplomarbeit. Frankfurt am Main.

Smith, N. R. (1967): The Entrepreneur and his Firm. The Relationship Between Type of Man and Type of Company. East Lansing.

Stadler, Ch. (2009): Freude am Unternehmertum in kleinen und mittleren Unternehmen. Ergebnisse einer Quer- und Längsschnittanalyse. Wiesbaden.

Staritz, D. (1989): Zur Geschichte der DDR. In: Weidenfeld, W./Zimmermann, H. (Hrsg.): Deutschland Handbuch. Eine doppelte Bilanz 1949-1989. Bonn.

Statistisches Bundesamt (2015): 3,7 % weniger Gründungen größerer Betriebe im Jahr 2014. Pressemitteilung vom 27. März 2015 – 114/15.

Stilz, K. (2006): Persönlichkeitsdeterminanten unternehmerisch erfolgreichen Handelns. Eine vergleichende Analyse von Unternehmern und Spitzenmanagern in traditionell und zukunftsorientiert geprägten Branchen. Aachen.

Strauer, P. (2004): Gründung und Beratung von Kleinstunternehmungen: Bedingungen, Probleme, Lösungsansätze. Unveröffentlichte Dissertation am Fachbereich Wirtschafts- und Sozialwissenschaften der Universität Rostock.

Tegtmeier, S. (2006): Erklärung der individuellen Existenzgründungsabsicht: die „Theory of Planned Behavoir" als sozialpsychologisches Modell im Gründungskontext. Lüneburger Beiträge zur Gründungsforschung. Diskussionspapier Nr. 1.

Tödt, A. (2001): Wirkung und Gestaltung von Beratung und Weiterbildung im Prozeß der Existenzgründung. Eine qualitative Untersuchung am Beispiel von Existenzgründern im ostdeutschen Transformationsprozeß. München und Mering.

Treml, A. K./Becker, N. (2007): Lernen. In: Krüger, H.-H./Helsper, W. (Hrsg.): Einführung in Grundbegriffe und Grundlagen der Erziehungswissenschaft. Opladen & Farmington Hills, S. 103-114.

Umsatzsteuergesetz (2013): UstG. In: Beck'sche Textausgaben: Gesetztexte. München.

Utsch, A. (2004): Psychologische Einflussgrößen von Unternehmensgründung und Unternehmenserfolg. Gießen.

Verheul, I. (2005): Is there a (fe)male approach? Understanding gender differences in entrepreneurship. Rotterdam.

von Felden, H. (2008): Lerntheorie und Biographieforschung: Zur Verbindung von theoretischen Ansätzen des Lernens und Methoden empirischer Rekonstruktion von Lernprozessen über die Lebenszeit. In: von Felden, H. (Hrsg.): Perspektiven erziehungswissenschaftlicher Biographieforschung. Wiesbaden, S. 109-128.

von Felden, H./Hof, Ch./Schmidt-Lauff, S. (Hrsg.) (2012): Erwachsenenbildung und Lernen. Dokumentation der Jahrestagung der Sektion Erwachsenenbildung der Deutschen Gesellschaft für Erziehungswissenschaft vom 22.-24. September 2011 an der Universität Hamburg. Baltmannsweiler.

von Hippel, A./Reich-Claassen, J. (2011): Generationen und Milieus – Überlegungen zur Zusammenführung zweier Diskurse im Kontext der Ungleichheitsforschung. In: Eckert, T./von Hippel, A./Pietraß, M./Schmidt-Hertha, B.: Bildung der Generationen. Wiesbaden, S. 65-76.

Weber, M. (1972): Wirtschaft und Gesellschaft. Tübingen.

Weber, M. (1947): Die protestantische Ethik und der Geist des Kapitalismus. In: Weber, M.: Gesammelte Aufsätze zur Religionssoziologie. Bd. 1, Tübingen, S. 17-206.

Weinberg, J. (1999): Bildungsprozesse im Wertewandel heute – Eine Problemskizze. In: Hoffmann, D. (Hrsg.): Rekonstruktion und Revision des Bildungsbegriffs. Weinheim, S. 133-140.

Weiß, K. (2010): Lernen in jungen, innovativen Unternehmen. Die Erfolgswirkung von Organisationalem Lernen und Lernpotenzialen. Wiesbaden.

Welzel, B. (1995): Der Unternehmer in der Nationalökonomie. Untersuchungen zur Wirtschaftspolitik, Köln.

Welter, F./Lageman, B. (2003): Gründerinnen in Deutschland – Potenziale und institutionelles Umfeld. Bottrop.

Werner, A./Kranzusch, P./Kay, R. (2005): Die Bedeutung des Unternehmerbildes für die Gründungsentscheidung – genderspezifische Analysen. Schriften für Mittelstandsforschung Nr. 109 NF, Bonn.

Westerfeld, K. (2004): Förderung persönlichkeitsbezogener unternehmerischer Kompetenzen im Rahmen der Existenzgründungsqualifizierung an Hochschulen – Bildungstheoretische Analyse, Zielkonturierung und didaktische Arrangements. Paderborn.

Wunderer, R./Bruch, H. (2000): Umsetzungskompetenz. Diagnose und Förderung in Theorie und Unternehmenspraxis. München.

Zimmermann, W. (2012): Unternehmer sind Verrückte. Wie Unternehmer Grenzen überwinden und was Manager von ihnen lernen können. Wiesbaden.

Internetadressen

Bundesministerium für Wirtschaft und Technologie (2013):
http://www.gruenderwoche.de (Abgerufen am: 05.09.2013)
Bundesministerium für Wirtschaft und Technologie (2013):
http://www.gruenderwoche.de/ueber/gruenderland-deutschland.php (Abgerufen am: 10.09.2013)
Bundesministerium für Wirtschaft und Technologie (2012):
http://www.bmwi.de/DE/Presse/pressemitteilungen, did=506866.html (Abgerufen am: 05.09.2013)

Abbildungs- und Tabellenverzeichnis

Transkriptionsregeln

,	= kurzes Absetzen einer Äußerung, der Stimme
..	= kurze Pause
...	= mittlere Pause
(4 sek.)	= Pause, die länger als 3 Sekunden andauert
mhm	= Pausenfüller, Rezeptionssignal zweigipfelig
hm	= Rezeptionssignal eingipfelig
.	= Senken der Stimme
-	= Stimme in der Schwebe, Wortabbruch
?	= Frageintonation
sicher	= auffällige Betonung
siche:r	= auffällige Dehnung
&	= auffällig schneller Anschluss von zwei Wörtern
sicher	= gleichzeitiges Sprechen
(Lachen)	= Charakterisierung von nicht-sprachlichen Vorgängen
(schnell)	beziehungsweise Sprechweise, Tonfall
„Ja klar"	= Länge der jeweiligen Sprechweise, des Tonfalls
@Ja@	= lachend gesprochen
(..), (...)	= unverständlich
(kommt es?)	= nicht mehr genau verständlich, vermuteter Wortlaut

The manufacturer's authorised representative in the EU is Springer
Nature Customer Service Centre GmbH, Europaplatz 3, 69115 Heidelberg,
Germany. If you have any concerns regarding our products, please
contact ProductSafety@springernature.com

Printed and bound by CPI Group (UK) Ltd, Croydon, CR0 4YY
24/04/2026
02096334-0001